一九四九
中國革命之年

CHINA 1949
YEAR OF REVOLUTION

Graham Hutchings
何傑明 著　廖彥博 譯

本書獻給梅西．艾拉（作為紀念）、米莉森．葛瑞絲、夏洛特．安娜、約瑟夫．路克和雅各．狄倫．諾亞。

二十九日農曆元旦。

黎明即起，在溪岸四望山景。念一年又過，來年如何，實難想像；更不知有多少人在痛苦和憂愁中，度此年節。目前整個社會，充滿了血和淚，我縱欲新年言吉語，但事實如此，又如之何！

——蔣經國（蔣介石之子）一九四九年一月二十九日日記

目次 Contents

臺灣版序

近代臺灣歷史有三個關鍵年分：首先是日本占領臺灣的一八九五年，其次是臺灣回歸中國統治的一九四五年，最後是一九四九年：在這一年，中華民國政府及其軍隊在與共產黨的內戰中失敗，退出大陸，遷往臺灣，隨後將這座島嶼建設成了海上反共堡壘、繁榮的經濟體，以及（最終）今天這個活躍的民主國家。

由此可見，位居這些關鍵年分中最後的一九四九年，是最具重要性的年分。因為當年發生的事情，不但能說明中華民國在臺灣的現狀，也解釋了以下這樣一個事實：即臺灣的未來前途是當代全球政治中的一個主要熱區，其結果將對數以百萬計的人們產生重大的影響——無論他們是否為中國人。

一九四九年改變了臺灣，因為它改變了中國。正是在這一年，毛澤東麾下的共產黨軍隊終於將蔣介石領導的國民黨政府及其軍隊，還有（隨即而來的）數百萬逃難民眾從中國大陸驅趕出去，讓他們退卻到相對較安全的臺灣。在此過程中，中共黨人建立了一個新國家——中華人民共和國，並發動了一場極端猛烈的革命，先是針對地主、企業家和知識分子，然後在一九六〇年代擴及包括中共黨員在內的全體中國人民。

一九四九年，這個「新」或「紅色」的中國，堅定地站在以蘇聯為首的社會主義國家陣營這一邊。冷戰因此降臨亞洲，中國與西方就此切斷關係。十年後，當毛澤東與蘇聯領導人赫魯雪夫鬧翻時，中國發覺自己在國際上的友人更少了：不管出於何種意圖和目的，中國都關上了大門。

革命中國的誕生，只是一九四九年故事的一部分。從那時開始，世界上就有了「兩個中國」，因為一九一二年在南京成立的中華民國只是撤出了大陸，並未就此消亡。得益於逃離大陸的人才和資金的湧入，中華民國很快就在臺灣站穩腳跟，並重振旗鼓。這提醒我們，一九四九年既是一個屬於人的故事，也是一段政治的敘事：數十萬人被迫告別他們原先的工作、家園和親人，到臺灣陌生的環境中開展新生活。

到了一九五〇年代，「兩個中國」間的零星武裝衝突仍在持續，臺海危機連連出現。不過，部分由於美國協防保證的緣故，一九四九年造成的局面繼續維持下去。

時至今日，儘管中國與臺灣的社會與經濟都有了極大的變化，海峽兩岸的分治局面依然如故。截至二〇二三年，中國已是世界第二大經濟體，或許很快就將成為最大經濟體。而臺灣由於其規模與政策，相較於中國，不但較快富裕起來，同時也經歷了政治上的轉型：由原來的軍事戒嚴威權政體，轉型成為繁榮的民主國家。臺灣也因此與海峽對岸走向截然不同的發展道路。而中國在習近平的領導下，其統治模式較毛澤東過世後的任何時期都來得更加專制。然而這並未阻止中國大陸與臺灣之間的貿易往來，兩岸更建立起此前未有的聯繫管道。

但是隨著時間的推移，一九四九年的事件使得臺海蒙上了更深刻、也更漫長的陰影。中國的擴展軍備、針對臺灣的軍事演習，以及共機頻繁入侵臺灣領空，在在都提醒人們，北京已經下定決心，用他們的話來說，要「統一中國」，或者說得更直接一些，要迫使臺灣人民接受他們的統治。

習近平和他領導的中國共產黨視臺灣為他們「未竟的事業」。一九四九年，中共在大陸上贏得了內戰的勝利。但只要臺灣在事實上還維持獨立狀態，他們就不能宣稱中國已經完全「解放」了。他們決心完成統一大業——「和平統一」自然最好，如果不行，就使用武力。

如果只關注「兩個中國」本身，世界其他國家就不會如此擔憂此一前景。但事實並非如此：臺灣的未來前途是中國與美國（臺灣的「非官方」盟友）開戰的潛在原因。北京自一九四九年以來一直希望能對臺灣施加控制，而華盛頓則決心使臺灣與中國保持距離。

中美兩大強權如果因為臺灣問題而爆發戰爭，對於亞太地區相關的各方來說將會是一場災難。因此，我們必須期望「一九四九年的陰影」能夠被揭過去，而海峽兩岸的領導人都能去違逆，而不是去強化這歷史的趨向走勢。因為，倘若中國內戰一直就這樣維持著「未竟之業」的狀態，對所有人來說肯定都是好事一件。

何傑明

二〇二三年五月

卷首謝詞

多位朋友都慷慨撥冗，費時閱讀本書的全部或部分初稿。對於下列諸位提出的問題和修改的建議，我深為感謝，他們分別是：艾希（Bob Ash）、崔璀（Cui Cui）、羅里・麥克勞德（Rory Macleod）、芮納・米德（Rana Mitter）、西蒙・史考特・普拉默（Simon Scott Plummer）、蘇利文（Jon Sullivan）和曾銳生（Steve Tsang）。這本書的完稿之所以能夠比之前的模樣好上許多，都要歸功於他們對中國研究和詮釋付出了最高的標準與熱情。書中仍有的缺失，應該由我負全責。

本書當初由I・B・道里斯（I. B. Tauris）出版社經手時，我在與編輯裘・高芙蕾（Jo Godfrey）共事的過程中獲益良多。在布魯姆斯伯里出版社（Bloomsbury Publishing）接手之後，瑪蒂・霍爾德（Maddie Holder）負責本書的編輯事宜，在全書成形的過程中，她不斷提供各種好的想法和主意。我非常感謝她。也要多謝牛津分析公司（Oxford Analytica）的前同事吉兒・賀吉斯（Jill Hedges），是她最早建議我和I．B．道里斯洽談本書的出版；還有我的出版經紀人克里斯多福．辛克萊．史蒂文森（Christopher Sinclair Stevenson），我有幸能夠得到他的支持，再次仰仗他。

我應該在這裡向以下的機構與人員表達謝忱：大英圖書館（British Library）的館員、倫敦大學亞非學院（School of Oriental and African Studies at the University of London）檔案館、倫敦國王學院（King's College London）檔案館、位於牛津的英國海外傳道會（Church Mission Society）、救世軍遺產中心（Salvation Army Heritage Centre）以及雪菲爾大學（Sheffield University）。這些學院機構的人員總是竭誠歡迎我、協助我找到相關檔案史料，從無例外。

我要特別感謝當時擔任牛津大學中國中心（China Centre at Oxford University）主任的芮納．米德教授，以及他的同事。牛津中國中心授予我副研究員的身分，其他事情且先不說，這就表示我得以利用中心圖書館那非凡的資源。我還要向中心圖書館的館員們致謝，先是約書亞．蘇佛特（Joshua Seufert），然後是曼蒂敏．蘇諾杜拉（Mamtimyn Sunuodula）；還有閱覽服務科的崔璀，她總是見多識廣、回應迅速，耐心，而且始終鼎力相助。

在此我想向四本以一九四九年劇變為主題的中文著作的作者，表達我的感謝之意，這四部著作對我了解那一年的事件，格外具有價值。他們分別是：《大江大海一九四九》的作者龍應台、

《一九四九大撤退》的作者林桶法、《一九四九：中國社會》的作者張仁善，以及北京當代中國研究所編輯的參考用書《中華人民共和國史編年：一九四九年卷》。這四部著作的詳細出版資料，讀者可以參見書末的參考書目。

我要感謝家人們對我長時間投入這本書的寫作所付出的耐心。帶著感激和深情，我懷念起我的母親，在她生命中困惑迷茫的最後幾個月中，有一天突然問起：「你正在寫一本書，對吧？」我很遺憾她未能親見全書脫稿付梓的一日；所以我非常盼望我那年屆九十九歲的老父親能夠如願以償。多年以來，我虧欠太座麗茲（Lizzie）甚深。正是因為有她支持，才讓本來看似遙不可及的事情，成為可能。最後，這本書獻給我的孫兒們：米莉（Millie）、查理（Charlie）、喬（Joe）和雅各（Jacob），希望你們有朝一日能夠打開這本書來讀——更重要的是，讀懂為什麼你們的爺爺要寫這本書。

何傑明

誌於西牛津郡（West Oxfordshire），查爾伯里（Charlbury）鎮

二〇二〇年三月

人名地名音譯謹誌

本書中大部分中文人名、地名的音譯，都遵循漢語拼音系統，不過有若干固有姓名與地名，因為讀者對其原有拼寫方式較為熟悉，仍然維持舊有形式。因此「蔣介石」拼寫作 Chiang Kai-shek，而不是 Jiang Jieshi；「蔣經國」拼寫作 Chiang Ching-kuo，而不是 Jiang Jingguo；「臺北」拼寫作 Taipei，而不是 Taibei。但是，像是拼寫「重慶」時，我選擇寫作 Chongqing，而不是舊式的 Chungking；拼寫「廣州」時作 Guangzhou，而不是 Canton。

在引文中原來使用舊式威妥瑪（Wade-Giles）音譯系統時，我一律將相關字詞的音譯改為拼音系統。

一九四九年大事記

一九四八年十二月三十一日　總統蔣介石主持新年談話會，席間告知高級軍政幹部，他將去職下野，以利政府與中共和談。

一九四九年一月一日　蔣氏在元旦文告中向全國宣告下野決定。

中共主席毛澤東發表新春獻詞〈將革命進行到底〉。

一月五日　大量文化珍品及國寶裝船運往臺灣。

陳誠被任命為臺灣省主席。

一月十四日　毛澤東宣布他的「和談八項條件」，作為與國民黨政府談判的根本原則。

一月十五日　人民解放軍占領天津。

一月十九日　國軍華北最高長官傅作義簽署和平協定，將北平（以及華北）和平移交給中共。

一月二十至二十一日　淮海戰役結束，此役中，蔣介石位於長江以北的主力部隊盡遭解放軍消滅。

一月二十一日　蔣氏宣布引退下野，旋即離開南京，回到故鄉奉化溪口；李宗仁成為代總統。

一月二十七日　往來上海與臺灣的客輪「太平」輪，與貨輪「建元」輪相撞，不幸沉沒。

李宗仁致電毛澤東，同意以毛提出的「八項條件」作為和談基礎。

一月三十一日　解放軍正式開入北平城。

二月十日　中央銀行儲存的黃金白銀轉移到臺灣。

二月十三日　非官方人士前往北平謀和。

三月　香港及倫敦軍事當局制訂計畫，假想共軍攻擊香港，或內部發生動亂時的因應策略。

三月五日至十三日　中國共產黨中央委員會在西柏坡舉行全體會議，討論未來工作，決定將工作重心由農村轉到城市。

三月十二日　何應欽繼孫科出任行政院院長。

三月二十五日　毛澤東及其他中共中央領導高層由西柏坡啟程，將總部轉移至北平。

四月四日　政府與中共之間的和平談判於北平展開。

四月十六至十七日　政府拒絕接受中共所提之和平條件。

四月二十至二十一日　解放軍大舉渡過長江。
「紫石英號事件」爆發。

四月二十三日　政府宣布遷至廣州辦公。
解放軍占領南京。

四月二十四日　解放軍占領山西省會太原。

五月一日　臺灣即日起實施戒嚴。

五月三日　解放軍占領杭州。

五月五日　英國政府決定派遣兵力增援香港。

五月八日　李宗仁離開桂林，前往政府駐在地廣州。

五月十六日　解放軍占領武漢。

五月二十七日　香港政府制定《社團活動條例》以控制國共在港活動。

　解放軍占領上海。

六月二日　解放軍占領青島。

六月三日　繼何應欽後，閻錫山出任行政院長。

六月六日　英國國防大臣亞歷山大伯爵訪問香港。

六月十五日　臺灣發行新臺幣。

六月十六日　中共組成以劉少奇為首的代表團，啟程祕密訪問莫斯科。

七月一日　毛澤東發表〈論人民民主專政〉。

　銀圓券在國民黨控制區內發行。

七月十日　蔣介石訪問菲律賓。

八月二日　美國駐華大使司徒雷登離開南京返回美國。

八月四日　國民黨地方軍政領袖程潛、陳明仁舉湖南全省投共。

　香港政府宣布戶口登記措施，並驅逐那些被港府認定為「不受歡迎」的人物。

八月五日　美國國務院發表「中美關係白皮書」。

八月十三日　黃紹竑與其他四十四位國民黨人宣告與政府斷絕關係，轉投中共陣營。

八月十七日　解放軍占領福建省的省會福州。

八月二十六日　解放軍占領甘肅省的省會蘭州。

九月一日至十日　青樹坪一戰，白崇禧在湖南稍挫林彪所部兵鋒。

九月十三日至十月十日　衡寶戰役結束，林彪所部給予白崇禧部國軍沉重打擊，白部主力退入廣西。

九月二十一日至三十日　中國人民政治協商會議在北平召開，籌備中華人民共和國及中央人民政府的成立事宜。

九月二十五日　國軍新疆省指揮官（新疆省警備總司令）陶峙岳同意和平轉移政、軍權力給解放軍。

十月一日　毛澤東宣告中華人民共和國成立，以北京為首都。

十月二日　蘇聯承認中華人民共和國。

十月十二日　政府自廣州遷設重慶。
解放軍占領廣州。

十月十九日　中共民兵與英國維安部隊在香港邊界相遇。

十月二十二日　解放軍占領廈門，與金門一海之隔。

十月二十四至二十七日　國軍部隊在爭奪金門島控制權的古寧頭戰役中打敗解放軍。
解放軍進占湖南衡陽，白崇禧將所有部隊撤入廣西。
解放軍抵達香港邊界。

十一月九日　中國航空公司與中央航空運輸公司的飛行員，分別駕駛十三架飛機自香港叛逃至北京。

十一月二十日　代總統李宗仁離開中國，飛抵香港。

十一月二十一日　國民黨將政府所在地由重慶遷設成都。

十一月二十二日　解放軍進占桂林。

十一月二十七日至十二月七日　林彪指揮的解放軍第四野戰軍及劉伯承指揮的第二野戰軍，在廣西省南部殲滅白崇禧部國軍主力。

十二月一日　解放軍占領重慶。

十二月三日　白崇禧撤退到海南島。

十二月五日　李宗仁離港搭機飛赴美國。

十二月六日　毛澤東啟程前往莫斯科，他將在莫斯科停留至隔年二月初。

十二月八日　國民黨將政府所在地由成都遷設臺灣臺北。

十二月十五日　吳國楨繼陳誠出任臺灣省主席。

十二月二十七日　解放軍占領成都。

十二月三十日　香港政府通過《緊急情況規例條例》。

美國國家安全會議第四十八之二號文件明文規定，美國將不承認中華人民共和國，並且除了全面軍事行動以外，將會運用外交及其他途徑，務使臺灣不落入共產黨人之手。

一九四九年主要人物介紹

*括弧內為當時年齡

白崇禧（**五六至五七**）**：**國軍華中軍政長官，他於一月時曾極力呼籲與中共謀和，並迫使蔣介石下野，但是後來白氏卻峻拒中共所提和談條件，繼續作戰；他所部軍隊，以及他一生事業，皆遭林彪摧毀。

白先勇（**十一至十二**）**：**白崇禧之子，隨家人到香港躲避戰禍，並繼續學業。

陳誠（**五十至五一**）**：**被蔣介石任命為臺灣省主席，以求有效管理這座島嶼，並準備好使臺灣成為國民黨政府可能的退路。

蔣經國（**三八至三九**）**：**蔣介石長子，首任妻子所生，在蔣氏於一九四九年遭遇空前挫敗之時，他一直是乃父的心腹親信及隨身助手。

蔣介石（**六一至六二**）**：**中華民國總統（至一九四九年一月引退）、中國國民黨總裁；他雖引退下野，卻並未放棄權力；毛澤東的大軍迫使他和其政府退出大陸，播遷臺灣。

傅作義（**五三至五四**）：華北國軍最高長官；在一月時將北平拱手讓出，交給共產黨；十月時加入「新中國」的政府。

何應欽（**五八至五九**）：三月至五月間出任行政院院長（國民黨政府行政最高首長）；他任內試圖扮演蔣介石與李宗仁之間的「橋梁」角色；但在解放軍渡過長江大舉南進之後請辭下臺。

胡適（**五六至五七**）：國立北京大學（簡稱「北大」）校長，也是中國最負盛名的知識分子；他在一九四八年底於解放軍進抵之前離開北平，先是前往南京，但是與國民黨保持距離；之後他於一九四九年四月、共軍發起渡江戰役之前赴美。

黃紹竑（**五三至五四**）：一九四九年四月北平國共和談時，國民黨政府代表團中的知名人物；他和李宗仁、白崇禧關係密切，試圖說服李、白接受毛澤東的和談條件；他最後與國民黨方面關係破裂，投奔北平方面，加入中華人民共和國政府。

李志綏（**三八至三九**）：受毛澤東感召參加革命的年輕醫師，他於一九四九年回到北平，為新政權效力；日後他被指派負責中共領導高層的健康照護工作。

李宗仁（**五八至五九**）：在蔣介石引退下野之後成為代總統，隨即因支配政府資產與軍事指揮等問題，與蔣氏發生劇烈矛盾與爭執，直到十二月離華赴美為止。

林彪（四一至四二）：毛澤東麾下最具指揮才幹的將領，當時是人民解放軍第四野戰軍司令員，擊敗由白崇禧指揮的國民黨軍隊。

李度（Lester Knox Little，五六至五七）：美國籍，中國海關總稅務司署末代外籍總稅務司；隨國民黨政府由上海到廣州，最後來到臺灣，不過大多數稅務司署的海關官員都留在大陸，為「新中國」效力。

劉鴻生（五九至六十）：上海實業鉅子，由於對共產黨統治的前景感到不安，出走香港，不過在一九四九年底又重返上海，支持「新中國」。

劉少奇（五十至五一）：在中共領導高層中僅次於毛澤東的二號人物；負責農村與城市的黨務；在一九四九年六月至七月間，中共中央祕密訪問莫斯科，劉少奇擔任代表團領導，為毛澤東十二月會晤史大林作準備工作。

毛澤東（五五至五六）：中國共產黨中央委員會主席，黨的首要理論家與戰略家；領導中共推翻蔣介石的國民黨政府，取得在中國大陸的革命勝利，建立中華人民共和國，成為無可爭議的「新中國」領導人。

應美君（二四）：來自浙江農村的女孩，帶著襁褓中的大兒子離家躲避戰禍，為了安全起見，將孩子交給湖南鄉下的公婆照顧，而在隨後長達一年多、最後落腳臺灣的旅程中，她又生下一個女兒。

施以法（Eva Spicer，五十至五一）：南京金陵女子學院歷史講師，她寄回家鄉的書信揭示了一名教會學校的外籍教師，看待一九四九年各項事件的觀點。

瘂弦（十六）：河南南陽的中學生，為了躲避戰禍，在老師的帶領下，與同學一同南逃；由廣州離開中國大陸，來到臺灣。

閻錫山（六五至六六）：地方軍事強人，其山西地盤被共產黨攻占，他到中央政府，繼何應欽之後出任行政院院長。

張治中（五三至五四）：國民黨高層人物，時任西北軍政長官；他與蔣介石私人關係相當密切，但是在率領政府代表團前往北平參加國共和談後，卻棄蔣投入中共陣營。

周恩來（五十至五一）：地位次於毛澤東與劉少奇的中共第三號人物；專責政務與外交事務，並且掌管中共與非政治人物之間的統一戰線。

前言

一九五〇年三月一日，英國駐北京助理武官向倫敦的上級呈交了一份回顧去年軍事情勢的報告。「一九四九年將會成為中國及世界歷史上值得紀念的一年，」他寫道：

在軍事領域尤其如此。在如此廣袤的地帶發動如此龐大的軍隊進行內戰，在歷史上此前未曾有過。超過五百萬的國民黨和共產黨軍隊……參與戰鬥，而在許多情況下，勝利一方的軍隊在完成戰役時，距離攻擊發起的地方已有一千英里之遙，並且除了中國西南地區散布著幾處還在負隅頑抗的地方之外，共軍已擊潰了國民黨在大陸上一切有組織的抵抗。[1]

裘德瑞（R. V. Dewar-Durie）中校對於他在報告中提及的若干變化深有了解。他提交的這份急件報告，信箋上還印有「英國駐南京大使館」的字樣。可是在他撰寫這份報告的時候，英國駐華大使館早已換了模樣：它原先派駐的中華民國政府已經倉皇撤離，在大陸上的統治宣告結束。英國駐華使節團及其外交機構現在以北京為活動中心，這是新成立的中華人民共和國的首都；稍早之前，也就是一九五〇年一月六日，在帶有若干爭議的情況下，倫敦已正式承認北京為中國合法政府。[2]英國駐北京代辦處在東交民巷原使館舊址開始運作，使館位於市中心地段，規模適中，但是地位卻頗有爭議。英國身為昔日在華列強之一，竟然未被北京這個共產主義新政權承認為主權國家，而其「駐華使館」在中國人的眼中，只不過是「談判代表」的辦公處而已。[3]

史家經常運用歷史上的單一年分作為稜鏡，藉以檢視形塑一個時代的種種關鍵變化。第二次世界大戰甫結束的那段時期尤其如此，一九四五年、一九四六年、一九四七年及一九四八年，各自都有聲稱該年最為關鍵的提倡者。[4]令人好奇的是，儘管中國發生的事件，在這些論述中曾多次被提及（雖然不是全部），但一九四九年卻很少被挑選出來作為具有決定性意義的一年，至少從更廣泛的意義來看確實如此。[5]

當時的人們或許會感到訝異。一九四九年一開年，美國知名記者夏克福德（R. H. Shackford）就以「一九四九：決定性的一年」為標題撰文分析，聲稱「新的一年或許將會決定西方強權與俄國之間，是否能在不爆發另一場戰爭的情況下，彼此『和平共存』。」他列舉出幾項將會影響結果的因素，其中包括「目前在中國進展中的事態，實際上可能使得西方僅存的聲望，在這個動盪阢隉的不幸之地被徹底抹滅、掃除殆盡。」[6]

到了這一年行將結束的時候，一位僅署名為「歐洲學生」的作者，發表了下面這番議論：「一九四九年無疑是大戰結束以來在全球事務層面上最為重要的一年。這一年裡我們見證了決定人類命運的鬥爭發生徹底的轉變——而西方世界對這樣的轉變反應遲緩，終將面臨巨大的危險，」他繼續說道：

一九四九年前，世界爭鬥的主要場域在歐洲。然而到了一九四九年，克林姆林宮以其極權專制政權總是出人意表的特性，突然將侵略攻勢轉向亞洲，而亞洲猝不及防，沒有任何政治或經濟方面的防備。一年之內，中國淪陷，南韓被孤立，緬甸與印度支那搖搖欲墜。英國和美國的公眾輿論還沒能清醒過來因應這波新危機，半個亞洲已然陷落；剩下的一半也立即就要面臨到西歐在一九四七年春季時遭遇到的險境。當時的西歐靠著馬歇爾計畫搭救，遏止了俄國的野心，並且穩定住歐洲的局面。[7]

論述到目前為止，極有說服力。可是，我們不妨在一開始就提問：在談論中國這樣一個有如此悠久歷史的國家時，一九四九那一年到底發生了什麼事情？就算我們將為時三年（一九四六至一九四九）的中國內戰看作是中國史上的一個關鍵轉捩點好了（它確實也是），難道我們就不能將一九四七年、或一九四八年看成那關鍵轉捩的一年？難道我們不能將這至關緊要的十二個月，看成共產黨人能不能拿下全中國、並且將這個龐然大國導向一條全新的革命之路，將冷戰延伸到整個亞洲，使之成為真正全球衝突的決定性關鍵時代嗎？這一主題，歷來爭論不休。有兩部中文著作——分別是金沖及的《轉折年代：中國的一九四七年》，以及劉統所著《中國的一九四八年：兩種命運的決戰》——各自帶著若干信念，為他們認定的關鍵年代提出充分的理由論據。[8]

金沖及認為一九四七年是關鍵的轉折年代，因為中國民眾在這一年對於內戰兩方陣營的支持模式起了變化。這樣的改變，很大程度上（但不僅僅是）起源自中共的土地改革政策，一九四七年是中國共產黨贏得其治下民眾擁戴的年分。相反的，政府卻未能在其轄區之內團結民眾。正是中共在收攬民心上獲得成功（以及國民黨人在這方面的失敗），使得人民共和國得以在一九四九年建立。對劉統來說，一九四八年才是決定性的一年，因為在這一年中，且不論其他，正是由於中共在東北與華北取得一系列驚人的軍事勝利，這才造成國民黨統治的崩潰。

發生在一九四七年和一九四八年的事件，固然為接下來後續那一年事態的發展打下了基礎。可是英國駐華助理武官裘德瑞聲稱一九四九年發生的事情具有關鍵意義，以及他賦予這一年更為廣泛深遠的重要性，卻是言之成理的。一九四九年一月上旬時，毛澤東領導的共軍才占據了不到一半的中國疆域。而在此同時，儘管有大量的證據顯示，蔣介石的國民黨政府必須仰仗奇蹟出現才能延緩共軍的進展，更遑論扭轉這種態勢，然而國民黨崩潰之快、其程度之徹底，還是令身在局中的人與局外的旁觀者為之深感震驚。到了一九四九年底，國民黨已經被逐出大陸，只殘存幾個孤立的小據點，而蔣氏對中國沿海島嶼（主要是臺灣、海南島以及舟山群島）的控制，此時看來也岌岌可危。在這十二個月的時間裡，中共的軍事勝利改變了「中國的意義」，重塑了全球政治格局。

軍事勝利最重要的成果，就是十月一日中華人民共和國的創建——誕育出一個強大、中央集權的國家體制，在短時間內就達成了過去二十多年間國民黨無法實現的兩大成就：一是統一全中國（臺灣除外）、並加以治理；二是以激進的新條款和外國強權打交道。新政府打著「中國版馬克思主義」的意識形態大旗，治理這個當時約有五億人民、世界最多人口的國家；[9]新中國宣稱向蘇聯「一面倒」，中共領導人期望能從蘇聯獲得安全保障與經濟援助，甚至有段時間還向蘇聯尋求思想意識形態上的指導。執政之初，它向本國人民與外界展現出「溫和中庸」的面目；在毛澤東所撰〈論人民民主專政〉中，似乎除了「反動派」和「封建餘孽」之外，所有人都有活動空間。但是中共的新國家體制以非凡的能量鼓舞、組織人民，並且確實「**要求**」中國人民，以「群眾動員」和全民參與的形式，按照全新的路線，重新塑造他們的政治、社會和經濟。於是中國社會，就算不是在一夜之間，至少也是在極短期間內徹底「**政治化**」，這代表著他們與過去的自我再一次決裂。

儘管有上述這些進展，近年來學者開始質疑「應該將一九四九年（或是一九四七年、一九四八年等任何單一年分）看作是近代史上分水嶺」的論點。在他們看來，近代中國的歷史具有隱含潛在的連續性貫串其間。[10]身處革命的灼熱浪潮之中，很容易忽略這些更為廣泛的主題和趨勢，所以這個論點很站得住腳。

但是，這樣的論點不宜過度引申。中國在政治行為、政策、制度、國家領導階層和全球結盟陣營等層面發生的重大變化，使得一九四九年成為極為關鍵的一年——中國擺脫了西方的軌道，轉而以史大林的蘇聯與東歐的新「人民共和國」為取法仿效的榜樣。發生在一九四九年的各項事件，為一個極其重要的問題提供了答案：在何種政治條件之下，中國追求的富強階段才會出現？問題的答案決定了這些目標的本質，以及如何實現這些目標的途徑。它還對亞洲許多地方產生了劇烈的影響，尤其是那些西方強權，它們在華的商業和戰略利益突然陷入危險之中。面對中華人民共和國的創建，西方列強尋求（以各種不同方式）「遏制」新中國及其所代表的一切。

認為「一九四九年是中國史上的關鍵分水嶺」的觀點，因為這一年造成的重大影響，以及中國「大內宣」敘事世代傳承的效應，而更增添分量。共產黨人的軍事勝利和中華人民共和國的建立，構成今日中國「開國神話」的主要內容。這些敘事為當前的政權建構出歷史和意圖，從而使現政權具備**正當性**；合法正當性是普天之下所有政權的命脈所在，對於那些未能憑藉真正的普選取得統治授權的政權來說，更是如此。過去七十年中，在毛澤東當政時期以及之後，中共的政策發生了多次重大變化，導致黨刻意淡化黨史上發生過的某些歷史事件和片段，有時候甚至幾乎是採取視而不見的做法（至於文化大革命，則是將一整個時代完全略去）。對於一九四九年發生的事件，中共還未曾採取過諸如此類的做法。它們將來也不會遭遇類似的待遇：因為黨的統治無法承受去譴責那段使其得到天下的歷史。

此外，許多導致黨在一九四九年成功奪權的因素，如今也構成部分中國政治當中的「必備擺設」。或許其中最主要的是基於以下這樣的信念：中共的領導以及黨對政治權力的壟斷，與中國的太平福祉是密不可分的——這種信念並非所有人都認同，但是絕不僅限於黨內本身。黨在一九四九年「解放」了全中國。從那時候開始，中共就一直領導著這個國家，不可否認的是，一九五〇年代後期的大躍進和一九六〇年代的文化大革命都是黨帶來的災難浩劫。但是在過去的三十年間，它所推行的政策改善了數億人民的生活水準，讓中國成為全球第二大經濟體，也大大提升了中國在世界上的地位。中共官方經常掛在嘴上的口頭禪是：要不是有共產黨當家，這一切都辦不到。倘若中共同意開放政權，結果在競爭激烈的選舉中遭到推翻或擊敗，肯定預示著國家將大難臨頭。到時候，中國人民將從解放變成慘遭奴役，奴役者或者是掠奪成性的外國強權，或者是自私自利的本國勢力，又或者可能兩者兼而有之，勾串在一起。

一九四九年還影響了當今中國人生活的許多層面。這些層面包涵了以下事實：掌控中國人民解放軍的是黨，而不是國家；法治最終取決於黨的意向，而不是專業法官的裁決；媒體必須緊緊跟隨黨的路線；公民社會只能在黨設下的容許範圍內蓬勃發展。在這份影響清單上，可能還要再添上幾項真理：除非是黨批准許可的政治運動，否則人們只能公開盛讚中國領導人，而不准公開批評、嘲諷或是攻擊他；中共對於閉門祕密決策的堅持和執著，以及它對於中國國家主權受到輕蔑侮慢抱持著極度敏感的態度，不論這種輕視是真實存在的，還是出於它自己認定。上述這些情形，在人民共和國建立時期及隨後都相當顯著。實際上，正是因為有了這些情形，才促成人民共和國的建立。它們到今天仍舊定義著治理中國的各個層面。

一九四九年還造成了另一件「改變中國意義」的事情：這一年出現了兩個中國。聲稱要取代中華民國的中華人民共和國建立之後，並未能徹底消滅前者，但它確實劇烈的改變了前者的地位與管轄領土。到了一九四九年底，建都北京的中華人民共和國，實質上幾乎已控制了整個中國大陸。中華民國政府被驅趕到沿海諸島，形同所謂「國內流亡」（domestic exile），這種情況在本書中或將被稱作是「海上中國」（maritime China），以便將英屬香港因為內戰而發生轉變的故事，納入「一九四九年大敘事」的一部分。[11]一九四九年十二月，蔣介石宣告：臺灣省的省會臺北市，將成為風雨飄搖的國民政府遷設臨時首都的所在地。儘管國民黨是如此驟然地遭驅逐出大陸，蔣氏仍然堅持中華民國政府對**全中國**擁有主權。

「兩個中國」的力量懸殊：毛澤東把蔣介石驅趕到中國疆域的邊緣，蔣的政府垂死掙扎，而昔日的盟友美國卻三心二意，並未給予堅定支持的承諾。看來共產黨可能很快就能徹底拿下「海上中國」（在經過一段緊張而不確定的時期之後，香港被屏除在外），一直到一九五〇年六月韓戰爆發，美國改變原先的算計，如此前景方才不再成為可能。臺灣從岌岌可危的情勢中死裡逃生，蔣介石也倖免在政治上遭到遺忘。很大程度上因為有各自盟友的支持（中共或人民共和國這邊是蘇聯和東歐共產國家集團，臺灣或中華民國這邊則是美國和若干盟邦），這「兩個中國」均能在一九五〇及六〇年代的全球政治格局中占有一席之地。但是，為此而付出的代價，是持續的內戰（儘管斷斷續續地進行）、是長達數十年的緊張對峙，以及國家長期的分裂局面，這讓許多中國的愛國之士感到悲痛，無論他們的政治立場分屬哪一方陣營皆是如此，此痛延續直到今天。七十多年過去了，共產黨人在中國的統治，以及臺灣實際上是獨立國家的地位，都已存在這麼久的時間，這讓人覺得訝異，或許也使人感到有些疑惑。[12]

英國歷史學者大衛．阿米蒂奇（David Armitage）在反思二次世界大戰後的全球衝突時指出，內戰已成為「人類社會中最為普遍、最具破壞性和最具特色的有組織暴力形式」。[13] 法國總統戴高樂（Charles de Gaulle）表達了相同的觀點，不過卻加了一個轉折：「所有的戰爭都是不好的，……但是把自家兄弟分隔在兩軍戰壕裡的內戰，更是不可饒恕，因為內戰結束之後，不會帶來和平。」他是在訪問西班牙時發表上述談話的，西班牙全面內戰的時間要早於中國內戰，但是在槍聲沉寂近一個世紀之後的今日，這個國家的傷痕仍舊未能癒合。[14]

中國內戰是一場尚未完結的衝突，國家的分裂是民族魂魄上的一道傷痕，即使內戰兩造在歷經二十多年密切的文化與商業交流，也無法消去這道傷痕。事實上，就在本書撰寫的同時，海峽兩岸雙方的政治力量部署確實很容易再次引發衝突。倘若衝突真的爆發，由於牽扯到包括美國和日本在內的各方戰略利益，勢將會對中國以及泛亞太地區產生極為重大的影響。

到目前為止，本書在討論「一九四九年改變了中國的意義」時提及的方式顯得有些抽象。它們向來是革命與革命分子、政客、政治家、外交官和其他專業觀察人士掛在嘴邊的話語，而不是「市井小民」會直接關注的事情。在一本討論中國這樣重要的國家、討論一九四九年這樣關鍵年代的書裡，這種情形或許是難以避免的。但是在這關鍵的一年，了解個人生命境遇的轉變，以及國家禍福轉折和全球政治局面的變化，同樣至關緊要。因此，我試圖以不同的個人、事業及國家的多重角度來解釋這一年發生的事情。

本書將詳細審視內戰雙方陣營中一些知名人物所經歷的歡欣與苦難。另有若干較不為人所知的人物，他們的故事同樣也會受到關注。在這些人物當中，包括了國軍將領白崇禧，他半生戎馬的事業，在一九四九年時陡然畫下句點；還有白氏的死敵、共軍司令員林彪，他在這一年中奠定了解放軍最傑出將領的地位。此外，位於指揮體系底層的基層士兵與黨員，本書也試圖讓他們的聲音能被聽見。

抱持著英國詩人約翰・米爾頓（John Milton）詩句「只是站著待命的人，也是在侍奉上帝」的精神，我也描述了若干被捲入內戰漩渦的普通百姓所面臨的考驗（譯按：「站著待命」英文原句是 they also serve who only stand and wait，出自約翰・米爾頓十四行詩〈致失明〉〔On His Blindness〕的最後一句，彌爾頓中年失明，此句意思在勉勵自己切勿失志，靜候使命到來，縱使佇立無為也是在服事上帝）。他們之中，有些人被迫離開家鄉，逃難到對他們來說全然陌生的地方去；也有些人就此告別故國，再也沒有返回家鄉的一天，或是一直到離去幾十年後才得以重返故里。然後是那些「勝利者」：他們是受到毛澤東思想啟發的男男女女，響應建設「新中國」的前景，並且因為解放軍的全面勝利讓一切得以實現。我也嘗試述說他們的人生故事。革命如同其他事情一樣，一事成功，事事順利。

論及中國內戰這場如史詩般的爭鬥，構成故事的最後一部分人物，或許能被看作是「第三方」角色。他們主要是外國人：商人、傳教士、外交官和各式各樣來頭不一的冒險家，這些人之所以能在中國居留，要歸因於先前的特權。然而從一九四九年開始（如果不是更早的話），他們就不得不與一個更為強大的中國政府相周旋；對這些外國公民和本國民眾來說，這個政府決心追求、並且有能力實現一系列與從前截然不同的目標。對於許多被歸入這一類的人來說，一九四九年就代表著結局的開始。

想要敘述中國的一年，如果不能說明人民生活的基本狀況，這樣的敘事就不能令人滿意。所以，這一點值得在本書一開始就詳加闡述。從很多方面來看，中國人民在一九四九年時相對和絕對的生活條件都相當嚴峻。國共內戰和甫結束的八年艱苦對日抗戰，使得人們的生存環境變得極其嚴酷，對許多人而言，生命是骯髒而又短促的。

舉例來說，一九四九年時中國男性的預期平均壽命是四十一歲，女性則為四十四歲。[15]用美國歷史學者易勞逸（Lloyd Eastman）的話來說，由於衛生條件惡劣和缺乏醫療資源，使得「大約每三個孩子就有一個在出生後一年內死亡……。而有將近百分之五十的兒童，通常因為罹患痢疾、瘧疾和幼兒肺炎，沒辦法活過五歲。」[16]曾在中國進行多年研究的生物學者傑拉德・溫菲爾德（Gerald F. Winfield）談及一九四〇年代後期中國的公共衛生情況時說道：「有百分之七十五的死亡案例，都是因為可預防的疾病所造成，而這些疾病在西方是可以受到控制的。」[17]

高出生率和高死亡率，代表著相較於老年人口而言，中國的年輕人在數量上多出許多。這些青年或出於自願，或並非自願，投身到中國龐大軍隊的行列之中；在各大城市中，他們構成了活躍的學生群體；在許多情形中，這些青年學子日後證明是為革命事業熱誠奉獻的生力軍。[18]

識字率雖然較難以估算，不過有研究指出：能識字的女性只有百分之一點二，而同時期的男性識字率則超過百分之三十。[19]女性相對較缺乏接受教育的機會，只是兩性之間根本上地位不平等的其中一個層面而已。在諸多的不平等當中，婦女經常被剝奪繼承財產以及與丈夫離異的權利。

儘管有上面這些糟糕的統計數據，但是在一九四〇年代後期社會和經濟的種種困難卻不是普遍全國皆然，其程度也不一定會全面加深。近年來學者的研究顯示，民國時期進行的改革，在數量和質量上都改善了許多人的生活。問題是這類改革所帶來的進步經常分布不均，只侷限在國內某些特定地方，而且部分由於戰爭的緣故，改革帶來的效果通常無法持久。

從歷史角度觀察，一九四〇年代後期中國的經濟表現處在一個相對脆弱危險的狀態。儘管一九四九年時的中國成年人可能面臨著更為緊迫的世道，但許多人的經濟狀況可能比他們的曾祖父母那輩來得更為窮困，也不如與他們同時代的西方人。「中國的經濟在一八四〇年代到一九四〇年代之間崩盤，」經濟史學者安格斯·麥迪森（Angus Maddison）寫道：「一九五〇年中國的國內生產毛額（Gross Domestic Product，GDP）還不到一八二〇年的四分之三……（而且）……（全國的）國內生產毛額也不及西歐國家及其他西方國家數值的十二分之一。」[20]也因此，中國在當時全球經濟中所占的比重不大。在一九五二年時（經過共產黨人兩年的恢復重建），它占全球國內生產毛額總值的百分之五點二，但是中國的人口占世界總人口的百分之二十一點八。此時中國的出口數額占全球出口額度的百分之一。[21]

雖然上述的比較反映出真實的情況，但是在另一層意義上來說，卻是無關緊要的。中國人習慣拿自己和同時代地位相似的人比較，而不是和祖先與外國人比較。對於數百萬計的人，尤其是農民和數量比農民少很多的工廠勞動工人來說，現實就是每天都要為了活下去而奮力掙扎。至於經濟狀況較好的人——像是地主、城市居民、商人、若干專業人士、中高階官員，以及那些藉由犯罪、貪汙和人脈關係相互提供好處與安全保障的人——他們的問題是要如何保障生計不受猖獗的通貨膨脹影響，並且在看似有遭到掃滅之虞的時候，試圖保住他們居於社會、經濟和政治權力金字塔上層的地位。

當時在許多城市中，社會改革已經獲得重大的進展。但是在一九四八年九月，內政部仍然覺得有必要頒布所謂〈取締民間有害風俗辦法〉。這些所謂的有害風俗，包含對神通迷信崇拜的各項行為，例如算命問卜、問乩行巫、風水堪輿、以及施咒治病等，此外還有婦女纏足、畜養女奴、童養媳、墮胎和溺殺嬰兒等等惡習。

英國駐南京大使館就此事向倫敦拍發電報，指出：

由這些取締辦法的頒布可以肯定：它們所要禁止的各種風俗習慣在很可觀的範圍內仍然繼續存在；儘管某些習俗必須以隱蔽的方式私底下進行，不過其中許多習俗甚至在南京和上海都還能每天見到。當然，共產黨人在廢除這些習俗方面極為努力，可能比國民黨還要成功。[22]

從很多方面來看，當時的中國需要改革是顯而易見的，許多的中國人也企盼國家能有變革。他們的分歧之處在於國家該如何變革，以及應該由誰來承擔改革使命。中國百姓的悲劇在於他們必須經歷一場內戰，才能找到問題的答案。

這本書在某些方面來說，既是一條穿越中國的過道，也是一趟經歷一年的旅程。這趟旅程行進的方向主要由北而南，中間穿插多次東西沿途的短途行程。事實上，如果一九四九年的「故事」有一個單一主題，那就是這篇〈前言〉一開始引用英國助理武官裘德瑞報告中強調的議題：「運動」。這位武官內心所想的運動，是以全國為範圍、以征服為目的，進行大規模軍隊和裝備的調動。他或許還提到國民黨士兵在敗局之中被迫長距離跋涉，為的是尋求一處避難之所——國民黨領導高層希望能在這個避難處休生養息、重整旗鼓，重新發動對抗敵人的戰役。當然了，長途跋涉的不只是軍隊士兵；前面已經提到過，數百萬尋常老百姓帶著家當，歷盡磨難，在國內從一個地方遷徙到另一個地方（有時候甚至更遠），他們既是在革命事業中流離顛沛，同時也是為了逃避革命造成的後果。

一九四九年六月十三日，中國海關總稅務司署的末代外籍總稅務司李度（Lester Knox Little）在日記裡寫道：「中國人似乎都覺得，只要他們**去**哪個地方——去任何地方都行，那他們就安全了。他們有逃難情結。」[23]李度這番話說得似乎有點讓人費解，因為當時全國正因為內戰而動盪不安，就連他自己也才為了避免遭到共產黨統治，從上海逃來廣州；再過不久，他還會和成千上萬的中國人一樣，再次逃難，到臺灣找尋避難棲身之地。然而李度的這番議論並不只是一個外國人發出的偏狹觀察，因為他對中國所知甚深。一九四九年三月，知名的上海文學刊物《論語》以整期篇幅推出「逃難」專號。作家何芳洲在介紹這個主題時，描述逃難是中國百姓的「特色」。由於環境使然，他們已經變得十分「擅長」逃難。[24]

在這動盪混亂、流離失所的一年，有不少重要資產轉移搬遷。其中相當著名的除了國民黨政府持有的黃金、白銀及外匯之外，莫過於那些原來由中國各主要博物館收藏的藝術與文物珍品。

當局以容易打包裝箱和搬遷、且較不易受到損失或破壞為挑選原則，盡可能的遷運這些珍品。蔣介石和負責疏運珍貴文物的一小群優秀的博物館員，竭盡全力搬遷這些資源，使之免於遭受共產黨的奪取。以他們的立場來說，這麼做是具有充分理由的。由於在戰場上迭遭重創，國民黨高層相信休生養息、組織再造、新的軍事裝備和財政資源挹注，能及時使他們繼續奮戰下去。與此同時，不論如何，他們繼續保管相當數量的文化瑰寶精品，增強了國民黨人的信念：儘管他們在其他諸多方面上表現得極其差勁，國民黨政權仍舊具有合法正當性。

此外還有若干較不明顯但重要性不亞於前述的層面：人口由內地向外或「海上中國」移動，或許可以稱作「大遷徙」。因為它同時是思想理念與物資的大規模移動。在一九四九年（以及接下來的數年），為數眾多的受過高等教育人士——男女商人、公務員、大專院校教授、教師、新聞記者、律師、專業技術人員及工程師等，紛紛離開大陸，前往臺灣或香港。這些「流亡者」在當地的境遇通常十分惡劣，但是他們卻是人才和思想理念的重要來源，幫助將這些原來相對較落後的地方轉型成為繁榮的製造與貿易中心；特別是在中國大陸堅定站在社會主義國家陣營這一邊時，這些地方更擁有前者所無的全球聯繫通路。

雖然邊境那一邊的政權更迭，但英國決心堅守香港（這個決心在一九四九年年中顯現出來）；而美國也決定遏制毛澤東進攻臺灣的計畫（這個決定在一年後付諸實現），為這個「海上中國」的關鍵據點提供賡續生存與繁榮的安全保證。日後這些地方都成為人才、企業技能和廣泛國際通路群聚的新家園，這一事實表明這些地方都見證了生產製造的急遽成長、生活水準的快速提高，以及其他各方面的突飛猛進。因此，從某種意義上來說，「中國」這個概念——這裡指的是一個國度（country），而非政權體制（state）——在一九四九年以後重新組裝：它在經濟和政治層面上，全都「改頭換面」了。農業革命和急速工業化（大部分著重在重工業）占去了大陸當局的全副心力。土地改革同樣也是一九四九年後臺灣經驗的重要部分，但是和香港一樣，臺灣利用大陸人才、資金的湧入，集中力量發展貿易、金融和輕工業。位處在這個受到革命浪潮席捲的國家邊緣，港臺兩地都成為相對穩定的燈塔。

自一九四九年以來的七十多年間，這兩個地方都有很大的改變。國民黨在臺灣丟掉了政權，曾經贏回來過，但又再次失去。香港在經過協商、承諾給予高度自治之後回歸中國統治。然而，就這兩處「海上中國」重鎮的基本性質和功能來說，事情幾乎沒有什麼變化。就港、臺與大陸以及世界的關係來說，確實也是如此。這兩個地方的情形，在後面將會詳細說明，而它們與從前截然不同的身分，便是起源於一九四九年那一連串痛苦難忘的事件裡。

當我們深信某一個單一年分、一連串的事件，或是某個人或一群人的作為對於往後的年代起到決定性的作用時，人們很容易會忘記事情原本可以不必然如此。「歷史是向前發展的，但是在書寫歷史的時候卻是事後回顧，」英國歷史學者維若妮卡・韋奇伍德（C. V. Wedgwood）表示：「我們還未及細想開始，便已知道結局，我們永遠無法重新經歷當初只知道開端時的情景。」[25]另一位英國史家東尼・賈德（Tony Judt）在反思二十世紀時告誡道，「唯有以我們當前的處境作為參照，並且時常拿來做對比」，過往的史事才能獲得意義。[26]吉兒・班奈特（Gill Bennett）在研究英國外交政策的歷次重大危機時提出警告，若想理解當時為何作出此種決定，首先必須「忘記我們所知道的後果」。[27]

當我們思忖一九四九年的中國究竟發生了什麼事的時候，確實需要揚棄之前的「成見」，或放下過往的「後見之明」。也只有避免從這種「後見之明」的角度看待歷史，才不會認為事情的發展不可避免，因為事情很可能會有別的走向。國民黨政府的崩潰，正如許多當時的人指出來的，看來會在那一年出現。但是它土崩瓦解的方式和極不尋常的速度，還是出乎很多人的意料之外。不管這些人們是在戰場上還是在任一方陣營的平民隊伍裡，無論他們是對情勢發展憂心忡忡的普通中國公民，還是遠隔重洋、在首相大臣官邸或最高層級的委員會裡監控事態的外國強權幕僚，事情都是如此。我們清楚後來事情如何發展，當時的他們卻不曉得。英國外交官柯利達（Percy Cradock）爵士，本身就是一位經驗豐富的「中國通」（China Hand），他曾經告誡道，如果我們想對任何局勢有真正的認識，對時代有所了解，那麼「我們必須設身處地的為當時的人設想，貼近他們在當下事件發生時的感受和掙扎，對他們來說，未來必定不只一條路可走，而是有各種可能。」[28]這正是我在面對一九四九年這個為中國帶來翻天覆地變動的年分時，所抱持的精神。

導論　南京危機時刻

一九四八年十二月三十一日傍晚，夜幕降臨在中華民國的首都南京，遠處施放的煙火照亮了蔣介石總統寓所上方的夜空。蔣氏寓所位於黃埔路上，是一幢紅磚建築，與雄偉的總統府只有一小段距離，此刻寓所四周的圍牆上張燈結綵，掛起節慶的燈籠。寓所內，服務人員在擺滿佳餚的桌子之間匆忙穿梭。這一幕，如同一位在場的人士所說，充滿了慶祝新年的氣氛。[1]

這是表面上的模樣。出席除夕茶會的四十餘位賓客都是蔣政府和執政的中國國民黨裡的高層人物，他們如不是駐京辦公，就是正好途經這座焦慮不安的首都。南京位於長江南岸，距離下游的上海約兩百二十英里（約三百五十公里），此時有人口一百一十萬人。然而，出席茶會的眾人完全沒有過節慶祝的心思。

不但如此，這個大部分由文職菁英組成的政權，如今脆弱危殆而且四分五裂，政府中很多人正擔心他們的世界即將毀滅。然而以何種速度崩潰、在什麼樣的情況下崩潰、又會造成怎麼樣的影響，目前都還不明朗，這使得局面更形嚴重。他們可能期盼在今晚能得到一些線索。

蔣介石麾下的將領們如今都不在南京，也無暇慶祝新年。此刻，他們正拚命試圖擋住（或試圖逃開）毛澤東所部共軍發動的最新一波攻勢。有些國軍將領被圍困在如北平和天津這樣的大城市裡，這兩座華北大城如今已成為孤島；[2]在西邊，山西省的省會太原也遭團團圍困。在中國最大城市兼商業金融中心上海，人們的神經也緊張不安；上海的城市人口因為難民湧入而暴增，他們正以恐懼的眼光注視著共產主義那看似不可阻擋的步步進逼。除非採取措施，制止事態進一步惡化，否則所有這些名城要地悉數落入人民解放軍之手，只是時間早晚的問題。

國內已經有很大一部分的地方遭此命運了。十一月二日，解放軍在經過漫長而又艱難的圍困之後，終於拿下瀋陽，這是政府在滿洲所控制的最後一座大城市。滿洲位於長城之外的中國東北地方，資源豐富，工業發達。在日本於一九四五年八月戰敗投降、結束第二次世界大戰之前，曾經占領滿洲達十五年之久。蔣介石將收復東北作為最優先目標：作為中國領土，東北已經「淪陷」太久了；它的收復，對於北平和整個華北的安全至關重要。此外，滿洲在戰後已成為中共軍隊的新根據地，中共能進入此地區是受益於蘇聯紅軍在此駐紮——蘇軍開入此地區是一九四五年二月盟國在雅爾達（Yalta）會議中達成的協議條件，而這次會議，中國方面被盟國排除在外。雅爾達密約造成的結果，至少在關於滿洲這方面，中方一開始時完全被蒙在鼓裡。

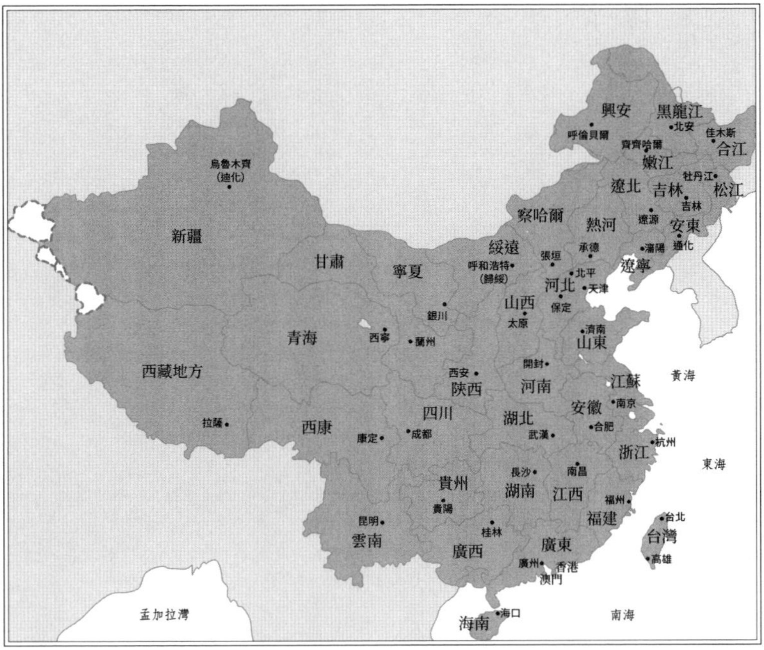

地圖導 .1　一九四九年中華民國政治情勢圖。

滿洲緊鄰蘇聯，而蘇聯正是中國共產黨人取得資金與武器的主要來源，當時毛澤東認為必須遵循蘇聯的指示，也就是約瑟夫・史大林關於如何推翻蔣介石的政府、取得全中國所提出的戰略建議。東北落入解放軍之手，改變了國共這兩個宿敵在爭奪中國其餘地區控制權時的平衡態勢；共產黨人現在控制了全國最大的工業基地，其中包括多座之前日本人建的兵工廠，可以供應共軍武器彈藥。這是一項具有重大象徵性及戰略性意義的資產。[3]

十二月初，一手策畫拿下整個滿洲的共軍司令員林彪，率領他麾下的大軍浩蕩開入長城以南。這支軍隊正在和華北、華中作戰的共軍聯合起來，在毛澤東和其他將領的命令之下，對蔣介石的軍隊發動大規模攻勢。[4]就在受邀出席茶會的人員在蔣氏寓所聚集的同一時間，淮海戰役，[5]也就是共軍發動的攻勢中規模最大的一場，正在激烈進行，而且幾乎將國軍長江以北的精銳全數消滅。現在共軍兵鋒直逼江北，首都已進入其砲火射程，政府因此在其急速縮小的控制區域內頒布戒嚴令。[6]

政府想要扭轉態勢、反敗為勝的機率趨近於零。「失去東北，猶如去其一臂，」行政院一位閣員嚴肅地說道：「人遭斷臂，猶可生存。華北即另外一臂，倘若犧牲，亦非不能承受。然華中為國民黨腹心之地，倘使心臟被刺穿，人即不活。」[7]蔣的政權岌岌可危，必須採取斷然行動。

南京市中心這場氣氛陰鬱低沉的茶會，李宗仁也受邀出席。李氏崛起自華南的廣西省，是該省兩位軍事巨頭其中之一。李和蔣長年不和，彼此就政治領導地位與軍事戰略決策等議題互不相讓，但最後通常是蔣占上風。可是就在八個月前，儘管蔣竭盡全力，依然無法阻止新選出集會的國民大會代表選舉李宗仁為副總統、即蔣的備位副手。李當選副總統對蔣這位中國領導人來說是一大打擊。事實上，據說這是這一年以來唯一一次造成他嚴重失眠的重大挫折，為了緩解失眠，蔣甚至還暫時放下他信奉的衛理公會（Methodism）教條，嘗試淺酌一些威士忌幫助入睡。[8]

這個時候，畢生馳騁沙場的李宗仁已經五十八歲，他因為對日抗戰時期戰功彪炳而備受讚譽。多年下來，李對蔣介石的作風越發感到惱怒，認為自己無法繼續在這樣一位無能的領袖手下服務。但蔣氏本人卻十分自信，加上他身邊又環繞著一大批追隨者，使得即使在政府處於崩潰邊緣、國家即將淪入共產黨之手的危急時刻，也不可能動搖他對於權力的掌握。

李宗仁不聽另一位廣西軍事領袖白崇禧的勸阻（白氏長年輔弼李），下定決心，如他自己所說，「投身政壇」。李脫下軍服，換上一身量身訂做、但他從來不覺得完全自在的西裝，其目的正是為了要挑戰蔣介石的領導地位，並且在為時已晚之前施行緊急改革。他將盡其所能地挽救國民黨政權，並且希望得到外國友邦（主要是美國）的協助。

圖導.1　李宗仁：一九四九年一月蔣介石下野後繼任代總統，但是此後即不斷與蔣氏爭奪國民黨政府的控制權。

在場的還有行政院院長孫科，他是黨內資深政治人物，聲望沒有李宗仁那麼高，但是在蔣的領導下擔任過不少政府要職。孫科是創建中華民國的孫中山之子，他如今也認為政府高層的人事更換是至關緊要的。對於在副總統選舉中敗給李宗仁，孫科還是餘恨未消，他最近才剛剛想方設法組成了行政院新內閣。為了順利組閣，這位時年五十七歲的閣揆費了好幾個星期，對閣員人選進行密集勸說，中間因為他健康出狀況、血壓飆高而不得不暫時喊停了幾次。在國民黨政權因為戰事接連失利、加上實施大膽卻具毀滅性的幣制改革（譯按：指一九四八年八月十九日發行的新貨幣「金圓券」）而士氣低落之際，他希望新內閣能平衡黨內各派系，並且彌合統治集團內部的個人競爭。新內閣團隊能維持多久，誰也說不準。但是可以肯定的是，如果新內閣不能控制住局面，必定崩潰。

其他出席者還包括蔣氏的長子蔣經國，小蔣現在是其父的親信；[9]現在政治立場左傾的西北軍政長官張治中、以及留美學習採礦工程的陳立夫，他和其兄陳果夫一起領導國民黨內實力強大的「CC」系——雖然不是事事聽命於蔣，但是對蔣極為忠誠。

一九四八年的最後幾個小時，在蔣氏戒備森嚴的隱蔽官邸裡的所有人，心思都放在寓所主人的進退出處上面。現年六十一歲的蔣介石，依然是海內外最具知名度的中國政治人物，也是中國二十二年來苦難國運的象徵。蔣氏身形瘦削、短小而清癯，時常可以看到他穿著一襲軍用斗篷，揮舞著手杖，給予人們冷酷、內斂而相當難以親近的領袖形象。但同時他也精力充沛、固執而自負。蔣致力於完成拯救國家的使命，避免中國受到共產主義掌控，他堅稱共黨陰謀受到蘇聯的誘發、領導與資助。蔣深信共產黨徒殘暴而無人性，若不將其打敗，他們便會壓迫中國人民，摧殘傳統文化。

然而軍事上連番慘敗、貪汙腐敗、通貨膨脹和中國各大城市中出現的經濟混亂，已經造成民眾對他所領導的政府信心崩盤。蔣氏堅持對所有重大決策都有最終拍板決定之權，事關軍事時尤其如此，這表示當政策施行錯誤時，他本人將遭受責難。他在戰略規劃與戰術部署上都證明是笨拙無效的。[10]在這個歷經了八年對日苦鬥、現在又與共產黨內戰二年餘的國家，厭戰情緒十分嚴重。多年來，青年學生不斷走上街頭示威，抗議他們認為蔣的國家體制裡腐敗透頂之處；堅持打內戰這一項在諸多遭抗議抱怨的政策當中名列前茅。許多這類抗議活動規模都不大。若干抗議與警方對峙，以暴力衝突收場。但是由於傳統觀點中青年學子被看成是國家的道德良知，更兼是未來的棟梁，因此上述這一切都等於是對政府的譴責。對於和平的渴盼十分強烈，而且正在滋長。

要求蔣氏辭職下野作為與中共開啟和談的先決條件的呼籲聲浪同樣也越來越強烈。這些聲浪來自一般民眾。儘管政府的審查嚴厲，但這些言論還是令人訝異的出現在自由派媒體之上。而最近美國的外交官竟然也表達出這樣的看法（儘管說得小心翼翼），美國是列強中唯一支持蔣介石的國家，但這樣的支持如今也變得越來越不穩定。

多年以來，華盛頓力挺蔣介石的政府，提供武器、軍事訓練、經濟援助和慷慨的外交支持。有許多美國人一直認為，美國有能力指導並協助中國邁向改革與現代化之路。在第二次世界大戰期間，蔣的政府在與日本、德國的全球爭鬥當中一直是美國的重要盟友（雖然時常讓美方感到挫折），這一事實強化了上述的觀點。戰後，華盛頓幫助中國在參與國際事務上取得一席之地——中國已躋身世界「五強」之一，[11]在國際組織當中躍居高位：國民黨中國是聯合國以及其他重要國際組織的創始會員國。

美國在擊敗日本之後也曾試圖調停國共之間的衝突。美方希望能制止國共再次爆發內戰，並且為一個強大、統一而民主的中國奠定基礎，這是美國在過去五十年來的廣泛目標。但是喬治·馬歇爾（George Marshall）將軍於一九四六至四七年來華調處的任務，卻因為政府與中共黨人之間強烈的敵意與大規模敵對衝突而宣告失敗。更糟的是，從美國的角度來看，中共由於其高超的作戰本領、紀律嚴明的領導、緊密的組織、明確的目標、以及蘇聯的支持，很快就於內戰中取得優勢。

上述前四項中共取得優勢的因素，蔣都無法與之抗衡，這是他的政府目前陷入困境的主要原因。他需要更多美國的援助來挽救局勢。而此舉是十分必要的，因為在這場中國內戰當中遭受到威脅的，絕非僅僅是中國自身而已。歷史學者曾銳生（Steve Tsang）就指出，蔣「是最早將中國內戰視為是共產主義與資本主義陣營全球衝突不可分割一部分的人」。[12]這是美國領導的「自由世界」與蘇聯倡導的國際布爾什維克主義之間的衝突鬥爭。隨著近年來蘇聯在東歐及南歐的各種行動，終於迫使華盛頓承認，這樣的衝突正在加劇。

美國總統杜魯門（Harry S. Truman）在一九四七年對於蘇聯的擴張做出反制的決策，這項原則性回應如今以他的姓氏命名（譯按：即杜魯門主義〔Truman Doctrine〕，杜魯門於一九四七年三月十二日發表國情咨文，主張：「自由人民正在抵抗少數武裝分子或外來勢力征服之意圖，美國政策必須支持他們。」成為美國對外政策之原則）。杜魯門政府承諾在希臘、土耳其和其他地方抵制共產主義勢力的擴張，並且通過被稱作「馬歇爾計畫」（Marshall Aid）的經濟援助方案，協助西歐各國擺脫經濟困境，使這些國家不那麼容易受到蘇聯資助或本土生成的共產主義侵襲。當此之時，冷戰才剛以「柏林封鎖」（Berlin blockade）製造出第一次重大危機（譯按：二次大戰結束後，美、蘇、英、法四國占領德國，首都柏林也由四國占領，一九四八年六月，美、英、法三國德占區合組為西德，三國所占柏林市區也合併為西柏林，但西柏林孤懸於蘇占區之內，蘇聯於六月二十四日切斷柏林與西德的水陸交通及貨運，只保留三條空運走廊，意在實質掌握西柏林，六月二十九日，美國開始以空運接濟西柏林，一直到一九四九年五月十二日，蘇聯解除封鎖為止），而中國的命運也來到了危急存亡的關頭。

在蔣介石（以及當時的許多人）看來，民主國家陣營與共產主義國家之間爆發第三次世界大戰可說是迫在眉睫。[13]美國別無選擇，只能投入戰爭——就像當年它在日本侵略之下被迫參戰、加入第二次世界大戰那樣。蔣氏堅稱，華府應該盡早採取行動。美國也應對他的政府提供全面軍事援助，因為其賡續生存對於全球自由陣營來說至關緊要。蔣政府的駐美大使顧維鈞便曾表示：「中國與歐洲實為一體之兩面，美國遏阻共產主義勢力擴張的政策不應有區別，偏重歐洲而輕視中國。」[14]

對於美國杜魯門政府傾力扶植日本這個從前的敵人、將日本建設成為抵禦共產主義擴張的堡壘，卻不選擇幫助昔日的盟邦中國，國民黨高層和許多民眾一樣，感到十分憤慨。行政院長孫科就在會見美國來訪人士時大發雷霆、老實不客氣地表示：「你們在全世界打一場對抗共產主義的冷戰，可是你們對中國的政策，用意似乎是在加速我們政府的解體。好像我們崩潰得還嫌不夠快、不合你們的意似的。」[15]

一九四八年十一月，承諾當選總統後將要更加援助中國的杜威（Thomas Dewey），竟然沒能在美國總統大選中擊敗杜魯門，令蔣介石深感失望。十一月二十七日，帶著幾乎未加掩飾的迫切惶急，蔣的妻子宋美齡突然離開南京，啟程訪問美國。宋美齡在一九四三年訪美時，成功的喚起美國各界支持中國對日抗戰；這次她期望可以再一次贏得美國人的支持。由於近來中國局勢惡化已極，「此種刺激，為任何時期所未有，內子（宋）亦有同感，故覺身心疲憊，幾乎不能自制，」蔣在日記裡寫道。[16]這位中國「第一夫人」搭乘美軍第七艦隊司令提供的飛機，橫越太平洋。

宋氏到美後，受到政府高層禮貌性的接待，但此時美國政府要人早已判定她丈夫所領導的政府大勢已去。十一月時，一份中央情報局（Central Intelligence Agency）的國際政情評估報告，結論時是這麼說的：「依照現有的情勢研判，中國國民政府可能在未來幾個月之內即不復存在……。難以想像現在的政權能團結起來，穩定住局面，並守住在華中的新防線。」[17]因此，華盛頓下令，將派駐中國的正式軍事任務團隊，也就是「美國軍事顧問團」（United States Military Advisory Group）撤回；當時一名英國記者見到「顧問團軍官駐紮的金陵酒店，地毯已經捲收起來了；祕書們忙著焚燒機密文件。」[18]

儘管如此，宋美齡在十二月九日出席總統在白宮為她舉行的茶話會時，仍然提出請求：請美方再次派出軍事顧問團到中國來，並給予三十億美元的援助。杜魯門沒有答應。根據華盛頓稍後的統計，指出在一九四五年到一九四九年三月這段期間，美國向中國提供總值不少於十六億美元的軍事與經濟援助，另外還提供了四億美元的信貸。[19]據美方稱，這筆援華數額「相當於中國政府金融支出的百分之五十以上，且與中國政府自身之預算相比，其數額更占重大之比例，且較（二次大戰）結束後美國提供給西歐任一國家的援款都來得多。」[20]美國還售予中國總值超過十億美元的戰時軍用及民用剩餘物資，其中二點三二億美元美方以現金給付。而儘管美國是如此慷慨大方，《遠東經濟評論》（*The Far Eastern Economic Review*）卻聲稱「中國政府在國內和國際上都已經長時間破產了」。[21]

但是，美國沒有辦法平靜看待中共即將取得全面勝利這一事實。英國同樣也不能坐視，因為該國不但有龐大的在華商業利益，更需顧慮香港的未來前途。倫敦和華盛頓在制訂對華政策上，以及如何妥籌善策以因應處在不斷變化之中的中國內戰局面，因而都出現了重大的分歧。但是對於美、英兩國來說，中國的未來命運之所以重要，不僅是因為它的規模、戰略位置和經濟上的潛力，更是由於其未來將會對美國與蘇聯及各自盟邦之間的全球競爭格局產生極為關鍵的影響。

在此情況下，蔣介石個人的進退出處，在一九四八年底時顯得更為重要。幾乎沒有跡象能夠證明，僅憑蔣氏下臺就能使國民黨政權重現生機：國民黨的社會基礎太過薄弱，這也部分解釋了它的突然崩潰。不過或許它的存在至少可以推遲延緩共產黨全面勝利的時間。或許它能導致某種「南北朝」分治局面的出現：中共統治北方，而國民黨則守住南方半壁江山。又或者它能為一個全國聯合政府的出現掃清障礙，西方列強和這樣的聯合政府打交道，遠比和一個完全由中共掌握的政府，或實際上全由國民黨人組成的政府交涉，來得容易許多。而至少可以確定的是，這將代表長期以來困擾中國的戰禍、混亂和動盪，即將告一段落。

中共的領導人別有另一番雄心壯志。他們長期以來欲去蔣而後快，相信國民黨政權在蔣去後撐不了太久（這也是美國中情局的看法）。[22]自從一九四六年中、美國主導的調處失敗以來，中共就不斷以最強烈的措辭詬罵蔣氏這位「反動」的中國領導人。被中共指稱是蔣氏「傀儡」政權後臺的美國，也遭到同樣的待遇。中共每次在試圖勸說國民黨的將領與政治人物（特別是前者）「棄暗投明」、起義來歸的時候，動輒堅稱蔣介石和圍繞他身邊那一小群貪汙腐敗又無能的反動分子，注定要被徹底毀滅。就在蔣氏於官邸舉行茶會的幾天前，中共廣播將蔣和他以下四十二名國民黨文武高級幹部列為「一級戰犯」，據說蔣在得知中共此舉後怒不可遏。[23]名列「戰犯」名單的政府文武幹部中（包括李宗仁在內，他也被列為「戰犯」），今晚有九位出席蔣氏寓所的茶會。

到了這個時候，即使如當時一位觀察人士表示：「不惜一切代價實現和平的浪潮，都已經湧到（他的）書房門口，」蔣介石還在抗拒要求他下野的聲浪。[24]他曾向黨內一小群高層幹部透露「下野」這個議題，但還沒有宣布最後決定。對於蔣氏本人、對於政府高層，以及對於大眾來說，這都是一件極度敏感的事情。

在蔣個人方面，他還在為陳布雷的離世而悲傷。陳布雷長期擔任蔣的機要祕書，同時也是他的核心顧問。陳身為一個長年藏身幕後的人物，通常遠離大眾矚目，但他卻在十一月十三日、也就是五十八歲壽誕的前兩天，在南京仰藥輕生。陳布雷對蔣的忠誠超乎尋常。國民黨內的腐敗和派系鬥爭，以及接連不斷的軍事慘敗，讓他深受打擊；而此時他似乎已經知道身在北平的女兒竟是潛伏的中共地下黨員，這同樣令他感到絕望。效力如此久的事業與侍奉多年的領袖如今面臨崩潰局面，這讓他難以承受。身為蔣氏許多演講與文告的代筆文膽，陳布雷本來可以在接下來艱難的幾個月裡，為他處境艱難的長官提供巨大的協助。[25]

此外還必須考慮對於軍事作戰層面的衝擊和影響。雖然戰局對政府而言極度不利，不過在一九四八年底時大局仍然很微妙：中共在淮海戰役取得勝利，這場控制中原的大決戰，雖然已接近尾聲，卻還沒有結束。蔣如果突然離職下野，無論是被迫還是出於其他原因，都可能會削弱在共軍包圍圈中的國軍官兵僅剩的戰鬥意志。

然而總歸來說，蔣介石開始認為，對他本人以及政府而言，堅持留在總統職位上可能會比辭職下野更加危險。究其背後原因，就是蔣在日記中提及白崇禧的「背逆脅制」，白崇禧也是出身廣西的將領，和蔣之間有著多年分合起伏的關係，而蔣如今亟需仰仗白麾下訓練有素的軍隊、他統御大軍的指揮才能，以及其聲名威望。[26]處在這種情勢之下，巧妙運作方為生存之所需，而不是一味頑固執拗。現在問題在於掌握下野的時機，以待未來情勢許可時重新復出——蔣相信這一日必然會到來。

現年五十五歲的白崇禧肩膀寬闊、面上顴骨高聳，他是「桂系」（譯按：「桂」是廣西的簡稱）這個實力堅強的軍事派系裡真正手握兵符之人。他的身形結實，頭髮剃得精光，這是典型中國軍事領袖的造型，傳達出重視紀律、奉獻和責任的強烈形象。白氏出身於廣西舊省城桂林近郊的一個貧寒回民家庭。他在中國軍界中是最受敬佩的將領之一，由於他在北伐、抗戰時屢克強敵，獲致勝利，因此得到「小諸葛」的稱號（「諸葛」即中國古代知名戰略家諸葛亮）。

當時白崇禧是華中剿匪總司令，華中剿總設於扼控長江中游的戰略要地武漢，距離南京數百英里。蔣仰仗他屏障華中，使解放軍不能渡過長江、奪取首都，並且席捲華南。起初，蔣為了分白氏的兵權，將華中剿總一分為二，另派一位忠誠將領擔當首都以北的中原防務（譯按：蔣在徐州另設一剿總，派劉峙擔任總司令）。但是此舉到了一九四八年底，卻招致災難性的失敗後果：南京門戶洞開，暴露在解放軍兵鋒之前，成為下一個軍事行動之可能目標。

白崇禧因而發現自己正處在這個割裂部署之下的關鍵位置。他指揮四個兵團，約三十萬兵力，其中最精銳的是他從廣西帶出來的桂軍部隊。這些部隊雖然裝備窳劣、薪餉欠缺，但他們控制住糧食的流通（從米倉湖南往南輸送）以及武器的取得（有部分是從西部、四川的兵工廠生產的槍械獲得）。這位來自廣西的「小諸葛」真否真有可能力挽狂瀾、扶大廈於將傾，使國民黨免於崩潰，或者最起碼延遲共軍的進展？[27]

白氏認為局面仍大有可為。在他看來，要避免中國、國民政府和他個人失敗傾覆的唯一出路，就是與中共謀和。蔣必須下臺，以便讓副總統李宗仁接替，屆時李將試圖與過去二十多年來大多時間都和國民黨人殊死鬥爭的中共，達成罷兵講和的政治協議。

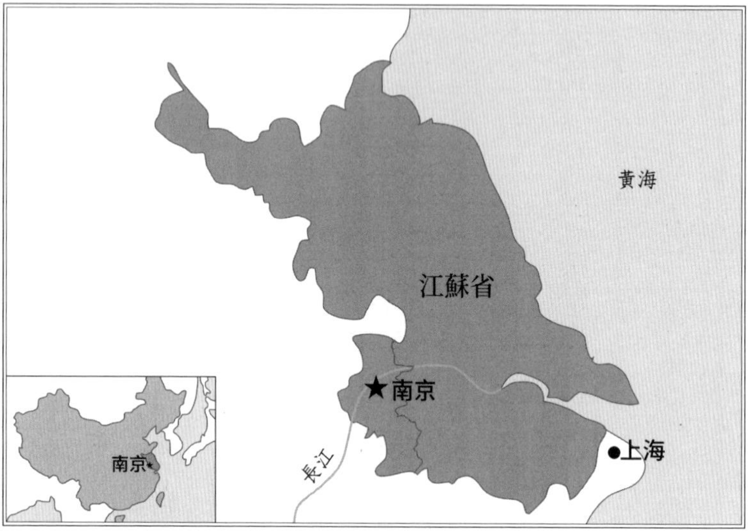

地圖導 .2　南京與上海分別是國民黨政府的政治和經濟中心。

最起碼，談和可以為自己爭取時間。在接連失敗之後，國民黨的軍隊現在急需時間重新進行編組和休整補充。現在也是時候讓西方列強明白中國內戰對其利害關係為何、並且進行干預，甚至是出面調停，或者以美國的情形來說，恢復武器援助，甚或是再次主持調處。談和或許還能為國民黨人爭取到足夠的時間，以便讓他們整頓內部，並且重建對於飽經被政府摧殘的信心。

從十二月底白崇禧拍發給蔣介石的兩通關鍵電報來看，上面所述就是白氏此刻心中的盤算。[28]第一通電報於十二月二十四日發自武漢，一開頭便對政府軍主力盡喪之後民心士氣的前景，做了慘澹卻合乎現實的研判。「主力兵團，損失殆盡，倘無喘息整補之機，整個國軍，雖不辭任何犧牲，亦無救於各個之崩潰。」白氏在電報中表示：「先將真正謀和誠意，轉知美國、英國，請美國出而調處，或徵得美國同意，約同蘇聯共同斡旋和平。」

白建議充分運用全國民意機關同時向政府與中共雙方施加壓力，要求停戰議和。雙方軍隊應在原地停止軍事行動，聽候和平談判解決。「並望乘京滬尚在國軍掌握之中，迅作對內對外和談部署爭取時間。」

蔣沒有立刻回復白的電報（不過他在日記中將白痛罵了一頓），大約在同一時間內，好幾位高級將領、省主席拍發類似情緒的電報給蔣，白的電報為其中之一。於是，在十二月三十日，白再拍發第二通電報，更加帶著催迫之意：

> 當今局勢，戰既不易，和亦困難，……職（白氏自稱）意應將謀和誠意，迅告友邦，公布國人，使外力支持和平，民眾擁護和平，對方如果同意，藉此可以開和平之機，……。總之，我方無論和戰，必須迅速決定，整個團結，方有生機。

蔣大概是在與邀集的人員（其中不包括白）一同參加新年除夕茶會幾個小時前收到白這通電報。這就難怪與會眾人，連同他們共事多年的領導人，臉上的神情都甚為陰鬱。蔣進屋裡，抬手要大家坐下用餐，眾人唯唯諾諾，對面前的美食恍若未見。眾人很快就稱已用完晚餐，於是蔣氏以平靜低沉的語氣說道：

> 現在局面嚴重，黨內有人主張和談。我對於這樣一個重大問題，不能不有所表示。我已請陳方（蔣的新任祕書）擬好一篇文告，準備在元旦發表。現在請岳軍先生（前行政院長張群、蔣的親信）朗讀一遍，徵求大家意見。[29]

與歷來及之後的中國領導人所發表的重要談話一樣，蔣介石的這篇文告也包含了許多複雜的意涵。文告內容有攻有守；字裡行間既展現出政治家的氣度胸襟，也表達對於人民被迫遭受戰禍荼毒的同情。從前蔣氏稱呼中共為「共匪」的習慣用辭不見了，並且懊悔地承認對於過去的一連串失敗負有責任。但是他誓言要繼續奮戰，並使中國擺脫共產主義威脅的陰影——如有必要，政府將在長江下游心腹重地進行決戰，並取得勝利。

關鍵的段落出現在文告後半部。政府已竭盡所能確保和平，並且試圖與共黨對話，但從前的所有努力均無濟於事。但是今日的局面是戰是和，關鍵不在政府，和平也不是民間對政府片面的期望所能達成；「須知這個問題的決定在於共黨，國家能否轉危為安，人民能否轉禍為福，乃在於共黨一轉念之間。」如果**他們**真有和平的誠意，政府必定開誠相應，與之商談實現和平。

然而，實現和平需有一定的條件。這些條件包括：國家的獨立完整不受損害、憲法及國民黨人堅稱正在實施的民主憲政不被破壞、政府的軍隊得到確實的保障，以及人民自由的生活方式，以及目前最低限度的生活水準得以維持，若符合上述條件，則可以議和。

然後是最重要的一段話：「中正畢生革命，早置生死於度外，只望和平果能實現，則個人的進退出處絕不縈懷，而一惟國民的公意是從。」

這篇文告念完，全場為之震驚。蔣轉頭詢問坐在右側的李宗仁，對此有何意見。李宗仁長期以來一直主張去蔣，此刻必定百感交集。因為一旦蔣氏下野，眼前這個令人絕望的政治、軍事局面，就要靠他李宗仁來挽救了。李唯一能說出口的，是外交辭令式的答覆：「我與總統並無不同意見。」

有幾位CC系成員對文告內容表達反對意見，他們警告說，總統若宣示下野，將對民心士氣造成重大打擊。他們要求將暗示蔣氏放棄總統之職的「個人的進退出處絕不縈懷」、「一惟國民的公意是從」兩句，從文告中刪除。在接下來的討論中，他們的意見顯得孤獨。

這時蔣介石突然火冒三丈，將原本持在手中的茶杯摜在地上：「我並不要離開，只是你們黨員要我退職，」他對滿座吃驚的來客說道：「我之願下野，不是因為共黨，而是因為本黨中的某一派系！」所謂某一派系，指的就是桂系，以及其領導者李宗仁、白崇禧。

他接著囑咐張群，關於他願意下野的那兩句話，一定要寫進明天發表的文告裡去，隨即快步離去。

第一章　死敵

「敵人是不會自行消滅的」

一九四八年十二月三十日，毛澤東向全中國人民發布新年獻詞，其語調、內容，尤其是那標題，和陷入困境的蔣介石以莊重溫和語氣發表的新年文告比起來，簡直有天壤之別。毛的新年獻詞題為〈將革命進行到底〉，儘管蔣提議與他的敵人進行和談，甚至願意下野以使談判順利開展，毛卻誓言要推翻國民黨的統治，根絕他們背後帝國主義者帶來的影響，並且徹底顛覆他們建立起來、並且互為表裡的社會秩序。[1]

「中國人民將要在偉大的解放戰爭中獲得最後勝利，這一點，現在甚至我們的敵人也不懷疑了，」他宣稱道：

國民黨的主力在長江以北被消滅的結果，大大地便利了人民解放軍今後渡江南進解放全中國的作戰。……因為這樣，中國人民解放戰爭在全國範圍內的勝利，現在在全世界的輿論界，包括一切帝國主義的報紙，都完全沒有爭論了。

毛澤東指斥國民黨的高層為「盜匪」和「毒蛇」，要求中國人民不可對他們心慈手軟。這場革命決不能半道而廢，因為「敵人是不會自行消滅的」。[2]

如果說蔣介石覺得他周遭的世界在歷經一年的災難後正在崩裂瓦解，那麼毛澤東雖然不像他這篇毫不妥協的新年獻詞那般充滿信心，但他卻感覺到他本人與其所領導的共產主義運動（從一九四五年起，毛就成為中共黨內定於一尊的領袖）正在接近一個直到最近都還難以想像能達成的目標：打下全中國。多年以來，蔣曾經在農村地帶追剿毛；現在風水輪流轉，看來毛也許能把蔣徹底逐出中國。毛注定要進入世界偉大領袖之林，而蔣則將被除名退場。

蔣、毛這兩個爭奪江山的人，彼此年紀相差六歲，出生地則相距約四百五十英里。兩人之中，蔣氏的年齡居長。一八八七年十月三十一日，蔣介石誕生於浙江省奉化縣溪口鎮一家鹽鋪的二樓。浙江位於上海以南，是中國傳統的繁榮地方。蔣的父親是位鹽商，和蔣的關係並不融洽。但蔣對母親，則溫情有加。（譯按：蔣父肇聰先後娶過三位正房夫人，蔣母王采玉為繼配，蔣肇聰在溪口鎮上經營鹽鋪，一八九五年七月去世，當時蔣介石僅八歲，由寡母辛苦撫養成人，因而對母親格外孝敬。）

一八九三年十二月二十六日，毛澤東出生於湖南省湘潭縣韶山沖，一個四周圍繞著肥沃稻田的小村莊。他的父親是一位富農，後來毛領導的革命卻將富農畫分為打擊的對象。年輕時期的毛憎恨自己的父親，但是和蔣一樣，對母親十分敬愛。（譯按：毛母文素勤病逝於一九一九年，當時毛的父親毛貽昌尚健在。）

蔣、毛長大成人後，仍然有許多共同之處，不過兩人之間的差異則還有待研究。兩人都聰明、機敏、決心堅定，也同樣投身於改造中國的奮鬥之中，而這樣的爭鬥在二十世紀的前幾十年間，主導了許多中國人的政治生活。兩人都痛感於國家的積弱不振，也都決心有所作為，他們所從事的活動往往都冒著巨大的危險。一九二〇年代初期，孫中山改組國民黨，得到蘇聯援助，倡導國民革命；蔣、毛這時在同一陣營並肩奮戰，共同為國民革命志業效力。

不過，從思想和各自對國家未來的願景來看，這兩人的差異相距不可以道里計。雖然兩人都擁有過人的意志力、自信和使命感，但他們的目標卻截然不同。到了最後，兩人更因為共產主義而分道揚鑣、走向不同的道路。

蔣介石在一九二三至二四年率團訪問莫斯科，儘管他對於蘇聯紅軍由政治委員貫徹執行的嚴明紀律頗為欽佩，對其他的東西卻印象平平。「無產階級革命不適用於中國，」他對接待的蘇共官員如此表示，後者聽後大吃一驚。[3]毛澤東在年輕時接觸馬克思主義，後來成為馬列共產主義思想的堅定信徒。他和其支持者都宣稱，已經將馬克思主義與中國國情相融調適，並取得巨大的成功。毛從未出過國，但此時正不斷糾纏約瑟夫．史大林，要求後者邀請他往訪莫斯科，好讓他確立中蘇兩國之間的聯盟關係。

蔣對自己和中華文化具有高度的信心，這要歸功於他受洗入基督教後更形強化的個人命運歸宿感。從蔣的日記可以看出，他是個虔誠的人：規律閱讀《聖經》、時常反省與自我檢討。在公開場合，蔣看起來一板一眼，而且內斂自制（在承受讓他快步離開新年除夕茶會的那種壓力時除外），從很多方面來說，他都是一個深受傳統文化影響的人物，抱持儒家觀點，深信中國許多問題的解方在於改進整個民族的道德行為。全國軍民必須「抱定決心……改造社會與學術風氣，養成自由與法治觀念，」他在一九四三年出版的著作《中國之命運》結論一章裡如此寫道。[4]

毛的性格特質截然不同。他懷抱著更加宏大的遠景，急切地想將中國的發展擺在更廣闊的國際格局當中。如果知道他對中國以外世界的知識，主要都是透過來自蘇聯或馬克思主義方面的資料取得，單是這一點就十足令人感到訝異了。毛比蔣更粗魯、更殘忍、甚至更為無情，他的談吐舉止和行事作風都帶有老家湖南農村的農民特色。他講的那一口湖南土腔也是如此，對於許多他身邊的人來說，幾乎就和蔣介石那濃重的寧波口音一樣難以聽懂。

然而在一九四八年行將結束的時候，最終讓蔣、毛兩人出現重大分野的，是簡單卻關鍵的成功——是政治上與軍事戰場上的成功。毛已經帶領著中共全黨全軍來到了即將勝利的關頭。這極其有力的證明，毛有能力在最為困難的環境之中，激發、領導、促進和組織起人們，期望在一個龐大且複雜的國家進行大範圍的變革。他的勝利同時也是對蔣介石在上述這些方面失敗的譴責。

一九四八年底，毛澤東剛滿五十五歲，這時的他身形魁梧壯碩，已經結過三次婚，至少生了六個孩子。[5]他的健康狀況並不算好：稍後他被診斷出罹患輕度瘧疾、支氣管炎，以及可能是造成上述病情的原因、同時又是病徵影響下的結果：失眠。[6]平時他穿著成套同顏色的寬鬆大衣和長褲，頭髮長而蓬亂，渾不似晚年的髮型。從一九四七年五月起，毛就一直住在西柏坡，這是一個位於河北省太行山脈東側的小村莊，在北平西南方約兩百英里。太行山是中國黃土高原的東界，山麓以西屬山西省境，東側是河北省，向南延伸入河南。西柏坡在滹沱河北岸，是一個百餘戶人家的小村。村子四周群山環繞，柏樹林掩映著黃泥夯牆的簡陋民居院落。離此最近的城市是東南邊的石家莊，有六十英里路程。解放軍在去年十二月從政府軍手上拿下這座城市，石家莊是華北第一座落入中共之手的大城市。

帶著隨身警衛員和一支專司保護他安全的小部隊，在陝北偏遠地帶到處遊蕩了一年多之後，毛澤東終於在這個風景如畫的小村莊安定下來。之前那段時期，他大部分的時間都在躲避國軍將

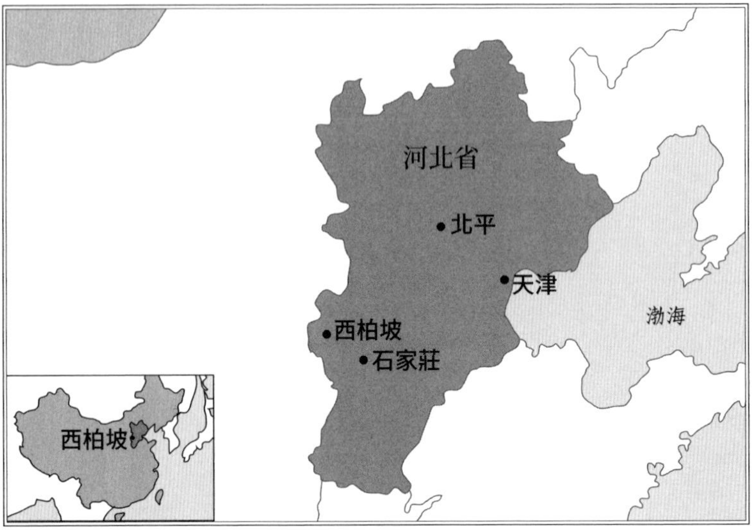

地圖 1.1　西柏坡，一九四九年初毛澤東的總部所在地。

領胡宗南所部的追擊（躲避國軍追擊通常沒有什麼困難）。胡宗南指揮的政府軍在一九四七年三月時，將中共中央趕出他們抗戰時的根據地延安。蔣極為看重攻占中共總部所代表的意義；當此之時，他似乎已在與毛的鬥爭中占了上風。但是，這一切都只是夢幻泡影。由於別處軍情告急，國軍部隊很快就撤出延安，中共旋又於一九四八年四月重新進占此地。

在西柏坡那幢和妻子江青合住的小院裡，毛澤東集中精力進行戰役的指揮部署，以及對中國未來政治前景的規劃。黨中央的重要領導人也紛紛住進附近的房子。這些中央首長之中，包括當時五十歲的周恩來，也許「毛的談判代表」是對他最好的形容，周在黨內和黨外折衝樽俎，特別是和包括外國人在內的中共黨外人士打好關係；年齡只比周小幾個月的劉少奇是黨的第二號人物，他是工運領袖、黨的組織建設專家，最近又擔任起動盪卻深具變革意義的土地革命總設計師；還有比他們大上十多歲的人民解放軍總司令朱德。西柏坡中共中央這個隱蔽在農村、十分安全的「國中之國」，與各方面的距離都非常遙遠，譬如與南京政府那現代堂皇的辦公樓建築群就相距甚遠，離蔣介石和他身邊眼睜睜看著政權崩解的那一小群人也很遙遠；西柏坡這群紀律嚴明、忠誠堅定、而且飽經戰火洗禮的人，正為他們征服、改造中國的計畫，完成最後的修改潤色。

在中共中央政治局於一九四八年九月在西柏坡舉行會議之後，毛澤東起草了一份對黨內的形勢通知報告。中共現在控制了全國大約四分之一的土地、三分之一的人口。目前已在有四千四百萬人口的華北建立起「統一的黨和黨外民主人士合作的人民政府」。[7]兩個月後，他宣稱中共的軍隊（根據毛的說法，此時有三百萬人）在人數上已經凌駕政府軍（在東北「淪陷」之後，毛說國民黨軍總數降為兩百九十萬）。戰爭因此將會比先前預期的更快結束。「原來預計，從一九四六年七月起，大約需要五年左右時間，便可能從根本上打倒國民黨反動政府。現在看來，只需從現時起，再有一年左右的時間，就可能將國民黨反動政府從根本上打倒了。」[8]

因此，在毛的新年獻詞中充滿了對未來的擘畫。在一九四九年，將要召集「沒有反動分子參加」、「以完成人民革命任務為目標」的政治協商會議。中華人民共和國將宣告成立，並組成共和國的中央政府。這個政府將會是一個「在中國共產黨領導之下的、有各民主黨派各人民團體的適當代表人物參加的民主聯合政府。」毛將上述這些計畫放在一個宏大無比的時代脈絡之下作為結尾：「幾千年以來的封建壓迫，一百年以來的帝國主義壓迫，將在我們的奮鬥中徹底地推翻掉。一九四九年是極其重要的一年，我們應當加緊努力。」[9]

創造「現代」中國

當毛澤東說出這番話的時候，距離一九二一年在上海法租界召開的中共建黨第一次全國代表大會，已經過去二十七年。當初除了這次會議的出席者之外，所有人都覺得這個剛誕生不久、羽翼還未豐的運動注定會失敗。之後的事實證明並未如此，究其原因，很大程度上是因為在帝制於一九一一年瓦解、以及隨後而來的一連串危機發生時，有好幾股深層的力量，在國家內部發揮了作用。而偶然與性格，這些歷史上反覆多變的力量，也產生了各自的影響。

一九一一年，帝制中國末代王朝的傾覆，從很多層面來看都代表著「舊世界」的結束。好幾個世紀以來，政治權力一直是由一群訓練有素、道德高尚的儒家官僚菁英集團來行使，皇帝則位居權力結構的頂端。一九一一年時，這套體系因為自身積重難返而崩潰。事實證明，它既不能因應險峻的內部挑戰，也無法應對充滿敵意且瞬息萬變的世界所帶來的外在威脅。體制已經腐敗到如此程度，因此當一小群與孫中山有關聯的革命黨人，結合心懷怨望的仕紳，以及具備現代思想的年輕軍官，於一九一一年十月在武漢起事之時，很快的全國響應。延續兩千年的帝制，在短短幾星期的時間裡就轟然倒塌。

一九一二年元旦，中華民國宣告成立。但是這個新生的民國，在政治、經濟、社會等層面上該如何組織？國家該走哪條道路？中國在世界上又居於什麼樣的地位？這些問題是二十世紀上半葉中國政治論述的核心，特別是在尋求上述問題解答的五四運動出現之後更是如此。[10]

在一九一九年五月四日這一天，北京學生上街抗議政府未能在凡爾賽和會（Versailles Peace Conference）阻止第一次世界大戰的勝利國私相授受，同意日本取得中國的一部分領土，作為東京參戰的獎賞。但是通常被更準確地描述為「新文化運動」的五四，其內涵遠比它命名依據的那一天還來得重要。因為這場運動持續了數年，被視為一次深刻而痛苦的民族自省。運動的追隨者對於中國的思想、政治、社會、經濟和國際情勢，作了批判性的評估，發現傳統固有文化存在著缺陷。他們於是堅持認為，如果中國要立足於現代世界並且繁榮昌盛，就必須進行劇烈的變革。

青年——或者更確切的說，是《新青年》——使用這個詞彙作為名稱的刊物，是五四時期最重要的期刊之一，更是這場新文化運動的核心。新文化運動的提倡者（它沒有所謂的領導人）有北京大學校長蔡元培以及北大文學院院長、《新青年》雜誌的創辦者陳獨秀、和著名哲學學者胡適等人。其他重要的人物則多半是作家（譬如被看作是近代中國文學之父的魯迅）、記者、學者、學生和政治活動家等，當時他們大部分都在十幾歲、二十多歲，乃至三十出頭的年紀。讓他們團結在一起的是一種民族危機感、是愛國熱情，也是自我犧牲的精神，更是形塑未來中國的決心。

他們對於「傳統」（但是實際上很大程度仍舊是當前的）中國的批評既嚴厲又深刻。「（我國）固有之倫理、法律、學術、禮俗，無一非封建制度之遺，持較晳種（按：白種人）之所為，以並世之人，而思想差遲幾及千載，」不久之後就成為中國共產黨首任領導人的陳獨秀如此宣稱。[11]中國在軍事上相當孱弱，其思想與制度方面也甚為落伍。在社會上，因為根基於尊重年齡、家庭和根深蒂固父權體制下的禮教影響所及，呈現退化的態勢。因為農村部門的龐然規模和停滯不景氣，再加上貧弱的工業基礎，國家非常窮困。而中國的百姓因為缺乏足夠的醫療照護、現代化的教育機構和通訊設施而深為所苦。甚至連書寫語言也很古老，不適合用於現代通訊。

如何治療這些痼疾是各方爭論的問題。「德先生」（Democracy，民主）與「賽先生」（Science，科學）被看作是潛在的救星。問題是，中國應當施行**哪一種**民主？則還有爭論。關於政治制度，國外向來不乏先例。若干五四運動人士對於日本的現代化驅動力留有極深刻印象：這股力量改變了日本這個同樣有悠久傳統的東亞國家。另外一些人則傾向於仿效德國、英國或美國的政治制度。所有這些「現代主義」各自都有支持擁護者；而支持保守信念價值的這一方同樣也是如此，人數似乎還更多。

對中國來說，真正重要的是，走哪一條路才**走得通**？中國需要的政治學說和權力體制，是既能滿足人民對於財富、權力的需求，也能保障更大程度的政治參與。同時，秉持此政治學說的權力體制，還要能結束國家內部的分裂、落後、貧窮和虛弱，並且讓中國能躋身世界先進國家之林。這一切都十分理想，但中國的變革並非毫無包袱、從零開始。即使皇帝已經退位，故宮已然荒廢，國家的復興仍然必須在這片與傳統和過往有著極深極久遠牽絆的土地上曲折前行。新思想必須在這個幅員遼闊、人口眾多、經濟落後的國家扎根，然而此時的中國，尤其是自一九一一年以來，已經淪為政治暴力與接連內戰之下的犧牲品了。

這就表示尋求變革很可能是一條殘酷血腥的道路。想要贏得支持，武器和理論缺一不可；理想很快就被拋棄，取而代之的是強制。一九二七年，毛澤東在論及湖南農民暴動的報告中表示：「槍桿子裡面出政權」。[12]口號是新的，但話中蘊含的道理卻不是。不訴諸武力而想改變中國**並非不可能**，日後將有人嘗試這麼做，若干人尚且還取得相當程度的成功。但是有許多積極行動分子認為，未來必然是激烈鬥爭的時代，很可能還充斥暴力。必須以暴力掃除反對者，並強制大眾同意。

舉起紅旗

馬克思主義及其奪取、鬥爭和革命暴動的概念，對於許多積極參與新文化運動的人而言明顯具有吸引力。中國首位重要的馬克思主義理論家李大釗便是其中之一，他深受一九一七年俄國布爾什維克革命的鼓舞，並且啟發了當時還很年輕的毛澤東。「人道的警鐘響了！自由的曙光現了！」李大釗在一九一九年十一月號的《新青年》中撰文寫道：「試看將來的環球，必是赤旗的世界！」[13]從許多中國愛國志士的眼中看來，馬克思主義之所以具有說服力，是因為它能解釋為什麼當前的世界處在如此悲慘境地的原因。資本主義和工業化讓西方國家（還要加上日本）變得強大，使它們有能力（甚至**強迫**它們）掠奪中國和其他經濟不發達的國家。這是無比醜陋卻「必需」的事實。

但它也是有先決條件的。歷史的辯證法不容否認。資本主義終將被危機所吞噬。無產階級將戰勝資產階級，開啟社會主義時期，拉開通往歷史最高階段——共產主義的序幕。如此理論為弱者和被剝削者帶來慰藉，尤其是在中國。

俄國革命提供了更多先例。列寧和他身邊那一小群布爾什維克主義者並未坐等有利形勢的到來，而是起而奪取政權，建立了世界上第一個社會主義國家。俄國革命發生在一個以農業為主體、相對落後的大國，它與中國的相似之處儘管很容易被誇大，卻是無法否認的事實。一個具世界觀、內部緊密堅定又領導有方的小型政治組織，成功推翻了俄國的舊政權。而且其領導人還很快宣示放棄沙皇時代自中國掠取的特權。

從新建立的社會主義國家向外輸出革命，是「共產國際」（Comintern）的任務，其代表很快就來到中國活動（譯按：「共產國際」是列寧於一九一九年成立的國際共產黨聯合組織，總部設於莫斯科，由蘇聯共產黨領導世界各國共產黨進行革命，之後於一九四三年宣告解散）。他們傳播消息，提供資金，並主持中國共產黨的建立。在共產國際派來的理論專家眼中，中國是全球帝國主義及資本主義架構中的一個脆弱點。革命在資本主義世界的遙遠邊陲取得進展，將會與「敵人」交戰：這個「敵人」主要是英國，之後則加入日本。在中國發展革命還能保障俄國的東方國土安全，這是克林姆林宮在領導國際布爾什維克主義革命時的重要考量。

但是革命要取得進展談何容易。中國的無產階級群體太小而且分布零星。在農村和其他地方，政治和社會層面中的保守勢力根深蒂固，當權者不願意放棄既得利益。馬克思主義也未在中國知識階層中享有壟斷地位；另有不少和它打對臺的「主義」。因此共產主義革命必須靠**創造**，必須主動**製造**革命形勢，而不僅只是利用形勢來奪權。

莫斯科採取的策略，是承認此一現實。在蘇聯的命令下，中共黨員於一九二四年加入由孫中山領導、甫「改組」完成的國民黨，蘇聯挹注資金、派遣軍事顧問和提供現代武器以支持孫氏。

孫中山（和莫斯科）期盼效忠於他的國民政府的部隊，能夠以廣州為基地，發動北伐，統一全國。當時，全國盤踞著大大小小的地方軍閥，若干軍閥控制了在北京的政府，僭稱代表全國。在北伐過程中，國民革命軍將會終結帝國主義，以及使外國人享有特權、並帶給每一個中國公民羞辱的「不平等條約」體系。

中共的角色是在軍隊行進的路線上沿途動員農民、組織工人，以利革命的加速進行。他們確實辦到了。繼承孫中山事業的蔣介石，於一九二六年七月發動北伐。到了隔年三月，北伐軍沿途已經擊敗各路大小軍閥，並進占長江下游許多名城要地。但是中共暗地裡別有目的：它奉蘇聯的指示，準備在北伐過程中，挑選適當的時機，從國民黨的「資產階級民主派」領導人（比如蔣介石）手中奪取權力。蔣氏堅決抵制。「我以誠往，彼以詐來，」他在一九二六年的日記中抱怨道：「非可與共事之同志也。」[14]

儘管蔣致力於打倒軍閥和列強在華特權，但總的來說他並不樂見社會動盪，也厭惡在農村發動革命的構想。一九二七年四月，為防止上述二者發生，他暴起發難，整肅了國民黨內的中共黨員，並清除蘇聯的影響。桂系領導人站在蔣這一邊，尤其白崇禧更是鼎力相助。這段過程十分血腥，遇害人數至今仍不清楚，可能達到數千人之譜，殺戮遍及全國，無論何處，共產黨人與左派分子只要被搜捕，一律格殺勿論。

一九二七年的這場政變、整肅、「屠殺」，或者國民黨的「清黨」（名稱取決於稱呼的那一方是受害者還是支持者），在構成中國革命陣營裡的青年男女、士兵、積極活動人士、農運領袖、學生、作家和知識分子之間，造成重大的分裂。此事過去二十二年以後，餘悸猶存的劉少奇在訪問莫斯科時對史大林說道：「我們當時根本措手不及，上了很大的當，（被蔣介石）給『騙』了。」[15]這次事件標誌著國共兩黨及其各自的領導人就此分道揚鑣，踏上不同的道路。兩方陣營中最著名的領袖分別是蔣介石和毛澤東，儘管後者在當時尚未在共產主義運動中取得顯著突出的地位。對於國共雙方隊伍中那些才華洋溢、熱誠盡職的人來說同樣也是如此，從這時起他們尋求實現的國家未來願景便截然不同，而且相互牴觸。

在那些分別屬於國共陣營、並於一九四九年的事件裡發揮重要作用的人之中，有兩位近代中國最具才能的將領——中共那邊是林彪，根據一位早期為林彪作傳的作家所述，林的黨內同志將他列為「近代中國歷史上六位軍事天才」之一；國民黨這邊則是白崇禧，這位桂系領導人的彪炳戰功，以及在國民黨政治圈中扮演的角色，已經略有提及。[16]這兩人都出身寒素，而且也都是在少年時期就獻身於革命事業。

出生於廣西桂林的白崇禧，較林彪年長約十四歲，一九一一年時他參加廣西學生軍敢死隊，徒步行軍到湖北武漢（接近林彪的家鄉），參加創建民國的辛亥革命。林彪表面上待人親切，深具自信，但實際上神經質且情緒時常緊繃，他在輾轉於各所學校就讀期間，對於在學校裡搞革命，總是大過於對正規課程的學習興趣；林彪從十八歲起就成為堅定的共產黨員，此後在中共打天下的每一個階段中，他都將扮演重要角色。

追求各自的革命理想，讓白、林兩人轉戰國內各地，最終運用軍事技能彼此抗衡，陷入激烈的對決衝突。他們的第一次對決發生在一九四六年春季，當時國共爭奪東北，拉開了內戰的序幕。國共兩軍在四平街會戰，此城是現今遼寧與吉林兩省鐵路樞紐的戰略要地。戰鬥異常激烈，因為林彪的部隊已先占領四平，以阻擋政府軍北上以及攻取其他地方的企圖。這時已內定為國防部長的白崇禧，全權負責指揮此戰，他聲稱已擊潰林彪所部，迫使共軍在失序和慌亂的狀態下放棄四平街後撤。

白氏力主國軍應乘勝追擊，迅速占領北邊的長春，然後推進到鄰近蘇聯邊界的哈爾濱。他聲稱若能占領哈爾濱，將可以徹底肅清滿洲的共軍。然而蔣介石在美國特使馬歇爾的壓力下，竟宣布停戰，未能採納白的主張。在白看來，停戰乃是鑄下大錯，給予林彪喘息機會，得以死灰復燃，整頓所部，於兩年之後占領全東北。白在晚年時，「每論及四平一役，扼腕頓足，激憤之情溢於言表，可見父親對此役功虧一簣，抱憾之深，」他的兒子日後記道。[17] 一九四九年，白崇禧二度對陣林彪那已具備絕對優勢的大軍時，便再無取勝機會了。

圖 1.1　白崇禧：國軍中最富韜略才幹的將領，然而他在一九四九年底遭到毛澤東手下最優秀的軍事指揮員林彪打敗，一生事業盡成灰燼。

圖 1.2　林彪：中共在東北勝利的大功臣，他繼續率領著第四野戰軍朝國境最南進軍，將白崇禧的部隊殲滅於途中。

儘管有一九二七年的大整肅，國民黨仍將與中共再次合作，至少在名義上，日後國共兩黨以統一戰線的形式，一同對日抗戰。但是團結僅止於表面。在這個層面上，一九二七年四月的國共決裂代表著資本主義與共產主義勢力之間衝突的開始，或許可以稱之為局部的中國「熱戰」。一九四五年後，在美國和蘇聯各自鼓動、倡導的情況下，則以冷戰的形式，主導了國際局面，具有更廣泛重要的意義。

對於毛和其他中共黨人來說，一九二七年的事件無異是災難一場。基層黨員被大量消滅，黨在各大城市裡的組織遭到連根拔除。然而，這些失敗象徵著中國共產主義革命運動開始踏上一場探索、實驗、自我發現的旅程。雖然有些時候，他們在旅程途中幾乎覆滅，但是最終卻取得了非凡的成功。在蔣介石這邊，這次鎮壓剝奪了國民黨內的諸多革命意圖與熱忱，但是並沒有讓他更容易控制黨，以及黨所組成的國民政府。相反的，為此他必須不斷進行戰鬥，以維護他個人在爭鬥場上時有時無的支配地位。

蔣介石的民國

國民黨的「新中國」（中共並不是頭一個使用這個詞彙的政權）在一九二八年建立起來，中央政府設於南京。新首都的建設計畫按照「全民族活力的來源」、「全世界的榜樣」這樣的宏偉路線，迅速開展進行。[18]市郊建起孫中山的巨大陵墓，以便黨的領袖以及忠黨愛國的民眾前往致敬。包括蘇聯在內的強權大國，紛紛與蔣的新政府建立外交關係，它們和這個新政府的領袖一樣，希望能為國家建立秩序，並進行改革。

根據孫中山制訂的建國大綱，國民政府在以軍事掃平障礙後，將開展一段未明確定義的「訓政時期」，教導民眾行使政治權力，直到他們有能力選舉出自己的領導人，才能進入盼望已久的憲政時期。與此同時，國民政府則奉孫中山的三民主義為圭臬。所謂「三民主義」，分別是民族主義、民權主義以及民生主義（這是一種定義不明確的社會主義）。在實務層面上，蔣介石的目標是結束國內軍閥割據，收回因列強侵略而喪失數十年的國家利權（尤其是關稅自主），促進社會變革，並且以更快的速度進行經濟現代化。在預想中，這是一個以國家力量推動、由「高層」由上至下領導進行的建國計畫。這一計畫要能成功，必須先建立一個強而有力的政府，終結境內的戰事，並且免於受到外國列強的侵略。然而在日後的「南京十年」（一九二七至三七年）中，上述三項條件的前兩項從未達成，而在一九三七年七月爆發的中日全面戰爭，則使這段時期戛然而止。

近來的學術研究，對於蔣氏主政時期國民政府的成就與缺失，以及民國時期的整體得失，有了較先前通說論點更為平衡的評價。例如，學界現在已經公認，由公家及私人機構（其中有若干是外國傳教士建立）提供的現代教育及衛生醫療，在一九三〇和四〇年代得到重大進展。公路修築、鐵路建設、城市計畫、電話及電報線路的鋪設、以及國家重建的其他層面，其範圍規模都比之前所認定的來得大。民國時期的歷史並不僅僅是一段國家虛弱和戰亂相尋的故事，或是一首陰鬱悲傷的短暫插曲，然後最後名正言順的以共產主義的勝利作結。[19] 一九四九年之後以這種方式「重讀」過往固然在政治上是方便的，但是就歷史來說卻是貧弱的。

同樣的，從前學界對於蔣氏當時面臨的各種困難的認識也不足夠，即使在這些困難當中有不少是蔣自己造成的，包括他的領導風格在內。他有成為獨裁者的可能，卻從來不是真正的獨裁者。蔣主要依靠操縱和迷惑黨內的眾多派系，來達成自己的目的。某些黨內派系雖然實力強大，但其實只不過是基於共同聯繫關係和對特定個人效忠的非正式政治團體，在前面提及的「CC」系就是一個例子。[20]以「研究政治事務，並實踐改革／進步」為宗旨的「政學系」則是另一個例證。[21]國民黨的軍隊裡也有派系，像是以廣州近郊黃埔軍校畢業生為主體的「黃埔」系。在一九二〇年代，黃埔軍校是國民黨在軍事上主要的教育及訓練基地。由於蔣氏在那時擔任黃埔軍校校長，因此「校長」這個身分通常（雖然並不總是奏效）使他對黃埔系發揮特殊的影響力。

接著是黨內的地方派系。雖然中央政府控制了大多數城市和許多重要省分，不過長江流域以外的廣大地方實質上仍舊維持著自行其是的狀態。這些地方的領導人通常是打著國民黨旗號的舊式軍閥，這些地方軍頭之所以如此，就是期望能阻止南京插手干預他們的地盤。通常他們都能如願。

但是其他的地方勢力則對蔣擺出更直接的威脅姿態。在一九二〇及三〇年代國民黨內部各股勢力競逐控制權的曲折鬥爭歷程中，桂系領導人李宗仁、白崇禧的擁蔣或反蔣，對於造成蔣氏在此期間兩度下野的諸多事件，發揮了主導的作用。[22]李、白在一九三〇年代又一次與蔣對立，當時他們退回廣西省境，將這個原來全國最落後、盜匪橫行的省分，轉變成為改革進步與現代化的模範省。他們打出「建設廣西，復興中國」的口號，希望激勵其他地方勢力領導者起來仿效，並且從而能揭露出他們向來堅持認為的，即蔣氏拙於改革的事實。一九三六年，他們甚至和中央政府兵戎相見（並且打輸了），李、白因而被迫短暫離省流亡海外。（譯按：發生於一九三六年六月的「兩廣事變」，又稱「六一事變」，為廣東領導人陳濟棠結合廣西李宗仁、白崇禧，以抗日為名，稱兵反抗南京中央。南京以收買方式對付廣東，使廣東空軍及其陸軍主力部隊倒戈投效，陳濟棠見大勢已去，黯然通電下野；至於廣西李、白，經過折衝樽俎，雖然一度瀕臨戰爭邊緣，但最後終於達成政治妥協：廣西名義上奉南京號令，南京解除對廣西經濟封鎖。李、白在此時期並未流亡海外，參見：白先勇、廖彥博，《悲歡離合四十年：白崇禧與蔣介石——北伐．抗戰》〔臺北：時報出版，二〇二〇〕，第三章）因此，蔣介石之所以在一九四八年除夕茶會突然大發雷霆，痛斥桂系領導人逼迫他下野，背後實有很深的根源。

從本質上來說，蔣的政權太過虛弱，因而無法貫徹其意志；但它同時卻又太過強大，以至於難以輕易被推翻。除了長江下游流域幾個主要城市以外，它的社會根基都過於淺薄。它憑藉武力上臺，但是在很大程度上受到武人的支配。至於國民黨，它的組織非常脆弱，而且欠缺紀律。從政黨員一旦進入政府，很容易就拋卻改革理想，而沾染上官僚習氣。國民黨政權這座大廈遠沒有看上去那樣堅固，一九四〇年代發生的事情很快就能證明這一點。

中共與農民

國民黨政府缺乏徹底根絕叛亂的本事，在其成立之初便可見一斑。一九二七年，中共在猝然遭遇蔣的突襲政變整肅之後，勢力大受打擊，並且退往華南農村地帶。這些地方通常接近各省接鄰地帶，十分偏遠，政府統治力量往往較為薄弱，中共黨人在這裡建立地方政府或「蘇維埃」，動員農民，重新分配田地，試圖重建農村社會秩序。暴力與殺戮是中共這時及之後在農村試圖推行共產主義時的主要情節。正如毛澤東在一九二七年四月國民黨「清黨」幾星期前寫成的〈湖南農民運動考察報告〉中說的，革命不是請客吃飯，不是作文章，不是繪畫繡花，不能那樣雅致、那樣從容不迫；相反的，革命是「一個階級推翻一個階級的暴烈的行動。」[23]

毛並未「發現」農民是推動中國革命的力量。中共也沒有僅僅因為中國的勞動階級人數太少、而且集中在都市，因而把重建黨實力的力氣都擺在「農村土地所有權」這一議題上。相反的，是蔣的優勢武力把共產主義運動殘存的力量逼進農村的窮鄉僻壤。當時黨的領導人不得不利用中國農民來作為政治鬥爭的「武器」。

當然，農民起事叛亂在過往中國歷史上可說是史不絕書；民間故事和通俗小說講述激於義憤而起事的好漢們，以弓馬刀劍將貪庸愚劣的皇帝老兒拉下馬來，終結了社會的不公不義。投軍為貧困的農民們提供了一條餬口並建功立業的途徑，他們因而構成了中國軍隊的主要人力來源。但是在民國時期，雖然全國許多地方的農民都承受著極度的貧困，但他們並未形成一個特定的階級，以打破既定的農村社會秩序，或是顛覆蔣介石的政府（儘管農民對上述二者確實都心懷不滿）。農村社會裡根深蒂固的不滿和怨恨因此必須尋找政治上的出口。「共產主義在中國，」學者傑拉德．溫菲爾德在他描繪一九四〇年代農村景象的著作裡聲稱：「本質上是一場政治運動，主要透過突顯農村社會裡本已存在的貧窮，以及操縱衝突，藉以獲得權力。」[24]

二十世紀上半葉的中國仍舊維持向來以農立國的樣貌：在北方栽種小麥，南方耕作稻米，之後數十年間也依然如此。包括漁業和林業在內的農業生產，約占經濟生產的百分之六十，而工業生產僅約百分之十，其餘則來自政府部門的支出與公共事業。大約有八成左右的勞動工作，是在中國的農場、田地、森林、江河與近海水域進行的。

農民在小塊田地裡（如果從西方角度來看，這所謂的田地只是花圃大小）進行極度耗費體力的勞作。景觀也隨著開墾耕作而發生變化，如作家彼得．湯森（Peter Townsend）筆下，無論是在「猶如破碎鏡面般的梯田，映照出天空的每一種情緒」的南方，在盛產木材、大豆和小麥的東北開闊地帶，又或是「運河裡航行著褐色破舊風帆的平底帆船，在地勢低窪的稻田之間往來」的中原大地，都是如此。[25]

只要情況允許，農人會將山坡地闢為梯田，以便種植更多農作物。農民只要有能力飼養牲口，便會將牲畜投入農作勞動。水是不可或缺的，或者更加重要的是，如何將它送往正確的地方。人畜牲口的糞便雖然是肥料的主要來源，卻也會帶來危險的寄生蟲。家庭規模往往很大，兒子很受看重，被當作是安全保障，女兒一般而言就沒有那麼寶貝了。農村的屋舍除了地主的家宅以外，通常都很簡陋，使用年限甚至比建造者的壽命還短。寺廟和宗祠通常建於自有地，這類建築或許比較耐久，但是傳統中國鄉村的景觀，除了位置和居住在其中人們的姓氏之外，幾乎沒有什麼是恆久不變的。鄉間大字不識一個的文盲很常見，農村婦女不識字更是普遍。

中國農民的社會、經濟情況好壞各有不同，視其作物與耕作的位置而異。這就表示，像美國農業專家卜凱（John Lossing Buck）為求了解中國農民的困境（至少在一開始時是如此），在一九三〇年代對農村生活進行的調查，或是像青年時期的毛澤東這樣熱切想改變農村社會現狀的人所寫的調查報告，無論從哪個方面來說，勢必是局部而片面的。[26]然而它們仍然提供一幅有助益的圖像。根據卜凱的統計，中國的農民裡約有百分之四十四是僱傭別人幫農的業主，百分之二十三是合夥人，而百分之三十三是佃農。在一九三〇年代初時平均每座農場的規模面積大約是四英畝，而平均每座家庭農場約有六點二個人。[27]卜凱發現，佃農的平均地租約為收成作物的百分之四十三，而在其他史料中地租要來得更高，為主要收成的五到七成。[28]土地價值（連帶包含地租）因而水漲船高，因為土地使用的競爭非常激烈。

但上述這些數據無法反映出農村生活的嚴酷和大部分的實況。溫菲爾德是這樣描述一位農夫耕作的田地：

在他這塊小農地裡，中國農夫必須生產出平日所吃糧食的四分之三，還要栽種出足夠的經濟作物，以供他繳交地租賦稅，並且購買一些他沒有栽種生產的物品。他通常會買進那剩下四分之一的糧食，……。然後，他也會買進若干布料，大部分都拿來做衣服……。除了糧食和經濟作物以外，中國農民還必須製造餵食牲畜的飼料，……以及製造過程所需的燃料。[29]

這段敘述是所謂「典型」的農民生活，或者是「理想」的狀態。農民的生活還受到下列各種因素的影響：讓農民傾家蕩產的地租和各種苛捐雜稅，尤其在收成欠佳的時節，更是如此；農民的債務及經濟困窘；洪水、飢荒和疫疾造成的禍害；農村社會動盪與戰爭帶來的衝擊；還有地主和農村裡那些稍微有頭有臉的人物魚肉鄉里、欺壓百姓。

歷來並不缺乏紓解農村困境的方案。蔣的政府雖然通過一部《土地法》，但是卻將大部分精力放在發展現代都市經濟上面，期待都市最終能夠造福農村。一九四〇年代後期，蔣政府將會後悔早先時沒能重新分配土地，但是那時已經為時太晚了。[30]有好幾個省的省政當局在一九三〇年代實施過土地改革，可是這些改革一來缺乏資源，二來不敢挑戰既得利益者。相較前者，「鄉村建設運動」推行的改革更加雄心勃勃，據研究這項運動的美國歷史學者梅悅凱（Kate Merkel-Hess）描述，鄉建運動是「一群具有改革意識的菁英分子組成的鬆散聯盟，他們企圖在都市現代化的路徑之外，開闢出一條農村現代化的道路，既能動員農村民眾，又能達成強國目標。」[31]鄉建運動希望改變農民的「素質」，然後改造中國社會。教育和技術在鄉建運動提倡的各種補救措施之中具有顯著地位，然而由於日本侵略造成的破壞影響所致，這場運動竟然是「最後一次由中共之外的團體所發動的改造農村努力」。[32]

在窮鄉僻壤、與世隔絕的農村中困處數年的毛澤東和其他中共黨人，則形成了另一種不同的見解。在他們看來，由仕紳和地方官員主導，籠罩在地主經濟、政治權勢底下的整個農村生活結構，是壓榨剝削且悖離公義的，必須推翻。「翻身」的農民，就成了農村新秩序的受惠者，和新秩序息息相關，他們會為了維護這套新秩序而挺身奮戰到底。農民一旦分得田地，用溫菲爾德的話來說，便會「死心塌地為了保住共產黨而戰，否則將遭到任何奪回權力的地方或中央勢力報復。一旦跨過了這條坎兒，就沒有回頭路了。」[33]

毛澤東和傑出軍事統帥朱德在江西成立的農村蘇維埃，儘管不是第一個中國共產黨人在鄉間建立的政權，卻是最重要的一個。[34]蘇維埃政府駐於瑞金，這個原本平凡無奇的小縣城，因此而短暫地成為「中華蘇維埃共和國」的首都。也正是在這裡，中國人民（不論其人數多或少）頭一次被組織、被領導、被裹脅，或根本就是遭到逼迫，去順從共產黨現有的願景，一起走上革命之路。

如果沒有紅軍，這一切都不可能辦到。中共必須擁有自己的軍事力量，要不然革命就會被蔣介石的絕對優勢武力所摧毀。蔣的軍隊現在聘用德國軍事顧問，以求擊敗其宿敵。在一九三四年十月以前，紅軍成功完成任務，抵擋住蔣的進攻，但是在蔣發動第五次「剿匪」戰役之後，共產黨人就被迫撤離瑞金，開始踏上「長征」的道路。獻身共產革命的中共黨人在「長征」這一翻山越嶺的英勇跋涉旅程中，為了尋求新的根據地，先是深入南方，再轉折向北。他們在陝西、甘肅和寧夏三省邊境的黃土高原上找到了新根據地，從江西出發「長征」時的十萬餘黨員、士兵和擁護支持者，現在只剩大約十分之一。在這裡，他們設法重整旗鼓，等待著蔣的下一步行動。

蔣介石沒讓他們等太久。他任命出身東北、因日本成立傀儡政權「滿洲國」而流亡關內的將領張學良與楊虎城（譯按：楊為西北軍將領），在中共重建其軍隊之前，將其徹底剿滅。張、楊二將拒絕領命。兩人早已私下和共產黨人達成停火協議，而且和公眾輿論一樣，相信當前中國之真正大患不在陝北延安（毛澤東將總部設在這裡），而是日本。一九三六年十二月，張、楊用極端方式表達他們的主張——劫持親臨陝西省會西安督師的蔣介石。

在被威脅處死，以及兵諫下屬和中共特派的代表周恩來基於愛國情操的苦勸之下，蔣介石同意停止「剿匪」，一致抗日。中共領導人告訴蔣氏，只要他同意組成包含共產黨在內的統一戰線（莫斯科這時正在提倡組成更廣泛的反法西斯鬥爭陣線），他們就會支持他的政府。蔣於耶誕節當日獲釋，他在一種新的國家民族使命感形成、各界交相讚譽的局面之中返抵南京。

延安時期

如果說西安事變讓中國共產革命運動逃過滅亡的命運，那麼開始於隔年的日本入侵則讓其影響力與實力擴張到從前難以想像的規模。它使得中共得以鞏固其「核心區域」，並將勢力伸入中央政府力量撤出、但日本軍隊只是名義上占領的「日占區」。這樣的局勢給了毛澤東和其他中共高層時間和空間，讓他們從容發展統治技術、組織技巧、大眾動員、土地改革、經濟生產以及建軍的技能，上述這一切都和中共黨史上關鍵的「延安時期」有著密不可分的關聯。同樣具有重要意義的是，日本的侵略使蔣的政府（及其治下的人民）經受了八年殘酷的苦戰，丟失了首都，與外界隔絕，折損了若干最精銳的軍隊，並且讓此前十年國家建設時期修建的基礎建設、現代化的種種努力，大部分受戰火摧殘，化為烏有。而中國共產主義運動卻在此國家民族危難的關頭蓬勃發展。

在當時，延安這個四周環伺風蝕黃土丘陵、塵土飛揚的陝西北部偏僻小鎮，成為了毛澤東版本的中國共產主義革命聖地。毛版共產主義理論對當前的核心論斷，認為中國正遭受數百年來封建餘毒侵害，近百年來淪為半殖民地。這就是為什麼中國如此虛弱、落伍，而大部分的民眾皆如此貧窮的原因。由於受到過去的影響，封建主義在經濟層面上使中國人淪為奴隸，而且讓他們的精神面貌受到摧殘。中國長期以來積弱不振，日本的侵略是百年以來國恥的最新例證。

對一些人來說，這套看待事物的方法似乎道出了地主制度的諸多病根：高利貸的盛行、農民無地可耕、以及農村許多地方日益嚴重的貧困問題。農村裡的仕紳、城市中的大資本家、政府官員和外國列強，都在掠奪中國人民；他們組成了一個邪惡的聯盟，必須視他們的罪行輕重，加以推翻、摧毀、「改造」或驅逐。農田必須分給農民，地主作為一個階級必須加以打倒。中國社會必須徹底改造——首先從農村開始。

正如正統馬克思主義觀點所堅持的那樣，中國的無產階級工人將會在建立新秩序的過程中擔當重要任務。但是他們人數過少，而且侷限在共產黨人還未能占領的都市之中。這種局面終將改變。當改變發生時，愛國資產階級、知識分子、商界領袖和其他「進步」的城市居民，都會在革命進程中發揮關鍵作用。

雖然經過毛澤東和黨多年的歸總精研，上述這些要旨始終未曾周延完備地面世；但是即使從世俗意義上來看，它既平凡，卻又亙古彌新、顛撲不破，這正是它的魔力所在。它承諾要終結那個落後、受壓迫又飽受屈辱的「舊」中國，取而代之的是一個「新中國」，不但和其他各社會主義國家並駕齊驅、更引領世界歷史潮流。放在今天來說，這就叫做「宏大敘事」（master narrative）。就承諾中國人民美好願景這方面來說，蔣和國民黨人完全無法與中共相抗衡。很多時候，他們最顯著的「貢獻」是無能、貪汙與不團結，對很多人來說，這些詞語已經成為國民黨政權的代名詞。

相形之下，延安似乎代表了一種新的社會型態。到此造訪的人士不分中外，都覺得這裡洋溢著理想、平等與希望。很多學生和知識分子因而離開中央政府控制的地區，投奔中共邊區，或者說是「進步」陣營，因為他們認為政府統治區欠缺公理正義，更沒有和國家民族的敵人對抗的意志。投奔革命聖地的旅程並非總是一帆風順：蔣的軍隊試圖封鎖共區，等待日本戰敗之後就恢復敵對行動。

延安表現出一種愛國而樸素的生活方式。另一件不那麼明顯、但是對生活同樣重要的事情，是黨對群眾整肅技術的掌握——這是對於快速擴大的黨員隊伍進行社會及心理層面的控制技術，藉以確保黨員對黨的忠誠，並且清除動搖分子或敵人。這其中大部分屬於康生的業務範圍。康生受過莫斯科的訓練，是毛的情治安全首長，他得到特許全權，以施展其殘酷的整肅技巧，據說他還親自監督對人犯的嚴刑拷問。康生的傳記作者形容他是「將史大林式的控制與鎮壓技術引進到中國共產革命運動之中的意識形態首要人物。」[35]康生協助確保在「整風運動」、「自我批評」和「意識形態改造」等這些原本無害的術語底下（這些做法在將來都會與中國版本的共產主義產生千絲萬縷的複雜關係），置入更加黑暗殘酷的現實：鼓勵坦白，但經常是強迫取供，批評黨的聲音受到壓制，異議者遭到迫害，有時候甚至還被殺害，而且要人們絕對的服從。毛統治的區域裡幾乎沒有思想自由。一九四二年，他在座談時對藝術家和作家表示，他們須「在學習馬克思主義和學習社會的過程中，逐漸地移過來，移到工農兵這方面來，移到無產階級這方面來。」[36]

這時的毛還沒成為日後的暴君：不是所有對黨的批評都是叛徒言論；毛這時候也還未極度自信到禁止在政治局會議上討論重大事務的程度。但是到了一九四五年四到六月召開的中共第七次全國代表大會期間，他便定於一尊，成為中國共產黨的理論家兼領導人。「毛澤東思想」被描述成調適中國國情的馬克思主義創造性發明，而同時毛個人的權威也貫徹全黨。身為中共中央主席，毛能一手掌控、節制他進行的革命運動，而這是蔣介石在國民黨內夢寐以求卻不可得的。蔣氏因國民黨推舉他出任黨的「總裁」而感到欣慰，然而實際上他的地位通常只是黨內排資論輩之後居於首位者而已。

延安生活的另一個特點，是對各種消息的控制與操縱；這一點在中共向外界展示其共產主義革命運動的良好形象時格外如此。其針對的目標，從極度敵對的中央政府，到對延安抱持高度好奇的外國駐華記者（主要是美國記者），都包含在內。一九三六年，立場左傾、同情中共的美國記者埃德加·斯諾（Edgar Snow）造訪延安，確立對中共大加讚賞的基調。斯諾在邊區停留了四個月，與毛澤東、周恩來及其他中共領導人進行多次訪談。他們展現出前所未有的親切態度，在一個外國人面前侃侃談論自己的生活。斯諾的著作《西行漫記》（*Red Star over China*）於一九三八年一月出版，打破了蔣對中共邊區進行的新聞封鎖。[37]十一年後，當美國《時代》雜誌（*Time*）以毛澤東作為封面人物、向全世界說明他所領導的革命取得非凡的勝利時，便大量引用《西行漫記》，聲稱此書作為提供毛和中共革命的主要材料來源，依然無法被超越。[38]

其他的新聞記者跟隨斯諾的腳步，對中共邊區的生活作了正面讚揚的報導，以對照國民黨統治區內的黯淡情形。兩者之間肯定存在著對比反差，但這些對比往往過度誇大不實，在論及雙方的祕密警察時尤其如此。「世界對中共的祕密警察所知甚少，其原因和外界對南斯拉夫或俄國的祕密警察所知不多如出一轍，」溫菲爾德在一九四八年時寫道：「關於國民黨特務的報導反倒越來越多，這是因為儘管有相反的說法和文字，中央政府仍然准許更多的外國駐華記者去看去寫更多關於特務的報導，比共產黨方面來得寬鬆。」[39]

美國駐華外交官與在華軍官，比起新聞記者來也不遑多讓。他們之所以注意起延安，是由於中國在日本於一九四四年春季發動的大規模攻勢後陷入絕望的軍事局面。當時日軍深入之前未曾占領過的地方，兵鋒更一度威脅蔣的戰時首都重慶。華盛頓擔心中國戰局將要垮臺。在這種情形下，蔣只好在口頭上同意美方希望與中共進行更密切軍事合作的請求。他勉為其難的批准美國軍事觀察組（US Army Observation Group），也就是俗稱的「迪克西使團」（Dixie mission），在一九四四年七月訪問延安（譯按：「迪克西」出自一首老歌，原指南北戰爭時期南方諸州，在此比喻中共邊區）。

「迪克西使團」的許多成員都精通中國事務，但他們對於中共邊區的內部整肅、批評聲音的缺席，以及蘇聯情報人員在此活動（雖然人數少而且隱蔽）等情狀，幾乎毫不提及。他們的報告中，大部分在談論中共黨人的本質與其追求的目標，而且稱中共為「農村改革者」，據說中共黨人採行的方法與美國民主政治的運作模式頗為類似，而不是蘇聯社會主義那一套做法。[40]「此次觀察組全體同仁都有相同的感覺——我們來到了完全不同的國度，見到了完全不同的人們，」觀察組成員、美國國務院派駐重慶大使館的官員謝偉思（John Service）興奮地津津樂道。[41]日後，當共產黨成功奪取政權，並且證明自己完全不是美方所認定的那樣，反而是更加熱誠的馬克思主義者，以及約瑟夫·史大林更緊密的追隨者的時候，上面這些敘述，就將成為美國政府，以及其中國分析專家的一大麻煩。42

蔣介石：大膽進擊、四面楚歌、大勢已去

隨著一九四五年八月美國在廣島和長崎投下原子彈，二次大戰遠東戰事的結束甚至比開始時更富戲劇性。過去三十年間主導東亞局面的日本，現在已被打垮。向來居西方殖民強權領袖地位的英國，如今於東亞和其他地方力量大為削弱。蘇聯雖因納粹入侵而承受重大傷亡，現在卻崛起成為全球強權。這場戰爭的另一個受益者美國，很快就將動用其巨量的資源來捍衛顯然受到蘇聯共產主義威脅的資本主義自由陣營。

而在中國，國、共兩黨在掙扎求生存時，在某些方面都極為仰賴各自的後臺，也就是美國和蘇聯。但是到了戰後，莫斯科和華盛頓很快就發現（有時甚至感到驚恐），這是一個多世紀以來，中國人第一次開始決定自己的命運。

一九四五年，艱苦的對日抗戰終於結束，舉國上下都如釋重負，而關鍵的問題是：究竟國民黨和中共會不會停止相互攻擊，而共享權力？答案似乎是否定的，不過在該年八月，毛澤東和蔣介石仍然在當時還是首都的重慶會面，商討和平大計。在此十分緊繃的局面下，這兩位決心要獨自統治中國的領導人，進行了各自生平最後一次的晤面及會談，雙方同意開始談判，共組聯合政

府，制定民主憲法，並且統一各自軍隊的指揮權。

對於久盼戰後新局面到來的民眾來說，這是一個令人振奮的好消息。在對日抗戰期間，約有兩千萬至三千萬軍民罹難身亡，而流離失所的難民則有八千萬到一億人。[43]在考量這些數據時，必須了解到中國是人口眾多的國度；然而同樣必須牢記的，是戰爭在這個國家的某些特定地方所帶來不成比例的衝擊。譬如在廣西，即便該省在戰爭期間並未遭到日軍長期占領、或只有部分地方被占領，每十四個民眾之中就有一人死亡。[44]

儘管難以統計，但是生命財產蒙受的實質損失與傷害同樣讓人震驚。就這部分來說，中國的工業基地東北（滿洲）算是一個例外，因為日本自一九三一年起就占領東北，並且著意發展。但是像天津、上海和廣州這些沿海大城市，武漢這類內陸交通樞紐，許多省分的省會和其他重要城市，無不遭到占領、轟炸（被日軍和盟軍），而且（或者）部分淪為斷垣殘壁。再次以廣西為例：據聯合國善後救濟總署於一九四五年所作的報告，該省兩萬四千餘座村莊，有五千座「完全遭到摧毀」，農作產量減少百分之五十，「超過一千公里的主要道路實際上無法通車」，且由於缺乏疏濬和維護，「水路運輸極度受限、極為困難、不確定又緩慢」。[45]加拿大歷史學者戴安娜（Diana Lary）在她研究抗戰時廣西的著作中指出，「大批廣西的公共建築、橋梁和道路都遭到摧毀，有些是被敵人的空襲炸毀，也有些是毀在自己人預先堅壁清野的破壞行動當中。」[46]

然而，和平降臨在中國的期望，到頭來仍是鏡花水月一場空。隨著日軍即將退出中國，蔣、毛二人更感到興趣的是盡可能控制國內更多土地，而不是停火與分享權力。國、共雙方爭奪的首要目標，是長城以北的東北諸省。一九四五年八月六日，美國在廣島投下原子彈；九日，就在長崎也遭同樣命運之前，蘇聯對日宣戰，蘇聯紅軍迅即控制滿洲的各大城市。前面提過，俄國人幫助裝備中共軍隊，不但提供他們原來日本留下的庫存武器與彈藥，而且對於中共大舉滲透進入東北農村地帶，睜隻眼閉隻眼，視若無睹。此時林彪已經就任滿洲共軍司令，他突然發現手上可供調撥的武器數量竟然比自己的軍隊還多。他立即加緊招兵，大量吸收之前日本傀儡政權滿洲國軍隊的士兵。[47]

美國擔心蘇聯獨占中國東北，或在該地區扶植中共勢力，因此以空運和海運協助數十萬蔣的軍隊進占滿洲和華北的名城要地。這是當時世界上同類型空中運輸行動中，規模最大的一次。[48]美軍海軍陸戰隊也部署到若干重要的中國港口及交通線，以維持秩序，並等候中國政府前來接收。

在東北和華北部分地區的對峙局面迅速引發了軍事衝突，造成人員傷亡，這些衝突和傷亡先是危及解決中國內部分歧的對話，最後則讓和平談判徹底破局。美國前陸軍參謀長喬治・馬歇爾（George Marshall）奉杜魯門總統之命來中國調處國共衝突，他所做出的各項努力，在嚴峻的現實到來之前，讓人們看到和平進展的一絲曙光。一九四七年一月，無法接受調處失敗事實的馬歇爾，惱怒之餘返回美國，抱怨「中國共產黨與國民黨彼此之間幾乎是完全、徹底的相互猜忌。」[49]

馬歇爾已經是一頭栽進這個難以調和分歧的世界之中。如果蔣介石那內部派系林立的政府想要獲得美國的軍事援助及建議，以使其能在戰場上擊敗共產黨人，那麼他就不得不支持若干政治改革。但是蔣氏卻又不能同意美國和國內某些方面所提出組成聯合政府的要求，在他看來，這不啻是讓自由派與共產黨聯手「奪取」政府。

和國民黨相比，中共顯得更有紀律、領導更緊密，也更能保守機密，他們較不受內部分歧的困擾。而毛澤東雖然經常被史大林惹惱，但他還是盡可能的聽從史大林的指令，從土地改革的步伐到是否拒絕與國民黨進行合作等議題，他都努力減緩中共的激進傾向，以免因此而使蔣與華盛頓之間的關係更為緊密。不過，要共產黨自願退讓統治區域，或是把中共的軍隊交出去給聯合政府調度，這都是不可能的，除非日後參加聯合政府的中共黨人確定擁有否決權，能夠駁回任何在前線做出的決定。

然而，決定和平與否局面的還有另外一個因素：相信己方能夠在戰場上取勝的信念，對蔣這一方來說尤其如此。雖然在戰場上見真章意味著將給中國人民帶來更多的痛苦，但對最終出線成為勝利者的那一方來說，它所能獲得的好處遠比政治妥協所帶來的利益還多。國共雙方領導人的性格與偏好在這裡同樣至關緊要：除了出於短暫政治便利的目的而有所讓步之外，無論蔣和毛都不可能考慮與他人共治江山。征服和控制永遠比妥協更有吸引力。

一九四五年時，中共的軍隊規模以及其控制的地區都有顯著擴增。不過蔣仍然具有全面優勢。至少在全國範圍內，政府軍總數有四百三十萬人之眾，而中共軍隊只有一百三十七萬。國軍的裝備也比共軍來得精良，這有部分要歸功於美國提供的大批現代武器。政府掌握了全國大部分的兵工廠，確保至少基本槍械有足夠的彈藥供應。[50]

到一九四六年中，蔣決定在短時間內消滅戰場上的「匪患」，新任國防部長白崇禧對此表示贊同。在此之前，蔣已經採取行動，和蘇聯簽訂《中蘇友好同盟條約》，以化解因莫斯科援助中共所構成的威脅。在條約中，史大林承認蔣氏為中國唯一合法政府的領導人。蔣確信當此華盛頓與克林姆林宮之間因為爭奪戰後世界影響力而日趨緊張之時，他能夠得到美國無條件（未必全無批評）的支持。

可是，即使此一盤算起初看來頗為合理，事實的發展很快就證明並非如此。有幾個因素導致局勢的轉變，在當時已有觀察人士注意到其中許多因素，此後更有學者對這些因素加以檢視探討。[51]但最主要的原因在於蔣介石身為最高軍事統帥的角色，在面對中共這個規模較小但指揮如意、訓練更精熟、移動更敏捷、鬥志更旺盛、決心更堅定的敵人時，他的軍隊幾乎無力招架。在政府軍喪失戰略主動的幾個月後，蔣以驚人的速度和規模，將他原先享有的軍事優勢揮霍殆盡。隨之逐一崩盤的是他對中國大部分地區的掌控、他在國內的聲威，以及在國際上尚存的聲譽。

究竟蔣在何種程度上有一套擊敗中共的用兵方略，他的部屬往往不得而知。「不知蔣先生對這個仗是如何打法？最高的戰略如何策定？」曾受蔣氏徵詢，委以東北方面重任的國軍資深將領程潛抱怨道：「重點擺在哪裡？是關內？抑或關外？是由內往外打？還是由外往內打？由南往北打？或者由北往南打？實在令人無法揣測。」[52]

在東北和其他地方，蔣都堅持要盡可能的堅守城市和交通線。他認為「政府部隊」守土有責，並且相信只要將共產黨壓縮在農村地帶，並且持續流竄，在軍事上就不會構成太嚴重的威脅。他卻不明白，毛澤東作為戰術家，在游擊戰術等機動作戰的使用上愈見得心應手，而且縱然在黨控制下的中國農村地帶普遍存在不同的做法，毛的農民革命卻是「可移轉的」。蔣同樣也沒能預見，進占大城市的政府軍，很快就變得離不開城市了——他們若不是畏懼出城與強大的敵人野戰，就是因為已經習慣城市提供的物質享受。過不了多久，他們就被迫採取守勢。在許多戰例中，這些政府軍往往困守圍城，最後在慘烈的圍城戰中覆滅，即使企圖解圍的援軍作戰極其英勇，也未能挽救城中守軍徹底敗亡的命運。

其他導致國民黨在一九四七、一九四八年軍事上迭遭敗績的缺失，包括欠缺主動、畏懼夜戰、近距離戰鬥、以及友軍之間的協調欠佳，尤其是在一支部隊奉命前去救援另一支部隊時，更是如此。國軍差勁的情報能力則使得問題更雪上加霜。「通信不能密，截電不能譯，」在白崇禧之後出任國防部長的徐永昌，有次便痛陳：「敵測國軍如指掌，國軍對敵在敷衍。」[53]另外，關於國軍高層中有共諜潛伏，對於蔣的失敗造成巨大影響一說，歷來論者對此有爭議：為毛立傳的英籍華裔作家張戎（Jung Chang）認為這一點至關緊要，而中國大陸學者楊奎松對此說則抱持懷疑。[54]不過，國軍內部的分歧和欺瞞伎倆，肯定為共產黨陣營的間諜活動製造不少便利。

國軍將領內部派系林立、相互扞格，以及若干將領對蔣的敵意對抗行為、還有抵制蔣所獲得的政治回報，都隨著政府不斷喪師失地、統治區日益縮小而變得更為嚴重。縱使容許蔣任意干涉人事調動，他也不敢放心授權。蔣既無法鼓舞他麾下高級將領的士氣，也不能激勵在他們手下打仗的那些被殘暴拉伕、薪餉低微、伙食差勁、衣衫襤褸的軍隊，驅策他們奮勇作戰。反觀許多中共軍隊裡的農民，因為得到共產黨「戰爭結束後分田地」的承諾而士氣大振——這是把農民對土地的需求，化為驅使他們作戰的利器。那些在國軍隊伍中的農民，對於越來越遙遠的勝利，是不抱什麼指望了。無論和平多麼有吸引力，對一個平凡農家子弟來說，要是它代表的只是回到原先社會和經濟的現狀，那麼和平也只不過是日漸褪色的獎品罷了。

時間來到一九四八年中，約有八十萬政府軍士兵改換陣營，倒戈投效中共軍隊。也就是說，當時中共的兩百八十萬軍隊之中，有超過百分之二十八的士兵來自國民黨部隊。而這個時候，距離林彪底定共產黨在東北的勝利，還有幾個月的時間；而華東、中原戰場上的劉伯承、陳毅與粟裕三將，也還在策畫共軍的下一步行動，毛澤東將淮海戰役交由他們指揮，這場戰役最終將擊破長江以北的國民黨軍隊，並且迫使蔣下野。

國民黨軍隊的武器裝備在內戰中流向共產黨一方的數量同樣也極為可觀。蔣的參謀次長郭懺有次論及國軍人員及武器投向共方一事，自嘲說這是繼二〇年代中期和對日抗戰之後，又一次另類的「國共合作」。[55]這實在是一句殘酷的玩笑話。也因此，英國駐南京大使館武官菲爾德（L. F. Field）准將提供了另一種不同角度、但同樣具說服力的評論：「假使有人被賦予任務，要培養、訓練出一支能戰的中國軍隊，他的首要之務，是先把所有軍官、實際上是須將所有現有人員，全部趕走，才能成事。」[56]

當然，內戰進行到這個階段，乃至於其最終結局，不能僅僅以國民黨在軍事上的弱點、失敗和錯誤來解釋。研究內戰時期解放軍高層運作情形的美國學者克里斯多福・盧（Christopher R. Lew）提醒我們：中共在不同時期、不同方面，恰恰也都犯過上述這些錯誤和缺陷。但是毛和他手下的將領克服了這些問題，並且從錯誤當中汲取教訓——這通常正是領導者成功與失敗的分別之處。

在衡量雙方陣營於內戰中任何時期的表現時，不能只單單聚焦在軍事方面。社會、經濟和政治因素，是中國內戰各層面當中不應忽視的面向，而蔣氏與當時許多圍繞在他身邊的人物，同樣也是如此。只不過，上述這些因素與面向，「和在指揮部作出的關鍵軍事決策相比，都顯得黯然失色……。（軍事層面）比起任何改革計畫，或是政治運動，更能確立中共的勝利，以及國民黨從大陸敗退流亡。」我們很難反駁盧的這番論斷。[57]

而無可爭議的是，蔣介石一心想在軍事上蕩平他的敵人，卻忽略了在政治、社會、經濟和外交政策方面，採取迅即或有效的相應配套作為。這場戰爭是**內戰**，是一場中國人打中國人、直到分出勝負方休的殊死鬥，不是對抗外國侵略者的戰役，或是「剿匪」作戰。因此，隨著軍事上的挫敗日益深重，經濟混亂、官場腐敗、政局動盪，以及民眾普遍的苦難也隨之加深，最後則出現一種不計任何代價、要求實現和平的呼聲。蔣的政府既欠缺處理上述問題的能力，看來也沒有面對這些問題的意願。正因如此，在一九四八年新年除夕、總統官邸那個氣氛陰鬱的茶會上，他才會認為自己除了下野、並且與宿敵展開和平談判之外，已經沒有別的路可走。敵人的大軍此時已經陳兵長江北岸，距離南京只有數十公里。國民黨政府的存亡，似乎就端看和平談判是否成功了。

第二章 「要來的事件」

觀望，等待，計畫，逃亡

一九四八年十一月底，中國知名作家沈從文，在寫給兄長的家書中說道：「兩百萬人都不聲不響的等待要來的事件。真是歷史最離奇最深刻的一章。」[1]沈是在北平城中寫這封家書的，北平城內有駐守的國民黨大軍，以及眾多的市民百姓，而整座城市則被城外的人民解放軍團團包圍。所謂「要來的事件」，指的是北平圍城即將告終，共產黨的軍隊不日就要開進這座疲憊、甚至有些破舊，但仍然氣宇軒昂的昔日故都。這座城市和它的市民，也就此將加入日益增加的「解放」行列。只有到那時，等待才會結束；也只有到那時，「歷史最離奇最深刻的一章」才會畫下句點。

隨著一九四八年落幕、一九四九年到來，一種即將發生重大改變的感覺，遍布整個中國。這樣的感覺對於當時四十六歲的沈從文來說，似乎有些太過沉重，他突然陷入精神抑鬱之中。幾星期之後，他受到攻擊，原因是他的長、短篇小說，那些頌揚傳統習俗、描繪家鄉湖南人情百態的作品，被認為與新時代的精神格格不入。沈從文沒有聽從朋友南下到國民政府統治區的勸告，而是堅持留在北平。但是他從此低調做人，放棄小說創作，轉而進行古文物的收藏和研究。如果沈從文認為這樣就能避免江山的新主人前來找麻煩，那他可就錯了；一位如此知名且多產的文人就此沉默，幾乎就和犯下政治錯誤一樣，很難被新政權所接受。

沈從文這樣的心聲很是獨特，可說是他細緻感性之下的產物。但是他的心聲，卻也是社會上更廣泛眾口同聲的其中一個聲音。在過去這一年餘的時間裡，像這樣的聲音出現在學術圈、在新聞媒體、在家中餐桌上、在朋友間的通信往返，或是焦慮不安的對談之中——隨著內戰的結局即將見分曉，這些聲音裡有著盼望，也有著恐懼，但更多、更常見的是一種深深埋藏於內心中的不確定感。中國即將面臨重大的改變。其實，國內有不少地方已經經歷了這樣的變化。對很多人來說還是個未知數的共產主義，就要來了。中共領導人毛澤東，對於許多人而言還是一個謎，但他已踏上打下全國江山、建立「新」中國的道路。蔣介石此時實力大減，看來無法阻擋他的腳步。許多中國人擔憂將來局勢，考慮出逃。也有一部分人期盼變局到來。大多數人認為眼下除了觀望之外別無他法，只能盡可能的維護家人和財產的平安。從外交活動和新聞報導觀察，世界各大國也採取同樣的態度；在內戰烽火頻傳、軍民死傷、百姓遭難的時候，各國莫不盡其所能採取措施，以維護他們各自的國家利益。

時間來到一九四八年下半，中國內戰的規模之大，令人震駭，甚至可堪與人們記憶猶新的第二次世界大戰諸次戰役相比。數百萬軍隊在數千英里的地境內彼此拚殺。中共軍隊已放棄原先的游擊戰，轉而進行長期與敵軍相持的陣地戰與城市攻防戰——不過在大多數時候，政府軍才是經常敗逃的那一方。交戰雙方都部署砲兵，某些戰場上甚至還同時使用坦克。國民黨以空軍轟炸、掃射敵軍，但是除了造成非戰鬥人員的傷亡與財產損失之外，通常收效甚微。中共野戰軍原先各自為戰，現在採取協同作戰、分進合擊，取得驚人的戰果，對陣指揮不力、速度緩慢的國軍大兵團，共軍幾乎在每一場重要戰役上都能夠獲致勝果。

如此規模的兵禍連結，對幾百萬尋常中國民眾來說，是一大劫難。在飽受戰火荼毒的地方，到處可以見到百姓在逃難。為了躲避戰禍，也為了避免被共產黨統治，他們離開家園，堵塞道路，擠滿火車和公車，遷徙到比較平靜的地方暫時棲身，等待戰爭結束的那一天到來。隨著內戰的進程，這股逃難的洪流也跟著由北方來到南方、東方；從「解放區」來到政府控制的地區；從內陸來到沿海大城市；如果情勢所需，還要徹底離開中國大陸，到香港、臺灣避難，要是條件許可，甚至得逃到海外去。

這樣的旅程通常分作好幾個階段，日後在臺灣成為知名作家、政治活動人士的李敖一家，就屬這種情況。李敖生於一九三五年，他的父親是大學中文教授，曾在政府的禁菸局供職。李父認為國民黨雖然在北方已是江河日下，但是剩餘的力量仍可一戰，最後應能守住長江以南的半壁江山。所以，他並未在一九四八年時舉家遷至臺灣，而是攜家帶眷（連老傭人一道），分成四批南下到上海。「我們不直接來臺灣而落腳上海，」李敖後來回憶道，「在上海耗盡了機會和財力，最後倉皇來臺，是一件錯誤的轉折。」[2]他們早該直接赴臺灣的。

至少李敖一家躲過了其他人們在倉皇逃難時所經歷的恐慌、悲劇和哀傷。一九四八年十月，政府軍、官員和普通市民百姓試圖從山東省煙臺撤退的情形，就是一個例子。山東省的東半部有如一個巨大的岬角，直插黃海，是控扼華北、華中的重要省分。山東的主要港口青島與煙臺，以及從前為英國海軍基地、現已由中國收回的威海衛，目前是華北國軍的重要補給港口，而在承平時期，這些港口則為北方人口稠密的大城市供給貨運和船運的門戶。

但是到了一九四八年秋季，該省大部分都已經落入共產黨的掌握之中。有近六十萬居民的山東省會濟南，被共軍重重圍困數月，期間只能靠空運接濟，最後於九月二十四日陷落。儘管美軍顧問極力建議放棄濟南，但蔣決心死守，結果也就可想而知。「紅軍攻下濟南，」《時代雜誌》（*Time*）報導：「得益於吳化文將軍之倒戈叛變。吳將軍為該城主要守將之一，其親屬早先已落入共產黨人之手。」[3]濟南失守之後，毛澤東的軍隊已經跨越通達東西南北四方的重要鐵路網，並且鞏固了中共新近成立「華北人民政府」統治之穩定。「華北人民政府」是共產黨人在此時所成立的數個統治機構雛形之一，這些機構在未來一年多的時間裡，將會陸續整併入新中央政府之中。

儘管濟南已經失陷，蔣介石卻還沒準備從青島撤退。青島位於山東半島南端，原先是德國勢力範圍，後來由日本占領，在一九四五年時回歸中國。此時的青島是美國海軍第七艦隊的停泊港，在接下來的幾個月國軍仍將據守這個港口。但是在北邊的煙臺，卻上演了一幕軍民為了躲避共軍追擊，爭相從海上逃離的悲慘場面。「逃難的人流海嘯般湧向東、北碼頭，大的哭，小的叫，年輕有力的爬上停泊在海邊的小漁船，漁船擠翻了好幾隻，落下海的頃刻間送了性命，」《大公報》報導：「大船軍用，誰也上不了船……。有人餓急了跳海，也有人自動把孩子扔下大海。這時人們幾乎失掉了人性，誰也顧不了誰。」[4]

混亂之中，謠言四起，盛傳國軍將派空軍炸平煙臺，使得民心更加恐慌。可是船隻數量不夠，許多人被迫滯留碼頭邊，等待著未知的未來。可悲的是，最後一刻從煙臺倉皇出走的這一幕，原來是能夠避免的。只要政府還能堅守威海衛，這個港口就不會拿來作為任何軍事用途，而其撤離「很可能在幾個月之前就已告完成，」英國大使館在每月政情要聞報告當中冷冷地評論道。[5]

在幾百英里開外、位於內陸的河南省，一大群中學生在試圖逃離中原戰禍殺戮時，經歷了一場同樣悲哀的試煉。這個昔日被譽為中華文明歷史搖籃的省分，近年來屢屢遭受飢荒、水旱澇災的侵襲，而內戰的戰火延燒到河南，則既殘酷又突然。五月時，劉伯承和鄧小平指揮的中原野戰軍發起宛東戰役，這是中共在關內對政府軍發動的首波大型攻勢的其中一部分。一場激烈的戰鬥就此爆發。南京派遣空軍前來炸射，以求阻滯敵軍攻勢。位於河南省西南部的南陽市及其周遭地區因而慘遭蹂躪。當戰鬥結束，城裡的中學生想回到學校復課時，發現學校已經變成「一片地獄景象」。從校門到走廊、教室，全擠滿了頭破血流的傷患，「缺腿斷胳膊，肚破腸流，顏面殘缺，遍體鱗傷」。南陽城外，「國共雙方傷亡一萬多人，曝屍田野之上。五月天熱，屍體很快腐爛，爛在田裡，夏季的麥子無法收割。」[6]

由於局勢岌岌可危，到了十一月，為了教育，以及學生的生命安全起見，南陽十六所中學的教師們，徵得家長們的勉強同意，決定帶著學生離開，前往還沒有被戰火波及、局面較為平靜的南方。[7]十一月四日，中共方面宣稱「解放」南陽的當天，約五千個孩子已經聚集在城內準備動身南下。詩人瘂弦當時十六歲，就在這些孩子裡面。嚴冬已至，白雪覆蓋大地。人群聚集起來。父母家人揮別深愛的孩子；他們即將踏上一場未知的旅程，不知道目的地在哪裡，也不確定能否再回來。

「（我們）孩子什麼都不懂，就覺得好玩、高興，」瘂弦回憶道。[8]他的母親烙了幾張油餅，好讓他路上帶著吃，然後陪著兒子一路走到南陽的城牆腳邊。母親拿了張油餅塞進瘂弦的背包，然後在下面放一雙棉襪。瘂弦就這麼走了，沒再回頭看母親一眼。這群學生很快就被大批往南方撤退的傷兵及部隊所吞沒。「（那時，）我不知道離別的意義是什麼，不知道訣別的意義是什麼，不回頭、搖搖晃晃一個小蹦豆就跟學校的隊伍出城走了，」瘂弦後來說道：

我爹也在（送別的人群裡），我也沒跟他打招呼。……後來走到了襄樊（湖北省北部，剛過河南省境），爸爸還託人來送了一雙襪子給我。……以後我沒有再接到他們任何消息。[9]

為了遏止恐慌蔓延，國民黨在十二月時開始查禁新聞媒體關於國軍遭受重大挫敗的報導。立場親國府的《香港工商日報》駐南京特派員抱怨說，他在本地的媒體報導中根本找不到有關政府軍在當時已近尾聲的徐蚌會戰中損兵折將的消息。民眾因此擔心最壞的情形已經發生，許多基層和中級公務員紛紛決定逃難。首都的巴士車站與火車站出現許多悲慘的場面：老弱婦孺在任何交通工具的爭搶中全都敗下陣來，完全得不到座位或者是站票位置。[10]至於高官往往更能獲悉戰事的發展，通常能搶先一步先行逃難。他們當中不乏高級軍官，其中有些人還是帶兵的將領，但他們卻拋棄所部，帶著家眷潛逃。「在這種情形下，怎能期待前線將士奮勇作戰，怎能指望後方一般市民百姓放心安居？」這家報紙問道。[11]

北平圍城

在北平，就像沈從文在家書裡對兄長所說的，人們一般擔憂的反倒不是驚慌混亂，而是共產黨來了以後會是什麼情況；不過究竟是要設法逃往南方，還是要選擇留下，仍然是一個迫切需決斷的問題——至少，對那些還有辦法作選擇的人來說是如此。北平的百姓們看著解放軍一步步收緊包圍圈，城中被圍的是華北軍政強人傅作義將軍麾下那裝備相對精良、實力仍然強大的部隊。十月下旬，蔣介石飛抵北平，與傅作義商談準備突襲位於北平西南的石家莊。如果他們能從共軍手裡奪回石家莊，或許還可以迫使毛澤東放棄他位於西柏坡的臨時指揮所。然而，這場突襲還在籌備計畫階段，就因為消息走漏而遭到擱置。

接下來的幾週，大批打了敗仗的士兵、官員和學生從東北湧入北平，其中許多人在天壇等地標景點附近搭棚露宿，狀態極為髒亂不堪。飲水和電力限量供應，還經常斷水斷電。北平與東南方港埠城市天津之間的交通被切斷。城中據守國軍的日子已是屈指可數。

北平是中國文化之都，也是學術重鎮，擁有極高比例的頂尖學者與學生，許多人隸屬國內最負盛名的三所院校：北京大學、燕京大學和清華大學。共產黨大軍壓境，讓北平學術社群的成員陷入了左右為難的境地。一般而言，他們是中國文化與知識分子生涯的守護者，士大夫傳統及愛國情操賦予他們極為強烈的責任感，在國家陷入重大危機時必須有所回應。這個局面也對中共和國民黨帶來挑戰。國共雙方都極為希望能爭取這些頂尖學者的支持：中共這邊鼓勵學人們留下來，至少能默許共產黨的統治；而國民黨則試圖說服這些學人，以及他們服務的學術機構遷離北平，在局面變得不可收拾之前撤退到政府統治區去。這是一場爭奪中國最負名望人力資產的戰役，爭奪的雙方都希冀能得到學人的才能和影響力，並且都清楚學術界的支持能增強政權的聲譽和正當性。

國民黨集中力氣勸說北平幾所知名大學的校長、國家最高學術機構——中央研究院的院士、定居城中與政府有往來的文人作家、以及其他知名人物，希望盡可能讓他們撤離北平。蔣介石任命參與中央研究院創建的學者傅斯年為國立臺灣大學校長（譯按：傅於一九四九年一月二十日到臺接任），責成他為那些有意遷居來臺的頂尖學者、知識分子，盡可能營造一個舒適的生活環境。可是以北平學術圈來說，願意配合政府安排南下的學者卻不多。多數學人之所以不願離開北平，有好幾個原因，像是期待或情願忍受共產黨的統治、終於等到國民黨垮臺的一天、對於到臺灣生活感到不安等等，以及理所當然的還有若干個人私領域的考量在內。

但是他們確實感到左右為難。對於中國的「自由主義者」來說尤其如此——這些在北平及其他地方的公眾人物，或是小黨的黨員，或是無黨籍人士，他們大多對國民黨抱持猛烈抨擊的態度，有些時候還頗為傾向中共，但是同樣也對中共流露出的獨裁傾向感到憂心。

中國自由主義的最後一幕

一九四〇年代後期時，中國自由主義已有悠久歷史，但始終未能發展成熟。之所以如此，有幾個原因，不過這些因素很容易被過度簡化。二十世紀前半葉盛行的政治敘事，強調內外部敵人對於國家生存的威脅。按照多數人的意見，救國之道，首先要建立一個強有力的國家體制；可是自由主義由於對個人權利的重視，以及要求國家在掌握權力之餘，需負起相應的責任，使得它看來像是反對黨監督當政者的信念，而非實現救國的手段。此外，傳統中國政治思想和社會習俗都傾向照顧群體的福祉，而非關切個人的神聖權益。然而，如果說自由主義只是少數人的聲音，而且徹底被淹沒在兩個獨裁政黨在戰場上奮力拚殺的槍砲煙硝聲中，但在往後它的回聲卻就此徘徊不去，並且在日後很長一段時間裡同時困擾著中國內戰的勝利者和被擊敗的那一方。

中國的自由主義者一如預期，都是城市居民，在職業上包括了大學教授、學校教師、新聞記者、藝術家、律師、公務員和少數銀行家、商人及其他專業人士。論愛國情操，他們完全不亞於國共兩黨，只不過沒有那樣緊抱教條、意識形態，所以也沒那麼有黨派性格罷了。在許多具有自由思想的人士眼中，保持獨立超然的地位、充當人民利益的仲裁者與守護者，正是他們為國效勞的方式。

擁有自己的武裝勢力爪牙，是在「槍桿子出政權」的中國政治環境發聲的唯一穩妥之途；中國的自由主義者沒有槍桿子，卻享有聲望和影響力，後兩者同樣也是威力強大的武器。有些自由派人士是「中國民主同盟」（簡稱民盟）這個小黨的成員，「民盟」成立於一九四一年，但是在一九四七年時，因為遭指控為所謂「中共同路人」而被蔣介石勒令解散。自此民盟的領導人對蔣氏的批評益發激烈，尤其是時年五十、留學美國的政治學暨人權理論學者羅隆基，很快就被中共選定為黨願意與所謂「民主人士」建立共同合作夥伴關係的樣板人物。

有些自由主義者則踏上另一條道路。著名哲學家、公眾意見領袖張君勱（張嘉森）是一九四六年《中華民國憲法》的主要起草人。在蔣而言，固然希望這部憲法能使他的統治更加名正言順，但反對蔣氏專權的人，則打算藉著這部憲法限制他的權力。身為民盟的領導人，張君勱此前已經創立另一個小黨，即中國民主社會黨，準備有條件地與政府進行合作。張氏出身江蘇書香世家，他本人也深具學者氣息，訪客進到南京張府那藏書汗牛充棟的書房中，經常找不到屋主人在哪裡。可是他卻被蔣介石及國民黨的種種舉措失當所激怒，故而堅持主張政府須徹底翻修。一九四八年十一月，他致函蔣介石：「我的建議是，您身為民國總統，最好出國一行。您應該把權力交給別人，讓他有充分權力幫您打掃房間。」[12]張君勱也名列中共發布的「戰犯」名單之中。毛澤東公開點名，待共產黨上臺之後要將他逮捕懲治。三個月之後，張離開大陸，出走澳門。

上海《觀察》週刊社長兼主編儲安平，大概是當時中國最傑出、也最受欽敬的自由主義報人，他的境遇反映出那個時代自由主義者面臨的兩難困境。儲安平這年剛滿四十歲，他身形高大，經常穿著裁剪得宜的三件式西裝，積累的學識和豐富的閱世經歷，使他看上去比實際年齡成熟不少。他的學問大部分是一九三〇年代留學倫敦政經學院時獲得的，也正是在留學英國期間，他成為一個親英派，曾經盛讚英國皇家警察「是世界上最令人欽佩的」。[13]回國以後，儲安平先在國民黨《中央日報》任職，但他拒絕遵從黨的路線，屢屢和言論審查制度起衝突。抗戰勝利後，他和一大群同是自由主義者的友人共同創辦了無黨無派的《觀察》政論週刊。儲安平形容自己是一個「自由主義者」，決心用手上的筆來報效國家。

《觀察》刊載的政論文章都由國內名家執筆，文字詼諧、嘲諷，搭配上生動有趣的漫畫，很快就成為最具影響力的週刊。儘管許多為《觀察》撰文的作者對中共抱持好感，對政府採取高度批判的態度，然而在報導內戰造成的恐怖時，這家位於上海的新聞刊物頗能維持其獨立的立場。而國民黨政權的回應方式，是使盡一切手段去騷擾《觀察》，以及為這份刊物寫稿的作者。

儲安平本人對於中共並不抱持幻想，雖然中共很可能比國民黨更會治國，但是他卻不認為中共會比國民黨更能容忍批評，無論批評的聲音是來自新聞報刊，還是其他方面。「今天要爭取自由，」儲安平曾寫道：「在國民黨統治下，這個自由還是一多少的問題，假如共產黨執政了，這個自由就變成有無問題了。」[14]到了一九四八年十一月，在《觀察》遭到查禁前出刊的最後幾期，北京大學教授楊人楩提出警告道：「當初我們未曾預料國民黨內的好戰分子如此跋扈，如今我們又如何能確定共產黨內的好戰分子不會專橫呢？」十二月，另一位學者嚴仁賡也聲稱，中國自由主義者帶著一種「憂喜參半的心情」，在等待新時代的來臨。[15]

一九四八年十二月二十四日，政府終於失去耐心，關閉了《觀察》。這時儲安平已經離開上海，飛往共軍正逐步收緊包圍圈的北平。蔣手下的警察試圖追捕他到案，但是一直到北平易手幾星期之前都未能如願。之後儲安平重新公開露面，起初頗受到中共高層的禮遇，不過很快他就發現，在「新中國」，新聞獨立的空間，比起國民黨時代要限縮許多。

儲安平的這番「旅程」為同時期另一位自由主義人物的行止，提供了對比；這位自由主義人物身上有著截然不同的印記，他就是胡適。早年的胡適是五四新文化運動的領軍人物，更是國際知名的哲學家和語言學家，這時的他擔任北京大學校長，同時也是人文研究領域的熠熠明星。對於國共兩黨，胡適都抱持不信任的態度，不過在抗戰期間，他還是慨然出任中國駐美大使。他堅持政治黨爭是學術發展的大敵，即使像中國這樣一個內部分裂的國家也是如此。一九四八年時，他起先拒絕了南京方面要他盡可能率領北大教師學人南遷的請求。中國現在打的是內戰，他回應道，並不是外來侵略者要接管這所全國首屈一指的大學，故無需撤離。

不過，這時五十八歲的胡適，長年以來批判馬克思主義僵化的教條以及中共的訴諸暴力，向來不遺餘力。或許這一點解釋了為什麼，當一九四八年十二月中旬，一位北大同僚闖進胡適的辦公室，說他方才聽到中共方面廣播，勸說北平學人留在各自的崗位上時（譯按：中共廣播，歡迎胡適校長留下，將來可續任北大校長兼圖書館館長），胡平靜地反問道：「他們要**我**嗎？」他立刻做出判斷，現在該是動身離開的時候了。[16]可是現在想要走談何容易：解放軍已經切斷北平與外界的聯繫，進出故都只能仰賴空運，好在駐軍不斷闢建臨時機場，其中一處位於前英國領事館的馬球場原址。十二月十六日，就在儲安平抵達後不久，胡適搭上教育部派來接運學人的飛機離開了北平。他在南京停留了幾個星期，刻意與政府保持距離。一九四九年四月六日，胡適離華赴美，此後他在美國度過十年歲月，然後到臺灣定居。

儘管圍城的解放軍士兵已經在大學校園內宿營（大多數在城郊西北），北平城裡為數眾多的學生卻不願意離開學校。眼下北平仍然可能爆發大戰，有些學生家長敦促他們的孩子返鄉或是南下。另外一些學生，因為政府沒能支付津貼而囊中羞澀，乾脆不去上課。[17]不過有更多的學生，有感於國民黨貪汙、無能，而且冒犯了他們的自由主義信念，數月以來都在街頭參與反內戰、抗議警察暴行、粗暴執法，以及在民眾當中逮捕疑似共產黨者的示威遊行。就算這些人有辦法可以脫身，他們也不打算離開北平。在國民黨統治看來即將結束的日子裡，就像國家近代歷史上其他的關鍵時刻一樣，中國的知識青年受到使命感的驅使，擔當起國家民族的良心，他們挺身而出，大聲疾呼，譴責那些造就當前劫難的人（也就是國民黨）。

為後世留下關於國民黨統治最後幾個月最詳實英文記載的美國學者鮑大可（Doak Barnett），稱青年學生為全國各地「最直言不諱的反對派團體」。[18]有一位大學教授告訴他，幾乎所有的學生都是反對政府的。[19]另外一位著名的學生表示，校園裡其實沒有什麼「真正的共產黨」（不過確實有若干學生離開教室，到北平近郊的農村為中共效力去了），可是至少有「百分之五十的人同情共產黨」。[20]許多人因此毫不掩飾他們對改朝換代的熱切期盼。本名邱然的燕歸來（Maria Yen）當時是北京大學的學生，她回憶那時自己和同學都認為「毛澤東和他手下打勝仗的軍隊，帶給我們的不只是糧食與和平的承諾，更帶來了一個年輕而強大新中國的希望。解放的群眾翻身掌了權，在世界上占據了我們應有的位置。」[21]

一篇刊登在「自由派」報紙《大公報》（它的報頭上印有「無黨無私」〔*L'impartial*〕字樣）的元旦社論，表現出人們此時的心態。與沈從文不同，《大公報》對國民黨垮臺、革命新秩序的建立抱持滿懷期望（順帶一提，在中共治下，《大公報》很快就被要求放棄原先「無黨無私」的立場，遵從共產黨的言論路線）：

今天東方一亮，中華民國卅八年就來到了，卅七年就過去了。……那過去的是戰爭的痛苦，人民的磨難。……這到來的應該是和平、民主、自由、平等、進步與繁榮的新中國。……新的統治應該不折扣的是屬於人民的了，中華民國從此也應該真正是人民作主的國家，再不是一人或少數人為主而四億五千萬人民為奴的國家了。只要人民真正做了國家的主人，這個國家就必然走上和平、民主、自由、平等、進步與繁榮的路。一個四億五千萬人的國家開創出一個嶄新的生命，它對世界全人類的影響與貢獻自然是巨大的。[22]

新年元旦這天，北平守將傅作義正祕密地與中共談判。傅作義既盼望能在共產黨的新秩序底下以新的政治角色開啟新生命，又希望能保留他麾下的軍隊，並使北平故都免於遭受到戰火的破壞。但是實際上，他其實已別無選擇。「北平的前途端看中共的意圖如何，而非傅將軍的盤算，」路透社駐北平特派記者表示：「（共產黨）有數種方法可以拿下北平，使之成為地圖上的紅色勢力印記：強攻奪城、經談判和平獻城、內部起事、或是圍困斷糧逼降。」[23]這位路透社特派員想要知道，北平和平獻城是否可以成為將來中央政府和平移轉政權的先例，以利結束內戰。不管怎麼說，國民黨在北平的統治即將落幕，是時間早晚的事，因為據《香港電訊報》（*Hong Kong Telegraph*）的報導：「在傅將軍控制的區域裡，鐵路已經柔腸寸斷，沒有任何路段還控制在國民黨手中。」[24]

上海落日

雖然在一九四八年的大部分時間裡，戰場廝殺的喧囂似乎還離人們很遠，但是市民百姓、官員和軍人心中的焦慮徬徨，卻仍然揮之不去，更別提有各種外籍人士社群聚居的上海，這座現在因為內戰而有些蕭條的「世界」大城，情形更是如此。

上海是中國最大的城市（人口約六百萬），也是中國最富有的地方，整個國家的財富都匯聚在這裡。它是中國最大的貿易港口及金融中心。這裡是全國輕工業的重鎮，按照作家彼得・湯森的話來說，「極度囊括了長城以南全國近半數的工業、近半的紡紗及紡織產業、以及三分之一的機械工業。」[25]這裡成為複雜的交通物流樞紐：輸送貨物與服務到內陸地區，並且以原物料及生產製品換取糧食、能源與其他重要物資，這些物資使城市得以運作，並將上海與全球資本市場經濟連結起來。最後，上海聚居著全中國為數最多的外國人，這代表無論將來共產黨何時拿下上海，都會有為數眾多的見證者，向外界述說詳情。

雖然說上海在許多方面都是一個「與他處不同的地方」，但是其經濟與賡續生存仍然極度仰賴其他地方的供給。內戰已經給這座城市帶來了重大的損失。上海民心普遍厭戰，城市活力極度衰退，昔日光輝逐步走向破敗。看來共產黨接管上海已成定局，這座城市的未來，正處在危疑不定之中。隨著難民大量湧入，市民百姓及當時為數約四萬人的外國人社群也都相應制訂了應變辦法。美國《生活》（Life）雜誌攝影師傑克．伯恩斯（Jack Birns）以效果驚人的照片，呈現出上海的中外居民在變局前夕面臨的兩難處境。[26]

上海英國僑民社群進行的各種活動，某種程度上並未受到中國內戰的影響。當英國僑社自治會（British Community Interests）上海分會在一九四八年八月十一日召開理事會議時，議程討論事項的第一項赫然是上海英國聖公會聖三一座堂（Anglican Holy Trinity Cathedral）主任牧師特里維特（Trivett）所提出，徵詢自治會是否能為教堂募款，以利進行和平紀念碑的修復工程。這座雄偉的紀念碑（和中國其他地方的紀念碑一樣）是為了紀念在第一次世界大戰中陣亡的上海僑民而豎立的，之後在日軍占領租界時遭到搗毀。自治會的成員對修復紀念碑不抱希望。修復這座建於一九二四年，位於上海著名的外灘南端、面向當時稱作愛多亞路（Avenue Edward VII）底的宏偉紀念碑，[27]以當時造價估算，需要五千英鎊。稍堪告慰的是，原本安置於紀念碑頂的和平女神塑像已經找到（大致完好無損），所以或許可以減少些許修復的費用。[28]

另外還有一層諷刺之處：在共軍將要「解放」的長江沿岸各商業大城之中，上海是規模最大的商業金融中心。一個多世紀以來，外國勢力在中國的活動即將謝幕。可是，至少有一部分英國僑民社群，仍然平靜地從事著維護墓園、修繕紀念碑、學校和其他象徵性建築的工作，這些都是他們的先人曾經統治過這座中國最獨特城市的證明。

當然，上述所說也只是在地生活的其中一個面向——或許是「堅定沉著」的那一面。事實上，整個上海外僑社群，當然還包括大部分的中國市民在內，都有理由擔心解放軍的步步進逼。上海是中國近代史上出現爭奪、角逐的典型之地：傳統與現代之爭、改良與革命之爭，以及中國和世界的關係引來各種複雜的問題，都在這裡上演。上海同時也是一道標誌，它代表著外國人在中國的存在，這樣的存在背後的意義，以及愛國人士應該採取怎樣的對應之道——在某些人眼裡，上海令人稱奇讚嘆；而在另一些人眼中，上海卻是恥辱的根源。下面所引北大前校長蔣夢麟對上海的論斷，雖然較為嚴苛，而且失之於片面，卻包含了一項真切的因素：

在上海，無論中國文化或西洋文明都是糟糕透頂。中國人誤解西方文明，西洋人也誤解中國文化；中國人仇視外國人，外國人也瞧中國人不起，誰都不能說誰沒有理由。但是他們有一個共通之點——同樣地沒有文化；也有一個共同的諒解——斂財。這兩種因素終使上海人和外國人成為金錢上的難兄難弟。「你刮我的錢，我揩你的油」。[29]

一九四〇年代後期上海的改變，已足以挑戰上面這些黯淡的刻板形象。列強於一九四三年宣示放棄在中國的治外法權，表示在日本戰敗之後，不再是外國人當家管事，而是中國人做主。上海不再有租界，外籍人士甚至需要護照和簽證才能在這座城市生活和工作。上海市政府，在令人敬佩的市長吳國楨領導之下，一直積極推進中國自身在本市商業和其他方面的利益。「白人優越感的象徵及其驕傲（已經開始看起來）相當破舊了，」印度駐華大使潘尼迦（K. Madhava Panikkar）以幾乎不加掩飾地讚許筆調寫道。[30]

英國人對這些變化的感受最是敏銳。上海和中國其他大部分地方一樣，在一九四六年時將道路交通規則由靠左行駛改為靠右行駛。美元已經占據主導地位。美商公司盼望因本國長期支持蔣政府而獲益。西屋（Westinghouse）公司是這些美國公司之一，甚至宣布即將進行中國電壓及電波頻率標準化計畫，因為「美國方面認為原先兩百二十伏特和六十周波的舊英式規制不甚方便。」[31]後來在英美以歌手和演員出道、成名的周采芹（Tsai Chin），這時還是個眼力敏銳的少女，她回憶說：「突然之間，上海發生了天翻地覆的變化。到處都看得到美國人……，可口可樂文化降臨到我們身上。」[32]

然而有些事情卻沒有改變。「所謂上海，指的似乎仍然是原先的外國租界和紡紗廠群，」一九四八年夏季，一位外國特派記者如此寫道。[33]這座城市的核心現代商業區，位於黃浦江西岸和蘇州河南岸夾處的狹窄地帶；黃浦江匯入長江，面向太平洋，蘇州河則是黃浦江的支流，設置在這裡的依舊是外國大貿易商行（大部分是英國）的總部、航運公司、銀行和其他行業，以及為服務各式各樣的外籍居民而發展起來的俱樂部、藝文社團和宗教禮拜場所。通衢大道、現代汽車、歐式建築、貨棧倉庫、俱樂部、網球場——這些在中國最大通商口岸最醒目的物質特徵——即使遠遠稱不上興盛繁榮，也仍然完好無損。此刻的上海，正在「享受它的落日餘暉」，一九四八年稍後，印度大使潘尼迦在第二度造訪上海時如是說道。[34]

外國人和外國利益在中國民族經濟當中可以說也扮演了類似的角色。海外資本在規模相對較小的現代化部門中依然居於主導地位，其涉足的產業包括有鐵礦石開採、煤礦開採、自來水、天然氣、電力供應、製造業（尤其是紡織業）、以及國際貿易的融資及運輸。在海外直接投資事業中，以英國為最大宗。其中又大約有八成資金挹注於上海一地，例如怡和洋行（Jardine Mathieson）、太古洋行（Butterfield & Swire）、沙遜洋行（Sassoon & Company）、匯豐銀行

（Hong Kong and Shanghai Bank）和渣打銀行（Chartered Bank）等行號，仍然是英國商業實力的代名詞。美國雖然在直接投資方面落後給英國一大截，但卻是中國迄今為止最大的貿易夥伴，這要歸功於中美兩國政府密切的政治關係，以及近來為了進一步增進雙邊關係而簽署的一項極具爭議的條約。（譯按：此條約為中美兩國一九四六年十二月所簽訂的《中美友好通商航海條約》，條約主要內容為兩國相互開放領土、領海、相互最惠國待遇等，然而由於兩國經濟狀況不對等，所謂互惠實際上只是中國片面出讓利權。）

外國的影響範圍，遠超出了經濟領域。雖然與各國接觸的情形可能隨著不平等條約時代的結束而有所改變，但是在中國的各行各業仍然可以看到外國人士活躍的身影，這要歸因於列強的政府在當初中國衰弱易受欺凌時所取得的特權與勢力。舉例來說，這就是為什麼英國仍在十多個中國重要港埠設置領事館的緣故。同樣的，這也解釋了為什麼還有大約百名左右的外籍人員（其中四分之三是英國籍）在中國海關總稅務司署服務；海關總稅務司是中國政府轄下，由非中國公民擔任多數高級主管職位的機關。推而廣之，這也能解釋為什麼有數以千計的外籍人士仍舊在中國各地服務，他們當中許多人出於一片熱忱，或投身教育，或執壺濟世，或紓災解困，或推動改革，試圖改變中國和它的子民。

在來華外籍人士這個群體之中，傳教士的身影顯得突出。在基督新教方面，據估計在一九四七至四八年時仍然有約四千位來自一百多個不同教會組織的傳教士，分布於中國各地。[35]天主教傳教士人數約為五千五百餘名，不但人數更多，所服務的教徒數目也更為眾多。這些天主教會士和梵蒂岡至高無上的精神權威之間的關係，很快會給他們的教眾帶來特殊的問題，而事實證明，無論改變的風暴吹襲到了哪一個層面，與新教的傳教士相比，他們應對變局的本事顯然較為遜色。

簡而言之，眼下中國境內存在各種各樣、相對而言仍然具有影響力的外國僑民社群，是過往歷史遺留下來的老問題。對許多中國人來說，提起這個問題，就勢必要追溯近代史之前那一個不幸的時代。白俄羅斯人和猶太人的情形有其歷史淵源，他們當中很多是無國籍者，已經在上海和其他城市裡安家落戶；海外醫療團、大城市裡外國資金挹注成立的大專院校、長期在沿海口岸發展、基礎深厚的大洋行、貿易公司與航運公司、那些普遍認為在中國比在家鄉更有機會飛黃騰達的冒險家和投機客、深入內陸地區宣揚福音的傳教士、以及外交官，他們的情況也是如此。根本上來說，這些在華外籍人士和他們的事業可以說按照的都不是中國本地的遊戲規則，而是他們自己的那一套辦法。現在共產黨來勢洶洶，就代表著這些「遊戲規則」即將發生改變。

這是因為毛澤東曾經誓言，要中共軍隊急速向上海推進，將中國從半封建、半殖民地的境地中解放出來。雖說這並不只是「實際上或人們心目中的列強在華霸權」時代終將落幕的問題而已，但是任何有尊嚴的中國人還是衷心歡迎這樣的改變。在中共的布局安排當中，戰後上海和其他通商口岸（雖然不包含英國和葡萄牙在中國的殖民地在內，特別是香港和澳門）並不具備重要的價值和作用。不但如此，有鑑於全球資本主義陣營與社會主義陣營間的鬥爭日益劇烈，「解放」的意義在於將全球資本主義藉由美國及其所扶植的「傀儡」蔣政權，以及其靠掠奪中國人民而壯大的「官僚資本主義」一概消滅，抹除其所有在中國的據點與痕跡。換句話說，這一問題既與商業相關，也是個「文化」議題。日後國民黨的統治雖然被推翻，「但帝國主義者直接經營的經濟事業和文化事業依然存在，被國民黨承認的外交人員和新聞記者依然存在。」毛提出警告，這顯然是考慮到上海的情況。對上述機關和人員，必須「分別先後緩急，給予正當的解決」。當完成這些步驟之後，中國人民就將能「在帝國主義面前站立起來了。」[36]

也難怪全上海惶恐不安。一九四八年底時，人心還沒有太過慌亂，可是短短幾個星期過後，情況就產生很大的變化：數十萬中國民眾搭乘火車、船舶或飛機離開上海，他們想盡辦法，盡可能地把自己的物品塞進一件行李箱裡帶走。總的來說，迄今為止在上海擁有最大商業利益的英國人，希望生活能像往常一樣繼續過下去。俱樂部裡的大多數談話和發回倫敦的外交信函都認為，就算毛澤東和其他中共高層領導人可能在教條和意識形態上對莫斯科效忠，未來的新政權也還是需要商業貿易。而談到商業貿易，肯定沒有比上海更好的地方了。在地方頭臉人士的贊助和支持下，英國僑社成立了一個名為「英國應急計畫團」（British Emergency Planners）的組織，擁有一萬一千英鎊的預算，是修復和平紀念碑所需費用的兩倍。它開始在外灘對面的浦東太古洋行藍煙囪輪船碼頭（Holt's Wharf）倉庫中儲存大米、食品、汽油和行軍床，以便萬一在上海對外交通遭到徹底切斷的情況下，仍然能維持英國僑民的生存。

其他國家的僑民就不是那麼有信心了。很多美國公民，先是對共產黨在其聲明中對美國政府抱持的敵意感到震驚，接著又因為得知美國外交官在中共控制區遭受迫害的消息而驚恐憂慮，於是下定決心離開。「《字林西報》（當時上海最大的英文報紙）上登滿了賣房子、汽車、冰箱和其他家居用品的廣告，」英國歷史學者畢佛利．胡珀（Beverly Hooper）寫道。一九四八年十二月初，在美國建議其在華僑民撤離上海之前，一輛二手汽車售價約在四百到五百美元之間。「幾個月以前，一輛二手車的售價還在一千五百到兩千美元之間。」[37]人們已經開始大批離開上海，這種趨勢很快就會演變成爭先恐後的逃難潮。

強權博弈

美國、蘇聯和英國，這三個在華有著重大利益與影響力的強權大國，在整個一九四八年看到共產黨在內戰中的快速進展，都起了某種程度的警覺：他們和包括毛澤東、蔣介石在內的所有人一樣，對事態進展之快速感到訝異。三個國家的領導人——杜魯門、史大林和艾德禮（Clement

Attlee）——都明白，在維護國家自身對華貿易以及在中國的政治影響力之外，更多事情已經來到緊要關頭。冷戰迅即使歐洲分裂成兩個相互敵對的陣營，如此競爭態勢可能會擴及東亞這個戰略價值快速變動的地區。過去三十年稱雄東亞的日本，戰敗至今依舊元氣未復。一直無法忘卻昔日強盛榮景的西方殖民帝國，現在脆弱危殆，列強國內民眾感興趣的不是帝國的聲威，而是社會福利。印度和菲律賓已經獨立建國。而印尼儘管遭受原殖民者荷蘭企圖橫加梗阻，卻也走在同樣的道路上。法國在這時候還決心在印度支那（越南）繼續堅守下去，但不久之後就在戰場上迭遭慘敗。上述的顧慮讓中國內部這場爭奪江山的爭鬥顯得更具重要性、也更加非各國所願見。

就華盛頓來說，中國的現況是美國戰略布局上的一場大災難。自從第二次世界大戰爆發，蔣政府一直是美國的盟友。雖然對中國領導人英勇抗日的欽佩之情如今早已不復存在，但是在美國人的心目中，許諾中國要承擔的責任，以及要幫助中國的「理念」，都還是根深蒂固。美國人這種「讓中國變得更好」的情感衝動，是一種強有力的思維方式，在傳教士、醫療團、社會與文化等層面十分顯著，從而也強化了美國推動建設一個統一、民主而現代化中國的努力，華盛頓認為這樣的努力不僅符合美國的戰略目標，也符合中國自身的利益。此一努力涉及廣泛的軍事、經濟和政治援助，旨在促進蔣政府實施改革、達成國內政治團結，並且推動美商企業指望能從中獲益的經濟現代化。

問題在於，美國政府認為，美方這邊已經做到了當初的援助承諾（儘管批評者極力反對），而蔣介石卻沒有辦法實踐原先答應要做到的事項。馬歇爾來華時提供的數百萬美元援助以及調處衝突，全都以失敗告終。蔣決心要摧毀死敵共產黨，而不是和他們進行談判。在過去的幾個月裡，美方十分驚恐地看著蔣的軍隊在戰場上被打得落花流水，城市經濟搖搖欲墜，已在崩潰的邊緣，而民眾對蔣政府的信心，在面對這個浪費、貪汙和極度的無能政權時，徹底消失殆盡。

在這種背景下，人們很容易忽略中共方面過去拒絕解除武裝、並且不斷提出各式各樣要求對方先行停火和分享政權的要求——上述這些同樣也是造成調處破裂、全面內戰爆發的原因。而大多數共產黨活動的祕密性質，以及人們對其確切性質及目標缺乏認識，都強化了這一點。相較之下，政府弊病的性質和原因一望可知，也更加容易找出歸罪的禍首。這些弊病都源自於蔣氏抵制改革、拒絕分享權力，同時也是他乾綱獨斷、高度人治的統治體系造成的後果。

美國駐華大使司徒雷登（John Leighton Stuart）與國務院的往返電文，毫不留情面的記錄下蔣政權土崩瓦解，以及美國在中國地位衰敗的痛苦歷程。司徒雷登出生在來華傳教士家庭，曾擔任過著名的北平燕京大學校長，結交了許多中國重要人物。「欲論及當前情勢，須一如往常自蔣總統開始，」一九四八年底，司徒大使向時任國務卿的馬歇爾報告道。「觀察他在最近幾個月內盡失人心，社會上普遍有希望總統下野之聲浪，此種情況令人感到憂慮。具此種意見者，不但為多數政府中各級大小官吏，社會上一般具政治意識之公民，亦同此看法。」[38]

但是當時華盛頓正承受來自「中國遊說團」（China Lobby）所施加的沉重壓力。「中國遊說團」是一個由聯邦參、眾議員、慈善家、媒體大亨以及其他對中國感到興趣的人士所組成的強大團體，他們要求美國政府為蔣提供更多援助。「既然共和黨人已經輸掉（一九）四八年的大選，於是他們決定在中國革命這一局中扳回一城，」當時任職於上海美國總領事館的傑若米．霍洛威（Jerome Holloway）回憶道。[39]杜魯門政府抵制這種壓力，前面提過，他們在蔣的妻子宋美齡十二月訪美、急切的試圖討要美國承諾提供新的軍事援助，以支持其夫對抗全球共產主義勢力時，冷淡地回絕了她的請求。

不過美國自己也處在一個困難的境地之中。司徒雷登大使試圖向行政院長孫科解釋他的國家正面臨兩難困境：

我們在全世界各地反對共產主義的蔓延，並且急於幫助中國防止這種情況出現。但是另一方面，我們卻不能透過一個失去人民支持的政府來達成這個目標；要是這麼做，將違反民主原則。我們之所以反對共產主義，其中一個原因，就是因為他們違反了這項原則。[40]

華盛頓雖然反對拯救蔣政權，但是又不能徹底甩脫它。正因如此，美國仍舊與中國內戰中失敗的那方結盟，而且還向它提供大量援助，這麼做不僅僅是為了這個擁有世界最多人口國家的未來，更是為了這個由於冷戰之故而變得更加危險的國家。

一九四八年十一月，儘管蔣介石擔憂可能影響民心士氣而強烈反對，美國政府仍然發布通知，告訴居住在華北的美國公民，應在共產黨控制此地區之前離開。美方對於駐華外交人員則另有打算，使領館外交官起初收到指示，要他們留守在各自崗位上。這道訓令在共產黨占領國民黨在東北的最後一個重鎮瀋陽之後，很快有了變化。當時中共聽從蘇聯的建議，派兵包圍美國駐瀋陽總領事館，將領事館的大部分人員拘禁在宿舍內，下令拆除領事館內的無線電發報設備，稍後又將總領事瓦爾德（Angus Ward）帶走，下獄監禁。[41]

當中共將控制區擴展到國內其他地方時，美國外交官與中國共產黨人之間開始建立起帶有試探性質的聯繫管道，但是華盛頓很快就禁止這種讓中共在國際上贏得好名聲的做法。不但如此，美方還準備實施一連串的經濟制裁，目的是盡可能讓新共黨政權統治下的生活變得艱難。

此時的倫敦已經在對華政策上和華盛頓分道揚鑣，導致原本向來習於在各項重大議題上步調一致的兩國關係，在此時出現裂痕。說到底，這種分歧是源自兩國在第二次世界大戰獲得勝利一事上付出不對等所致。英國工黨政府對於為了維持財政平穩、不得不求助於美國而感到不滿，而至少在冷戰開始、從不同角度看待事情之前，華盛頓對倫敦還要堅持標榜昔日帝國榮光感到相當惱火。中國內戰的進展使得兩國之間的若干摩擦浮上檯面；到了一九四八年底，英美兩國各自依據其在華利益的不同，對於共產黨拿下整個中國的前景，分別採取了不同的應對策略。

倫敦和華盛頓一樣，對於共產黨即將在內戰獲勝感到憂心。然而和美國不同的是，英國對中國內戰保持冷眼旁觀的距離，而且拒絕支持蔣，或對其政府提供援助：英國和國民黨政權沒有戰略或情感上的聯繫關係。蔣介石對英國同樣也全無好感。「英夷不滅，何以解放全人類？」蔣氏在其革命生涯的早期，曾於其日記裡留下這樣一句話。在反映他內心深處思緒想法的紀錄裡，充滿了反英情緒的記載。[42]

一九四八年十二月，英國的新對華政策，先是由外相歐內斯特·貝文（Ernest Bevin）提出草案備忘錄，再經內閣會議討論後拍板定案。倫敦對於蔣氏前景的評估，和華盛頓一樣悲觀：「中國目前的局勢是，共產黨基本上已經控制了華北，它控制領域的擴展只是時間早晚的問題，」備忘錄聲稱：

> 中國內戰可能的結局不外有二：一是蔣介石下野退出政壇，另成立一個由共產黨人主導的新聯合政府取而代之；另一種可能是蔣氏試圖保住其政府的命脈，而守住中國部分地

區。而無論最後出現哪一種結局，都會導致內戰的延長。據此推測，無論是何種情況，中共統治中國將只是時間問題。[43]

備忘錄的第二個推測，即對中國共產主義運動本質的認定，在當時引起較大爭議。二次大戰期間，許多美國記者、外交官造訪延安之後，提出觀點，認為「中共並非真正的馬克思主義者，而是一個願意為了中國的公眾利益而分享政治權力的『土地改革者』政黨」，倫敦壓根就不相信。[44]而另一種看法，在一九四八年南斯拉夫領導人狄托（Josip Broz Tito）與史大林鬧翻之後，受到各界廣泛討論，論者認為毛澤東共產主義的內容與蘇聯有很大的不同，這樣的差異足以使毛不再俯首聽命於史大林，而成為共產主義國家裡越來越不聽話的異議分子，進而削弱整個共產主義集團的勢力。對於這種看法，倫敦同樣也不買單。貝文在備忘錄中寫道：「……中共一旦成功克服他們所面臨的經濟困難，就會採取正統的共產主義政策。」[45]支持這種看法的證據沒過多久就出現了：香港警察在某次突襲行動中，從一幢房屋裡搜得大批中共內部文件，倫敦認為，從這批文件可以看出：「在意識形態上，中國共產黨和其歐洲的共產黨同志一樣正統，而且和任何歐洲共黨一樣組織高度發達。」[46]

英國在華商業利益遠比美國大得多，而且不願意放棄。英商企業紛紛各顯神通，而且透過總部設在倫敦的遊說團體「中國協會」（China Association）發揮影響力，全力確保英國政府不會輕易放棄它們。很多人認為，國民黨垮臺，由行政效能高的共產黨取而代之，將可改善各大商業重鎮的投資環境，並使這些城市再次繁榮起來。英國外交部則認為，將來中國的新政權「將會承受較國民黨政府更大的壓力，促使其採取積極措施，擴大出口量，」而這必將對英國有利。[47]

此外，英國還需考慮香港。英國在香港的商業投資不比上海。但由於香港具有自由港的地位，隨著列強在中國內地擁有治外法權的時期結束，香港在商業上的重要性大為提高。現在，香港的前途再一次變得不確定起來。如果共產黨成功奪取全中國，「香港這塊殖民地還是能繼續過著原有的日子，但是從此以後便等於是在一座火山的邊緣過生活了，」外相貝文在備忘錄中警告道。[48]

在英國眼中，共產黨控制了中國同樣為他們在馬來亞的統治構成嚴重的威脅：馬來亞已宣布進入「緊急狀態」，以華人為主的馬來亞共產黨試圖推翻殖民當局統治，遭到當地軍隊的鎮壓。倫敦也憂心印度支那的局勢發展（雖然擔憂的程度不如巴黎），他們研判將來共產黨取得全中國之後，「形勢將對安南法國殖民當局不利，至少他們在北方很難站得住腳。」[49]

鑑於以上各種因素，英國政府決定努力試圖尋求可能的機會，「保持與中共的接觸」。備忘錄中明確指出：「倘使沒有實際遭遇生命危險，我們應該致力於留在原地，以利於在未來難以避免的情況下，與中共建立實質關係，並研究繼續對華貿易的可能性。」[50]這一「保持與中共接觸」政策的好處在於，要是最後共產黨沒能拿下全中國，英國也能從此局面當中獲益。因為到時候「或許能利用中國內部的壓力，以維持、甚至是改善吾人的地位。為了達成這項目的，我們不應放棄在華地位，這一點是至關緊要的。」[51]如果事後證明這項立場是權宜應變之策，那麼它使倫敦能以某種微妙的態勢，開啟了將來正式承認共產黨新政權的大門。

英國採取如此做法，還考慮了一項更重要的因素，也就是毛澤東與史大林的關係。內閣研判，中共新政權很可能會和莫斯科建立緊密的聯繫。但這份對華政策備忘錄毫不留情面地挖苦美國拒絕與中共打交道的立場，稱西方列強應當避免採取「可能無端使中共投入蘇聯懷抱的政策。」[52]

雖然在當時不太明顯，但現在我們都已經知道：莫斯科對於中共在內戰中進展之速，以及其對手國民黨的土崩瓦解大為震驚。大致上來說，中國內戰的走向正往史大林希望的方向發展，但是史卻為他所了解的毛澤東性格、以及毛可能會採取的政策而感到煩惱不安。史、毛這兩位領導人，連同兩人率領的中、蘇共產黨，在一九四八年行將結束之際，都依據雙方過往交涉的經驗以及波折不斷的關係，來處理眼前所出現的重大事件——他們在多年之後仍將會這麼做。

莫斯科誠然在中國共產黨的創建過程裡起了主導作用，但蘇聯也應該為之後中共的若干挫敗負責。縱使在中共被迫退入偏遠農村地帶搞革命之時，莫斯科也時常保持與中共領導高層的聯絡。不過蘇聯與中共之間，在步調上卻時常無法協調一致：在一九二〇年代後期及一九三〇年代，雙方常就中國共產革命的進程（以及其他議題）起爭執，而這些爭議常捲入克林姆林宮內部以「誰才是領導國際社會主義革命的人選」、「如何領導國際社會主義革命」為名義，實際上通常是針對個人而起的大規模政治鬥爭之中。一直到長征過後，中共在陝北建立根據地，以延安為首府，和莫斯科之間的關係才算得到某種程度上的穩定。

隨著納粹德國投降、日本戰敗，史大林對蘇聯國家安全的重視遠勝過支持其他國家的革命——除非他能密切掌握此類動盪劇變。中國自然也不例外。史大林研判，美國將會提供一切所需的支持，以保住蔣介石這個盟友；至於中共雖然實力壯大遠勝戰前，卻還不足以推翻國民黨的統治。從莫斯科的角度來看，預料此後會有漫長的動盪鬥爭，這是符合蘇聯方面利益的。

事態的發展很快就證明他是錯的。一九四八年，當毛澤東的軍隊到處所向披靡時，史大林這位蘇聯領導人突然之間面臨一個截然不同的可能局面：中共即將控制大片疆域，甚至拿下**全中國**。儘管蘇聯在很多層面上都樂見這樣的情況出現，但同時也抱持著疑慮。雖說莫斯科在多年來一直向中共給予指示、提供建議和更為具體的援助，但畢竟中國共產革命是本土自發開展的。史大林到現在還在頭痛狄托採取的獨立路線，幾個月前他才剛把南斯拉夫逐出蘇聯陣營。但是，史大林心中更為煩惱的情況，或許就像一位美國外交官在一九四九年五月向華盛頓報告的：「毛澤東無意仿效狄托，但是他志在成為亞洲的列寧。」[53]

在莫斯科與貝爾格勒（Belgrade，南斯拉夫的首都）發生爭端時，中共領導高層站在莫斯科這邊，支持蘇聯的處置。但是有如一部研究蘇聯領導人對毛態度的專著所指出的：「史大林對於壓服中共的狂熱執著，界定了他對中國革命的『意識形態層面』認知。」[54]在史大林最在意的意識形態問題上，毛澤東太過自行其是了。[55]「毛澤東是個怎麼樣的人？」此時據說史大林曾這樣詢問左右親信：「他有某種特殊的觀點，一種農民的見解。」[56]很明顯，就算毛接下來沒能拿下全中國，這大片疆土在中共控制下的國家也不會像東歐、中歐那些「人民民主」政體那樣，成為蘇聯的附庸國。

眼下還有一個更為直接的問題，那就是毛澤東的下一步。此刻他的大軍正忙著追擊掃蕩那些在淮海戰役慘敗後仍然試圖搶救挽回些什麼的國民黨軍隊，之後很快就會在長江以北集結起來。在史大林看來，中共拿下東北和華北，美國在這兩地的影響力和資產相對較少，尚且不會引來什麼風險。但是如果共軍過於快速的向南方推進，來到英美影響力較深的地方，情況可能就非常不同。即使杜威在美國總統大選當中失利，史大林還是不敢輕易相信華盛頓不會介入中國內戰以拯救蔣政權。毛澤東如果過於莽撞冒進，可能會導致與美軍發生衝突，從而使得史大林必須要選邊站，這正是他極力避免陷入的局面。

到了一九四八年底，許多人——軍人或平民、雙方陣營的政治或軍事高層、駐華外交官及特派記者、還有從千里之外遙遠外國首都關切事態發展的列強領導人——全都認為中共將要贏得中國內戰的勝利。「要來的事件」正越來越靠近。蔣介石的國民黨政府似乎敗局已定，但對於中國及世界來說，卻迎來了一個不可知的未來。而雖然史大林對毛澤東及其領導的革命運動抱持保留態度，蘇聯卻因此將在與美國為首的西方陣營爭奪霸權的鬥爭中取得優勢地位。

可是，值此年關將屆之際，還有一些重要的問題沒有得到答案。就一般中國民眾來說，當中最要緊的，是這場戰爭何時能夠結束？因為戰禍造成死亡、受傷的風險，逃亡、財物損失、無家可歸的痛苦，到什麼時候才能有個盡頭？問題的答案取決於內戰殘局將如何收場：交戰的雙方是否能夠達成和平協議，或者中共是否（或是到何時）能徹底消滅其敵人，以及國民黨在南方、西南、海南島，乃至於可能性愈見增高的臺灣繼續戰鬥的能力。英國駐華大使施諦文（Ralph Stevenson）爵士在一九四八年十二月十八日致倫敦的報告中傳達出當時的氣氛：「整體的氛圍依然覺得末日將至，但是再沒人有勇氣去預測最後失敗的日期，以及現在這個失卻人心的政權垮臺的日子。」[57]一星期後他又寫道：「因此，一九四八年就在令人掛心的懸疑之中宣告結束。」[58]

第三章　和平姿態

蔣的短暫告別

「親愛的歷史系同學們，」一九四九年一月五日，金陵女子文理學院的教師施以法（Eva Spicer）在給中國學生的信件上開頭如此寫道。金陵文理學院是一所由美國教會出資成立、位於南京的女子高等教育機構。「當前的局面有非常多的不確定性，但無論如何，這段生活是充滿挑戰與趣味的。身為歷史系的學生，我希望你們都能樂在其中，因為現在正是創造歷史的重大時刻。」[1]

成立於一九一三年的金陵女子文理學院，是一所著名的大專院校。學院大部分的世俗與文理課程，旨在培養「智識和精神上的領袖人物，她們改變國家與民族，依靠的不是傳福音，而是倚靠『基督徒奉獻』的事功和生命。」[2]金陵文理學院的校長吳貽芳博士，今年五十六歲，是畢業於美國密西根大學（University of Michigan）的生物昆蟲學者。一九二八年，她成為中國首位女性大學校長；一九四五年時，她繼出席舊金山會議（San Francisco Conference）之後，又成為簽署《聯合國憲章》代表當中僅有的四位女性之一。

五十一歲的施以法畢業於英國牛津大學，父親曾擔任自由黨國會議員，育有十一個孩子（施排行第八），她本人則長期觀察中國局勢，深具敏銳洞察能力。施以法在一九二三年起在金陵任教，和學校一起歷經許多風雨滄桑，像是一九三七年日軍占領南京前夕，她便隨著學校撤退到大後方去。現在共軍兵鋒直逼首都，校方曾開會討論是否要再次遷校，但最後做出決議：由於目前政府的情況，遷到國內任何地方都不安全，因而作罷。

一九四九年開年，人們心中普遍有著一種「關鍵歷史時刻正要到來」的感覺。蔣介石的新年文告表明政府有意願與中共開啟和談，而且暗示倘若真能消弭戰禍，有助於和平實現，他已做好下臺的準備；這篇文告一時之間帶給還在國民黨統治底下的二億民眾以莫大的希望。美國駐華大使司徒雷登也是懷抱希望的其中一員。儘管在司徒雷登眼中，蔣氏的倨傲、固執、遇事無法貫徹到底等「致命缺陷」，著實令人感到挫折沮喪，但他也不得不承認，蔣在新年除夕的招待會上命人當眾宣讀那篇震驚黨政高層的新年文告稿，已經令情勢有所改變。「新年元旦開始了一場運動，看來有望終結全國各地的軍事衝突，」他向華盛頓報告道。[3]

然而，局面中的主要人物並不這麼認為。蔣往往比毛更容易受到公眾輿論的影響，主要是因為他無法輕易控制輿論，但和他爭奪天下的對手，對於「和平」另有不同見解。毛澤東譏諷蔣介石的求和聲明，說這是「戰爭罪犯」在企求和平，並於一月十四日針對蔣氏文告中的條件（譯按：參見本書〈導論〉），另行提出八項和談條件。[4]實際上，這八項條件無異是要廢除國民黨政府的國家體制、解散其武裝部隊，並逮捕眾多政府高層人士，以「戰犯」問罪。[5]中共方面尚且還發動各種奚落國民黨的宣傳攻勢，例如稱「蔣不下野，中共不和談」、「蔣不下野，美援不來」等。[6]

局勢空前惡劣，逼使蔣介石必須採取行動——最近在軍事、政治、經濟方面一連串的挫敗，民心士氣崩潰隨之而來，使得某種程度的收縮撤退成為無可避免的決定。但是蔣氏認為，政府當前的困境是由於更深層的問題所造成的，而這些問題至今仍然有待改正。「與經國（蔣氏長子）談時局，」他在一九四八年十一月底的日記中寫道：

> 深歎黨政軍幹部之自私無能、散漫腐敗，不可救藥，若為復興民族重振革命旗鼓，欲捨棄現有基業，另選單純環境，縮小範圍，根本改造，另起爐灶不為功。[7]

在蔣看來，國民黨已經失卻其革命精神、目的和紀律。他和毛澤東一樣，堅信執政黨紀律嚴明，對於國家的福祉至關緊要。中國的民眾需要一個強而有力的政黨，來領導他們，帶領他們。如若不然，百姓將淪為軍閥割據與外敵入侵的犧牲品，而國家也難有實施改革和現代化的可能。但是，相較於毛澤東和他的同志們，得益於組織嚴密、積極性高的革命運動支持，從而能團結一致，在戰場上接連獲勝，蔣介石在黨、政、軍中的力量卻正在快速流失。

蔣氏對於局勢的發展至感挫折，黨讓他失望透頂。去年他無法阻止李宗仁被選舉為副總統，就是一個明顯的例子。中國的立法委員們將他們監督政府、促使其負責的角色看得太重。蔣希望他們，連同黨內那些讓他日子極度不好過的派系，全都乖乖服從他的命令。然而，這種期望與實行「憲政」的承諾相違背——「憲政」是國民黨振興中國長期計畫（譯按：《建國大綱》）的第三階段，也是最後一個階段。此一建國計畫開始於一九二六至二七年的軍政階段，然後在一九二八年進入所謂的「訓政」時期。

一九四七年底、一九四八年初，政府在其控制的地區舉行了國民大會及其他中央民意機構的選舉。儘管選舉投票因為國民黨內各派系相互傾軋、爭權奪利而弄得烏煙瘴氣，以當時的環境而論，還能夠舉辦選舉，仍然極為難得。這場選舉的代表性不足，因為中共以及民盟等左傾的小黨都被禁止參加（實際上，這些政黨原本也拒絕參加）。然而，雖說蔣介石期望藉由實施憲政來鞏固他身為總統的權力，但是憲法實際上卻限制了執政黨及蔣氏本人「完成使命」的能力；於是為了因應這種情況，便又通過了一部所謂《臨時條款》，其中暫時凍結《憲法》當中某些部分的實施，包括對總統任期的限制在內。[8]

國民黨人在面對中共武裝叛亂的情勢下，竟然因為美國方面與國內的雙重壓力，而決定在此時實施憲政，白崇禧之後認為這是鑄成大錯。「美國常犯的一個大錯，是拿他們的民主加諸於他國。」他在接受口述歷史訪問時解釋道：「（來華主持調處國共衝突的）馬歇爾要我們實行民主政治，要我們成立聯合政府，認為我們是大黨，不能壓迫小黨，實際上都是拿他們的標準來衡量我們，不知共產黨的厲害。」[9]

然而，蔣介石認為政府當前形勢空前嚴峻，其主要原因乃是國民黨未能實現創建者孫中山的理想所致；倘若蔣氏的見解是正確的，那麼這個時候國民黨還能做些什麼亡羊補牢之舉呢？眼下軍事局勢如此危殆，哪裡才是黨、政、軍改造重建之地？而既然蔣氏現在已表明願意下野，誰又能出來領導這個改造事業呢？

上述最後一個問題的答案，可說是毫無懸念：蔣介石本人將會親自領導黨的改造事業，身為國民黨的黨魁，他現在被迫辭去總統職位下野。下野對蔣氏個人而言是失敗，也是恥辱，但他將會捲土重來、東山再起。在此之前，蔣已有兩次因故辭職下野：第一次在一九二七年（當時那次下野也是由於桂系方面施加壓力所致），第二次在一九三一年（因為他在應對日本圖謀侵略中國上的立場太過軟弱，引起公眾輿論的憤怒）。現在第三次下野，當務之急是把握時機，盡一切努力，採取必要措施，以確保國民黨政權的生存、改造和復興。

在下野之前，蔣必須顧慮好幾項因素。軍事方面，國民黨與中共爭奪中原及長江北岸平原地帶的淮海大戰，雖然注定慘敗，卻還沒有完全結束。國軍前線指揮官杜聿明率領麾下殘破不堪的軍隊，儘管彈藥告罄、飢寒交迫，以至於「吃樹皮草根，燒房屋、被服和家具以取暖」，卻還在奮戰當中。[10]蔣不願意在此時下野，打擊官兵的士氣。他同樣也不願意因為自己下臺，使得北平的傅作義提早結束那已是半公開祕密的和平談判，向共產黨獻城投降。他也警告在武漢的白崇禧：在軍事局面如此危殆的時候與共黨談和，將招致慘痛後果；而此時唯有團結一致，才能度過難關。如果蔣氏下野，必須是為了黨和國家而下野，而且必須是主動下臺。

由於南京已暴露在共軍兵鋒威脅之下，因此將重要軍事資產、政府的黃金和外匯儲備、以及國家藝術文物珍寶盡可能遷移到安全的地方，同樣也十分要緊。蔣不但打算將它們遷移到共產黨勢力所不及的地方，同時也要避免自身陣營內政敵的奪取，尤其是桂系的領導人，因為蔣擔心桂系可能拿它們作為和毛澤東「謀和」的籌碼。

蔣介石決定將這些資產、文物轉移到臺灣去。在蔣氏還未宣布自己願意下野以促成和談之前，他已經任命親信陳誠為臺灣省政府主席、長子蔣經國為國民黨臺灣省黨部主任委員，以確保能確實掌握這座島嶼。接下來的三個星期，他將陸海空三軍的重要後勤機構，以及大部分的空軍、許多海軍艦艇，外加大批武器彈藥（其中包括美國提供的軍火），都盡可能以船運轉移到臺灣。

陳誠當時五十一歲，是蔣介石的浙江同鄉；蔣、陳的首次相遇在一九二〇年代，那時蔣氏是黃埔軍校校長，某日夜巡校舍時見到了擔任教官的陳。根據一種說法，因為日間重度操練，所有人很快就入睡，宿舍寂靜無聲。但是陳誠卻還醒著，他寢室內仍亮著一盞孤燈。蔣校長經過時，並未驚動陳，他悄然推開房門，看見陳誠正專心致志地研讀孫中山的著作，當即對這位青年留下深刻印象。[11]陳誠對於從政國民黨人的貪汙腐化有嚴厲批評，而他本人則證明是蔣氏麾下最有才幹、也最忠誠的將領。他在接到臺灣省主席的任命時，起初頗為猶豫，不願接受，但蔣說服他接任，並建議他不需聽命於南京，因為李宗仁很快就要成為政府首腦（譯按：蔣於一月七日致電陳誠，對其就任深感欣慰，對陳提出希望中央充分授權的要求大部分責成各單位配合，並賦予陳更多權力，如駐臺陸海空軍及中央遷臺機關概歸陳誠統一指揮；並囑陳誠「不可多發表意見，免人誤會。」參見：「蔣中正致陳誠電」，一九四九年一月七日，《蔣中正總統文物》，國史館，數位典藏號：002-020400-00028-026；林桶法，《一九四九大撤退》，頁四十七至四十八）。[12]

蔣介石正快速將大批資源轉移到臺灣，此事已不是祕密；實際上這樣的動作也很難掩蓋隱瞞。據《遠東經濟評論》（*Far Eastern Economic Review*）報導，基隆港內「中方船隻麇集，載送來大批官員及其他撤離人員，由於他們數量過多，不得不在碼頭上並排四列。」而臺灣「似乎正成為一座大軍營，等候（蔣）的到來。」[13]然而，如果就此認定蔣因為大陸上的失敗，已經決定退守臺灣，似乎有些為時過早。此時他仍然在探索各種可能的選擇方案，而他也必須如此，因為壞消息正接踵而至。

淮海戰場上，解放軍終於消滅了杜聿明率領的最後兩個兵團，這對國軍來說是沉重的打擊。「現在南京的門戶洞開了，」加拿大駐華外交官穰傑德（Chester Ronning）在日記裡寫道。[14]一月十日，杜聿明被俘，此後他將在共產黨的戰俘改造營中度過十年囚牢生涯，直到五十四歲時才蒙中共的特赦。淮海戰役是所謂「三大戰役」中規模最大、歷時最長的一次，國民黨在長江以北的政、軍力量幾乎盡被摧毀，估計國軍有三十二萬餘人被俘、十七萬一千餘人戰死或負傷、另有六萬四千餘人倒戈。[15]蔣介石麾下的中央嫡系精銳部隊，在此役中幾乎全部被打垮。

幾天後，北平東南方的港埠天津被共軍攻陷。天津是匯聚華北、東北、西北等地的主要商業貿易樞紐港口。[16]由於前兩年內戰造成的動盪，天津的經濟本就難以回復舊觀，等到林彪大軍於一九四八年十一月圍城之後，更是實質上完全停頓。天津守將陳長捷下令全城遍築堡壘防禦工事，準備與共軍進行逐街爭奪的巷戰。和北平一樣，守軍緊急在跑馬場和馬球場闢建一條狹長的跑道供飛機起降。林彪曾致函陳長捷，勸他開城投降，但是陳決心效法蘇聯元帥朱可夫（Georgi

Zhukov）死守史大林格勒的戰法，誓言抵抗到底。英國駐天津總領事指稱陳的這種對比「完全錯誤」。總領事向倫敦報告，當地英國僑民社群的一種心態是「共產黨越早進城越好」，而且「幾乎全城百姓」都企求和平。[17]天津市長杜建時拒絕搭乘蔣介石派來接他離開的專機撤離，反倒答應天津商界、金融界領袖的請求，繼續堅守崗位，以維持地方秩序。

一九四九年一月十四日，解放軍向天津市中心發動猛烈攻擊，二十四小時過後攻陷全城。「我們都經歷了一段既忙且亂的時光，」救世軍（Salvation Army）的年輕傳道人瑪麗・萊頓（Mary Layton）在遭遇整整一個月被她描述為「晝夜不停砲擊轟炸」的日子後這樣寫道：「一月十四日一整天，從早晨開始，可怕的嘈雜喧囂聲一直不停，持續二十四個小時。市區西南角被夷為平地……。翌日清晨六點三十分，……（我們家）的院裡擠滿了士兵。」[18]

陳長捷兵敗被俘，而他麾下的九萬官兵，以及大約兩萬由東北入關逃難到天津的民眾當中，許多人也做了共產黨的俘虜。據估計約有三萬六千餘名國軍成功撤退到上海。[19]市長杜建時也成了俘虜：杜的妻子是中共地下黨員，她向共軍通風報信，致使其夫在市區裡「祕密住處」門口被俘獲。[20]接下來十年的大部分時間，陳長捷和杜建時兩人都要在監獄裡進行「學習和改造」。[21]

由於補給北平的港口現在已落入中共控制，北平這座被圍困的故都看來已無法再繼續堅持下去。而目前仍在政府手中的幾座內陸重鎮，像是山西太原和陝西的西安，情形則更為不利：兩城的補給原本都仰賴天津出發的鐵路或空中運輸。共產黨人很快就將獲得的勝利轉換為宣傳攻勢：他們恫嚇國民黨對手，解放軍可以部署壓倒性的優勢兵力，在激烈戰鬥後拿下城市——這就是「天津模式」；或者也可以透過談判達成協議、或不戰而降，以「和平解放」模式來接管城市——這種情況很可能出現在北平。

蔣介石不為所動，他囑咐麾下將領，無論和談是否開始，都要積極備戰。一月十四日，南京召開一場軍事會議，討論長江防線作戰計畫，重點聚焦於蔣氏在新年文告中稱「政治中樞所在」、誓言「以全力實行決戰」的京（南京）滬（上海）地區。[22]白崇禧刻意缺席這場軍事會議，國外觀察人士稱此舉為「溫和的抗命」（polite insubordination）。[23]無論如何，蔣已經委派他的另一名親信將領湯恩伯為京滬杭警備總司令，負責保衛關鍵的長江防線。

幾天以後，蔣加強了他個人對國內若干要地的掌握。他任命幾位可堪信任的高級將領，分別出掌廣州、福州和重慶的軍政長官。其中，廣州是華南的重要港口；福州是福建省的省會，隔海與臺灣對望；重慶則是幅員廣袤的內陸大省四川的政治中心，在抗戰的大部分時間裡，一直是中央政府所在地。在蔣看來，對臺灣的種種籌劃都是在預備將來，他還沒有放棄大陸。但現在他已做好下野的部署準備——至少在名義上，把政府權力移交給副總統李宗仁。

蔣低調地引退下野。一月十八日清晨，蔣經國找到乃父的侍從祕書周宏濤，告知總統即將引退，返回家鄉溪口——溪口在上海南方、是浙江寧波附近的小鎮。蔣經國告訴周，要他做好隨侍其父到溪口的準備。[24]周宏濤回憶，蔣介石在引退前的最後日子裡異常安靜，似乎是因為近來的政潮與挫敗而心力交瘁。「他是孤獨的，沒有人可以為他分憂，他必須承擔一切。」[25]

一月二十一日星期五下午，蔣介石穿著未佩掛勛章的樸素卡其布軍常服，來到位於國防部大院裡一處小會議室，向早已群集於此的黨、政、軍高級官員講話。「中正在元旦發表文告，倡導和平以來，全國同聲響應，乃時逾兼旬，戰事仍然未止，和平之目（的）不能達到，人民之塗炭曷其有極，因決定身先引退，以冀弭戰銷兵，解人民倒懸於萬一，」他向他們說道：「爰特依據中華民國憲法第四十九條『總統因故不能視事時，由副總統代行其職權』之規定，於本月二十一日起由李（宗仁）副總統代行總統職權。」[26]

隨後，蔣氏換穿傳統中國仕紳常見的藍色長袍、黑色馬褂，搭乘一輛車牌號碼為「一號」的黑色凱迪拉克轎車，啟程前往南京明故宮機場。抵達機場後，他立即登上以目前人在國外的第一夫人命名的「美齡號」專機。下午四時十五分，「美齡號」起飛。經此一別，蔣氏此生再未能履足南京，再也沒能重返這座他於一九二八年定都、已經成為國民黨政權代名詞的首都。

九十分鐘後，蔣氏一行在杭州降落，臺灣省主席陳誠和浙江省主席陳儀在機場迎接。再過幾天，陳儀就因為私下與共產黨接觸謀和，而遭蔣下令逮捕。[27]「這樣重的擔子放下來了，心中輕鬆得多了。」在返回故鄉的前夜，蔣如此對兒子說道。[28] 翌日清晨，他搭機飛往寧波，然後改乘汽車完成返鄉最後一段里程。蔣返抵溪口之後做的第一件事，是獨自在母親墓前沉思。蔣的引退「象徵著二十世紀動盪歷史中又一次天翻地覆的變化，」《時代》雜誌如是說：「占世界人口四分之一、四億六千多萬的中國人，即將落入共產主義的統治。」[29]

「摘採下熟透果實」：北平投降

就在「一介平民」蔣介石離開南京、返回故里的隔天，發生了另一件大事，顯示國民黨面臨的局面更加嚴峻：北平宣布「局部和平」。毛澤東麾下將領高超的指揮本領（尤其是林彪）、加上政府這邊，華北剿匪總司令傅作義遲遲未能下定決心、以及國軍最高統帥部的顢頇無能，這些因素匯總在一起，造就了這座昔日王朝帝都的易手。[30]

在一九四八年底關鍵的幾個星期內，共產黨成功將傅作義在平津地區的大約五十萬軍隊圍困起來，使之動彈不得。中共先是阻止傅作義部出關增援東北，以免政府在東北僅剩的少數幾座城市防禦因此得到鞏固（哪怕只是短暫的得到鞏固）。接下來他們又及時擋下傅部向西北突圍，以免威脅到共產黨人控制區域的後方。然後，倘若傅作義有意將其部隊南移，去增援淮海戰場上正與解放軍生死搏鬥的中央政府大軍，中共也使這個企圖變得極難實現。最後，他們更防止傅作義集團沿著北平到天津的長廊狹長地帶東撤，要是傅部主力在天津上船，海運上海，將會增強政府在長江防線的力量。

傅作義本人深信，蔣介石和他的政府過不了眼前這關，必然垮臺，因此他在被圍困的時期，斷斷續續的與共產黨人進行半公開的談判，為自己及所屬部隊的未來尋求可能的出路。傅被列名在中共的四十三名國民黨「戰犯」名單之內，反倒讓他想得更加清楚明白。北平民間各界的期望同樣也是如此，他們都盼望圍城能早日結束，而城內的建築和其他珍貴文物能夠免於遭受戰火的破壞。令人訝異的是，在過往一個世紀中，歷史老建築林立的北平中心城區歷經了多次席捲全國的政治動盪，竟然能安然屹立、存活下來。國、共兩黨都樂見保持北平原狀；畢竟且不論其他，雙方都不願擔負破壞故都的罪名。

那麼，現在的問題就在於如何與中共就移交北平一事達成協議了。傅作義在談判中的地位，因為他的女兒傅冬菊及其未婚夫都是中共地下黨員而受到動搖，他的指揮部也被共產黨滲透了：中共一面監聽傅總部與天津、南京之間的往來通訊，一面又堅持要傅務必對和平談判保守祕密，以免蔣的嫡系部隊（或是他手下的特務）橫加阻撓，將其拿下。[31] 一九四九年一月一日，中共宣布成立預備接管政權的「影子政府」——中國人民解放軍北平軍事管制委員會（以下簡稱北平軍管會）和北平市人民政府，由出身廣東的中共老黨員、高級將領葉劍英擔任領導。這些新機構設置在北平西南郊，準備在時機成熟時入城接掌治理北平的重責大任，這一模式在今年稍後接管其他城市時，還會重複出現。

對於北平城裡的廣大市民百姓來說，坐困於圍城之中的厭倦，還遠勝過期盼共產黨入城改朝換代的熱情。中共地下黨在城內活動已經有一段時間了，但是到一九四八年底時，潛伏的地下黨只有約三千三百餘人，由於北平全市有一百七十二萬人口，等在他們面前的工作可謂相當艱鉅。[32]當然，對中共有利的是人民對蔣政權的普遍幻滅——這種情緒是傳播流言的沃土，有利於「共產黨入城後局面不會再壞，會立時好轉」這類消息的散播。在勸說市政府、電信局、鐵路局和廣播電臺員工堅守崗位，防止國民黨當局在交接前乘機破壞公家部門和設備等方面，北平的中共地下黨頗能發揮作用。

可是，儘管城市勞動階級在共產黨人的整體布局之中具有相當重要的地位，而且共軍早已兵臨北平城下，中共卻既無意願、也缺乏能力，在城內人數較少、組織也欠佳的無產階級群體中，鼓動他們起來發動暴亂。不但如此，黨也沒有承諾一旦北平「解放」，就將財產分給他們。對於北平，中共有另一套完全不同的思路。毛澤東希望接收一座完好無缺的北平城，而不是處在遍地烽火狀態下滿目瘡痍的故都。他已經決定，未來北平將成為社會主義新中國的首都。南京的角色將明確地與北平互換，降級為地方城市。

蔣手下的特務此時終於發動遲來的阻撓破壞行動，企圖推遲已成定局的北平局部和平。一月十七日深夜、十八日凌晨，前北平市長、北平民間和談首席代表何思源的住家一連發生兩起炸彈爆炸，何的十二歲小女兒被炸死，多名家人受傷，何宅被夷為斷垣瓦礫。此案對何家來說是一大悲劇，但是對推遲北平投降收效甚微：一月二十日，傅作義派出的代表與中共簽訂十八條和平協議，將北平移交給葉劍英的接收機構。兩天後，若干接管人員進入北平，開始組織接收事宜。簽署和平協議的場地，是北洋政府外交部次長曹汝霖在一九一五年與日本簽訂喪權辱國、惡名昭彰的「二十一條要求」原址。「（當時）消息傳開，全國民怨沸騰，一片抗議之聲！」一名傅作義陣營的和談代表在簽署協議時說道：「我們這十八條一旦公布於眾，人民會興高采烈地高呼，慶賀北平和平解放！」[33]出於對蔣的尊重，傅作義等到他引退離開南京的次日，才正式公布和平協議。

不久之後，「北平城巨大的城門洞開，十萬名傅將軍（他曾表示：『我將堅守北平到底』）的部隊魚貫開出城外，準備接受整編，」《時代》雜誌報導道。[34]雙方共同成立聯合辦事機構，負責過渡時期的軍事和政治事務。市民百姓盡快恢復原本的正常生活。與全國各地的通訊聯絡業已開通。北平的人們以一種好些時候不曾有過的開朗心態，開始準備過農曆年（陽曆一月二十九日）。

年輕的美國學者鮑大可這時在北平親身觀察，他找到一幕最能捕捉重大事件神髓的圖像。在他筆下，北平已是「一枚摘採下的熟透果實」。舊政權已被「置於接管狀態之下，北平軍管會是接管者，也是最高權力機關，在政權交替的過渡期間負起行政責任。」它的工作是「沒收國民黨的資產，然後移轉給北京人民政府……。」[35]

一月三十一日，解放軍列隊開入北平。「反共標語匆忙從牆上撤下，神不知鬼不覺的換上共產黨的口號，」《時代》雜誌報導：

> 幾天後，兩萬名身穿整齊制服的解放軍戰士，在兩支軍樂隊開道下列隊入城。他們把蘇聯製坦克留在城外，駛入城內的是從蔣介石那裡俘獲的美製坦克。沿途有挑選出來的國民黨士兵擔任守衛，他們嚴格把關，確保遊行紅軍的行進動線順暢。在共產黨領袖毛澤東照片底下（沒有約瑟夫·史大林的照片），擴音器震天價響地喊著：「解放萬歲！」圍觀的市民沉默地看著紅軍走過。

報導迎接入城的文字，往往帶有黨派色彩。隨解放軍入城的奧地利籍醫師羅生特（Jakob Rosenfield）說，「民眾歡天喜地，無止無盡。」[36]另一位美國漢學家卜德（Derk Bodde）當時也在迎接的人群中，他寫道，參加勝利入城遊行的人們確實滿懷熱情，但是旁觀群眾的反應便不然，他們「就像大部分的中國人，不那麼直接表現出來。」[37]若干外國媒體報導中共黨人熱衷於將進入北平描述成是其革命事業的重大勝利，只是徒然令他們感到惱怒。其中，美聯社（Associated Press）和合眾社（United Press）發出的外電報導尤其令中共反感。前者說北平市民群眾對解放軍的到來抱持著「走著瞧」的觀望態度，而後者則認為民眾迎接共產黨的方式，和他們在一九三七年時及更早先時候迎接日本人與其他征服者的態度一般無二。共產黨當局很快就禁止所有外國記者在北平的活動。[38]

至於傅作義，他對自己未來出路的擔憂，很快就煙消雲散了。他獲得中共隆重的赦免，原先列名為「戰犯」的身分，自此被悄然遺忘。「我有罪！」這是他獻出北平城三個星期後，在西柏坡見到毛澤東時說出的第一句話。毛態度很和藹的對傅這位終於安下心來的來賓說道：「你做了一件大好事，人民是不會忘記你的。」[39]傅麾下的部隊官兵可以選擇接受整編、以原官階加入解放軍，或者是在領取三個月薪餉後，帶著所有私人物品離開部隊；軍官被遣散時，允許「帶一兩名勤務兵」離開，人數的多寡取決於軍官原來的階級高低。[40]

李宗仁上臺

代總統李宗仁在一月二十一日接下蔣介石遺留下的重擔時，對於眼前局面的艱鉅並未抱持著僥倖的念頭。李之所以從軍旅生涯退下來投身政壇，原本希望在為時已晚之前實行改革。然而他卻親眼目睹了國民黨政權在軍事、政治和經濟等一切戰線的崩潰。這個以他為名義上領導人的政府，不但幾乎已經停止運作，而且極為不得人心。然而，蔣氏既然已經下野以「促成和平」，那麼實現和平的重責大任就著落在留下來的人身上，也就是由李宗仁來扛起這副重擔。

李宗仁擔憂蔣介石的「下野」只是虛晃一槍。蔣氏已經領導國家二十一年，至今仍然認為自己是國民黨革命大業不可或缺之人。雖然蔣已經辭去總統之職、離開首都，但是此刻他仍然是國民黨的總裁，而且緊抓著剩下的權柄不放。甚至李本人在南京的人身安全都未必有保障。「我在南京日常過往的，皆是蔣先生夾袋中人，」他回憶道：「甚至我身邊的衛士，……都是蔣先生的人。我言行均十分謹慎。」[41]

毛澤東和其他中共領導人同樣也不會讓「李代總統」的日子好過。解放軍先頭部隊現在甚至已經進抵長江北岸進行偵察，與南京只有一江之隔。諸多跡象顯示，共軍已開始著手為接下來的大舉渡江籌集各色小型舟艇船舶。「球門已在他們面前，守門球員被打垮癱倒在地，那他們為什麼不乾脆舉腳射門？」英國駐南京大使館武官這樣問道。[42]

儘管如此，李還是毅然開始履行職權；在他接任後的幾個小時之內，便發布了一連串的命令和宣示，其目的在於強化他的權威，並宣告政府的政策已因蔣氏下野而有了改變。他迅速接受毛的「八項條件」，作為和共產黨人和談的基礎。李還向國共陣營之外的獨立人士、以及如廣西政客李濟深等與蔣介石決裂的國民黨異議人士喊話，如今既然蔣氏已經下野，希望能招攬他們，一同襄贊和平大業。此外，他還宣布放鬆新聞管制、限制特務活動、取消對公眾集會示威的限制，以及釋放政治犯等措施。

很快他就發覺：自己的命令根本出不了他位於南京市中心明代鼓樓附近的那幢灰磚大洋房官邸，這裡是他居住兼辦公的所在。蔣介石已經開始在家鄉溪口發號施令，溪口的特殊通訊電臺早已架設妥當，方便蔣氏向政府和軍隊的各個部門直接下達指示，和他擔任總統時完全一樣。蔣在引退後不到幾個小時，便拍發電報給山東青島的國軍指揮官劉安祺；青島現在是長江以北唯一控制在政府手中的港口，除了國軍之外，還有美國海軍陸戰隊駐紮。「中（正）已於昨日離職，但一切軍政人事與業務絕無變更，皆應照常進行，尤其在此人心動盪之際……。」[43]

李代總統的麻煩還不僅只是蔣的「插手干預」。行政院長孫科長期和李宗仁不和，在蔣介石下野之前，他就帶著大多數閣員離開南京。目前行政院各部會閣員，就和立法院許多立法委員一樣，分散在上海、廣州和臺灣等地。而在南京的李宗仁，用他左右親信的話來說，發覺自己所主持的不過是一座「空城」，這對李個人而言是一種羞辱。[44]

政府遷設廣州的計畫在數週前制訂，結果引發在地人士的不滿。廣州市長歐陽駒據說還「攻擊、斥罵、以死亡威脅」外交部派來負責轉移的代表，更要「將他從官舍驅逐出去」。[45]

在整個一月和二月，大批公務人員及其眷屬離開南京，再加上相應業務所需要的各種卷宗、檔案與財產也隨之轉移，實際上壟斷占用了所有離開首都的交通工具。外交部敦促各主要國家的駐華使館也比照辦理。雖然有若干國家的使館已經派遣資深館員代表南下，以便與遷移到廣州的政府相關部會保持接觸，唯獨蘇聯大使館十分引人注目地拒絕這麼做，而是全館南下。莫斯科之所以決定要使館遷往廣州，既是希望能與國民黨政府維持順暢聯繫，同時，據《泰晤士報》（*The Times*）的報導，也是「希望給外界一個印象，即中國共產黨的成功與蘇聯毫無關係。」[46]至於原本已有一百一十萬人口的廣州，則因為政治人物、公務人員和逃難民眾在短時間內大量湧入而變得更為繁榮。廣州市面上物價上漲的情形與上海一樣，旅館住宿費用有時候在一日之內竟調漲兩次。這樣漫天要價可苦了新來乍到的各國外交官，他們大多在一家「中文名稱有博愛意涵的飯店下榻（譯按：可能是愛群大酒店），但是其設施的種種不便，在外交官圈子中怨聲載道。」[47]

然而在這幕政治大戲之中還有一個容易受到忽略的小插曲，就是李宗仁想盡辦法要減緩（如果不能完全扭轉）因為蔣介石下野造成的土崩瓦解力量，以及給國民黨政權帶來的深深絕望感所進行的種種努力。很大程度上這是出自於李氏的精力、愛國者的名聲，以及他「簡單樸實」的性格，也反映在他處置政治和軍事問題直截了當的態度上。當然，他在好幾個方面上遭受到嚴厲的批評。「李氏的友人覺得他是自由派，而他的政敵說他是共產黨，」《泰晤士報》說道。[48]但是和蔣相比，李看起來老實敦厚而不耍權謀，這是他經營多年的良好形象。由於李熟練地在政壇關鍵人物當中折衝斡旋，在二月底造訪廣州時又備受肯定，終於將大部分政府成員勸回南京，並且促成孫科的主動請辭。

三月初時，南京沉浸在一片不合時令的暖陽之下，政府的處境看來稍微有了改善。李宗仁準備提名何應欽出掌行政院。何應欽是黃埔系的實質領導人（蔣只是名義上的領袖），過去三年他都待在美國，擔任駐聯合國軍事代表團的團長。自從一九四八年回國之後，何應欽已經兩次拒絕蔣介石要他組閣的邀請，因為他認為自己無法施展手腳，發起必要的社會和經濟改革。現在，何氏對李表示，只要蔣不反對，他願意承擔閣揆重任。蔣確實並未反對。李宗仁期望新任閣揆能夠起到遏制蔣對政府影響的作用——在與共產黨的和平談判看來即將展開之時，這是一個至關重要的課題。「我已經跳進火坑了，」何應欽如此告訴他的同僚。[49]

至少從年初起，李宗仁和白崇禧就一直在謀求和平。目前我們尚不清楚蔣介石對李、白這些祕密活動到底掌握到何種程度，畢竟他才剛下令逮捕私自與中共接洽的浙江省主席陳儀，而李、白的謀和可比陳儀進行的那些活動危險得多。不過，李、白這些舉動應該不會令蔣氏感到驚訝，因為他對於桂系極度不信任。早在蔣「引退」下野之前，即命令電信局重要軍務臺，截聽李、白及與居中串聯的前桂系領導人黃紹竑之間的一切通訊。50

蔣介石下野後兩天，李宗仁便派遣兩位特使前往北平。這兩位代表黃啟漢、劉仲華與桂系關係密切，但此時都已向中共靠攏（譯按：黃啟漢為立法委員，劉仲華則是桂系與中共聯絡人）。李宗仁在黃啟漢行前，交付他一本密電碼，以便與他保持聯繫；黃抵達北平後，即將此事透露給中共知曉。他們的出現，為華北「民間」的和平運動創造了有利的條件。這個北方和平運動請願代表團，由五位年高德劭、長期在政府服務的資深代表組成，於二月十三日抵達北平。請願團的團長顏惠慶是前外交官，當時已七十二歲，這是他首次搭乘飛機長途飛行，其主治醫師不但放行，而且還全程陪同，以防有失。毛澤東指示對來客以禮相待，這種混合著奉承討好和恫嚇警告、最後由領導人親自接見以示「獎酬」的模式，即將成為日後中共外交的特色。

「奉承討好」的形式是盛大的歡迎宴會，很多中共的政、軍領導首長都來參加。傅作義也露面出席宴會——其用意在向國民黨高級將領宣示，如果他們與蔣介石決裂、「站在人民這一邊」，將會得到禮遇。「恫嚇警告」由新任北平市長葉劍英負責傳達：他在北京飯店對應邀參加招待會的和平代表說道，新中國的建立有兩種模式，其一是解放軍以武力粉碎一切頑固反革命力量的「天津模式」，另一種就是透過談判、和平解放的「北平模式」。

最後由毛澤東親自接見和平代表。和平代表團成員偕同傅作義一起飛往北平西南邊的石家莊，然後改走陸路到中共臨時總部所在地西柏坡。毛主席和周恩來親切的接待了來客。會見時中共方面同意，中共控制的北方與南方國民黨統治區將恢復通郵與通話，這對於分屬國共兩方控制區的南北方民眾來說是相當重要的大事。但是毛主席也表示：無論和平談判結果如何，解放軍都會渡過長江；共產黨將會籌組一個容納若干黨外人士及特定國民黨軍政人物的新中央政府；土改將會在全國範圍內實施。縱使毛說了這些強硬的宣示，和平代表團成員章士釗在結束會見時仍然表示，「感覺實現和平的障礙不在北方，而在於南方。」[51]

毛澤東進城

三月的最後一個星期，毛澤東、朱德、周恩來、劉少奇和其他中共領導首長，動身離開小村莊西柏坡，前往規模更宏偉、形勢更穩固、生活也更為舒適便利的北平。這趟入城之旅比起從前的長征要短上許多，可是在中國共產革命勝利敘事上的意義幾乎是同樣重要。況且，沿途也並非全無危險：雖然本地區所有的國民黨軍不是遭到擊敗就是正在接受改編，但是土匪和特務活動仍舊非常猖獗。中共中央為此特地組織了一支便衣隊，在火車和公路等行經的路線上，沿途保障中

圖 3.1 「進京趕考」的毛澤東，北京旋即成為中華人民共和國的首都。

央首長的安全。行程第一站是北平城西北、距離頤和園只有一英里的西苑機場，毛澤東就在這裡校閱解放軍部隊。

出於安全考量，黨的領導高層暫時還沒有遷入城內居住。毛澤東和其他黨的首長們住進了位於城西北郊香山、占地廣闊的花園，這裡曾是清代帝王尋幽訪勝的僻靜去處。毛主席入住香山的雙清別墅，為了維安考量，別墅的部分院落更名為「勞動大學」。雙清別墅在外觀上比蔣介石「引退」後在溪口居住的兩層樓洋房更為宏偉，在往後六個月裡，這裡將成為毛澤東的居所。黨內第二號人物劉少奇、解放軍總司令朱德，以及中共中央各主要機關，也都落腳在這個戒備森嚴、遠離市中心和公眾窺伺的處所。

隨著毛澤東離開貧瘠偏遠的河北小村莊、來到昔日京城郊外的皇家園林，他個人的聲勢與政治地位也到達前所未有的高峰。「我們很快就要在全國勝利了，」稍早之前，他在中共第七屆中央委員會第二次全體會議上作報告時說：「這個勝利將衝破帝國主義的東方戰線，具有偉大的國際意義。」[52]雖說中共仍然採集體領導，但是此時的毛澤東已是黨內無可爭議的理論家、戰略家、組織專家，也是闡述中國之病根以及「如何治療這些疾病」引人入勝敘事的最佳代言人。許多治理國家的想法、政策及新的制度，若非出自於毛的構思，至少也是以他的名義發布的。

黨看待城市的態度同樣也發生轉變，因為此時中共正開始以出乎意料的速度奪取城市。就像「鄉村包圍城市」那句口號，中國的共產主義革命根源於農村。中國的城市是帝國主義與官僚資本主義的堡壘，是這個國家「反動」菁英的大本營。這些城市中並不存在人數龐大、組織良好、足以推翻舊有政治、經濟秩序的工人階級。如果城市中的無產階級（或資產階級）想要在革命中扮演共產主義理論所賦予他們的領導作用，就必須由農民組成的軍隊從「外部」拿下這些城市。如若不然，中國將會繼續處在貧窮落後之中。

圖 3.2　人民政府給農民郁金友分發田地。分田給貧農是毛澤東在內戰中取得勝利的重大政策之一。

主管東北城市工作的中共領導人張聞天曾經這樣說：「城市代表更高的生產力，代表工業技術、科學與文化，……離開了代表先進生產力的城市工業和城市工人階級，社會不能前進，社會主義也不能實現。」[53]中共必須在政治上穩固城市，在治理上有效掌握城市，並且在經濟層面上節約管理城市。城市建設與經濟生產這兩項任務，這時對於革命者來說仍屬新奇，必須成為對此欠缺經驗的黨員的首要之務；而在某些情況下，這二者又與中國城市居民生活的紙醉金迷、政治上因過於安逸而招致的懷疑畫上等號。

因此這又觸及到一個問題，即中共**要如何**、以**什麼人**治理包括城市在內的新控制地區。毛澤東之前曾經表示，未來中共掌權之後，將不准其他政治黨派繼續活動。這一點大為違背史大林的意旨。在過去幾個月，這位蘇聯領導人越來越關切中國革命的進展。在他看來，由於中國革命的本質是反帝國主義而非共產革命，因此中國的「資產階級」黨派仍將在未來一段時期內發揮其作用。[54]

毛及時修正說法，改為提倡「人民民主專政」，他在這年稍後將會以同樣的名稱撰文，更詳細的闡述這個概念。[55]「人民民主專政」將由四個階級行使權力，分別是無產階級、農民、小資產階級以及民族資產階級（被認為在經濟或其他方面都與「帝國主義勢力」沒有牽扯掛鉤的資產階級）。這表示新政權不但要為「愛國資本家」預留政治參與的空間，而且還將容納黨所認定的「民主人士」——所謂「民主人士」，指的是知識分子，或是以西方講法來說，被稱為自由主義者的人物，又或是本來沒有政治背景，但是樂見國民黨垮臺者。不過，「人民民主專政」將由勞動階級來領導，中國共產黨長久以來自詡為勞動階級的先鋒隊，這是馬克思主義教條所要求的，但是迄今中國革命的經驗卻並非如此。

這類相對來說晦澀難懂的事情，在毛澤東與史大林的關係造成了緊張。毛主席長期以來一直在謀求莫斯科邀請他前去訪問，並且與史大林這位被毛尊為全球社會主義陣營的領導人會晤。毛希望能和史大林商談政策問題，最要緊的是要確保蘇聯在外交、軍事、經濟以及其他層面上，都能夠支持他即將組建的新政府。可是史大林並不急於和毛見面。一九四八年初，史大林至少曾有一次告訴毛，希望他這時不要來莫斯科，原因大概是中共的勝利還遠不到勝券在握的時候。等到這年夏季，史大林又要毛待在國內，毛就非常不高興了。一名蘇聯指派給中共中央的無線電報務員向莫斯科報告說，毛的行李已經收拾妥當，「甚至買了一雙皮鞋（他和這裡的所有人一樣，原來都穿布縫的拖鞋），還量身訂做了一件厚羊毛大衣。」[56]

到了一九四九年初，軍事形勢對中共有利，然而史大林仍然不願意毛澤東到莫斯科來，反而指派蘇共政治局常委阿納斯塔斯・米高揚（Anastas Mikoyan）去西柏坡進行為時一個星期的訪問。史大林樂見美國支持的國民黨政府垮臺，但是他還是不認為這種局面很快就會到來，而且仍然擔心華盛頓終將會出手干預中國內戰、搭救國民黨。另一方面，毛和中共取得全面勝利之後，中、蘇共之間可能會在意識形態和彼此關係上出現問題。

從過去幾個月戰場內外出現的事件看來，毛澤東對勝利的信心其來有自。但這並不代表中共能輕易拿下南方。「我們在南邊的組織並不堅強，人民尚未動員；」中共承認：「在初期階段，我們的軍隊在補給上將會遭遇到許多困難。」[57]中共攻略南方是否順利，很大程度上取決於用兵的方法和速度；也就是說，取決於「天津模式」、「北平模式」拿下南方，還是採用毛澤東最近提出的第三種模式：「綏遠模式」，這指的是中共取得綏遠省的方式，該省目前是中國內蒙古自治區的一部分。當時共軍只是逼使綏遠的國民黨軍隊採取中立，並未加以攻擊，從而集中主力投入主要任務——也就是拿下華南地區。[58]

但是，想要結束中國內戰，當時還存在著另一種選擇，就是達成全面和平協議（而不是片面或局部停戰）。中共在過去幾星期一直對於李宗仁謀和的努力冷嘲熱諷，但是到了三月底，毛澤東對於和談的態度出現鬆動的跡象，這令李大感振奮。[59]他同樣也有爭取時間的理由。

「和平將軍」飛往北方

四月一日上午十點鐘，在人聲嘈雜的南京機場，六位政府和平談判代表，有人面露微笑，有的則一臉莊重，他們和一小群祕書幕僚登上飛機的階梯，準備飛往北平，與中共展開和談。地面上的歡送人群審慎樂觀地祝福代表團「此行順利！」《大公報》稱「這架專機承載著許多人的殷切期望。」[60]說得更具體一些，這架飛機上還攜帶了總額為一萬元的銀元，以供代表團在北平開銷所需，此外尚有好幾十袋寄存京滬的華北信件，之前郵局一直在尋機會寄往北平。[61]金陵女子文理學院的英籍歷史教師施以法在寫給友人的信函裡表示：「和談預定在四月一日星期五開始，希望這天不是一個壞兆頭（譯按：四月一日為愚人節）。我恐怕此間（即政府）已無多少可以討價還價的本錢。」[62]

李宗仁和他的政治盟友們制訂了一個和談的基本立場，這個立場雖然以毛的八項條件為基礎，但是與中共方面的訴求卻有相當差異。政府的談判基本立場呼籲雙方立即停戰、雙方前線部隊降低軍事衝突、以及暫時接受以長江為界的政治現狀——實際上意在畫長江而治、實現南北朝。這些要求旨在給予政府若干喘息的空間，爭取時間增強其在南方的防禦力量，並且得以從國民黨人相信可以挽救反共事業的「國際情勢變化」當中扭轉乾坤。至於毛所提的八項和談條件，南京認為現階段沒有理由在和談時處理戰犯問題。政府軍隊的一切整編，應該按照南京擇定的時間和地點實施。而且在將來的新政府各級組織中，國民黨的代表在人數上應與中共相等。

這就是政府賦予北平和談代表團首席代表張治中的任務。張氏出身黃埔軍校（譯按：張治中為保定三期，曾在黃埔任教），為蔣介石的左右親信，在中共領導人眼中同樣也是知名人物。多年來，他曾多次與中共的周恩來面對面談判，試圖使國共兩黨能和衷共濟。現在同樣的戲碼又上演了：周恩來是中共談判代表團的首席代表。林彪也名列談判代表陣容，不過似乎在整個談判過程中發揮的作用不大，或許是因為在軍事上重創敵人，比起談判投降，更讓他感到興趣。

張治中是少數未曾名列毛那份惡名昭著的「戰犯」名單的國民黨軍政人物。然而，他對自己面臨的困難不抱任何幻想；對於中共領導人和他們的談判作風，他是太了解了。此外，張也需顧及自身陣營。在出發赴北平之前，張曾飛往溪口，向蔣簡報此次和談任務。對於張治中前往北平和談，顯然蔣氏並未表示意見，不過對於張建議他出國「暫息仔肩」、暗示能促成結束內戰，蔣卻有強烈反應。「此事不必再提！」蔣氏咆哮道：「我願意下野引退，但是要我出亡海外，卻是做不到的。」[63]

儘管如此，當飛往北平的專機在引擎運轉的轟鳴聲中升空時，張治中仍舊相信，自己能夠創造奇蹟。如果說政府在徐蚌會戰失敗、蔣氏的「引退」，使得白崇禧及其統率的華中國軍成為南京的軍事支柱，那麼張氏就是政治斡旋的首要人物，他的使命是提出雙方都能接受的條件，消弭前線戰事；這就是為什麼他有「和平將軍」的稱號。

黃紹竑是代表團的第二號人物。他是前桂系成員，具政治天分，且仍然野心勃勃。黃在一九三〇年離開廣西，轉投效中央政府，但他與桂系李、白依舊保持密切的關係。邵力子、章士釗兩位年高德劭，但已屬過氣人物，而非未來之星；他們是二月時上海人民和平請願團的代表，曾到西柏坡會見毛澤東和周恩來。李蒸是北平師範學院的校長，也是代表團裡唯一的非國民黨員。劉斐則是白崇禧的軍事顧問，也是國軍參謀本部的前任次長。

圖 3.3　學生在國民黨的首都南京示威遊行，要求與中共展開和談。

蔣介石在日記裡則寫道，這些人是去「投降」，「但共匪是否接受其投降，是一問題耳。」而李宗仁的和談方案，其中心要旨，「無異於協同共匪消滅國軍之基礎耳。」[64]蔣氏認為，代表團不會按照李宗仁的立場談判，很快會倒向毛澤東那一方。邵力子的夫人是留俄學生，能說俄文（她的夫婿曾短暫出任中國駐莫斯科大使），此時已經動身前往北平。李宗仁的私人代表黃啟漢也已讓妻子北上。至於劉斐，他在稍後坦承，早在他答允李宗仁之請、加入和談代表團之前，已將家人由國民黨控制區轉移到香港，「故不需擔憂」。[65]他的政敵指控，此刻他已做了中共的內應。

「只有這一次機會了，不要失掉這個機會」

南京和談代表團與共產黨人談判風格、談判策略的頭一回交鋒，以及其「憑實力說話」的種種現實，在專機一降落北平就告展開。代表團原先期待會受到有如南京歡送人潮那樣的歡迎陣仗，但他們只見到寥寥幾位由共方低階幹部組織而成的「歡迎委員會」，他們隨即安排代表團驅車赴市中心。

第二回合在代表團下榻的東交民巷六國飯店展開，他們發現，客房內的報紙痛斥國民黨是戰爭罪犯、蔣介石是賣國賊，而張治中本人則是蔣的「走狗」。在中共看來，張不是什麼政府的談判代表，或是潛在商討和平的對手，而是來北平簽署降書的。[66]中共迅速對代表團的活動實施新聞封鎖，並且在六國飯店周圍布置起極其嚴密的軍事警戒線，「甚至連飯店的理髮師馬提里蒂（Martelliti）都不被允許通過路障。」[67]

某種程度上來說，毛澤東是在做出讓步的情況下同意和談的。一方面，他受到史大林要求中共與國民黨談判的壓力；另方面，共軍也尚未（完全）完成發起渡過長江作戰的準備；最後，毛大概認為，他順應南方呼籲和平的輿論，於中共方面而言並沒有什麼損失。然而，和談的真正目的是要弄清楚南京政府及其軍隊「結束收場」的條件。在毛於香山住所接見政府代表團的第二天，他在四月四日發表的一篇文章當中指出了這一點。「只有這一次機會了，不要失掉這個機會。人民解放軍就要向江南進軍了。這不是拿空話嚇你們，無論你們簽訂接受八項條件的協定也好，不簽這個協定也好，人民解放軍總是要前進的。」[68]

中共讓前來北平和談的南京代表團如坐針氈，他們先是不斷安排各種臨時的私下會談，讓代表團成員個別單獨和毛澤東見面，最後在正式會議開始前幾個小時才通知，將於四月十三日晚間舉行第一次正式會談。談判會場設在中南海勤政殿，這裡是前清康熙皇帝召集臣子議政之所。政府代表同時也苦於應付己方陣營的掣肘干預：蔣介石和廣州的國民黨中央不斷提出各種強硬的條件，並且堅持在任何協議之中，國、共兩黨都必須居於平等地位。

儘管如此，在四月八日深夜於香山與毛澤東、周恩來會面之後，南京和談首席代表張治中對於和平協議仍舊抱持樂觀的期盼。毛主席在會見中提到國民黨及其高層領導人物時甚為客氣。他表示，和平協議中可以不提及「戰犯」的姓名。國民黨軍隊接受整編一項可再討論。而南京政府也不必立即解散，可以繼續維持運作，直到新的聯合政府成立為止。張聽後深受鼓舞，立刻拍發電報，將上述情況向李宗仁報告。

樂觀的期盼轉瞬落空。四月十三日，中共方面首席代表周恩來交給張治中一份協議草案，以便雙方在該日晚間進行的正式會談中討論。草案包含毛的八項條件，以及二十四條附加條款。張接過讀後，心頭為之一沉。後續正式會談，當周恩來長篇大論譴責國民黨、歷數其各種反動事蹟時，張仍然相當氣餒。[69]他以有禮貌卻蒼白無力的反駁作為回應，承認國民黨和政府過去的許多失敗，其他代表對這些看法並沒有任何異議。相反的，他們現在意識到大勢已去。問題只在能否盡力爭取最有利的條件，然後盡可能用尚能接受的表達方式包裝，以維持體面而已。

次日，周恩來拿出一份經過修訂的協議草案給張治中。這份草案對於南京政府自行結束的確切時間做了若干細部修改。周表示，這份草案已是和平協議最後定版，南京政府必須在四月二十日簽字，如若不然，解放軍將立即實行渡江。張試圖用通俗的譬喻為國民黨的政治失敗開脫。「我們中國這個大家庭原來長子（國民黨）當家，可是沒有當好，把家管得很糟糕。」他對周說道：「後來弟弟（共產黨）能幹，能把家管好，當然哥哥就該把鑰匙交給弟弟。但不管怎樣，兄弟總是一家人嘛！」[70]周對這樣俚俗的譬喻大不以為然：「過去這兩三年不是兄弟之爭，而都是革命與反革命之爭。」[71]

對於這個問題，劉斐有一番更為實際、也更為直接的表示：

過去我們是南京政府的代表團，與中共交涉，今後我們是中共的代表團了，要去說服南京了。只怕是南京方面會把和平協定，看成是投降協定，心想打也是完，不打也是完，只好打到底了。[72]

代表團決定，由與李宗仁、白崇禧關係最密切的黃紹竑立即飛返南京，勸說李、白這兩位桂系領袖勉為其難，接受和談協議。黃在四月十六日下午降落南京，「帶回一大疊厚達五英寸、(應當)包含共產黨提出條款的文件」。他一下飛機就被記者團團圍住，在稍用「天氣如何」一類的應酬話打發記者們提出的問題之後，隨即直奔李宗仁官邸。「國民黨要人在此開會研商，直至凌晨二時。李宗仁冀圖獲得體面和平、在長江以南與共產中國分庭抗禮的夢想，正在快速消退。」[73]

南京說「不」

倘若李宗仁內心對於瀕臨破裂險境的北平和談還抱持一絲希望，他並未將政權的存亡寄託在和談上，但問題是也沒有其他什麼可以指望了。政府在過去幾星期一直試圖加強長江防線，但進行得並不順利。糧餉以金圓券支付使得前線軍隊怨聲載道，要求改為發放銀元。這些部隊人員缺額，裝備窳劣。李向美國駐華大使司徒雷登籲請，將已經指定撥發給中國的美援物資轉交廣州。司徒大使回應道，臺灣的倉庫裡存有大批美方提供的武器與裝備，而且皆是由中國政府將其轉移到最需要的地方。

四月十五日，也就是北平和談結束的同一天，李宗仁透過司徒雷登，詢問華盛頓是否發表一份大致內容為「中共如渡過長江，將視之為對美國的威脅，美方即採取相對因應措施」的聲明；這一次，司徒大使也愛莫能助。「我非常同情李代總統試圖遏止長江以北共軍進犯的努力，……此時美方如有任何同情的表示，都將產生極大鼓舞，」他對華盛頓建議道：「但是，除非美國準備以某種有效的援助來支持這樣的聲明，否則我無法支持李的請求。」[74]而美方確實無意這麼做。

在長江中游，白崇禧正憂心湖南的湘系軍人不穩。湖南不但是戰略要地，也是白氏統率的華中國軍能否守住長江中段防線的關鍵所在。湘系軍人的領袖，是長年與蔣介石不和的湖南省主席程潛。已經有若干跡象顯示（而且很快就得到證實）：程潛已然做下決定，繼續作戰以支持蔣在南方的政權是沒有意義的，既然毛澤東和劉少奇這兩位湖南老鄉已經在中共領導層中具有優勢，他將謹慎地探索改換門庭、投靠勝利者的可能性。[75]

四月十七日夜間，一直到翌日凌晨，桂系的文武高級幹部在李宗仁官邸集會。這次集會，是縱橫民國政壇的桂系重要領導人在各奔東西之前，最後幾次的碰面聚首。考慮到過往他們齊心協力、在廣西和其他地方共同締造的成就，以及他們目前在一個瀕臨崩潰的政權之中的「當局」位置，眼前的局面實在險峻已極。這是南京的又一個「存亡關鍵時刻」。

從北平趕回的黃紹竑開門見山地表示，中共方面開出的和談條件確實苛刻，但總比投降好。毛在會見他時親口承諾，如果桂系領導人簽署和談協定，中共將予以廣西優待。李宗仁將成為聯合政府的副主席。白崇禧如果同意率領華中部隊退回兩廣，中共不會加以追擊侵擾。廣東和廣西兩省的政治地位和經濟現狀都可以維持不變，待新中央政府成立後，還會得到優惠待遇。至於桂系其他領導幹部，新政府也將各有安排。黃紹竑最後總結說，如果南方將不免於一場大兵禍，至少廣西的民眾可以得到保全。

在座眾人中，如果有認為這些和談條件誘人的，也難以啟齒。黃紹竑說完之後，李宗仁始終一語不發。然而白崇禧卻咆哮詰問黃：「虧難你，像這樣的條件也帶得回來，」他的表情在盛怒之下有些扭曲：「所謂目前兩廣情勢不至變動，那不過是時間遲早而已，這種和法，好比一盤雞肉，肥的先被揀吃，其次雞頭雞腳，終被吃光。」說完便拂袖離席。[76]

這是一個關鍵的轉折。正如先前劉斐所擔心的，在這場深夜的閉門祕密會議上，聽完黃的發言後，白（可能還有其他桂系高級幹部）強烈的意識到他和同僚面臨到的是怎樣的一種未來。如果必須在共產黨和蔣介石之間做出選擇，他們會站在後者這邊。這是一個攸關生死存亡的決定：桂系的權力和影響力無法在國民黨政權覆亡之後繼續存在。就算中共給予廣西短暫的寬限期，桂系人物個人權力網絡及其附隨利益也將冰消瓦解，再加上他們被中共主導的新政權吸收，都代表桂系將在政壇上就此湮沒。所以即使事已至此，這樣的條件仍然還是無法接受。廣西的領導人就和蔣介石一樣，不能指望落在共產黨手上還能得到「特殊待遇」，他們只能奮戰到底。

此刻政府和談代表團還在北平苦苦等待南京對於中共條款的正式回應。政府在四月二十日晚間做出回應。代表團獲得南京方面告知，政府絕無可能簽署此一「羞辱投降」文書：「其基本精神所在，不啻為征服者對被征服者之處置。」希望中共方面能夠「確認人民利益高於一切之原則，對此項協定之基本精神與內容，重新予以考慮。」[77]張治中奉命向中共爭取更多談判時間，並請求共方同意停火。一直到現在，南京都還在盼望，已到漲水期的長江，能夠使國軍的防線更為鞏固一些。但是現在談這些為時已晚。在張治中收到南京訓令的幾個小時之後，他便從北平街頭巷尾得知傳聞：「毛澤東和朱德已經命令人民解放軍朝江南進軍了！」[78]

第四章　「海上中國」

臺灣：避難之島？

一九四九年的前幾個月，為了爭奪「中國本部」（China proper）——也就是從滿洲到長江流域及更南邊地區的中國政治經濟重心、核心腹地——而起的鬥爭形勢出現了劇烈的變化，從而對中國的邊緣地帶，或者所謂「海上中國」（offshore China）造成深遠的影響和衝擊。受影響最深的地方莫過於臺灣和香港。由於內戰的緣故，它們在大中華世界當中的角色將被重新塑造，這兩處地方的政治、社會及經濟秩序，以及其國際關係，也都將相應的發生改變。對於臺灣和香港兩地而言，這樣的變局都非同尋常。這一局面來得很快，尤其是在毛的共產黨大軍勢如破竹、持續朝全國各地進軍的同時，這些改變在很大程度上更要經歷萬千困難才能達成。儘管和「新中國」的關係波折重重（臺灣更與「新中國」處在戰爭狀態之中），臺灣和香港不但撐過了一九四九年帶來的衝擊，此後還不斷發展繁榮。

從三月起，毛澤東和他身邊的中共領導人們一直忙於在北平組建新的高層機構。稍早之前，他們已經拍板定案，北平將成為新成立的中華人民共和國的首都。然而，說到建立新的權力中心，蔣介石卻比他的對手棋高一著：如前一章指出的，他在一九四九年的頭幾個月，將手上能掌握的大批重要資源，盡可能的轉移到臺灣去。蔣氏計畫以臺灣作為重振黨、政、軍的復興基地，準備從這裡捲土重來。

國、共這對宿敵在致力於建國方面（在蔣來說是「復興」）的努力，存在著十分巨大的差異。中共預定的首都北平，得益於其歷史、位置、規模、經濟比重、對外交通、教育與文化上的雄厚實力，再加上外國人士長期在此活動，因而居於中國人生活當中的「中心」位置。相形之下，臺灣就位於邊陲地帶。這個面積約為一萬三千九百平方英里（譯按：約三萬六千平方公里）的亞熱帶島嶼，位於中國東南沿海，距離福建省約一百一十英里；幾乎可以肯定的是，要不是中國內戰，臺灣在一九四〇年代仍然沒沒無聞。當時臺灣全島人口約七百萬（全中國人口則為四億六千萬），其中四十三萬人居住在省會臺北市。

如果從「精緻」中國文化的角度來看，臺灣可說是蠻荒之域。任何一個大陸來的人，不必受過什麼高等教育，都可以懷疑這裡究竟有沒有中國文化的存在。臺灣一直到一八八五年才成為大清的正式行省。十年後，隨著東京在中日甲午戰爭中擊敗清朝，日本即根據戰後簽訂的《馬關條

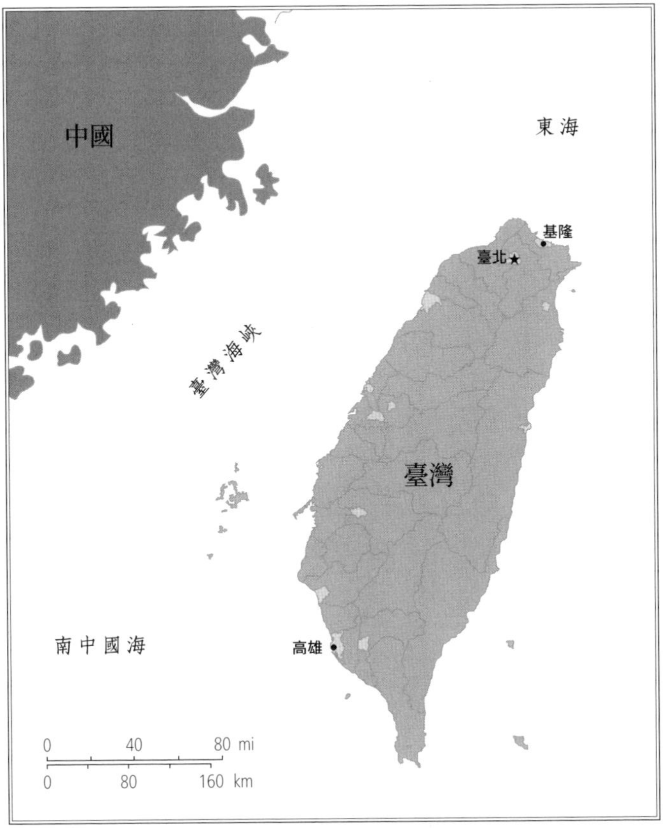

地圖 4.1 臺灣，中國的沿海省分。（一九四五）

約》條款占領臺灣。依照一九四三年十一月，盟軍在開羅會議（Cairo Conference）中對蔣介石的許諾，臺灣將在日本戰敗之後歸還中國。一九四五年十月二十五日，蔣的政府正式宣告臺灣成為中國的第三十五個行省。

臺灣經濟向來與日本有密切關係。島嶼的主要經濟作物是稻米、蔗糖（在一九三〇年代後期，臺灣成為僅次於爪哇和古巴的世界第三大蔗糖產地）、水果和茶葉。島上的工業大多是食品加工業。一九四五年之前，大陸與臺灣之間的貿易及其他許多往來相對較少。

不過，相對來說，臺灣島上民眾的生活水準還是高於大陸。儘管臺灣人對於日本統治的某些方面感到憤慨（戰爭時期尤其如此），還是有許多臺灣人欣賞日本文化、說日語，而且更有許多選擇改中國姓名為日本姓氏的案例。幾位研究一九四〇年代臺灣歷史的先驅歷史學者就指出：即使日本在臺實施戰時動員，「也沒有產生對日本暴行表示憤慨的怨恨或抗日文學」。[1] 實際上，這裡「似乎是東亞唯一一處在整個戰爭時期都保持繁榮的地方，」美國歷史學者麥金農（Stephen R. Mackinnon）指出：「其出口經濟一直到最後都未受太大影響。」[2]

雖然如此，日本戰敗投降，加上即將回歸中國，還是在這座島嶼上激發出一定程度的民族愛國熱情。美國的船艦和飛機協助蔣介石的軍隊渡過臺灣海峽，以解除日本軍隊的武裝。此時臺灣社會穩定。不論是在知識分子群體，還是在農村裡，共產黨幾乎沒有取得多大進展。這確實與中國內地的情形有很大的不同。一九四六年十月，蔣氏夫婦初次造訪臺灣時，便對這樣的情形留下極其深刻的印象，致使一位替蔣作傳的作家不禁揣測，這位中國領導人是否早在這時便已考慮，以臺灣作為將來局勢不利時的退路。[3]

新近抵臺的中國軍隊的蠻橫失序，以及來臺接收的外省官員的貪婪與壟斷，很快的打破了臺灣的平靜局面。這種情況越演越烈，致使《遠東經濟評論》表示，福爾摩沙人（Formosan，這是當時一般對臺灣人的稱呼）在受中國統治之後，旋即發現自身乃是「最落後國家中最進步的殖民地」。[4]有一位臺灣人對美軍軍官抱怨說：「你們只是對日本扔原子彈，卻把中國軍隊丟在我們頭上。」[5]

一九四七年二月，臺北因為查緝私菸而引發一場騷動，隨即引發全島大規模抗議及後續軍方的血腥鎮壓，罹難人數可能高達三萬人，當中包括許多臺灣菁英。治理失當及警力的薄弱造成此次災難的發生；而中央政府此時正以全力對付大陸上的局面，也未能確保臺灣這個新收復的島嶼省分有足夠資源能肆應地方上大規模的動亂。「二二八事件」不但給當時大批躲避內戰而從大陸抵臺的流亡人士蒙上一層陰影，更在往後四十多年當中產生極為惡劣的影響，加劇了臺灣社會中「外省人」（那些在一九四〇年代抵達或逃至臺灣的大陸人士）與「本省人」（祖籍福建、更早先移民潮來臺的後裔）的隔閡與分化。[6]

在一般情況下，臺灣對許多大陸人士來說並不算是一個有吸引力的去處。不過，現在是非常時期。大陸上的內戰、革命動盪以及社會與經濟秩序的崩盤，讓地處邊陲、社會秩序相對穩定（一九四七年時曾血腥鎮壓）的臺灣，成為國民黨領導高層思考退路時的首選。臺灣這個島嶼省分背靠太平洋。政府如果以此為根據地，在局勢所需時，第三方（也就是美國）很容易提供援助。同時，臺灣或許也能夠取代青島，成為美國太平洋艦隊的前哨基地——目前太平洋艦隊以大陸的青島為停泊港，不過現狀可能無法維持太久。

華盛頓似乎也這麼認為，至少是部分同意。一九四九年二月，美國參謀長聯席會議主席（或譯為「聯合軍事幕僚長」）李海（William D. Leahy）上將具申意見，回覆國家安全會議對於臺灣及澎湖群島（臺灣西側的離島）戰略重要性的詢問。他表示，雖然目前美軍尚無進駐臺灣、澎湖的理由，但是海軍艦隊可以在該地區巡弋，並停靠於臺灣港口，以展示美國的軍事力量。[7] 國外媒體廣泛討論臺灣對美國的戰略利益：《經濟學人》（*The Economist*）稱臺灣為「避難之島」，英國的《每日快報》（*Daily Express*）論及臺灣時，則逕以「蔣的島嶼被美方領養」（Adopted by US-Chiang's Island）作為標題。[8]

轉移黃金與國寶

蔣介石致力於牢牢掌握臺灣。自一九四八年底起陸續將軍事人力和物資集結於臺灣，只是蔣氏整體作為的其中一部分。具有同等重要意義的，是中國的黃金、外匯儲備，以及國家重要博物院、圖書館的大批文物珍寶也轉移到臺灣。它們一方面能對陷入危殆的國民黨政府在經濟面上提供賡續生存的憑藉，另方面還能給予這個政權「國寶文物」保護者的角色，或許還能協助其重新獲得在戰場上失去的合法正當性。兩者對於臺灣的生存，以及將來重新塑造這個海島成為中華民國的「暫時」所在地，都是十分必要的。

國庫財富與國寶文物的大轉移約略同時進行。第一批國家資金儲備於一九四八年十二月二日自上海啟運，其中據說包括儲存於上海財庫的四百六十萬兩黃金中的兩百萬兩（一兩等於五十公克，或一點七六盎司）。負責執行任務的是財政部海關緝私艦海星艦。這項祕密行動被一位英國記者范喬治（George Vine）報導出來，他碰巧從自己位於上海外灘的辦公室窗戶向外望去，看見「搬運工人排成一列，用竹竿肩挑兩個包裹，在中央銀行進進出出，包裹裡面全是金條。」[9]海星艦的船員直到離開上海，船長才告知他們，目的地是臺灣。

幾天以後，駐守武漢的白崇禧截留蔣介石計畫船運到廣州的三百萬銀元，轉用來穩定華中地區的經濟秩序。[10]不過，政府資金儲備仍然持續從大陸轉移出去：一九四九年一月中旬，第二批資金儲備按照首批的轉移程序，在上海啟運，不過這一次軍方封鎖了上海外灘的裝載區，估計約有九十萬兩黃金、銀元及外幣，分別裝載在兩艘海軍艦艇上。不過，他們航行的目的地不是臺灣，而是大陸東南沿海的港埠廈門；蔣氏的傳記作者說，蔣此舉「目的在混淆毛澤東，讓他摸不清蔣接下來要退守何地。」[11]這批資金一直存放在廈門附近的鼓浪嶼，直到七月時共軍大舉南下，政府才將其轉移到臺灣。蔣還想將存放於中央銀行、抗戰期間沒收充公的珠寶、寶石（價值約兩千萬美元）轉移到臺灣。然而，代總統李宗仁得知此事後，下令阻止轉移，結果這批資金在解放軍占領上海時，全數落入共產黨之手。[12]

後續的金銀儲備轉移，在二月七日由一架民用飛機、九日以軍機空運；而在上海落入解放軍之手的幾天之前，則又由兩艘海軍艦艇與一艘民用商船執行最後的轉移任務。[13]二〇一〇年，受蔣委託執行此項祕密行動的吳嵩慶將軍日記公開，披露了這些珍貴資產轉移行動的細節。由上海陸續轉運到臺灣的國庫資金（包括黃金、白銀及外匯），總價值據說約為三億美金。[14]當中有若干資產在一九四九年間被匯回大陸，以填補國民黨政府因控制區域急遽減少而造成的財政及軍事開支虧損。[15]較大的一部分則被指定為臺灣於六月實施貨幣改革、發行新臺幣時的準備金。

許多無價的文化珍寶（包括書畫、瓷器及其他藝術珍品、善本書、政府檔案）由大陸遷運至臺灣的行動，則更具爭議性。之所以如此，部分是因為知悉此移轉行動內情的人較多，而他們之中有若干人對蔣及他的政府並無好感。在北平的國立故宮博物院、南京新成立的國立中央博物院、國立北平圖書館和其他國家機關之中，有不少人員決定順應中共的呼籲，將這些珍貴的民族文化遺產留下來。不僅如此，更有許多為了研究和保存國家過往歷史而奉獻一生的專業文物典藏人員，憂心珍貴文物在戰爭時期船運轉移可能會造成的破壞和損失。

誠然，許多文物珍寶之前曾經有過遷徙：一九三〇年代後期，政府當局將北平若干文物精粹運出，以防它們落入日本侵略者之手。但是到了一九四八、四九年，「敵人」也是中國同胞，將同樣屬於他們的文化遺產轉移，至少在某些人看來並不那麼有說服力。其中，故宮博物院院長馬衡尤其如此，他拒絕配合移轉行動，雖然立時招致南京方面的指責，但也使他在共產黨掌權之後備受讚揚。[16]

儘管如此，在中央圖書館館長蔣復璁與教育部次長杭立武的努力奔走之下，國家各重要博物院、圖書館在一九四八年十二月終於同意挑選各自館藏的精華，準備運往臺灣。外交部職司保管與外國簽署條約的部門（典藏品包括一八四二年清廷與英國簽訂結束鴉片戰爭的《南京條約》）也同樣將檔案運臺。蔣介石親自下令，對於這些文物轉移提供必要的運輸與軍事保護。

在一九四八年十二月二十一日到隔年一月三十日期間，總計共有六千兩百五十六箱珍貴的檔案文物，分成三批由大陸運往臺灣，在今日由臺北的國立故宮博物院典藏。首批轉移任務，由改裝成運輸艦的海軍登陸艦「中鼎輪」負責執行。當船員的眷屬得知該艦將駛往臺灣時，便爭相登艦，占滿全艦空間，也不理會艦方要求他們下船的呼籲，幾乎使得轉移任務失敗。海軍總司令桂永清上將親自來到南京下關碼頭處理這個狀況。他告訴船上眷屬人等，當此之時，「應以國家文物為重，不得搭載無關人員。」[17]許多眷屬無奈下船，平底的「中鼎輪」啟航前往臺灣，航程顛簸，船身晃動，許多裝有珍貴國寶文物的木箱便反覆由艦艙的一側令人擔憂的滑動到另一側。

第二批文物在一九四九年一月六日由商船「海滬輪」裝載，由南京開出，航行較為順利。本次運送文物為三批之中數量最多，其中包含了清朝乾隆皇帝下旨編纂的《四庫全書》。抵達基隆之後，這批文物即分別送往臺灣各地的倉庫妥善存放。

最後一批文物運送的過程，困難波折最多。一月底時，南京局勢緊張，大眾人心惶惶，擔憂未來前途。此時海軍已無艦艇可執行此次任務，不過桂永清上將找來一艘三千噸的運輸艦「崑崙艦」負責此次運送。軍情緊迫，「崑崙艦」的艦長褚廉方必須在最短時間內完成靠泊、裝載作業，然後即刻啟航。這就代表博物院的押運人員不得不將裝載珍貴文物的大條板箱堆放在碼頭邊，以備隨時裝船。出於保密理由，也為了抵擋南京的綿綿細雨，他們事先將這些木箱裹上防水油布。待褚艦長見到碼頭上等待裝載的貨箱，心中不禁為之一沉：「崑崙軍艦重僅三千噸，艦齡已老，以時值非常，原定運輸量即已超載，及目睹碼頭上積之兩千餘箱文物，內心實感惶恐，」他說道：「然此皆我國歷史文物之精粹，倘不及時運臺，勢必陷於匪手。」[18]

但是想要順利啟運，談何容易。先是，當時正值農曆新年，碼頭工人要求加發「新年特別獎金」，否則拒絕裝運。接著又有消息傳開，說這艘軍艦要開往臺灣，於是抱著急於逃難心理的船員家屬，又一次蜂擁登艦。這一次，桂永清總司令的懇求沒有起到任何效果，他只好諭令艦上官兵，開放所有臥艙，盡量容納眷屬；將艦上任何一處可用的空間，包括醫務室、甲板、餐廳等處，都拿來堆放條板箱。崑崙艦於一月三十日啟航前往上海，停靠三天之後，再停泊於鄰近的船廠進行維修。該艦一直到二月二十二日才抵達基隆，船行達二十四天之久。

中共和那些對政府心懷不滿的人士，想盡辦法勸說政府裡的官員和各院、館的文物圖書管理人員抵制蔣介石轉移國家文物珍寶的行動。中共領導高層稱杭立武和蔣復璁兩人為「文化戰犯」；而李宗仁則因蔣氏雖然下野，卻仍插手干預政事而甚感惱怒，因此阻止蔣第四批將文物轉移臺灣的計畫。不過到這時才阻止算是為時已晚。已經有足夠數量的文物珍寶運往臺灣，在實質和象徵意義上都起了影響作用。為了爭奪今日江山而拚殺得你死我活的國、共兩黨，在繼承昔日國家輝煌歷史上也是競爭的對手。

臺灣地位的確切法律問題，是潛伏在上述這些事態發展之下的一道暗流；這一問題將為中國和東亞在往後數十年間帶來不安的陰影——從某些程度上來說，至今還未塵埃落定。在一九四〇年代後期，就盟軍（尤其是美國）的立場而言，臺灣的地位只能在對日和約簽訂時加以解決。在那之前，無論臺灣當地的現狀（facts on the ground）為何，只能以模稜兩可的方式應付。

事實上，當蔣介石下野並致力於拯救國民黨政權於危亡之際，他並不知道華盛頓方面已在制訂計畫，準備在臺灣島內培植獨立聲浪，以使該島在未來能免於落入蔣或毛的控制。臺灣民族主義者對於蔣氏可能將政府遷往他們的家鄉深表戒懼，主張舉行公投以決定島嶼的前途。「福爾摩沙未來的地位應該由福爾摩沙人決定，」他們在一份提交盟軍和聯合國的聲明中表示：「那些一九四五年八月十五日後來到福爾摩沙和澎湖群島的中國人無權決定。」[19]「倘使福爾摩沙不幸捲入中國內戰的漩渦之中，這座美麗之島肯定會遭國際共產主義陰謀攫奪侵占。」[20]

美國冀圖扶植臺灣獨立運動的想法不久後即付諸東流，華盛頓隨即改弦更張。一旦確認蔣確實有意將國民黨政府遷往臺灣，美國官員便提出更符合該國利益的方案：將臺灣變為由一位「自由開明派」中國領導人所統治的「自由省」。為達成這一目的，美方再一次在蔣幾乎不知情的情況下，開始扶植孫立人。孫是美國軍校畢業的傑出國軍將領，目前奉蔣之命在臺灣訓練新軍。然而隨著臺灣島內、中國境內，以及外面更廣泛地區政治權勢的均衡發生改變，美方這項動作也將不敵現實形勢而黯然收場。

撤退到臺灣

對於幾十萬戰敗潰散的士兵、企業主、顯貴人士、公務人員，以及亟欲想逃離家鄉戰禍與革命動盪的平民百姓來說，上面這些考慮與盤算一點也不重要。臺灣從很多角度看來也許並不如何理想，但這裡卻有可能成為避難託身之處。

至少在一開始時，抱持這樣看法的人士之中，就有實業大亨劉鴻生的身影。劉鴻生一手建立的事業王國以上海為根據地，旗下企業包括紡織、水泥和其他諸多領域。一九四八年時年已六十的劉鴻生，是美國教會興辦的上海聖約翰大學畢業生。劉有「紡織大王」、「火柴大王」的稱號，反映出他旗下企業在這些領域中的強大實力。根據一部研究劉氏家族歷史的專著指出，在劉鴻生領導下，家族企業奉行「不把雞蛋放在同一個籃子」的分散風險原則，事業蒸蒸日上。[21]他與國民黨維持友好關係，但是他心中真正關切的是其實業王國的前途，而不是蔣介石的政治福利。當共產黨的威脅迫近時，劉鴻生在一九四八年中決定送他的兩個兒子到臺灣去，以便將若干家族資產轉置於他認為安全的地方。他們得到指示，要到這座島嶼來開拓事業。

劉鴻生很快就改變了策略——其原因與其說是臺灣的局勢發展，還不如說是國民黨政府在上海的作為。在政府於一九四八年秋季實施的重大貨幣改革中，劉鴻生和上海其他企業主、富裕市民一樣，被要求交出家中持有的金、銀及外幣，以換取新發行的貨幣「金圓券」——這是國民黨對抗惡性通貨膨脹的最後一搏。不出幾個星期的時間，金圓券就貶值到和它所取代的銀元（譯按：應為法幣）一樣，變得一文不值。劉鴻生和幾乎所有名下擁有財產的人一樣，對於這個腐敗無能的政府毫無掩飾的掠奪人民財富感到憤怒。「臺灣不是安全的地方，」他在一九四八年底的家庭會議中這樣對其子女說道。[22]

劉鴻生並未撤回在臺灣的投資，不過他決定不再繼續轉移資產到臺灣去：劉氏家族不會像從前那樣一心跟著蔣介石走了。但劉也不只是留在上海坐看事態發展。由於對人身安全抱有疑問，以及擔憂在共產黨統治底下是否還能自由經商，所以如果要確保家族事業能夠生存、壯大，那麼探索別的出路就勢在必行。

一九四九年一月二十七日，農曆大年除夕的前夜，數百名乘客登上預備由上海開往臺灣主要港口基隆的「太平輪」，就此決定了他們未來的命運。[23]最近數星期以來，由於共軍兵鋒向南進逼，直指南京、上海，穿梭於臺灣海峽之間的交通越來越頻繁。在一月最繁忙的日子，有多達五十五艘航班往來於上海與基隆之間。船票極為搶手，價格節節飆升。人們利用各自的人脈或運用在政府裡的關係、特權，或是乾脆行賄來取得船票，其中有些人甚至還拿出了金條以換得登船資格。

當乘客攜家帶眷蹣跚掙扎登上「太平輪」時，碼頭邊上演一幕幕悲慘絕望的場景；除了人們與他們攜行的家當外，還裝載了要疏運到安全地點存放的政府文卷、檔案及其他珍貴文物，這艘船很快就宣告滿載。儘管有一場悲劇就發生在幾星期以前：滿載逃難者的「江亞輪」，在駛離上海之後不久發生爆炸，隨即沉沒，其原因可能是誤觸水雷所導致。這次事件堪稱當時世界上最嚴重的船難，約有兩千到三千位乘客不幸罹難。[24]

原來為貨輪、後改裝為客貨兩用船的「太平輪」，於一月二十七日下午從上海黃浦碼頭啟航。船上載運了大約一千名乘客、數百箱政府及國民黨的檔案文卷、托運的鋼梁和其他貨物。乘客之中約有三分之一沒有購買船票，而是透過其他管道取得艙位。毫無疑問，「太平輪」已經超載。此外，由於軍事當局宣布宵禁，該輪須熄燈夜航。而且船上沒有裝備足夠的救生艇和安全設施，都成為這場悲劇的前奏。

深夜約十一時三十分，「太平輪」在舟山群島附近海面上與貨輪「建元輪」相撞。「建元輪」立即沉沒，「太平輪」救起少數船員。然而沒過多久，「太平輪」自身開始進水，船身嚴重傾斜，於一月二十八日凌晨約二時三十分沉沒。全船乘客只有約四十人獲救，大部分生還者都是被正好在附近航行的澳洲軍艦「華倫孟卡號」（Warramcunga）所救，而它也是鄰近收到「太平輪」求救訊號的船隻中，唯一趕往救援者。

對於那些未能獲救的乘客而言，結局十分悲慘。「海中的狀態極為惡劣，人們抱著貴重物品拚命掙扎，試圖抓住漂浮在海面上的浮木。」生還者葉倫明回憶道。[25] 一月三十日，在基隆港邊苦苦等候的乘客親屬未能盼到「太平輪」抵達；船難的消息直到次日才在報端披露。有許多家庭在這次劫難中失去了生活的唯一支柱與所有財產。對他們來說，人生也因此而起了重大變化。黃似蘭的母親在這次船難中喪生，她發現自己突然之間成了孑然一身的孤兒。她必須獨自回到廣州處理家產，「而她『資本家出身』的背景，在中華人民共和國成立之後，便成為遭受打擊迫害的目標。」[26]

「太平輪」船難的悲劇並未阻止人們逃往臺灣；隨著國民黨政府的垮臺以及共產黨的節節進逼，恐懼以及希望逃離的想法在短短數週之內滋長蔓延。船難兩年之後，基隆豎起一座紀念碑，追悼那些在船難中喪生的人們，但是卻並未銘刻罹難者的身分姓名。「太平輪」的故事一直到二十一世紀初年才「重見天日」，同時也成為吳宇森執導、分為上下兩集的電影《太平輪：亂世浮生》、《太平輪：驚濤摯愛》的主題。[27]

那些登上「太平輪」的乘客，清楚知道自己的目的地就是臺灣。然而對於其他數十萬人們來說，這個島嶼省分可以說是一處出乎他們意料之外的避難地。當他們被迫離開家園，或是決心離開家人親友，以尋找一個安全託身之所的時候，心裡面可能根本沒有想過臺灣，更別提把臺灣當作是最後的目的地了。許多逃難的人對於這座島嶼的生活一無所知。美國歷史學者范書亞（Joshua Fan）在其研究專著《無家可歸的中國世代》（*China's Homeless Generation*）中說道，那些從大陸逃出來的人「要去到一個風俗、語言和現代化水準差異如此大的地方，這使得他們的感受……雖然是在國內遷徙，但實際情狀有如移民國外。」[28]

甚至在大撤退進行許久以後，不少國民黨高級官員，包括滿載敗兵、一心想盡速逃離大陸港口的兵艦指揮官，還是不知道臺灣位於哪裡。據說其中有一支部隊，搭乘軍艦，試圖從位於南方沿海的海南島撤出，「在砲火射程外的安全海面上，海軍拿出地圖來找臺灣的位置。」兵艦上的軍官，在部下詢問什麼時候才能到「那個地方」時回答道：「我也不清楚，反正到時候你就知道了，到的那個地方叫『臺灣』，我沒去過，你也沒去過，聽說那地方不錯。」[29]

在蔣介石的家鄉浙江，省會杭州市東南約六十英里處的淳安縣城，有一位名喚應美君的二十四歲女子，我們不清楚她是在什麼時候聽說過臺灣這個地方。不過可以推測，大約在「太平輪」船難發生的前後，她下定決心要離開家鄉逃難，之後又過了好長一段時間才知道臺灣。她以背巾懷抱幼兒龍應揚，身後跟著兩名年輕的傳令兵。[30]他們四人首先前往鄰省江蘇的常州，美君的丈夫龍槐生那時帶著憲兵隊駐守在常州。

美君離開家鄉時十分倉促，事前並無計畫。她對年邁瘦弱的母親說，自己「很快回來啦」，但在跨出家門時，頭也不曾回一次，深怕一回頭就看見母親站在老屋門邊望著她的身影。那是她最後一次見到故鄉。

在後來美君女兒敘述的故事裡，她在杭州登上一列火車，目的地是她心目中安全的南方。車廂裡擠滿了乘客，還有人不斷從車窗和走道進來，塞滿了列車上每一處可用的空隙。那些擠不進車廂的人，便蹲在車頂。但火車啟行沒過多久就燒完燃煤，引擎不動了。車上有軍官出來當場向乘客募款，以便在附近蒐購煤炭，讓火車再次發動。即便如此，火車仍然走走停停：前方的鐵軌被破壞了，大概是共產黨游擊隊或地方土匪所為。

這列火車的終點站是華南的大城市廣州，它位於香港北面大約八十英里處，距離共產黨的軍隊還很遙遠。但美君一行人到了湖南衡陽便中途下車，衡陽離她婆婆居住的村莊最近。美君決定將懷中的應揚託付給婆婆照顧。列車上的環境對這麼小的嬰兒來說，實在太危險、也太不衛生；車上已經有好幾人死亡。她帶著兩名傳令兵隨後搭上另一列開往廣州的火車，希望能和已經率部調往那裡的丈夫團聚。這個來自農村的年輕女孩，此刻已經踏上史詩般輾轉流離之旅的半途，她即將行遍被戰火蹂躪的大半個中國，只為尋求一處安全的託身之地。[31]

臺灣省主席陳誠上任伊始，立刻忙於整頓撤退抵臺的混亂人潮、機關單位和物資，當中還包括美國按照條款提供的援助。他向蔣介石報告：截至一九四八年底，估計約有二十萬人從大陸避難抵臺，而這個人數勢必會再往上攀升。陳誠的判斷是正確的：在一九四九年上半，又有另外四十萬人撤退到臺灣來。

很多抵臺人士不受歡迎。據《大公報》報導，當地民間普遍流行一種看法：「即逃難的人分為三等：第一等逃美國；第二等逃香港；第三等逃臺灣。逃到臺灣的雖然是第三等，但他們仍是富貴人士，生活標準超過了當地臺灣人，臺灣社會更顯貧富懸殊。」[32]一九四九年五月，國民黨官方的《中央日報》主編在報端上直言不諱。他抱怨有「大量的政治渣滓從大陸湧入」，並表示這些避難來臺人士不應仰賴地方政府的幫助，「因為他們之中據說有不少人攜帶金條和美鈔來臺」。[33]

臺灣的兩大港口——基隆與高雄，一時難以消化大量湧入的貨物和人員；在基隆港，等候入港的船隻有時必須等上一個月以上的時間，才能入港卸載人、貨。兩個港口都需要疏濬和闢建新的倉儲庫房，因而迫切需求鋼鐵建材。臺灣經濟難以抵受這樣的壓力，通貨膨脹有如在大陸上一樣猖獗。

五月時，陳誠為因應當前危機，宣布臺灣實施戒嚴。英國駐臺北領事在給倫敦的報告中說，此舉不啻是對臺灣民眾敲響一記警鐘：

……在這個迄今為止尚稱平靜的島嶼上實施軍事戒嚴，給此地的民眾帶來猛烈的衝擊。原先一般認為福爾摩沙能在某種程度上避免實際被捲入中國內戰的看法，現在正逐漸被沮喪失落的情緒取代，人們普遍憂心由於大陸上的軍事失利，會使得對臺灣的控制收緊，而隨著撤退到臺灣的軍隊人數越來越多，其紀律將更形惡化，直至社會秩序被破壞殆盡，而使這座島嶼最後也淪為中國內戰的戰場。[34]

蔣介石敦促陳誠，在改組各級政府與重建地方經濟時，要盡可能容納本省才能之士，並且要著意培養臺灣有為青年。同時，蔣氏也知道陳誠御下可能較為嚴苛，因此勸陳，在面對危機四伏的局勢時，須盡量處事圓融：如果臺灣的政局不穩，將難以成為國民黨的退路。

香港：帝國的兩難

英國的皇家殖民地香港在本年初次亮相時，似乎不大受到中國內部動亂的影響。一九四九年二月出刊的美國《時代》雜誌表示，香港是「上週唯一看來未受中國局勢崩壞所影響的地方」。正當混亂、不確定和恐懼籠罩著中國大陸上的許多城市，逼使那些有能力離開的人紛紛出逃之際，香港在農曆新年假期期間，街道上卻「擠滿了閃亮的凱迪拉克和勞斯萊斯名車。城裡人滿為患的商店由灰白鬍子的印度錫克族武裝警衛守護，他們是昔日西方在亞洲所遺留下最後的崗哨警察。香港的旅館裡，英國人依舊盛裝出席晚宴。」[35]

誠然，香港，這個英國在一個多世紀前從華南粵語世界畫分出來的一塊小領土，和到處烽火動盪的國內各地相比，簡直就是一處世外桃源。部分原因固然是這裡由英國統治。而如今中國內戰還未打到長江以南，香港位於南方邊陲海上，遠離內戰的主要衝突地區，同樣也是事實。

然而香港的這種平靜，不全然是美國記者眼中那種顯而易見的殖民地作風，在一九四九年開年後的幾個星期間，只是一種表面的現象。英國統治者在日本投降後不久隨即重新進占這塊殖民地，迄今已三年有餘，他們正密切注視中國共產黨日漸壯大的實力，並且憂心此一局勢長此

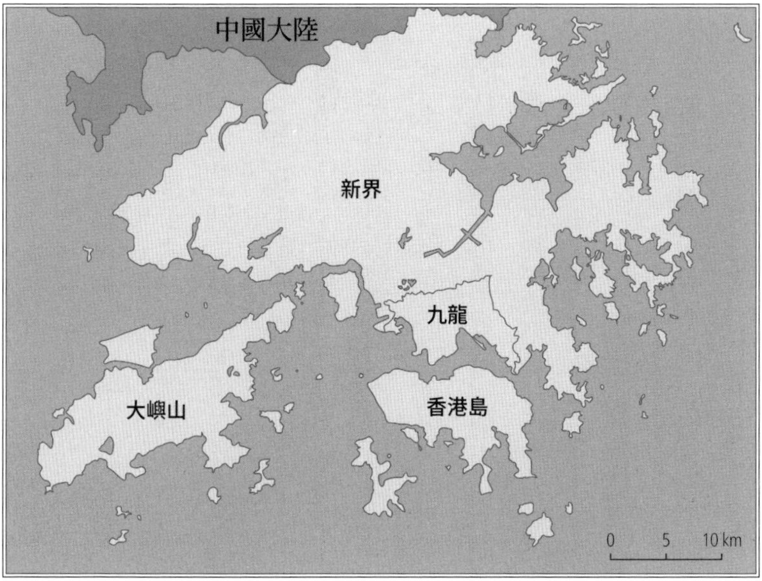

地圖 4.2 英屬殖民地香港。

以往對香港所產生的影響。甚至連某些平常不輕易受悲觀情緒影響的商業界人士，如今也越來越焦慮不安。代表香港商業界心聲的《遠東經濟評論》表示，共產黨的威脅在中國已經存在了很長一段時間，以至於人們將其與「洪水、飢荒以及其他容易在中國發生的疾病」歸為同一類。[36]但是現在情況不同了。蔣介石的軍隊打了敗仗，已經造成中共革命的「危險傾向兵臨城下，來到國際貿易的大門口，因此，必須從全新的觀點來考慮——也就是：這個情況對外國商人會造成多大程度的影響？這樣的情勢對於國際貿易而言是助力還是阻力？」局勢的不明朗「已經讓香港充滿難民，迫使勇敢堅毅的傳教士離開工作崗位，並且暫時或永久的關閉了航運與貿易的大門。」[37]

從倫敦的角度來看，中共在一九四〇年代後期的節節勝利，恰與大英帝國遭遇兩難困境同時，有段時間裡甚至加深了這樣的困境。第二次世界大戰重新塑造了歐洲帝國霸業的立足基礎，而且在一定程度上改變了其正當性。二次大戰也使得維持帝國版圖成為極其昂貴的負擔。英國是戰爭的勝利者，但是在經濟上卻一敗塗地；這一點，英國在和平到來時便深有體會。戰後英國被迫償還美國的戰時貸款，執政的工黨政府承諾在國內實施代價甚高的福利計畫，並且決心出資獨力研發核子武器。倘若在承平時期，香港或許不會成為倫敦的財政負擔。不過在不是那麼太平的年代，香港是英國額外的責任，而且從許多層面來說，這項責任很可能所費不貲。

然而艾德禮執政的工黨政府和他前任的邱吉爾保守黨政府一樣，不甘放棄大英帝國的聲威：英國的社會主義者可能不喜歡帝國主義，但他們對帝國可是十分熱愛。美國在戰後對其戰時盟友英國施壓，以創立聯合國來遏制其擴張帝國的衝動；在聯合國的憲章中，隱約暗示帝國各附屬領地擁有完全獨立的權利，乃至於一九四七年英國「失去」印度，在在讓英國感到不安。可是對昔日帝國榮光的眷戀，卻依舊存留下來。而且，在華盛頓眼中，由冷戰形成的方式看來，英國倘若能保留住若干關鍵的海外領地，具有戰略上的價值。

可是在當前的局勢之下，保住香港這個人口稠密的貿易城市，保住其形勢優越的海港、星羅棋布的山脈、數十座離島和深受共產革命動盪影響的南方農村腹地，又能起多少實際作用呢？

首先，英國取得香港等地的方式，便是問題的其中一部分。先是，一八四二年，清朝於鴉片戰爭中失敗，簽訂《中英南京條約》，將面積約三十二平方英里（七十八點六五平方公里）的香港島永久割讓給英國；接著在一八六〇年簽訂的《中英北京條約》中，清廷再割讓香港島對面、九龍半島尖端約三平方英里之地予英國；最後是一八九八年，根據《第二北京條約》（又稱《展拓香港界址專條》），又將九龍以北約三百五十九平方英里（九百五十二平方公里）、大部分為農村的地界（連同附近的許多島嶼）租予英國，租期為一百年。英國聲稱，需要取得這些地界，以保衛先前獲得的香港島及九龍領地。

清朝以後的歷屆中國政府，莫不將割讓香港等地視為外國勢力以武力逼迫中國簽訂「不平等條約」之中最為惡劣的一回。它在道德上使人反感，是對於大多數中國人的恥辱。在此僅列舉兩個極其敏感的領域為例：中國喪失領土主權與關稅自主，催生出民族主義和共產主義兩股強大的力量，非但主導了二十世紀上半葉中國人的政治生活，而且在內戰之中以如此激烈、如此暴力的形式呈現。

確實，盟國在一九四三年時終止了一項在華特權，即取消列強在上個世紀所獲得的治外法權。此舉是各國以平等對待中國的其中一項努力，符合中國作為戰後「五強」的國際地位。但是英國明確地將香港主權問題排除在一九四三年簽訂的平等新約之外，同時葡萄牙也保留了澳門，這個位於珠江西側的小殖民地。

蔣介石又一次被英國如此不講信義的做法激怒。他抱怨英國未在此次簽訂平等新約時解決香港問題，「實為中英兩國間美中不足之缺點」，並正告倫敦，中國保留在將來重新討論此一議題的權利。[38]這番言論頗引起英國外交部的檢討反省，即英國是否應該全部或部分放棄對香港、九龍領土的權利，以免未來被蔣氏以不利的條件逐出中國沿海。據說贊成與反對雙方相持不下。不過英國在一九四六年十一月終於拍板決定，「總的來說，目下以不主動採取行動為宜」，主要原因是「當前中國的政局並不穩定。」[39]

因此，隨著中國內戰來到決定性階段，英國對香港的統治仍然是基於中國內部的分裂及國力孱弱：蔣氏的政府此時焦頭爛額，尤其是面臨存亡關頭，難以集中心力在收復香港主權一事上面。倫敦一直希望在中國南端建設一個管理良好的港埠城市，以彌補中方因「香港是由外國強權勢力經營」這一事實而喪失的民族自尊。大約在此時，有一位支持英國繼續管治香港的官員半帶歉意地寫道，香港「從未僭越自身只作為一個提供轉口貿易的商業港口之角色」。可是上述這番論調的力道，隨即被後面一段坦白招認的真心話所抵銷：「今天的中國，對於當前香港的現狀，除了一直揪著昔日的過錯不放之外，根本沒有什麼損失。」[40]

然而，對於中國的愛國人士來說，香港主權問題從來就不是可以拿來討價還價、說三道四的事情。而未來的共產黨政府，以反帝國主義為其革命意識形態的核心教條，更是難以指望。那麼，問題就在於，面對實力較此前任何一屆政府都來得強大的中共政權，英國是否有意願在必要時動用武力來捍衛其對香港的占領？

在一九四〇年代後期，另有一個不確定的猶疑因素困擾著香港：即英國應當如何治理這個殖民地。戰後，若干中英兩國的有識之士認為，香港如果要跟上其他英國殖民地實施自治的步伐，就必須進行改革——至於因應席捲亞洲、在中國內戰之中發揮強大威力的民族主義，就更無須待言。因此，原任香港總督楊慕琦（Mark Young）爵士在被俘將近四年、輾轉多個日本戰俘營之後，於一九四六年重新返任港督，他宣布進行溫和的改革計畫。（譯按：一九四一年耶誕節，楊慕琦向占領香港的日軍投降，日方先是將淪為戰俘的楊慕琦軟禁於半島酒店，稍後將他轉移到臺灣戰俘營，並於戰爭末期轉送至滿洲奉天戰俘收容所羈押，期間飽受虐待。一九四五年八月，楊慕琦被攻入東北的蘇聯紅軍尋獲）改革的主要宗旨，在於讓香港居民對管理本地事務時擁有更多的發言權——英國將在其末代港督彭定康（Chris Patten）結束對香港統治之前，再一次處理這個具有爭議性的問題。[41]

楊慕琦的改革計畫並沒有完全胎死腹中：但六年過去，該計畫的各種衍生方案終究遭到棄置，沒有大張旗鼓的宣揚，亦少有解釋。不過，除了官僚集團的橫加梗阻、扯後腿（他們聲稱沒有證據表明香港市民要求改革），更加重要的是，在邊境那一端、中國內部所發生的不詳事件；這兩項因素結合在一起，便使得制度的改革很快被排除在施政議程之外。對於一九四七年七月接替楊慕琦成為新任香港總督的葛量洪（Alexander Grantham）來說，改革誠然並非目前的當務之急，日後他以自身經歷，公道的表示：「在皇家直轄殖民地，總督的權柄僅次於全能的上帝。」[42]

身形魁梧的葛量洪，以其務實的智慧，而非「計畫」的天賦，[43]受到廣泛的欽敬。在接下來關鍵的十年歲月當中，港督一職都由他擔任。葛量洪的公職生涯，始終都擔任殖民地行政官員，其中在香港服務了很長一段時間。此外，他還陸續在加勒比海、西非和太平洋各英屬領地為大英帝國效力。如果這些經歷還沒有讓葛量洪明白，香港和其他英國殖民地並不相同（也因此在某些時候香港的前途也與其他殖民地走向獨立不同），那麼等到他成為帝國第二十二任香港總督之時，將很快明白這一點。「香港是『中國的外國領地（irredenta）』，」葛量洪在他的殖民地公職生涯回憶錄裡寫道。「無論（中國）政府是由共產黨或非共黨人士執政，情況都是如此。」[44]由這位性格矜持、喜怒不形於色的殖民地行政長官主政香港，使香港從原先這個缺乏活力、外國經營的中國邊陲商業港口，搖身一變，成為冷戰時期潛在動盪危機的「前線」據點。

「一個謎團」

葛量洪接任港督之時，香港正從戰時的破壞當中快速復甦。但大部分地方仍然散發著一股破敗的氣息：戰後的香港幾乎沒有上海外灘那樣櫛次鱗比的高樓建築，而日後的建設則將這一英屬領地改頭換面，成為進取心與巧匠工藝無與倫比的象徵景觀。當時只有樓高十二層的新電信局大廈，在一九四八年時被稱作九龍的「第一座摩天大樓」，算是例外。[45]另一座高樓是位於中環、正在興建中的中國銀行新總部大廈；昔日的中環和現在一樣，是房地產黃金地段，也是業主或承租業者的兵家必爭之地。大廈經過精心設計，以求在高度上超過隔壁的匯豐銀行總部大樓。中國銀行大廈是在蔣介石政府的指示之下起建的，但是到了一九五一年完工落成時，這棟當時英屬香港第一高樓、可以說是最負盛名的建築，卻已經落入北京中共政權的掌握之中，並試圖在殖民地散發其影響力。

如果說戰後香港的治理方式沒有太大的變化，那麼殖民者與臣民之間的社會關係也同樣沒有改變。戰前若干最嚴重的過分行為如今業已放棄，比如戰前港府規定禁止華人購置太平山的房產，太平山是香港島地勢最高、最昂貴、也最理想宜人的居住地段。不過即使是最熱烈支持英國統治的人士，也不得不承認：大小眼差別待遇的情形依然存在，華洋之間（洋人大部分都是英國人）的隔離規定，主要存在於下班時間的休閒娛樂場所。[46]歧視華人的做法讓港督葛量洪深感不安，特別是在他出席中國銀行經理私宅晚宴時，更是深刻體會到這一點：在席間閒談時，宴席主人說道自己不是香港遊艇俱樂部的會員，因為該會不允許華人加入。「我聽後甚感慚愧，所幸在幾年之後，該俱樂部便開放非歐洲裔人士加入會員，」總督回憶道，顯然仍對此事耿耿於懷。[47]

不過，公然的歧視還造成別的影響。世界筆記型電腦的主要生產者廣達集團創辦人林百里，當年在上海出生不久，便隨著父母逃難到香港。他的父親在中環的英國俱樂部裡謀到一份會計的差事，父子倆住在俱樂部裡面，父親告誡他，出入不可以經過前門，因為那是專供白人走的。「（這種歧視使我）有屈辱感，尤其是看到白人和華人之間地位的差別，所以我的民族情懷是很深的，」他回憶道。俱樂部周遭商店櫥窗裡展示的貨品價格，突顯出當時他們家中的貧困，卻起了不同的影響。「我只有想：有一天，我要（努力工作）買得起它——如果我要的話。」[48]

香港商界儘管對共產主義的逼近感到焦慮，卻還是透過在亞洲各地開闢貿易路線以因應中國的動盪局面。經過了多年的戰爭與混亂，大多數亞洲地區都極為期盼能夠繁榮興旺。香港因此成為東亞與東南亞的貿易轉口港，而不僅只是中國腹地與國外貿易市場之間的連結管道（儘管這也極為重要）。值得注意的是，香港在一九四八年進行的貿易，較之前歷史上任何時期都來得多，這樣的情況讓當時港府的工商業管理處長謙士和（Eric Himsworth）不禁大發感慨：

對於一般外行人來說，香港肯定是一個謎團。論產業，香港沒有大型工業；論面積，香港是英國最小的殖民地之一；論資源，香港境內更沒有大型礦產。香港似乎什麼也做不了，似乎什麼也生產不出來……。然而，它的港口裡卻擠滿來自世界各地的船隻，每個月使用上千架飛機，全市人口近兩百萬，而貿易進出口額度超過中國全國總值。它是大英帝國海外領地當中規模最大的城市，它躋身世界偉大城市之林。[49]

然而，如果這樣的繁榮是一個謎團，考慮到中國目前的動盪局面，香港的處境也就相當不穩定。如今中共固然還沒有渡過長江，而和談也還在進行之中，但是在許多人眼中，內戰已經上演到「最後一幕」，一個由共產黨主導的新政府將在明年上臺執政。[50]可是，沒有人能確定這一點。而即使日後證明事態確實如此發展，在此期間發生的事情，以及它將如何影響香港，都是猜測與焦慮的原因。

內戰避風港

邊境那端的動盪局面造成的若干效應已經很明顯：每週都有成千上萬的中國民眾來到香港，以逃避戰爭、混亂、貧窮，以及最終在革命之中「站錯邊」的風險。一九四一年十二月，在日本進攻之前，香港原有人口一百六十萬；一九四五年日本投降時，只剩下六十萬市民。中國內戰扭轉了香港人口減少的趨勢：一九四八年底時，香港已有一百八十萬人口，其中除了約一萬五千名外國人（英國駐軍不包括在內）之外，全部都是華裔。[51]

起初，港英當局覺得這種人口湧入的情況與從前沒有什麼不同：可以說，香港一直是四處奔波謀生者安家落戶的地方，他們傾向在這裡棲身、探親，並（或者）尋求商業優勢。香港正是最具備這樣優勢的地方，這塊殖民地扮演安全閥的角色。香港不管控移民，邊界也沒有嚴密設防。移民浪潮的起落取決於邊界兩端的狀況，特別是中國大陸這一邊。雖然中國現在局勢動盪不安，但事情終歸會塵埃落定。

然而湧入香港的人數正快速增加。據統計，僅在一九四八年十一月中旬到十二月第一週這段期間，就有約五萬人從華中經廣州進入香港。他們放棄原有的「房產和事業，將所有財產都兌換成黃金、外幣，或幸運地找到外國買家，兌換他們手中持有的『金圓券』。」[52]若干隨身攜帶一小筆財產來港的人士，較有可能受到歡迎。不過那些「遲早會變得一貧如洗的人，將給殖民地帶來規模不小的『社會問題』，因為眼下還有大量的難民絡繹於途，正準備以香港作為內戰的避風港。」[53]

早在那些急於來香港避難的人們到來之前，難民人滿為患已經成為一大問題。港英政府在一九四九年的年度報告中指出，若干最擁擠的集中住宅區，人口密度高達每英畝兩千人，而另外還有多達三萬餘人，其中包括政府公務人員和各大公共事業的雇員在內，被迫在先前遭轟炸的荒地或是山坡地上搭建簡陋原始的棚屋棲身。[54]

這些「棚屋」聚落自成一方天地。有一份調查報告指出：

有些聚落裡幾乎完全是妓女戶和鴉片館；有的是熱絡的商業貿易中心，從事名品買賣；有的聚落居民全都是來自汕頭（距離香港東北邊約兩百英里的港埠）、說潮州話的移民；有些聚落裡以正規、合法和高薪的工作來養家活口的工作者比例很高；有些聚落只是以離地兩到三英尺的蓆子充當屋頂搭建，甚至不能被稱作棚屋。[55]

隨著難民大量湧入香港，上述各聚落都急速成長。這些初來乍到的人增加了棚屋聚落社群的多元性，他們雜處當地說廣東話的多數族群當中，在語言與文化上成為整個中國的縮影。香港正在成為匯集整個中國各色人等的地方，大部分初來乍到這裡的人，莫不精疲力竭、恐懼震怖、貧困而痛苦。英國政治人物艾思定（Paddy Ashdown）在許多年以後回憶起他在香港當語言學生的經歷時說道，這裡乃是「戰爭與革命將文化、歷史和種族的碎片，從遼闊廣袤的中國席捲掃進香港」後，人們安身立命之所在。[56]

可是新來到香港的人們之中，也包括了那些決心在這塊陌生而不尋常的土地上重建事業的人士。叨天之幸，香港至少到目前為止仍然平靜。這批人士當中較為突出的是上海的紡織業鉅子，他們設法帶來很大一部分的勞動力，由此也加速了香港的工業化（以及工會的形成）進程。

國民黨政府的高官、知名抗日將領、地方政府的縣長以及大專院校的校長，也紛紛尋求到香港躲避戰亂。那些至少目前還不願意到臺灣的立法委員與政界人士，同樣以香港為首選。新聞記者、知識分子和宗教領袖的情況則與上述相似，儘管流亡逃難的生活明顯不舒適，但是他們更加擔憂未來中國的新秩序成形之後，自己將無立錐之地。

然而逃難到香港來的最大群體，還是一般普通士兵，他們多半是在戰鬥中潰敗逃散，或是選擇逃避戰爭的恐怖與軍旅生活的貧困。訪問了許多親歷一九四八、四九年大逃難人士的龍應台寫道：「那是一個多麼熟悉的情景：斷了腿的傷兵，腋下拄著拐杖，衣服骯髒，獨自站立在陌生的街頭，不知往哪裡去；很多，還是少年。」[57]

加緊控制

人們很容易忽略以下的事實：即使到了一九四九年，香港和倫敦當局對於中國共產主義革命的意圖與本質所知甚少，遠遠不及他們原先所期望達到的程度。至於更加迫切的問題，例如毛澤東的軍隊何時、多快會進軍華南？又會打至何處？共軍的兵鋒是否會在香港邊境前止步？他們也同樣茫然無所知。至於國民黨後續是否能進行有組織抵抗？對此則較無疑義：除了國民黨政府和軍隊之中的特定部門以外，很少觀察人士會給予重視。

在未能掌握前述這些關鍵情報的情形下，採取某種形式的保險策略似乎是最好的選擇。這就是為什麼，出於希望保住在上海的投資的考量，英國於一九四八年底決定「保持接觸機會」，並繼續維持在中國的商業與外交活動。如此做法是認定一旦共產黨組建新政府，而蔣的政權已失敗到難以挽救的地步時，縱使華盛頓反對，倫敦也要與中共建立正式外交關係。[58]

究竟這種做法是否比起維護英國在香港的統治，更能在日後確保英國在上海的資產？只有留待時間證明。不管怎麼說，這兩處地方的情形有很大的不同。在上海，關鍵在於英方是否「留下來」；而在香港，英國在此面臨的危機不只是資產可能不保，連統治都岌岌可危。而如果英國決定要「掘壕據守」——就是字面上的意思，將殖民地的防禦升格到武力等級——可能會有問題，那將是另一個全然不同的局面。

於此同時，港英政府密切關注國、共兩黨在香港境內的活動，以防止大陸上激烈的鬥爭穿越邊境、外溢到香港來。直到最近，國民黨在香港的能見度、影響力和法律地位等方面一直占據上風。倫敦並不想得罪南京。因此儘管存有疑慮，港府還是讓國民黨政府維持合法官方身分在香港活動。國府駐港的官方機構以「外交部兩廣特派員公署」為名義，兩廣即廣東和廣西，是鄰近香港的省分。

在一九四八年的大部分時間裡，港英政府一直試圖遏止反蔣異議人士的活動，像是「國民黨革命委員會」的領導人李濟深，他與其他幾位知名政界人士一同投靠共產黨，並運用香港安全與自由的環境，以發展他們的事業。該年年底，在港英當局方面對他們數次提出警告之後，包括李濟深在內的多名人士悄然離開香港，前往華北，參加中共高層制訂組織聯合政府的計畫。李濟深離港後，港督葛量洪收到一封「禮貌的感謝信，為他在殖民地居停期間受到當局善待申致謝忱。」[59]毛澤東稍後則聲稱，中共爭取到李濟深「大概挽救了兩、三萬同志的性命，而且提早一到兩年的時間贏得軍事上的勝利。」[60]

但是隨著共產黨人在內戰中逐漸取得優勢，中共在香港的活動便受到更多的注意，更是引起廣泛的焦慮。中共中央在一九四七年設立香港分局，以廣東籍的方方出任書記。此時期中共在香港活動的目的並不是要挑戰英國的統治，而是蒐集關於國民黨的情報、爭取香港各界對中共革命事業的支持、協調指揮廣東和廣西兩省境內的中共游擊隊、並且與亞洲各地的共產革命運動取得聯繫。

然而，這些做法從事後看來遠比當時來得清楚。甚至早在一九四八年十一月，中共新華通訊社香港分社社長喬木就信誓旦旦保證，中國共產黨無意改變香港的現狀，但這番話聽在倫敦和香港的官員耳中安慰有限。而更加透露內情、卻不令人感到鼓舞的是，香港皇家警察在突襲中共黨人使用的場所時繳獲的文件，暴露出該黨內部的情資。從這些文件可以看出其中要點：首先，中共在意識形態上走的是馬列正統路線，並未受到「中國」因素的影響，正如英國外交部一位分析師指出，「看不出任何狄托主義（Titoism）的痕跡」；而中共試圖拉攏來歷背景不同的各個政治團體及其領導人的「統一戰線」政策，乃是一種權宜之計，中共黨人自己在描述這些目標時，用的是最輕蔑的詞語。[61]

有鑑於中國情勢的變化，港督葛量洪決定港府必須同時對國民黨與中共的附隨組織施以更嚴格的控制。否則，香港就可能直接捲入中國內戰，破壞其在國共衝突中不偏不倚的公正立場，並危及本地的法治。葛量洪在一九四九年四月上旬向倫敦解釋這項法案時指出，必須在共黨組織變得過於強大之前採取行動。根據他提出的法案，所有地方社團必須向港府登記註冊，而「外來」團體則被禁止。這樣的措施「也有助於控制教育和勞工方面的顛覆性影響。」它將「提供限制共產黨人歌唱與戲劇團體的手段，因為這些團體是共產黨宣傳和滲透的工具。」[62]

就在幾天之前，英國陸軍參謀長擬具一份修訂過後的評估報告，列舉香港面臨的威脅，以及應對這些威脅的措施。可能性最低的是中共發起對香港的大規模攻擊，其目的是逼使英國交還香港。較有可能出現的威脅，是由共產黨主導的工會在內部引發的動亂、大量難民湧入、以及中共游擊隊從外部進行的騷擾進逼。這三種威脅，第一種可能在沒有提前警告的情況下發生，至於第二和第三種威脅，儘管英方評估發生的可能性較低，但「或有可能在一九四九年三月之後出現，屆時或許能在一個月前獲得警訊。」[63]

有好幾種措施來因應上述這些挑戰。其中有一種較為極端的做法，是準備封鎖與中國大陸接鄰的全部邊境，「帶電鐵絲網可以在十四天之內完全連接，最低限度可以在四天內完成。」[64]封鎖海上邊境則更加困難。而即使「將所有歐洲籍人士撤出香港」的提議看來可取，實際上也不可能辦到。另一方面，口糧配給的做法可以擴大實施，因為基本主食的供應正在增加。警力的規模也可以擴編。而港督手上已準備好一套登記全港人口的計畫。

此外，港英政府加速組建「香港防衛義勇軍」（volunteer Defense Force）的計畫。義勇軍的總兵力預計約為六千人，其中比例最大的部分（兩千七百五十人）為不配屬任何軍種的輔助部隊，而是部署在內部，執行維護安全的任務。[65]

鑑於上述情況，倫敦認為目前香港駐軍無需增援，不過可以在英國本土預先指定一個旅作為援軍。香港正面臨嚴峻的挑戰，這一點無庸置疑。不過，這塊殖民地的統治者似乎認為各項應變計畫與準備工作都已就緒，可以因應大多數突發事件。但是，發生在長江中游的一連串事件，很快就會讓他們改變想法。

第五章　打過長江去

「南方好，南方好！」

一九四九年三月初，一支隸屬共軍第三野戰軍（以後簡稱「三野」）的部隊抵達長江北岸，進行偵察任務。三野得到指示，在時機成熟時，和第二野戰軍（以後簡稱「二野」）一起強行橫渡長江，奪取南京、上海以及其他江南城市。可是，該部隊的幹部並不樂於見到眼前的景象。「打濟南打濰縣，不管城牆多高，咱都能打過去。」他聲稱：「山地平原都不怕，到了水上就沒辦法。」[1]

這麼認為的不只他而已。在過去的一年裡，共軍士兵們已經證明自己是第一流的戰士，而他們的指揮員更是出色的戰略家。共軍在從原先的游擊運動戰轉型到正規軍的大型陣地戰上面取得了巨大的成功。他們給蔣介石原先較占優勢的軍隊帶來了重大的失敗。

但是，擊潰國民黨主力兵團的幾場大戰役，主要都是在東北和華北、華中的平原丘陵地帶進行的。現在他們面臨的是一種水陸兩棲的戰爭型態，接下來的作戰將是在華南熱帶地區，這個「巨大水鄉」的山丘、河谷、溪流上進行。[2]對於二野、三野部隊裡的北方人來說，從文化到氣候，幾乎所有方面，這裡都讓他們感到陌生，而北方士兵構成了這兩大野戰軍大部分的基層人力。這也就難怪，砲兵在偵查當面地形時，擔憂他們的武器裝備會在渡江時掉落水中；通訊兵煩惱長江的南北岸之間缺乏電話和其他聯絡管道；傳令兵害怕一旦渡江到了對岸，他們很快就會迷失方向；偵查小隊的隊員則懷疑，他們是否能在前方未知的地境中成功隱蔽。有些士兵甚至還抱怨「長江下游有很多毒蛇。」[3]

一九四九年二月十日，中共中央軍委曾提醒負責指揮南下渡江戰役的野戰軍指揮員，熟悉地形至關緊要。他們接獲指示，須製作南方（以及其他尚未征服的地區）的「基本地圖」，「標示出主要河流、山脈、省界、中大型城市的名稱，……並附上各自人口的數字」，分發給各級幹部參考。[4]此一指令無疑是為了平息基層士兵的焦慮情緒，當時在軍中常聽到下列這樣因焦慮而起的順口溜：

南方好，南方好！
說話不懂，吃飯不飽，

走小路，睡稻草，泥濘路滑走不了。
整天沒太陽，天氣真不好。[5]

這種牴觸情緒反映出以下的事實：共產黨人在攻取國內其他地方之前，不僅須克服自然地形帶來的巨大障礙，同時還須跨越文化、政治和經濟上的鴻溝。從古到今，長江都是分隔南北的界線：長江以北的民眾以小麥為主食、說官話、心態上相當保守，通常與帝制時代皇權的「偉大傳統」較有聯繫；而長江以南的人們以稻米為主食、說的是地方方言，心態較為自由開放，通常具備商業頭腦，其繁榮的城市鄉鎮更與海外僑民及國際世界有著緊密的連結關係。如果長江不能算是分隔兩個世界的界線，那麼至少也是中國南北兩大主要區域的分界。

固然，從中國近代革命傳統來看，共產革命誕生於南方。黨的許多領導人，像是毛澤東、劉少奇、林彪等，都來自南方省分，對當地情形極為了解。然而由於蔣介石發動的歷次圍剿戰役，將共產黨驅出華南，而使得共產革命運動轉而在與南方截然不同的北方社會與經濟環境中發展成熟。正是在華北（以及在東北），共產黨人取得了迄今為止最重要的勝利。他們在這裡招募了大部分士兵、幹部與支持者。因此，正如研究中共軍事的美國學者輝特森（William W. Whitson）所說，中共在南方進行的「人民戰爭」，乃是「依賴北方外來者帶來的組織力量。」[6]

當然，自從共產黨「長征」以來，長江以南的城鎮及部分農村地區裡仍然有小規模的中共組織存在。而這些共黨組織現在更是加緊活動，從他們北方同志取得的驚人勝利中汲取能量（同時也招來政府的報復）。共黨游擊隊在南方幾個省分的偏遠地區展開活動，而在海南島，這個僅次於臺灣的中國第二大島嶼上（當時隸屬於廣東省），中共游擊隊更因此地獨特的條件，而成為一股不可忽視的力量。

當時三十八歲的潘宗武是身處第一線應對地方基層騷動的政府官員。他在位於廣西東部、鄰近西江主要貿易港口梧州、較為繁榮的蒼梧縣擔任縣長。廣西距離內戰前線烽火還很遙遠，但是在一九四九年春季，在地中共黨人在廣東省邊境的羅定組織了一支小部隊。這支土共部隊開始朝潘宗武轄境內較富庶的鄉鎮移動。「我也立刻派自衛隊到邊境堵截，並乘機巡視南區接近羅定邊境各鄉，了解實情，」潘宗武寫道。這些措施「安撫各鄉民眾」。[7] 據傳梧州市區內就有「共黨潛伏分子」在暗中活動。其中包括一名縣府的女性職員，曾被有關單位拘捕，但之後因罪證不足而獲釋；另有一名在市府服務多年的男子，後來突然離開梧州，到廣東參加土共游擊隊。「他一向在政府機關工作，隱蔽的功夫相當高明。」潘不大情願地承認道。[8]

中共在許多南方省分都布建了地下黨組織，不過這些地下黨的規模不大，而且過早「暴露」身分顯然是相當危險的。一直到共軍渡江，長江以南各省都還牢牢掌握在國民黨手中：雖然政府不得人心、經濟政策失當、輿論期盼和平，但政府對於華南各主要城市和鄉鎮，以及重要交通線的控制，卻幾乎不曾遭受威脅。

這就表示，共軍一旦完成渡江，必須步步小心。三野副司令員粟裕就警告所屬部隊：「今後過江去執行政策很要緊。京滬杭是國民黨反動派的經濟、政治、文化中心，對國際上影響很大，如果執行政策不好，我們在政治上就會孤立。」[9]士兵們應該做好準備，他們將來到之前從未見識過的繁華世界。但他們不應該貿然做出結論，並冒著失去民意支持的風險，採取嚴厲的沒收充公政策。「首先要熟悉江南的民情，」粟裕指出。上海、南京的人們「吃大餅油條是很普遍的」，這代表他們的生活程度相對較高——至少從山東人的眼裡看來是這樣的（山東是三野前身華東野戰軍的基地，三野有許多山東籍士兵）。「如果認為上海、南京吃大餅油條的都是地主，就很糟糕。……中農有時也吃幾個菜，我們不能把兩三個菜上桌子的人家都看成地主。」[10]

因此，渡過長江作戰對共產黨人來說，在許多方面上都算是頭等大事。毛澤東和他麾下的指揮員們首先必須克服一道巨大的天然障礙，然後在某種程度上來說等於是另一個世界的地方發動革命戰爭——江南的政治、經濟和社會局面都極其複雜，況且江南還處在國民黨政府強有力的控制底下，國民黨的戰爭機器儘管已明顯實力大損，卻可能還有能力進行戰鬥。

「可比三十萬大軍」的長江防線

長江「防線」西起「華中重鎮」武漢，東抵上海，全長綿延約一千一百英里（一千七百六十公里）。長江，這條名列世界偉大河流的大江，發源自青藏高原，向東流去，通常以大弧度和蜿蜒的型態，灌溉肥沃的低地，滋養中國的穀倉，餵養著大江沿岸城市與村鎮約一億八千萬的人口，最終匯流進入東海。長江全段防線上沒有一座橋梁，南北岸之間的交通全仰仗數百個渡口的渡船接駁。

長江的寬度、水深和流速，因河道與季節而有極大的差異。在防線東端的江陰，政府在江面相對較窄處設置要塞，以東的江面開展至約一萬碼（約九千公尺）寬，距離上海僅有數英里之遙。在首都南京一段，分隔南北兩岸的長江江面，視潮汐和季節而定，約兩千到兩千五百碼寬。在防線西側的關鍵部位，位於長江南岸的湖口、蕪湖兩座江濱城市，長江大約以一千至一千五百碼的水位，分隔南北中國。

再往西走，此時長江在武漢一段的面貌，和半個世紀前英國維多利亞時代知名探險家伊莎貝拉·博得（Isabella Bird）筆下所描述的差異不大：「漢口（武漢的一部分）的榮耀與可怕，都來自雄偉壯麗的長江。即使在冬季時，長江江面也有一英里寬，極具威勢的滔滔江水自堤岸旁翻滾流過，或在暴風雨來襲時被捲入危險的暴風雨之中，或在微風的吹拂下昂然信步；在夏季時，

圖 5.1　大撤退之一：國軍朝長江以南撤退。

圖 5.2　大撤退之二：國軍登船，往想像中安全的「長江天塹」以南地區撤退。

長江則像是五十英尺深的內海。」[11]

在某些江段，潮汐的影響很大，水流速度極快。若干江段在低水位時，有不少島礁露出水面，可能對渡江軍事行動有利。然而，在春洪期間，長江水位很可能會迅速上升。兩岸地勢低窪的農地隨即被洪水淹沒，難以大規模調動軍隊。在其他方面，長江南北岸的情況有所不同：除了武漢的部分市區在江北之外，人口密集的都市、以及連結這些城市的鐵、公路交通網，全都位於江南。

從紙面上看，國民黨保衛長江的計畫相當周密。但是在實際上，全盤防衛計畫因為蔣介石與李宗仁之間的分歧而大打折扣。蔣、李兩人都希望保存效忠於他們的軍隊，以作為日後捲土重來的資本——在蔣氏這邊，是希望最後能保住臺灣

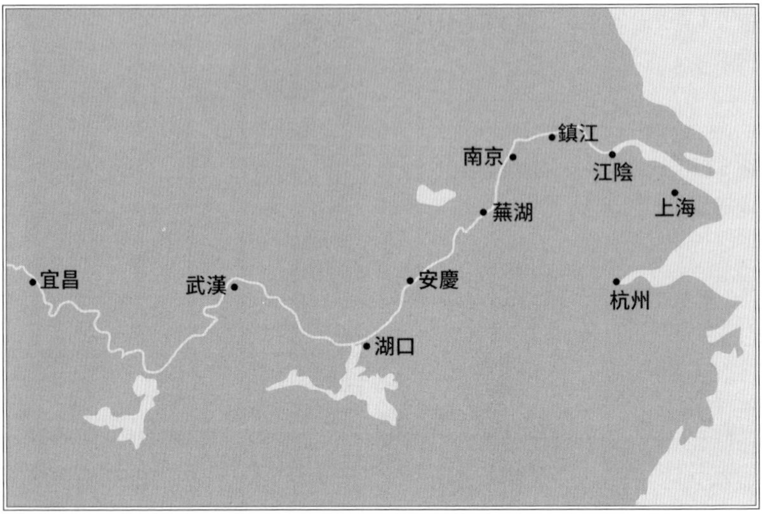

地圖 5.1　一九四九年春季的長江防線。

這個新基地；對李宗仁來說，則希望能持續掌握最支持他的西南及南方各省。蔣、李之間的不和將使政府付出重大代價。

京滬杭警備總司令湯恩伯是蔣的親信將領，他指揮四十五萬軍隊，沿著湖口到上海長約五百英里（約八百公里）的長江防線布防，還有若干部隊進駐江北的要塞工事守備。他負責江蘇南部、安徽南部、浙江與江西的防務。湯恩伯的首要任務，是在海、空軍的支援下，阻止中共大軍渡江，或是乘共軍半渡之時加以殲滅。如果失敗，李宗仁希望湯恩伯的部隊能向南退往距長江防線約一百二十英里的浙贛鐵路沿線，組織起新的防線。相反的，蔣卻要湯將部隊集中部署在上海周邊，以便將來如果情勢不利時，湯的大軍可以先退往舟山群島（蔣已指示著重加強舟山的防衛），再撤到臺灣。據蔣經國表示，其父下野之後的第一件事，就是指示在舟山的定海修築一個大型機場，並且再三詢問工程進度。[12]

華中軍政長官白崇禧手下至少有二十五萬軍隊，以他從廣西帶出來的桂軍精銳為主力。白氏負責的防區西起湖口，經過武漢（他的指揮部所在地），最後以湖北宜昌為界。宜昌以西的長江水道航行困難，中共大軍更不可能從這裡發起渡江作戰。白另外還以重兵駐守湖南、江西兩省的省會長沙與南昌。

除開這些陸軍部隊，政府至少在原來的估算中還可以動用兩支由百餘艘各級噸位船隻組成的海軍艦隊，防守長江水面。這兩支江防艦隊部署在沿江的大城市和主要的城鎮周邊。然而國軍海軍內部出現問題，在一九四九年二月底時已浮上檯面：當時「重慶號」巡洋艦上的官兵，一方面對待遇不滿，同時對戰爭局勢失望，突然叛變。起事官兵迫令艦長將「重慶號」駛往北方中共控制地區，之後在共軍發起渡江戰役的同時，國軍派轟炸機將「重慶號」炸沉。海軍內部接下來的叛變倒戈即將陸續出現，很快就會浮上檯面。不過現實仍然是國民黨擁有（某種程度上）的海軍，而中共沒有。

空軍的情況也是如此：政府可以派出三百架左右的飛機，從武漢、上海和南京的機場起飛，巡弋長江防線。共軍方面則完全得不到空軍掩護——要是國民黨果真有進行陸海空協同防禦作戰的能力，那麼共軍渡江的計畫將會遭受重大危害。

根據一部解放軍的官方戰史指出，毛澤東和他的軍事高層領導們還有一層更深的顧慮：由於上海有美國及英國軍艦停靠，他們擔心「英美可能武裝干預我渡江作戰。」[13]這樣的憂慮從某種程度來說確實成真了——不過當時的情況是共軍與英國皇家海軍戰艦「紫石英號」（HMS *Amethyst*）及前來救援該艦的船隻發生衝突，而不是列強勢力採取堅決或有組織的行動，意圖阻止或遲滯共軍的前進。

既然如此，照道理來說，政府軍至少應該能夠讓中共這邊的軍事進展暫停下來。確實，連一向不高估國軍作戰能力的美國司徒雷登大使也指出，「國防部裡有一位非常能幹的年輕人」告訴他，就防衛上的價值而言，長江「可比三十萬大軍」。而司徒大使的助理武官更是認為「既有海、空軍與地面部隊的協同作戰，國防部的統一指揮，加上以銀元支付部隊薪餉，妥善照應軍心，他們至少能守住長江防線好幾個月，而且很可能促使共產黨人改變其通盤政策。」[14]這樣的評估是建立在各種大假設之上的。

時機的問題

如果說深陷危機之中的南京政府希望藉由呼籲和談、並派遣代表團到北平與共產黨談判以爭取準備時間，那麼毛澤東和中共高層領導們又何嘗不是如此。無論談判桌上發生了什麼事，他們都要渡江南下。不過共軍在近期接連取得驚人勝利之後，勢必要進行休整和整編。解放軍各大野戰軍還更改番號，由原先標明作戰地境的名稱，改為簡單的數字番號，野戰軍的更名反映出以下這樣一個事實：他們很快就要到遠離各軍打響名號、並招募到大部分兵員的地帶作戰（譯按：一九四八年底，解放軍有四大戰略集團，分別為西北野戰軍、中原野戰軍、華東野戰軍及東北野戰軍。每個野戰軍下轄數個兵團、十幾個縱隊或軍、獨立師、旅及若干特種部隊。一九四九年一月底，按中共中央軍委指示，分別改稱第一、二、三、四野戰軍）。此次改組加強了指揮員與下屬的關係，也強化了兩者與中央軍委之間的關係，在內戰過後很長的時間裡，對軍事和政治事務產生久遠的影響。

改編在二、三月之間進行。其結果是編組了四大野戰軍，總兵力達四百萬人。相比之下，政府軍此時約有一百四十萬人，其中僅約半數具有戰力。

原西北野戰軍改稱第一野戰軍，司令員為出身湖南的傑出軍事將領、五十歲的彭德懷。該軍主要在西北作戰，目標是將這片廣袤遼闊的地區納入共產黨的控制。原中原野戰軍改稱第二野戰軍，司令員是現年五十六歲，有「獨眼將軍」稱號（他的右眼早年在作戰中受傷失明）、最近才誤傳陣亡的劉伯承。日後在一九八〇、九〇年代，以八十多歲的年紀改變整個中國走向的鄧小平，這時候四十四歲，這位身材短小精幹的四川人，出任二野政治委員。他的職責是確保所屬都能了解黨的政治目標。

時年四十七歲的陳毅，是原華東野戰軍改稱的三野司令員。陳毅身形高大瀟灑，經常戴著一頂貝雷帽，那是他在法國留學時養成的習慣；據說陳「神情嚴厲、眼神冷峻、有著緊閉的雙唇和粗獷的下巴。」[15]之前他的軍政生涯中大部分時間都在南方，並指揮了淮海戰役。之後在陳毅的指揮下，三野大軍占領上海，他也成為共產黨的首任上海市長。三野政委是在中共建國後毛澤東發動首波黨內整肅中成為犧牲者的饒漱石，這年四十五歲。一手締造東北戰爭勝利的林彪，出任東北野戰軍改稱的四野司令員；四野政委由時年四十五歲的羅榮桓擔任。

早在一九四九年一月十二日，毛澤東就指示二野和三野的指揮員，要在三月底前完成渡江作戰的準備工作。一個月後，又設立「總前敵委員會」（簡稱「總前委」）來計畫與指導全盤作戰。總前委一致認為，三月時實施渡江是可行的，因為太晚發動會給敵人過多時間來增強防禦，而且長江春季惡名昭彰的漲水期將使作戰橫生困難。

偵察部隊很快在長江北岸建立陣地，並定期過江去蒐集情報。在一次偷渡偵察任務當中，偵察小隊抓獲三名國軍俘虜，帶回北岸審訊。俘虜中有一位排長，對審訊者供稱「江岸一線守備比較薄弱，縱深也無兵力」，並且交代出「登陸地點的工事及地形情況。」[16]這是一個令人振奮的情資，結合其他幾個情報來看，雖然橫渡長江有風險，但是敵人的抵抗可能不會太猛烈。三、四月間，二野、三野、四野的部隊逐步向北岸靠近，等待進攻信號一起，就渡江向江南進軍。

在渡江的時機上，毛或許沒有他所希望的自由。史大林仍然十分提防他心中認定毛的「冒進主義」，而且對於毛在蘇聯領導人意識形態正統路線上可疑的堅持很是不安。之前他已壓迫毛和國民黨進行和平談判。而且，如果近年來披露的若干言論可信的話，史大林仍然擔心要是國民黨政府崩潰在即，美國就會以軍事進行干涉。韓國學者金東吉指出，「一九四九年一月時，儘管國民黨與中共武力的勝敗優劣情勢已然發生巨大的變化，史大林的立場卻依舊沒有改變。」[17]就莫斯科的利益來說，這位蘇聯領導人認為和談帶來的風險遠比戰爭來得小。

對於蘇聯方面試圖阻止中共渡江一事，中方領導人曾幾次表達不滿，分歧最後終於浮上檯面。現在可以確定的是，毛澤東曾在四月一日和平談判開始前不久表達過這樣的聲音：「國際上有的朋友，對我們解放戰爭的勝利也半信半疑，勸阻我們就此止步，和蔣介石以長江為界，搞『南北朝』。」[18]渡江作戰因此肯定被推遲好幾次，以等待和談是否能達成協議。[19]

而關於中共應該在什麼時候建立國家、組織政府，中蘇共之間也存在著意見分歧。起初，莫斯科方面希望中共在占領南京、上海之後即刻進行。但是在毛澤東看來，要談組織政府還為時過早，因為正如金東吉所指出，若如此，他就勢必和殘餘的國民黨勢力妥協，而這些國民黨餘孽必然會重新集結，並且在廣州或其他地方建立新基地，以圖捲土重來。「我們不必急，我們還需要一到二年，以求在全國政治、經濟上取得徹底的掌握。」毛堅持道。[20]

毛不能再繼續久等的是讓陳兵江北的中共大軍揮師渡過長江，並且按照他所期望的，對蔣政權施以致命打擊。當然，以這條流經中國腹心地帶的大河作為界線，實現南北分立，是毫無疑問的事情。中國悠久的歷史上不乏先例——像是南宋（一一二七至一二七九）一朝，藉由對於長江中游豐富資源的有效控制，長期維持國家南北分立的局面。國民黨為求生存，正希望出現這樣的局面。他們藉著掌握住江南各省和各大城市，從而維持對華南的控制。包括共產黨在內，任何中國的「北方政權」，倘若不能掌控長江流域眾多的人口與龐大的商業財富，其統治都將難以成功，政權甚至無法賡續生存。

因此，毛決定將蔣政權從其根據地驅逐出去，並且加以徹底摧毀，而不是像日本人在一九三〇年代後期侵華時那樣，讓蔣政權退入西南大後方，獲得生存和重新得到美國援助的機會。而想要達成這個目標，唯一的辦法就是打過長江去，從北方統一全中國。歷史學者王賡武在反思中國歷史上分與合的模式時指出：「中國的統一，……似乎總是來自北方的征服。因此，控制（長江流域）這個區域，是統一與分裂局面之間舉足輕重的關鍵因素。」[21]

變革的推動者：「南下幹部」

基於中國悠久歷史所做的戰略思考是如此之多，不過軍事層面僅是全盤故事的其中一部分：共產黨人打算像在北方那樣，治理、並且重整南方的城市、鄉鎮與農村。這就勢必要動員大量在政治立場可靠、行事幹練的管理幹部。他們的任務是接管原政府的職能、支援前線部隊、恢復生產和正常商業生活，鎮壓平息那些後果嚴重、為害甚廣、為時甚久的匪患，組織農民進行土地改革，並且從根本上全面建設革命新社會。這批幹部預計將和當地的中共地下黨一起工作（地下黨員的人數和素質好壞因地而異），此外還須與那些選擇不逃跑、或沒有辦法逃跑的國民黨中下層官員合作，仰仗他們的經驗和專業知識來協助穩定新政權。

按照需要的規模招募到適當的幹部，是一項艱鉅的任務。早在一九四八年八月，鄧小平就已指出：「根據管理華中地區的經驗，一個一億人口的地方，需要三萬到四萬名幹部。希望中央做出相應的規劃。」[22]確實，按照估算，未來一到兩年之間，中共治下的人民可能再增加一億六千萬人，分布在五百餘個縣以及數個中大城市之中。為了有效治理，各級政府將會需要五萬三千名幹部。[23]

這批新幹部雖然並不屬於正規解放軍部隊，但他們將兼顧軍事與一般行政業務，並且準備在東北、華北、華中的「老解放區」中招募。大批幹部隊伍在山西、山東和河南等省建立起來，尤其是在那些中共的「根據地」、已有相當地方治理經驗的地方。

至於還未受過訓練、較青澀的候補幹部，則在北平、天津的知名大專院校與中學師生之中招募。這些人為黨員隊伍中注入可喜的知識新血：在當時中共黨員四百四十萬人之中，只有大約四萬人是大學畢業生，比例上低於全部黨員的百分之一。[24]林彪的四野因此號召「萬名青年知識分子」隨軍，或是追隨四野大軍預定的計畫一同南下。四野這次南下，主要任務是摧毀白崇禧的軍事力量，並且在湖北、湖南、廣東、廣西等省建立起共產黨的統治。中共領導人擔心這個廣大地區的人民對於「解放」沒有太大的熱情。

然而，如果中共方面的記載可信的話，北平學術界對於南下倡議的回應頗為熱烈。據一位黨的組織幹部表示，呼籲一經發出，立刻就有許多人前來報名，氣氛十分熱烈。「報名參加的人當中還有幾名教授，……過不了多久，招募（名額）就滿了。」[25]

眾所周知，這些「南下幹部」的培養、訓練和分發（通常是派往情勢危險、距離遙遠的地區），在一九四九年全年都持續進行，而某些地方的幹部訓練與分派甚至到了人民共和國建國初年時，依然是當地生活的一項重大活動。在內戰期間，幹部的招募是分為數個「波段」進行的：隨著共軍的迅速推進，一團又一團的預備幹部被派往南方。「黨把解放大西南的光榮任務交給我們，」一九四九年五月，第一野戰軍將領賀龍在山西一所幹部訓練學校對學員們說道：「過去，南方的同志到北方來，抵抗日本帝國主義，解放北方人民。……現在，北方同志的任務是通過打倒國民黨反動統治，在南方發動革命，解放南方人民。」[26]

山西在招募南下幹部方面發揮的作用值得仔細研究，因為它有助於解釋內戰的結局以及其後續的影響。一方面，這種情形代表共產黨人在打江山時展現出的機敏靈活；另方面，它也是中國人民在戰亂期間大規模移動的其中一部分——那些為了「新中國」的建設事業而長途跋涉的人，相比之下與人數更多、不顧一切要往外逃難的難民判然兩分。

簡單說，這場內戰就和先前的抗日戰爭一樣，讓千千萬萬的中國人離鄉背井、流離失所（無論他們是出於自願與否）。他們當中的大部分人最後都在始料未及、陌生甚至格格不入的地方落腳，經歷了截然不同的命運。對許多人來說，這段經歷是痛苦的失落與別離。可是對另一些人，尤其是「南下幹部」來說，這些個人和集體的冒險經歷，是他們自身以及國家榮耀的根源，也是獻身革命事業的熱情所在。很多情況下，這些南下幹部在國家偏遠地方落腳、工作，通常長達數年，甚至數十年，這樣的事實挑戰、並改變了長期以來的地方認同，尤其在菁英階層更是如此。傳統地域觀念與地方領袖之間的連結被削弱，取而代之的是在建設「新中國」的過程中逐漸形成的「革命」關係。

如此過程並非總是一帆風順：很多南方各省的在地人士起初幾乎把這些外來的「北方佬」看

作是侵略者，在不少人眼中，那些外來人士提倡的政治理念就像他們的語言一樣，既難以理解，又不受歡迎。不過，中國近年來出現一種流傳甚廣的紀實文學作品，頌揚南下幹部的貢獻；雖說這些作品的出現並不完全是為了宣傳，但肯定有助於這樣的目的。[27]他們畢竟為國家付出了難以磨滅的貢獻。

以山西為例，從一九四五年八月日本投降，到一九四九年十月人民共和國建立，全省動員了兩萬多名幹部參加共產黨的各級機關工作，此外還有數十萬民工和民兵，在歷次重大戰役中支援前線。[28]隨著一九四八年、四九年時人力需求孔急，招募人才的重點區域轉往該省的太行、太岳地區（位於山西東北、鄰接河北省境），以及省會太原西南部（共軍包圍國民黨山西領袖閻錫山堅守的太原，艱苦而血腥的圍城戰一直進行到一九四九年四月才落幕）。這些地區作為中共的根據地已有一段時間。

這些新招募的幹部之中，有些人曾參加共產黨的「長征」，執行過土地改革，或是在抗日戰爭時期有過中共根據地的行政經驗；他們分階段南下，並且接受黨最新政策指示的訓練。學員幹部大部分的心力集中在城市的新焦點上：如何管理城市、如何對待留下的市民群眾及國民黨官員等。他們還花時間研究可能被派往地區的各種情況。有些幹部將成為新成立的南方黨政組織的核心人物，另一些人則將在解放軍打下新的疆土時做好後勤支援工作。

南下幹部的規定制訂得十分詳細，其中包括每位幹部在南行時「發給服裝一套，鞋一雙，……」高於一定級別以上的幹部，「可以攜帶一頭牛，一匹馬和一名馬伕」；而另一個級別的幹部，在為數四十人的團體南下時，得以租用一輛卡車載運他們的隨身行李。任何有自行車的幹部都歡迎攜行，不過，黨不負責支付修理費用。[29]可想而知，南下行程的時間長度及交通方式千差萬別。行程中通常會有一段路程搭乘火車、卡車或渡輪等交通工具，不過也有很長一段路必須仰賴步行，這是因為地形條件的限制，或者是團體中有反對一切「外來者」特權的弱勢族群存在。

若干南下幹部對於到南方落戶定居根本沒有熱情，這種情況出現在許多解放軍的士兵之中。有些人在半路上就開小差逃亡。[30]更多人不願意和家人、親屬長時間分離。黨為了平撫幹部中的焦慮情緒，便承諾南下幹部的家屬等同軍眷待遇，並持續提供生活必需品，直到幹部與家人團圓時為止，不過在某些情況下，這還需要等上許多年的時間。

南下幹部的所有規劃與安排，往往在最後一刻時遭遇不得不然的改變。以所謂「長江支隊」的情形為例：一九四九年頭幾個星期在山西組建的「中國人民解放軍長江支隊」，兵力約有三千五百多人，原先預備派往新「解放」的江蘇省南部——也就是國民黨首都南京所在的地區——擔任地方行政幹部。「長江支隊」將在解放軍先頭部隊之後數天渡過長江，希望能盡快展開工作。可是，當他們於五月十二日抵達南京時，江蘇省南部已經有別的幹部搶在前頭接手了。「長江支隊」因此奉命前往南京東南方的蘇州，等候上級進一步的指示。

在近兩個月的等待之後，上級的命令終於下達，「長江支隊」即將踏上另一段旅程：他們奉命隨三野大軍進入更南方的福建。現在，支隊的任務是協助管理這個仍有國民黨軍隊在活動的省分。在北方人和全國其他各地的人眼中，福建這地方不但特別猜疑外來者，更說著一種難懂的方言。「長江支隊」的旅程，最終在距離以它為名稱的長江數百英里的地方畫下句點，這不僅反映出解放軍攻取南方速度之快，也顯示共產黨人具備如此有效部署人力到關鍵地區的能力。

其他從山西出發的南下幹部則分別被派往南方的省分湖南、四川與西康，後兩者是西南面積最大與最小的省。在派往湖南的南下幹部支隊成立時，湖南全省還在白崇禧位於武漢的華中軍政長官公署控制之中。能否將白的勢力從湖南驅逐出去，當時還完全在未定之天。但是共產黨人決心朝這個目標努力，並據此制訂計畫。

一九四九年三月，他們宣布設立中共湖南省委，以和毛澤東共事多年的湖南人黃克誠為首任書記。湖南省委初時設置在離湖南數百英里之遙的天津。其他省分的政府與黨組織集中設置在便利、安全的地點，一旦解放軍清除了敵人有組織的軍事抵抗，它們便會迅速向南移動，接管各自受指定地區的黨政職責。舉例來說，八月時，湖南的國民黨軍政高層舉全省向中共投降，白崇禧的部隊被迫向南撤退，大約三千餘名來自山西的南下幹部便迅速進入湖南各城鎮進行接管。他們當中有許多人和正規軍一樣，遠離家園數百英里之遙，有時候甚至是數千英里。

船舶與船夫

當然，要是解放軍沒能渡江給予江南國民黨迎頭痛擊，南下幹部也無法施展身手。因此，負責作戰籌畫的總前委肩負沉重的壓力。在一份作戰指導文件中，總前委聲稱：「只要我軍成功渡江，無論敵人怎麼做，軍事形勢必定會轉而對我有利，並且使敵人陷入徹底的混亂。」[31]

一九四九年三月初，三野各軍開始進行渡江作戰訓練。長江以北的安徽占全省面積的三分之二，分布眾多湖泊與河流，此時已落入中共的掌握，部隊在此進行包括小型舟船的上下船、武器裝卸載、航行技術、游泳與救生技術等多項演練。三野司令員陳毅說：「這次堅韌卓絕的渡江準備，把北方人變成了南方人，把陸軍變成了水軍，把浩蕩長江變成了平陽大道。」[32]

要想渡江，共軍需要船隻——舉凡舢舨、帆船、小型漁船、木筏，以及所有他們能夠到手的載具，全都在需求之列。正因如此，當國軍自江北撤退時，盡可能將所有船隻帶到南岸，並將無法帶走的舟艇加以摧毀破壞。所以，共軍不得不朝更遠的地方尋找渡江的器具，這就表示他們須在遠離長江江岸的廣闊地帶徵用船夫和他們的船隻。有許多當地的民眾見到這種情況，紛紛將他們可能被徵用的舟艇掩藏起來。

儘管如此，到了四月初時，依照共軍的統計，僅三野便徵集了兩萬九百餘艘各色舟艇船舶，其中有約八千三百艘船隻可以用於渡江作戰。之後鄧小平報告說，小船可載八到十人，大船可載五十人，最大的船隻可載一百人。[33]

舟船群是如此龐大，但它本質上是一支沒有武裝、欠缺保護的民用舟船艦隊。不僅如此，共軍渡江，還需要操舟的船夫。徵用他們也非易事。那時的船夫都隸屬於傳統封建幫會，而且忠誠度大多很高。解放軍用花言巧語和無疑不太討人喜歡的手段，勸服這些具有獨立思想的船夫將他們載運到長江對岸；他們不但很可能會遭遇砲火，而且還不一定能得到酬勞。眼下中共只能先承諾賠償，並且在這個專門行業當中設法喚起成員的階級意識，爭取他們為革命事業犧牲奉獻。

為了保有出其不意的優勢，數千艘徵用船隻被隱蔽在距離江岸不遠的地方，等待渡江作戰的時機到來。否則，它們將很容易成為國民黨空軍打擊的目標。迄今為止，國軍空軍尚未在戰爭中打響名號，他們很可能會在稍後謀求討回顏面。因此，各色舟船被祕密部署在小溪、江灣、堤壩和湖泊之中。嗣後當下達渡江攻擊令時，這證明是一項優勢，因為國民黨守軍完全不曉得這些船舶是從哪裡冒出來的。與其說這些船舶來自水道，還不如說它們是走陸路而來的：許多舟艇經由特別為渡江作戰而開鑿的渠道，由人力一路拖拉至江岸邊。

武器、彈藥和各式裝備也必須從北岸運過長江——不過並不包括軍糧。中央軍委明確表示，解放軍的糧食須從南方各省就地取用，而不能倚靠作為「後方」的北方解放區供給。解放軍將和從前國民黨一樣向地方徵收糧食，只不過差別在於主要徵收的對象將落在大地主和富農身上。貧農可以得到豁免。但事實證明，解放軍的糧食供應還是出現問題。四野的情況尤其如此，四野大軍自武漢南下時，給地方農民帶來了沉重的負擔。[34]

到了四月初，準備工作接近完成，中共大軍集結在江北沿岸的四個地點。由三野組成的中線集團約有三十萬人，任務是從江北安慶（南京西南方約一百英里）與江南蕪湖（前條約通商港埠）之間渡江。由於這一段長江向東北方流，因此中線集團渡江後將向東南方推進。其目標在於捕捉那些預計會向南逃遁以躲避渡江共軍的國軍。為達成此一目的，中線集團將比其他集團提早一天發起進攻。

同樣由三野部隊組成的東線集團，兵力約有三十五萬人，負責強渡南京以東更廣闊的地帶。這支部隊沿著江陰到鎮江（另一個鄰近首都的前條約口岸）集中，其渡過長江之後的首要目標，是截斷上海與杭州之間的鐵、公路交通線。杭州是京滬杭這個倒三角形防禦陣勢的南端，構成了國民黨政權的堡壘。在此各個擊破的情勢下，希望南京能早日落入進攻方的掌握。

西線集團也有三十五萬兵力，不過主要由二野部隊組成，它構成了解放軍攻勢的右翼。該集團的任務，是拿下北起安慶、南迄湖口的沿江要地——實際上，也就是「長江防線」的西端。再往西，中共大軍的最右翼，是一支兵力約二十萬的混編部隊，主力是林彪的四野。它的任務是向華中白崇禧部施加壓力，將華中國軍牽制在武漢，防止他們攻擊西集團的側背；而西線集團的目標是盡快推進，在白崇禧和湯恩伯兩集團中間的接合處撕開一道缺口。

渡江，危機，崩潰

從四月二十日開始算起的四天之間，在長江沿岸大片地區上發生的事件，讓那些即使是對國軍阻止共軍渡江不抱指望的人士也深感詫異。《時代》雜誌向全球讀者報導：「中國發生一場令人震驚、迅雷不及掩耳的災難，」雜誌繼續寫道：「將近百萬的共軍沿著四百英里長的正面，渡過遼闊的長江，這道國民黨中國的最後防線，然後他們的攻勢有如波濤洶湧的潮汐，將政府軍的陣地像微不足道的土方堡壘那樣掃滅殆盡。共軍以驚人的速度推進，四天之內，他們拿下了南京，切斷上海周圍交通，並且奪取了六座原先在國民黨手中的重要戰略城市。」[35]

共軍首先在蕪湖與安慶之間相對狹窄、江流曲折、布滿礁石的部分橫渡長江。[36]攻擊行動在四月二十日傍晚時分展開。「當日天氣晴朗，江面上風平浪靜，」據近年來的一部相關專著寫道：「對岸綠樹成蔭，完全沒有大戰即將開始的緊張跡象。」[37]

接著，下午五時，共軍砲兵開火射擊，一支由小型舟艇組成的大船隊從原來的隱蔽地點駛出。「部隊在沒有燈火的情況下登船，躺在甲板上，他們的武器擺放在船舷邊緣，」一位西方軍事觀察員表示：「數千具白色和銹紅色的風帆隨風翻揚，舟船在登船者的鼓譟聲中開航。」[38]中共方面的廣播描繪了渡江強攻作戰的種種細節，不過並未極盡誇大之能事：「江面上響起銀鈴般的軍號聲……。數千艘舟船在長江南北岸穿梭往來……。千門火砲齊射，長江水面上火光與水柱沖天。」[39]

第一艘舟船在蕪湖附近安全登陸。其他船艇在靠近江岸時遭到守軍的機關槍掃射。攻守雙方在若干淺灘地帶進行了白刃戰。不過守軍的防禦後來陷入混亂。湯恩伯急忙趕往蕪湖指揮，試圖壓住陣腳，但已無濟於事。國軍防線崩潰，守軍（第二十軍、八十八軍、五十五軍）已經後撤。到了四月二十一日拂曉，可能已有多達三十萬共軍成功渡江，據說在南岸已經建立了一個東西面延伸七十五英里、縱深為十二英里的突出部橋頭堡陣地。[40]

當天上午稍後，周恩來特地來到政府和談代表團下榻的北平六國飯店，告知他們解放軍剛才已經渡江。現在大勢已去。在中共領導人之中，周恩來被許多人認為是最世故溫和的一位。即使是在穩操勝券的時候，他也沒有擺出絲毫囂張的嘴臉。周希望能將這個消息傳達給在南京焦慮等候的李宗仁，促使他在為時已晚之前棄子認輸。

短短幾個小時以後，在首都南京以東延伸過去的長江江面上，發生了一起衝突事件。長江在這一段陡然轉向南，過此江面便豁然開闊，最後東流入海。這起事件的中心人物，是一位名叫西斯托．麥爾卡托．迪翁戈（Sixto Mercado Tiongco）的菲律賓華人。而在他所統領指揮的共軍部隊裡，則稱他為葉飛將軍。葉飛是三野第十兵團司令員，這個兵團目前是整個東線集團的前鋒部隊。快要滿三十五歲的葉飛，任務是指揮他兵團的第二十八、二十九和三十一等三個軍，從江陰要塞正面渡過長江。江陰要塞乃是控扼本段長江咽喉險要之地的堅強據點。

這樣的任務本來已經相當艱鉅，但是在過去二十四小時裡，竟又出現一個新的危機：英國皇家海軍戰艦「紫石英號」（HMS *Amethyst*）是一艘排水量一千三百五十噸的護衛艦，奉命溯長江而上，準備與停靠於南京的友軍「伙伴號」驅逐艦（HMS *Consort*）換防。她的出現造成了一段奇特的插曲，放在中國內戰的背景下來看僅是一段小插曲，但是仍然不減其奇特性質。

一段時間以來，英國和其他國家輪流派遣一艘海軍艦艇停靠南京，除了為當地的外國僑民社群運送物資，還有安撫外僑焦慮情緒的作用。一旦情勢所需，軍艦還可以協助撤僑。（譯按：內河航行權為清末列強在華特權之一。英國自一八五八年與清廷簽訂《中英天津條約》後，取得在中國內河航行權利。一九四三年中華民國與英國簽訂《平等新約》時，原已廢除英國在華一切特權，但一九四八年底，徐蚌會戰期間，英國駐華大使施締文爵士代表大英國協各駐華大使，以「給英國僑民精神支持」及「需要時提供撤退手段」為理由，向中華民國政府申請讓大英國協軍艦在上海到南京一段長江江面航行、並停靠南京的權利。中華民國外交部原則同意，但要求英方每次進入長江前，須將航行計畫送交南京備查。參見：陳謙平，〈論紫石英號事件〉，《南京大學學報》，一九九八年第二期）出於在當時已有爭議的原因（而且此後從未得到令人滿意的解釋），「紫石英號」在四月十九日上午得到命令，從上海起錨，航行約一百七十英里到南京，以執行換防和撫慰僑民的任務。當時中共方面已經表示，如果政府不接受其和談條件，解放軍將於四月二十日實行渡江。皇家海軍高層似乎認為「紫石英號」可以在同日到達南京，而「伙伴號」能夠在十九日深夜、截止期限之前駛回足夠靠近上海的安全地帶。

「紫石英號事件」轟動中外，引起很大關注，然而本章感興趣的不是事件發生經過，而是其造成的影響。[41]單就「事實」來看：四月二十日上午，「紫石英號」由下游上駛，在鎮江附近與大運河交會處的長江江面上，遭到北岸共軍的砲擊。當時該艦的實際位置，可能比事發當下或此後很長一段時間皇家海軍審慎或坦然承認的說法，要來得更靠近北岸一些。[42]「紫石英號」船身嚴重受損，船員多人陣亡或身受重傷，失控擱淺在江面沙洲雷公嘴（Rose Island）附近。

繼「伙伴號」於同日稍後趕往馳援，皇家海軍巡洋艦「倫敦號」（HMS *London*）與輕護衛艦「黑天鵝號」（HMS *Black Swan*）也在四月二十一日自上海啟航，試圖救援「紫石英號」，但是均以失敗收場。「伙伴號」和「倫敦號」的多名船員，在與江北共軍的激烈駁火當中陣亡，或因傷重宣告不治。中共方面則表示，有兩百五十二名中方人員遭英軍砲擊喪生。一架英國皇家空軍「桑德蘭式」（Sunderland）水上飛機自香港派來，設法在江面上降落，將一名醫官和若干醫療用品送到「紫石英號」上。但它也遭到攻擊，幾乎被迫立刻離開。

「紫石英號」雖然還勉強能夠動彈，但是全艦嚴重受創，因而在好幾個小時之內只能孤軍作戰，得不到支援。這艘長期在長江上巡弋警戒的英國皇家海軍艦艇，現在不但艦身遭受重創，部分船員陣亡，艦艇本身更成為這個即將讓中國政治面貌翻天覆地的革命武力手下人質。由於「紫石英號」的艦長拒絕承認是該艦率先開火，也不願承諾道歉及賠償，致使英方與中共之間為營救該艦進行的談判陷入困境。

據葉飛在回憶錄裡寫道，四月二十一日（也就是第一次衝突後的隔日），他麾下一位軍長來報：有一艘外國軍艦在部隊準備渡江的區域徘徊不去。「黨中央命令我軍：如果和帝國主義軍事力量發生衝突，我們不要打第一炮、第一槍，不要挑起衝突。但是如果它們敢於先打第一砲、第一槍，就要堅決予以回擊。」[43]但是，現在時機緊張：「我考慮只有半小時，我兵團就要啟渡，事不宜遲，隨即命令前沿觀察所升起信號，警告外國軍艦迅速離開我軍防區，……英國軍艦沒有任何反應。忽然，艦上人員都集中在艦尾上，炮口轉向我軍陣地，繼續向前行駛。此時必須當機立斷，……渡江時間已近，不能再等待了！（我下令）開炮！……部署在沿岸陣地上的炮兵都投入了砲戰。長江上水柱突起，煙捲波濤。」[44]

之後三野司令部來電話詢問，先開火的究竟是外國軍艦還是解放軍？葉飛回答：「英國軍艦先開的砲。」他隨即和屬下那位軍長統一口徑（或一起說謊），訂立「攻守同盟」，說是英方先開砲。多年以後，兩人談起此事，「一笑置之」。[45]接著他又提出一個更具政治意義的觀點：「現在看來，我們雖然炮擊的是英國軍艦，打中的卻是帝國主義分子的神經中樞，使他們終於不敢輕舉妄動！」[46]

在這次「紫石英號事件」中，一共有四十五名英國皇家海軍陣亡，外加至少三名在艦上服務的華人喪命，是中國內戰中外籍人士死亡人數最多的單一事件。英國歷史學者畢可思（Robert Bickers）指出，此次事件是「西方國家在中國領土上所進行的最後一次公開軍事行動。」稍後，英方在上海虹橋公墓為陣亡官兵舉行了隆重的（也是最後一次）軍禮葬禮。[47]「無論英國內部意見如何分歧，輿論皆認為在此次中國事件中，皇家海軍採取了明智的行動，並且根據其最優良的傳統，來履行其正規的職責，」英國僑民創辦的英文報紙《字林西報》（*North China Daily News*）評論道。或許這可以說是從中國大陸內部，為大英帝國所發出的最後一聲喝采。[48]

「紫石英號」長達百日的磨難在七月三十一日結束：當時它在夜幕的掩護下成功逃脫，沿長江順流而下，在出海口歸建皇家海軍艦隊。多虧了英國方面將一場屈辱失敗轉化為勝利成功的本領，「紫石英號」在十月底返抵德文波特（Devonport）港時，該艦「奮勇衝向自由」就成為國家勇敢奮鬥的象徵，全艦官兵稍後還在倫敦接受款宴。不過在此之前，此次事件引發了英國輿論對於如何處理與即將控制全中國的革命勢力之間關係的爭議與反省，也促使人們重新評估中共軍隊對於香港形勢所帶來的危險。

至於在葉飛這邊，英國軍艦闖進他的防區固然是一樁頭痛的麻煩事，卻還不是他所面臨到的最大問題。江陰一段，長江只有一千五百碼寬，素來有「江防門戶」之稱。因此哪一方控制了江陰，就掌握了長江以南和以東的攻守關鍵據點。四月初時，國軍高層還陪同美軍顧問團首長前來視察，討論加強防務的辦法（譯按：此說係引自《葉飛回憶錄》，頁三七五；但美軍顧問團已於該年三月三日撤銷）。只要江陰要塞還控制在政府手裡，共軍想選定這裡作為渡江突破口，會遭遇很大的困難。江陰以東，長江江面太寬，不利於搶灘登陸；江陰以西，又太靠近南京。

對中共來說幸運的是，要塞駐軍內部一直有地下黨員在運作。中共華中工作委員會的重要幹部唐君照，正好有親人在要塞駐軍擔任要職（譯按：唐的兩個弟弟分別為江陰要塞砲臺總臺長，以及工兵營營長），因而得以透過他們散布政府即將失敗的消息。要塞駐軍內部有中共黨組織。四月二十一日下午五時，渡江作戰一開始，要塞內的地下黨便發動叛變，逮捕要塞司令戴戎光，確保要塞砲臺既不向蜂擁渡江的解放軍部隊開火，也不朝舟船停靠的鄰近地區開砲。「如果沒有江陰要塞起義，我們也可以從江陰渡江的，但不可能那麼順利渡江，可能要付出重大傷亡，」葉飛坦承道。[49]

部署在南京附近的海軍第二艦隊叛變，也讓中共渡江變得更為容易。雖然說中共地下黨對此至少也有部分功勞，不過就算沒有共產黨的挑撥煽動，以政府對陸海空三軍官兵那樣低劣的待遇，這類倒戈兵變還是會發生。

倒戈的關鍵人物是四十四歲的林遵，當時他指揮這支旗下有二十五艘各級噸位的艦隊。南京在一九四八年底任命他為第二艦隊司令，協防長江。艦隊官兵對於駐守長江的任務提不起勁，對整個內戰的局勢走向也感到悲觀。這時，林遵留英時的同學、在海軍總司令部任職的中共地下黨郭壽生來勸他「起義」，林遵點頭同意。接下來就是發動的時機和協調的問題了。

林遵在共軍渡江前夕通知地下黨，他不會阻撓軍隊過江。確實，在解放軍於蕪湖一帶發動渡江作戰時，海軍總司令桂永清要第二艦隊阻截共軍船隊，林遵拒不執行。四月二十二日，解放軍已經在多個地點過江，桂永清命令第二艦隊和其他海軍艦艇撤退到上海安全地帶。林遵再一次抗命不遵。而當艦隊軍官發現桂本人已逃離南京，和其他政府高官一同飛往廣州時，官兵群情激憤，據一則中文資料記載，眾人「都大罵起來，誰也不願意再為國民黨賣命作戰。」四月二十四日清晨，第二艦隊發動倒戈兵變，或按照某些史料的說法，稱「起義」。連同其他二十五艘停泊在上游鎮江的海軍艦艇，一齊宣布改投共產黨，「後來成為新中國海軍的基礎。」[50]

短短幾天之內，解放軍大舉渡過長江，長驅直入，只遭遇到國軍少許零星抵抗。毛澤東的大軍現在準備好要席捲東南沿海的城市與鄉鎮，這些地方在過去二十多年間一直是國民黨政府統治的腹心地帶，共產黨要將這些日益縮減的國民黨統治區納入其控制之下。看來前方已經沒有什麼能夠阻擋他們的腳步了。

第六章　拿下大城市

「天翻地覆」

中國共產黨之所以能在逆境之中存活下來，並且於一九四〇年代後期在政治上取得優勢，都要歸功於它掌控了大片農村地區。因此，發起革命的領導者，必然要在廣大農村地區鼓動革命，比起在人數較少、零星分布在政府控制下的大城市，鼓動勞動階級推翻既有政治秩序，收效來得大、也較能成功。到了一九四八年，中共之所以能夠推倒蔣介石的國民黨政府，靠的就是旗下大規模的農民軍隊，這些軍隊直到最近才配備了現代武器，並按照專業軍事教典組織起來。而一直到奪取江山的前夕，中共還沒有占領和治理大城市的經驗——只有與蘇聯毗鄰的哈爾濱算是一個例外，當史大林的紅軍於一九四六年終於從滿洲大部分區域撤退時，中共便從政府手中奪取了這座城市。

到了一九四九年，原來以農村為主的中國革命本質，起了很大的變化。共軍眼看將占領所有中國的主要城市，其中最重要的是長江流域的各大城，因為這一帶是國民黨政府政治與經濟權力的根本重地。如有必要，中共將以武力奪取這些重鎮大城；在預期會反對共產黨人的所謂「手無寸鐵敵人」面前占領這些城市，[1]比被他們所取而代之的「反動勢力」更有效率的治理城市，並將它們轉變為中國共產主義、現代工業以及國際無產階級革命成果的展示櫥窗。毛澤東認識到，革命的未來取決於黨如何開展城市工作。一九四九年三月，他在黨中央的一次會議上提出警告：「從我們接管城市的第一天起，我們的眼睛就要向著這個城市的生產事業的恢復和發展，……如果我們不能……首先使工人生活有所改善，並使一般人民的生活有所改善，那我們就不能維持政權。」[2]

到了四月時，中共已發展出各種奪取城市的方法。人民解放軍靠著曠日持久又殘酷血腥的圍城戰，打下東北的長春和瀋陽。打天津時則用強攻。在攻取北平時，中共則以精心謀畫的包圍封鎖，最終逼使守將投降，接受其「和平解放」。而蔣介石的首都南京，這座國民黨定都二十一年的城市，也是其政權剩餘權力和威望的象徵，在解放軍攻入的時候，已是一座空城。毛澤東寫了一首詩來慶祝，提到了此一「天翻地覆」的「英勇勝利」。[3]在象徵意義上，確實如此；不過在實際上，拿下南京，卻是不費吹灰之力——而之後的事實證明，除了少數例外，全國其餘地方的情況也是這樣。

南京的最後時刻

四月中旬時，代總統李宗仁和身邊的左右幕僚都痛苦地意識到，北平和談一旦失敗，就代表他們很快就將不得不棄守首都。由於中共成功大舉渡過長江，這一天來得也快到出乎人們的意料。李後來抱怨說，因為高層在如何保衛華南上出現分歧，使得防禦部署「無異於開門揖盜」。[4]解放軍過江之際，北平方面傳話過來，要他留在南京，迎接解放，和中共簽署和平協議，以換取在新政權中的地位，李對此不予理會。

首都其他文武高級官員也有脫身的打算。他們爭先恐後的搶上飛往廣州（政府已宣布移駐廣州辦公）和臺北的班機。當時在南京的美聯社記者西摩・陶平（Seymour Topping）見到了極其混亂的一幕場景：在距離市中心最近的機場跑道上，一架架飛機正在裝載人員、貨物，「忙亂中準備立刻起飛」。他看見一位國軍將領「嘶啞著嗓子指揮士兵，將他的大鋼琴和其餘家具搬上一架空軍的飛機，」並且觀察到好幾位立法委員，頭戴遮陽帽，手攜網球拍，登上一架飛往南方的班機。[5]在臺北，英國領事報告說：「政府官員、軍隊將領和立法委員、監察委員名副其實的大舉湧入此地，一天之內就有五十多班飛機抵達。」[6]

基層國民黨官兵就沒那麼幸運了，他們「疲憊而凌亂無序的從首都退出，穿過沿路綠色菜圃和黃色油菜田的乾棕色泥土路，向南邊和東邊撤退，目的地或是沿海都市上海與杭州，或是有著崎嶇山脈的福建與江西，」《時代》雜誌寫道。[7]爆破隊忙著摧毀可能會輕易被敵人利用的設施和器材，像是火車站、彈藥庫、飛機及燃料、無法駛離的車輛等。發電廠和自來水廠雖然倖免於難，但是不久之後便成為國軍空軍炸射的目標。

且將撤退出走的問題擱在一邊，國民黨的整體防禦計畫還有更大的問題，現在共軍已經將南京上下游的長江防線撕開一個大口子。四月二十日，在李代總統官邸又一次深夜召開的祕密會議中，白崇禧力主放棄南京、上海，他的華中部隊由武漢南撤退入湖南，構築屏障大西南的新防線。湯恩伯的部隊應該沿著浙贛鐵路，負起這條防線的東南端防務，白部華中主力則須防止共軍進入「糧倉」湖南，以及西南方其他省分。對此，李宗仁表示同意。但是蔣介石仍然堅持要盡可能守住上海，以便將人員與物資遷運臺灣。

這些意見分歧在四月二十二日被暫時掩蓋；由於情勢嚴峻，迫使蔣介石暫時中止在溪口的「引退」，到杭州與李、白、何應欽及張群會商大計。這是蔣氏在一月以後首度與代總統會面。這場短暫的會面在空軍官校迎賓樓舉行，李再次敦請蔣復任總統，指揮政府和軍隊，以因應危局。李認為自己是為了主持和談才出任代總統，現在既然和談失敗了，他就應該下臺。

蔣雖然同意現行政策應該改弦更張，但是他還沒準備好復出。反過來，他宣稱自己絕對支持李。蔣還同意應該由兼任國防部長的閣揆何應欽全權負責國軍的指揮調度，並且贊同政府發表聲明，聲言與中共作戰到底。然後，蔣在會議的最後終於掀開此行底牌：國民黨將成立「非常委員會」，主席由蔣本人擔任，李為副手。非常委員會有權批准一切重大決策，再交由政府執行。蔣的確是「站到臺前」了，但是卻不是李所期望的形式。

會議結束後，李拒絕何應欽約他一同飛往相對安全的上海，決定回到南京坐鎮。當他在四月二十二日傍晚返抵官邸時，共軍小部隊已滲透到首都四郊，到處可以聽到零星機槍聲。「首都已一片淒涼，」李後來回憶道：「平日最繁華的通衢大道，如中山路、太平路等地商民全部關門歇業，街上行人絕跡，」他解衣而臥，「但一夜輾轉反側，未能入寐。」[8]

翌日凌晨，也就是四月二十三日星期六上午四時，何應欽以電話通知李宗仁，要他立即離開南京；何在電話中表示，過了上午六點鐘，他就無法保證代總統的安全了。據一位李的幕僚說，當時李「把聽筒放下之後，呆呆地想了一會，才叫侍衛長傳令準備起行」。[9]隨後，他與總統府三十多名隨員驅車前往明故宮機場。他們所搭乘的車輛有些搖晃顛簸，不得不強行穿越源源不絕駛離首都的軍車洪流。一行人於黎明時抵達機場，何應欽已先在那裡等候。李代總統與他略作交談，隨即登上「追雲號」專機。飛機升空後，先在市區上空盤旋一周，好讓機中乘客對首都投以最後注目。[10]接著，李指示駕駛員，勿飛往廣州，專機改飛廣西桂林。桂林是李的家鄉，在那裡他能夠處在相對安全的環境中，在身邊支持者的擁簇下，思考他的下一步。

政權交替空窗期

對於金陵女子文理學院校長吳貽芳和該校教職員來說，如何讓學生聚在一起，確保她們的安全、並且維持住這所位於南京的大專院校長期以來備受稱譽的教學水準，一直是過去這幾個月來的重大挑戰。開學時四百八十二名學生，在共產黨進城時只剩約一百人還留在學校。教職員裡有的南下廣州，另些人去了臺灣。[11]

金陵女子學院內部在一九四八年時已有中共地下組織活動。據院長的報告，地下黨活動也許有助於鼓動少數該校女學生過江（往「另一個方向」，也就是江北），參加「人民解放軍政治工作團」，時間甚至在共軍進城之前。[12]金陵的女生曾經參加四月的請願遊行，要求政府接受中共方面提出的和平條件。在共產黨接管城市以後，會有更多人熱情投身到中共的革命事業裡去，因為「這一規模浩大而且節節勝利的活動一經激發，對青年人的吸引力是如此之大，以至於沒有任何人，甚至包括她們的父母在內，有辦法將他們的興趣轉移到其他方面去。」[13]

和許多人一樣，共產黨接管南京的速度之快，讓素來有敏銳觀察眼光的金陵學院英籍歷史教師施以法大感吃驚。其中有部分原因，可能是本地市民較難獲得外界真實訊息的緣故。「星期四（四月二十一日）時我們還聽到一些流言，說政府的抵抗可能會持續大約一個月左右的時間，」她寫道：「到了星期五（二十二日），白天時一切看起來還一如往常，但是到了晚上就聽到劇烈交火。」一星期六（二十三日）早上，施以法騎自行車到學校，但是校園裡空空蕩蕩，只遇到一位中國籍教師，告訴她「不要出門，因為政府正迅速撤退，很多（如果不是全部）警察都已經撤走，街頭市面出現大規模的混亂和搶劫。事實上，危難時刻已經到來了。」[14]

吳貽芳校長從街頭張貼的字報上得知，她被任命為「南京市治安維持委員會」副主席，負責維持國民黨撤走後、共產黨進城前的秩序，這對她來說無疑是一大考驗。國民黨的首都衛戍司令做出這項任命之後，就「匆忙撤走，以至於她（吳）直到後來才收到任命狀。」[15]吳校長既是和平主義者，也是愛國人士，過去幾個月以來她一直期勉學生把心思放在課業上，不要參加抗議請願活動。不過，根據一部研究金陵校史的著作指出，在國民黨統治行將崩潰的前幾個月，吳小心翼翼的「迴避蔣介石和宋美齡夫婦提出去臺灣的私人邀請，」甚至到了共產黨進城前幾天，還拒絕接受蔣氏派人送來的赴臺機票。[16]

治安維持委員會很快就失去作用：國民黨撤出南京之後，街頭上隨即出現為時短暫但極為失序的搶掠亂象。印度駐華大使潘尼迦搭乘「國民黨發出的最後一班列車」從上海返回南京，[17]他和許多人一起見證了首都這奇怪的一幕：

國民黨領導人的宅邸遭到有系統的洗劫，但洗劫卻進行得十分文明有序：年輕人攙扶著老太太一起收拾要搬走的物品！入侵住宅的暴徒沒有破壞任何東西。他們只破壞那些不得不破壞的東西，像是門窗之類，有些人還悄悄將它們帶走，好像到銀行提領存款帶走一樣。[18]

屋主才剛離開的李宗仁官邸成了趁火打劫者下手的首要目標。「一群打劫之徒一擁而上，從兩邊栽滿冷杉的林蔭長車道走向李總統的灰磚房官邸。」《時代》雜誌報導：「另一個衣衫襤褸的男孩將一具陶瓷水缸擺放在一塊被砸破的門板上，使勁推送給在屋外接應的三個朋友。李代總統的管家幫忙打劫者搬運家具，他解釋說：『他們越快搬空這裡越好，因為那樣我就清靜了。』」[19]

經過一段時間後，由前國軍將領馬青苑領導的「南京市治安維持委員會」設法恢復了部分秩序，並且和駐紮於市郊的解放軍部隊取得聯繫。在解放軍大部隊於四月二十四日開入市區時，還有一些零星的槍響及爆炸。有些建築仍在起火燃燒，尤其是司法院大廈。不過其他騷動混亂的情況已經停止。

部隊入城後，迅速控制了各重要政府機關建築，並且帶著格外歡欣鼓舞的熱烈情緒，在原本是蔣介石權力中樞的總統府，降下了當時還在旗桿上飄揚的中華民國國旗。不過，由攝影師鄒建東拍下的這一著名照片，卻不是在新聞發生的當下所拍，或是以隨軍記者的鏡頭捕捉下來的，而是在事件發生兩天以後的精心排練重現之作。研究近代中國影像傳播史的學者克萊兒・羅伯茲（Claire Roberts）稱這張照片是「為了召喚特定歷史時刻而刻意建構的圖像典範。」[20]

不管怎麼說，入主原國民黨首都的共軍遭遇到的是倉促、計畫不周的撤離所造成的種種後果，而不是有組織的抵抗。「有的（國軍）部隊滿載彈藥的卡車，走到半路上司機卻逃了，」中國大陸學者劉統寫道：「第七綏靖區司令張世希帶少數隨從逃到徽州時，因帶的銀元太多，行動不便，只得忍痛分給十七兵團侯鏡如一部分，可見這時命比錢重要了。」[21]南下幹部「長江支隊」，在解放軍先頭部隊入城三星期後抵達南京，被分配安置在原交通部大樓裡宿營。「這個地方是空的，」若干成員回憶：「除了滿地被銷毀的文件，什麼都沒有。」[22]

南京市民急於一睹「敵人」生得何等模樣。「共軍進城後，分駐南京街頭與廣場上，秩序井然，」《時代》雜誌報導。士兵「分組排齊坐定，唱歌並聽官長訓話。」這些共軍的外表看來和國軍弟兄沒什麼不同，只是更儀表堂堂、更有軍人模樣。「早起之市民均在街頭，用好奇眼光觀看共軍。」[23]潘尼迦大使在觀察共軍入城之後記錄道，旁觀的市民反應平淡，既沒有顯現出熱情，也沒有表現出敵意。[24]

有一些國外觀察人士將共軍接管北平後，部分市民相對熱情的反應，拿來和南京群眾明顯冷淡消極的態度做對比。他們向吳貽芳校長問及此事。她指出兩地的差異：當初北平經歷了為時數週的圍困，而多數北平民眾不但向來對「南方」的國民黨政權不抱好感，而且國民黨還剝奪了北平原先首都的地位。現在他們十分樂見北平即將重新成為首都。相較之下，南京是國民黨一手打造的城市；許多居民在政府機關裡服務。不過，南京學生對共產黨反應冷淡，吳校長認為還有另一個因素：「過去三個月以來，他們收到許多北方朋友的來信，告知新政權並非全如原先所期待，當地學生所得到的糧食配給額度甚少，（而）他們的自由仍受諸多限制。」[25]

新秩序

正如共軍占領首都時的輕鬆寫意，共產黨在接管南京既有權力機構時同樣也得心應手：他們迅速「改造」這些機構，使之能符合新政權的革命目的。這是「南京市軍事管制委員會」（之後簡稱「軍管會」）的工作，軍管會顧名思義，是由解放軍所主持的。和其他共軍拿下的城市所組成的軍管會一樣，南京軍管會的任務是鎮壓反抗、維持秩序和政府職能運作，直到新的「人民政府」成立（南下幹部將在其中扮演重要角色）、能夠接手行政職責為止。

軍管會除了承擔起政府的職能，還迅速接手管制了主要的金融機構，其中包括中央銀行、中國銀行和交通銀行，原先都是發行鈔票的銀行。現在，這些銀行都成為中共當局的產業了。原南京市警察部隊，不少主官都跟著國民黨高官逃走了，也迅速獲得改編，不過許多獲得拔擢的幹部，都是原來留在崗位上的人員。

管制新聞資訊傳播對共產黨人的重要性，在他們接管南京時立刻顯現出來，而這也是中共革命迄今為止成功的原因之一。那些被稱作「蔣黨餘孽」的媒體機構——例如中央社、《中央日報》、《救國日報》——直接被關閉。[26]在隨後的日子裡，所有新的新聞機構，無論是本國還是外國單位，全都被要求註冊登記，並遵守「保護人民言論與新聞自由，剝奪反動分子的言論與新聞自由」的報導政策。換句話說，他們必須跟著共產黨政府的路線走。[27]

美國駐華新聞媒體遭到特別尖銳的批判。共產黨控制下的新媒體鼓勵中國人民起來反抗「新聞殖民」。事情必須改變。「對於外國新聞記者的報導，不可能讓他們享受國民黨統治時期無限制的自由，」《南京日報》說道：「中國人民有權認定，哪些新聞媒體和報紙是敵對的，必須限制它們派遣記者到中國。」[28]那些「反動」書店也被接管，書架上原來陳列販售的著作被認定不適合新政權，當局從北平運來新的書籍取代。不過，報導此一事態進展的《前進報》卻補充說：「出於研究目的，從反動書商和出版社沒收的書籍，（新開設的）新華書店接管後，每種都保留三冊。」[29]

五月十日，在南京「解放」兩個多星期後，南京市人民政府正式成立，以劉伯承為首任市長。由於劉伯承還身兼二野司令員，顯然表示南京仍然由軍方主導，考慮到南京的象徵意義，以及國民黨的空軍已經回來轟炸該市的電廠和京滬鐵路的事實，這樣的安排也在意料之中。倒是，國軍轟炸南京卻起了反效果。施以法不屑地寫道：「國民黨看來是在幫忙讓南京人民團結在新政權底下。……他們的飛機回來轟炸這座城市；他們或多或少以軍事設施當目標，但也試圖炸毀城市的發電廠。……他們炸死或炸傷了相當多的平民、孩童與成人。」[30]

在新市府上任伊始的首波施政作為中，其中一項是實施宵禁。其目的如《南京日報》所說，是要「恢復正常狀態與秩序，維護社會安寧，防止國民黨反動分子潛伏在城市裡進行破壞活動。」[31]缺乏足夠的煤炭供應，就表示南京市一天之中將有幾個小時的電力短缺，這在國民黨統治時期經常出現。

然而，除開這些問題不談，當時人在南京的美國漢學家畢乃德（Knight Biggerstaff）於中共進城後不到一個月便寫道，共產黨人在接管這座城市的表現非常出色：

他們迅速而有效率的處理各項生活要事：治安警力、電力和自來水供應、糧食、物價、公共衛生以及交通運輸。有大量高唱入雲的宣傳，不過真正該做的事都已經做好。本地的民眾原先已經看過太多次政權輪替，可是當他們目睹政府施政的效率、個別官員首長良善的用心與責任感、以及部隊士兵絕佳的行為表現時，簡直完全無法掩飾心中的驚訝。[32]

「前任大使們」

派駐在南京的各國外交官，和許多本地居民一樣，在政府放棄首都而移駐廣州時，採取觀望的態度。大部分的駐華使節不像他們的蘇聯同行那樣早已南遷，[33]而是留在南京觀望，期待與新統治者建立起某種程度的實質關係，儘管這種關係與正式承認新政權的外交關係，仍有很大的距離。一則是因為，共產黨人迄今還未成立中央政府。再則，美國身為中國局勢的關鍵參與者，決不可能在一個新政治實體創建時便給予正式承認——但是，試圖與中共對話的試探動作，很快就會在南京展開。

就毛澤東而言，他在一月十九日以黨中央名義發布的文件裡，已闡明中共的「革命外交」路線。這些路線後來被毛化約為簡單明瞭的口號：「另起爐灶」、「打掃乾淨屋子再請客」、以及毫無保留地站在社會主義陣營這一邊的「一邊倒」。[34]

毫無疑問的，共產黨領導的中國新政府只是將自己置身原先國民黨政權所創造的外交關係網絡之中：這樣的外交關係是反動集團的產物，已經心甘情願成為以美國為首的全球帝國主義陣營利用的工具。中國現在正走上社會主義路線解放與改造的過程。它正從一個陣營轉移到另一個陣營去——也就是向史大林及蘇聯所領導的社會主義陣營靠攏。

於是，刻意保持冷淡，就成為中共對待南京各國駐華使館及全國其他地方領事館的主要態度。然而就和中共準備渡江時的情形一樣，毛澤東十分焦慮（史大林更是如此），生怕在共軍攻城掠地、國民黨政府土崩瓦解之際，給了西方列強插手干預的藉口。前面曾經提過，中共對瀋陽美國總領事瓦爾德的待遇，很可能是一個相當敏感的議題。[35]共產黨對英國皇家海軍「紫石英號」的處理方式也是如此：這艘嚴重受損的英國軍艦目前還滯留在長江上，引起英國政界與輿論的關切。[36]

四月二十五日清晨，一群共軍士兵闖入美國駐華大使司徒雷登私宅的臥室，將他叫醒，在四處打量房間以後告訴這位美國大使，他們方才看到的物品，「最後將歸人民，因此等器具係應屬於人民者」。這場風波一度使得局面緊張。[37]毛澤東獲悉以後，立刻命令不得再有此種滋擾事件發生。[38]

事實上，就在共軍進城的那一刻起，這些駐在南京的各國外交官原先所認知的「外交」，都已成了過眼雲煙。印度駐華大使潘尼迦回憶說：

共軍入城一兩天後，我們收到有禮但堅定的通知：將不再給予我們外交特權，只被當作

「尊貴的外國人」來看待。我們被稱作「前任大使先生」。沒有可以和我們打交道的外交部門，只有一個「外事處」，我們的祕書必須到那裡去充當臨時翻譯，因為所有的事務都是以中文辦理的。……我們不被允許使用通訊密碼，也沒有發送快電的權利。其實，從技術上來說，我們已經不算是外交官了。[39]

儘管如此，即使只是非正式的接觸，司徒雷登還是尋求和新當局打交道。五月十三日他和黃華碰面，黃是南京市新成立的「外事處」主任，其辦公處所就設在原外交部大樓。身材短小精悍的黃華今年三十九歲，畢業於北平燕京大學，而司徒雷登大使從前正是燕京大學的校長。兩人之間一定程度的相互尊重和誠懇，或許能使這次會面更為順利。

不過，會面的調子定得非常硬性。毛澤東已經告訴黃華，什麼能對美國大使說，什麼不能說。而除非美國同意切斷和國民黨的一切關係，否則前者的意義不大。因此這次會面從一開始就注定難以有所成就：華盛頓可能（在很大程度上）已經放棄蔣介石，但是還沒有準備好正式放棄蔣的政府，更難在此時轉而支持中共政權。所以，在六月時司徒雷登請示國務院，是否能讓他接受昔日服務的燕京大學邀請，以「非官方」性質訪問北平，並藉由此次機會和周恩來會談時，華盛頓方面不予同意。於是，就司徒大使來說，眼下的「外交」事務就是結束自己的駐華使命，並等候共產黨允許他離開南京這個前政權的首都，最終他在八月二日獲准離華。

除開這些舉措之外，大多數的「前外交官」其實也無事可做，只能從流通相當有限的資訊當中，觀察南京和其他地方的情勢發展。其中只有英國大使施締文爵士算是一個例外，他認為在「紫石英號」的命運確定以前，自己決不能離開崗位。至於其他大多數的駐華使節，則隨著時間的推移，變得越來越緊張不安。那年南京酷熱難耐的溽暑，更是沒有絲毫幫助。而外交官畢竟是外交官，他們當中有很多人想知道，從務實的角度來看，要如何才能不損尊嚴地離開這座城市。

不過，這種外交上的無事可做也有好處。隨著夏天過去，施以法和一些同事發現，她們能以「十分合理的條件」參加此間的外交人員俱樂部：每週有四天可以使用俱樂部的游泳池，並且享用「漢堡（、）三明治和咖啡……。」[40]

保衛「垂死的黨國」：太原攻城戰

很少人會指望蔣介石的軍隊為保衛首都而戰：雖然南京落入共產黨手中是一次沉重的打擊，但是最終國民黨政權的生存，卻不是取決於捍衛其象徵權力中樞的首都。相較之下，重鎮太原的爭奪戰則截然不同——這場戰役顯示出中國內戰不同力量的作用及征服模式。太原，山西省的省會，國民黨在華北碩果僅存的最後堡壘，終於在共軍進入南京的隔日陷落。

山西是國民黨省主席閻錫山的地盤。閻錫山和桂系領導人李宗仁、白崇禧一樣，因為在一九三〇年代戮力將自己的地盤建設成「模範省」，而享有全國知名的聲譽。在此期間，山西的鐵、公路陸續修建，致力掃除文盲，提倡公共衛生，並且鼓勵造林計畫。閻個人與蔣介石的關係，也和廣西李、白一樣時有起伏，他只是在名義上奉南京的號令，同時享受國民黨領導人授予他的「一級上將」軍銜。

上述這些人物，外加其他許多在民國政壇扮演重要角色的地方實力派將領，都不會接受「軍閥」的指控，自從那時起，「軍閥」這個標籤就一直安在他們身上（因為這就是實際的情況）。儘管如此，他們的權力與影響力仍然得自於那些讓「軍閥政治」在當時盛行的因素：緊密控制一塊特定地區以增加收入、建立軍隊，扶植省分或地方的認同，作為一種抵禦中央政府或其他「外來」勢力入侵的手段。即使在蔣介石權勢最鼎盛的時期，也不得不以對等的態度面對這些地方實力派，而不是想方設法壓服他們。

儘管日本在抗戰期間占領了太原，而共軍又在日軍投降後滲透到山西大部分農村地區，閻錫山還是設法保住了若干實力。前面曾提到，山西是中共向江南城市、鄉村推動革命的南下幹部的招募地點。到了一九四八年夏季，共軍已將當時六十多歲、患有糖尿病、模樣疲憊憔悴的閻錫山，連同大約十萬國軍部隊，團團圍困在省城太原。這座城市位在一片平坦的黃土地上，附近有丘陵和山脈屏障。對閻錫山而言十分幸運的是，太原城內有一座鋼鐵廠、幾家大型工廠和一間現代化的兵工廠。令人嘆為觀止的要塞化碉堡防禦工事環繞全城，此外還有四十英尺厚的舊城牆作為依託。

太原戰役持續進行了六個月之久，陸路交通在戰役開始後不久就告斷絕，因此中央政府必須每日空運兩百噸大米、麵粉和彈藥進行補給。這樣的任務對飛行員來說是一大挑戰。這些飛行員中有許多是外籍機師，他們要不是盡可能飛近目標投放補給，就是降落在狹窄的臨時跑道上，將補給物資扔在地上後趕緊再次起飛，以避免遭附近山丘共軍發射的迫擊砲擊中。「我們每天進行多達二十八次空投任務，」民航空運公司（Civil Air Transport）的機師菲立克斯·史密斯（Felix Smith）回憶道：「每當一架C－46運輸機飛臨這座圍城，就有八噸的補給物資如雨般落下。」[41]

解放軍試圖勸降太原守軍。根據一部記載這次戰役的官方戰史寫道：「抓獲的俘虜被送回城去，並承諾閻部官兵及其家屬只要放下武器，皆可得到寬大待遇。」[42]同時還提供糧食給城中飢餓的守軍。在此招降攻勢下，有些人放下武器投降，但大多數守軍官兵不為所動，即使到了三月底，解放軍發動最後一次攻城戰役時，仍然奮戰到底。這次攻城以林彪的四野砲兵齊射拉開序幕，隨即引發全城大火，接著是逐巷爭奪的巷戰，守軍最後被消滅。

在最後結局來臨前幾星期，閻錫山對來訪的美國記者表示：一旦太原城破，他決意自殺，以身殉城；美國記者聽後信以為真。結果，縱使閻氏表達不顧性命、死守太原，他卻在二月時就飛赴南京，而且再也沒有回來（譯按：閻錫山應是遲至三月二十九日才離開太原圍城）。閻臨走前早有縝密準備，帶走了山西省的黃金儲備。閻氏的親信部屬留下來死守到底。城破時，「人們看見閻的女婿和憲兵隊長（譯按：應為山西省代理主席梁化之及特種憲警指揮處處長徐端，而且梁並非閻氏親屬）拖著沉重步伐、失魂落魄走在街上，」史密斯說：「超過四百人服下氰化鉀膠囊自殺，其中包括閻的姪子在內（譯按：應為閻錫山的堂妹閻慧卿），遺體由他們的朋友負責焚化。」[43]閻部將領不像中央軍可以撤往廣州或臺灣，他們無處可逃。他們在本地的舊有秩序當中有著單一、不可轉換的利害關係，而他們也準備為此以身相殉。太原於四月二十四日遭共軍攻占，其過程因此也就與奪取南京大不相同。就如美國學者輝特森所說：「太原守軍對於一個垂死的黨國大業，以及山西軍閥政治的最後一位象徵人物閻錫山，都表現出驚人的忠誠。」[44]

「偉大的考驗」：攻取上海

「進入上海是中國革命的最後一個難關，是一個偉大的考驗，」五月十日，三野司令員陳毅對該軍幹部講話，這時毛澤東已將攻取上海的任務派給三野。「上海搞得好不好，全中國全世界都很關心。我們搞得好，世界民主力量就會為我們高呼、慶祝、乾杯；搞不好就會使他們失望。」[45]

或許陳毅還沒有習慣從勝利者的角度看事情：他憂心三野過江以後推進過於快速。現在，共軍已將看似強大的湯恩伯部逼得退入以上海大都會為核心的三角口袋陣地。陳毅擔心三野幹部過於自信，甚至流於自滿。他的憂心是有道理的。在向東南快速推進的過程中，若干三野士兵就曾抱怨，他們一直在追擊敵軍，而不是和敵人作戰。有些人認為「敵人一切不行了」，還說：「過江過江，沒放一槍；追擊追擊，不堪一擊。」[46]這樣的局面其實不是他們造成的，也不是當初他們衝進敵人戰略腹心地帶時，預期會見到的景況。

或許局勢的走向，會證明上海是這一片所向披靡聲中的例外？是否上海會成為國民黨的最後防線，決戰之地？似乎本國與外國人士在內的許多上海市民都不這樣認為。不過，正如陳毅承認的，上海一地的得失關係極為重大，這是顯而易見的事情。這一點，對於亟欲要奪取上海的共產黨人來說，對於誓言要捍衛上海的國民黨人來說，對於許多還在煩惱去留問題的上海市民來說，以及對於密切關注局勢發展的全國民眾來說，都是如此。

在國際層面，上海攻防戰也同樣重要——尤其對「西方」以及現在被稱為「蘇聯集團」的陣營來說，更是如此。對於雙方陣營來說，這座中國最知名城市的命運，在日漸熾烈的冷戰大戲當中占有重要地位。倘使共產黨占領上海，肯定會成為「紅色中國」崛起至今最具象徵性意義的重大事件。這就代表資本主義事業的寶座已經落入共產主義革命的錘頭和鐮刀之下，預示著全球命運的重大轉折。

做好準備工作

中共軍事高層以當初他們謀畫過江作戰的心力，投注在接管上海的準備工作上。過去幾個月以來中共一再宣告「黨的工作重心從鄉村移到了城市」的政策方針，在經營、管理上海這座世界知名城市、中國最先進的商業中心之時，即將遭受最重大的考驗。

共產黨人將不會「蕭規曹隨」、沿用從前的方式來治理上海——至少不會長久維持不變。雖然黨為了安撫上海惶惶不安的人心，反覆高唱「一切照常」的調子，不過在共產黨的核心教條當中，卻混合了馬克思主義和民族主義，對於上海及其所代表的一切事物，有極為嚴厲與帶有敵意的批判。按照中共的觀點，上海在本質上是一座資本主義的、寄生吸血甚至是罪惡的城市，它的消費超過生產，工人被剝削，敗德惡行猖獗，黑幫橫行。上海服侍的是近年來才掌權的中外富人，而不是一般市民百姓。上海是昔日中國所有錯誤的可恥象徵，這樣的「舊上海」即將被這座城市的另一面所糾正：它既是中國勞動階級的發源地，也是過去數十年來激進思想及挑戰、改變中國的政治運動誕生的地方（中共就是其中之一）。現有的上海統治菁英將被打倒，城市的生活將按照截然不同的意識形態路線重新安排。

那些都是將來的事情。眼下，當中共準備接管上海之際，就如陳毅對其部屬所說明的那樣，黨的領導階層心中主要有三大顧慮。首先，上海是列強在華利益最為集中的地方。至今還有英國和美國的軍艦停泊在該市及鄰近地區。要是解放軍將國民黨從上海強行驅逐出去，會不會引來列強的某種武裝干預？

其次，如果國民黨頑強抵抗，因而不得不在上海打上一仗，解放軍是否會「投鼠忌器」？[47]戰爭帶來的破壞可能相當嚴重，造成日後可能對共產黨「新中國」的經濟重建帶來極其不利的影響。

最後，也是最至關緊要的，是能力是否勝任的問題。也就是說，解放軍是否有能力和正在路途上的「南下幹部」聯手，並與計畫與之聯繫的上海地下黨組織結合起來，一起接管、且有效治理這座城市。陳毅提出警告，要是接管工作做得不好，罷工、停電、混亂等情況可能都會發生，上海就會變成「死城」一座。如果真是這樣，那麼共軍將不得不撤出上海，這不但是一樁極其羞辱的敗績，更可能會影響整個中國內戰的結果。

中共的文武幹部都希望能在幾星期的時間內順利接管上海，因此對這座城市運作的要素進行仔細研究是絕對必要的。為此，中共特地於五月上旬，在距離上海西北邊一百五十英里外的丹陽縣城，組織了一場研究接管上海各項細節的研討會議。出席這場會議的幹部來自全國各地，不過其中最重要的莫過於那些「上海專家」：這些人在上海工作多年，現在偷偷潛來參加會議，向未來的解放者分享他們的知識，並提供建議。在這批「上海專家」裡，包括中共上海地下黨組織的負責人劉曉、左翼劇作家及文化評論者夏衍、以及之前在香港為黨從事祕密工作，最近才返回的潘漢年。潘後來出任共產黨接管上海後的第一任副市長，而他短小精幹、世故老練的形象，也將很快進入上海公眾的視野。

參加丹陽這場上海研討會的人員，據說參閱了兩百餘種關於上海政治、經濟、社會和文化等多方面的資料。這些材料有的是從敵人那裡繳獲而來，有的是上海地下黨調查編纂，也有上海來人報告的。與會人士密切注意中共所謂「民族資產階級」——也就是既非國民黨或外國勢力經營、控制，也不仰賴它們生存的本國企業主群體，他們因此被認為能在新秩序之中占有一席之地（至少初期如此）。「民族資產階級」這一分類範疇裡就包含了許多（但絕不是全部）知名的「上海資本家」。會中也討論如何妥適對待外國人士及外資企業的問題，並且對能源與糧食供應做出規劃。研究上海市警政運作是接管準備中的重要項目，之後接管期間發生的事件很快就將證明這一點。以研究上海歷史著稱的知名美國歷史學者魏斐德（Frederic Wakeman Jr.）便指出，共產黨在丹陽成立公安幹部訓練班，準備按各分局轄區接管治安業務。

正如最近一部中國大陸的著作指出的：接管上海的準備工作，「事無巨細，都要考慮周全才行，」[48]丹陽的研討會在隨後的事件中起了重要作用。不過，一切還是需要解放軍先拿下上海，才能談下一步。而解放軍的作戰計畫在一定程度上，取決於敵軍準備如何保衛上海。這正是五月十日起，三野指揮部在風景秀麗的蘇州（上海以西約五十英里）召開一連五天軍事會議的討論主題。在會中，陳毅和他麾下的各兵團司令詳細的探討了各種可能的進攻方案。

第一種方案是參照一九四八年在東北、以及最近奪取太原的辦法，對上海實施長期包圍作戰。這種攻擊具有極其強大的效果，且能夠降低自身士兵的死傷，但是長期圍困卻會使上海民眾的生活陷入絕境。而且由於國民黨控制了黃浦江與長江交匯處的吳淞砲臺，扼守出海口，使得圍困難以實施：敵人既可以憑藉水路補給，也可以在情勢需要時輕易撤退。

另一種選擇是在敵人防線的薄弱處——也就是著名的蘇州河以南、與黃浦江交匯處——進行突破。這個方案的問題在於作戰地境就在市中心區，交戰時會造成市區的嚴重破壞。

更好的辦法是將進攻重點放在吳淞，對市區只圍困暫不加以攻擊。可以預期，敵人將在這裡堅強抵抗：因為此處是國民黨的撤退路線，敵軍需要時間將部隊、裝備及其他資產撤出上海，或是運進新的補給，因此所在必守。這個方案至少能使上海及其市民免於遭受戰火蹂躪。

國民黨的上海終局

國民黨人試圖讓外界（尤其是共產黨）摸不清楚他們在上海的最後終局策略。上海在四月二十三日實施戒嚴。報紙刊物和廣播電臺受到嚴格審查。大規模逃難潮還在持續進行，據路透社（Reuters）報導：「上海富商的包機大量飛（抵）廣州和香港，據（說已）每天增班到三十架次。」[49]

四月二十六日，蔣介石突然在上海現身，可以想見李宗仁在訝異之餘，必定相當憤怒。蔣氏帶領隨員在家鄉溪口附近的小港口登上一艘海軍驅逐艦，隨即吩咐艦長駛往上海，而不是眾人所預料的臺灣。幾天以前，在杭州會談時，蔣拒絕李請他復位總統的請求，但是現在看來，他準備要親自部署指揮上海保衛戰。蔣聲稱上海將是另一個「史大林格勒」，他對將領打氣，表示國際情勢很快就要出現重大變化，美國將會對他的政府提供援助。上海船舶艦隻的保險費率翻了一倍，部分原因可能就是對蔣這番表態的反應。[50]

但是這只是虛張聲勢。蔣指令手握二十萬大軍的湯恩伯，守上海只有一個目的，就是盡可能掩護人員、物資和其他資產船運到臺灣，以及杭州灣以南、距離溪口不遠的舟山群島。蔣的戰略顯然是由他一人乾綱獨斷，守上海的策略其實類似敦克爾克（Dunkirk），而不是史大林格勒（譯按：此處指的是一九三九年的敦克爾克戰役，英國執行戰略性撤退，自法國北部港口敦克爾克撤出三十三萬餘英法聯軍，為日後反攻歐陸保存重要有生力量）；由於上海具有象徵意義，因此保衛這座城市相當重要，但是更要緊的仍舊是盡可能的撤運資源，好讓國民黨退至臺灣後，來日還能重整旗鼓。美國駐上海總領事約翰・卡伯特（John Cabot）說得更不客氣：國民黨「在讓出這座城市之前，正在進行一場規模巨大、令人作嘔的訛詐行動，將城市資源搾取一空。」[51]蔣介石希望「盡量將可能對共產黨有用的可拆遷設備、其他資產以及人員，悉數遷走。」[52]

且撇開資源搾取不談，國民黨官兵也顯現出他們準備「掘壕固守」的跡象：在市中心和郊區，他們沿著上海的西南面和北面，豎立起一條尖樁籬柵防線。柵欄引來人們的冷嘲熱諷。但是這對於當地居民來說是很嚴重的事情，他們的房屋遭到拆除，以掃清射界，據說約有八萬民眾因而被迫疏散到鄉間去。「在日益緊縮的國民黨戰線上，汗流浹背的士兵和民伕苦力挖掘壕溝，架設帶刺鐵絲網路障，埋設『龍牙』——一排排削尖的粗竹木樁，指向正在節節進逼的敵軍，」《時代》雜誌報導：「如果要設立核心陣地，這個陣地將會在市中心繁華地帶往外延伸三十英里的帶狀區域內。」[53]農民被強制徵召服勞役，樹木被砍倒，墳墓被夷為平地。美國領事卡伯特認為，這些舉措的目的是要讓士兵不斷忙碌，如此一來，「他們就沒有時間去想逃亡的事情。」[54]截至五月下旬，據說上海國軍已經修建了四千多座水泥碉堡或木舍據點，外加一萬餘座軍事設施，旨在抵禦敵軍的攻擊。

在這座城市內部，市政當局如一位記者所說，以「顫抖的鐵腕」進行統治。[55]他的意思是，政府正在失去對局面的控制能力，然而卻仍然在逮捕並處決有共黨嫌疑的人。作家彼得・湯森和另外幾個人親眼目睹了三名被控「意圖顛覆政府」的人，在警察局外遭到「審判」的一幕。他們被一輛卡車載往通衢十字路口，「三個人被布條矇眼，然後是一陣槍響，其中一人中槍後還在掙扎，一名緊張的軍官把左輪手槍裡所有的子彈都傾注在他身上。」[56]美國領事卡博特憤怒地聲稱：「即使是在南斯拉夫，我也從沒見過像最近這一波如此粗暴而任意的處決。」[57]中共的新華社聲稱，在這座城市被「解放」的前一個月裡，「至少有一千人被警察和特務處決。」[58]

正當政府為顯示拒共軍於上海之外的決心，而做出若干略有古怪的舉措之際，上海市民仍舊持續從剩餘的各種管道出走。彼得・湯森寫道：

> 每個街角都築有碉堡，但是在機場，文職人員帶著家具、犬隻、家用器具，有的人頭上還戴了三頂帽子，擠滿了飛機；港邊停泊的船隻上載滿乘客、公共汽車、汽車和糧食；外灘的銀行，白天時被繩索圍起來，裡面的金庫已經搬空了。……突然間你發覺這一直都是一個殿後作戰，其目的是保持疏運財富的管道暢通，可以一路直通吳淞港。[59]

上海似乎正疏散一空。「看來，這座城市陷入一種憂鬱的恍惚狀態，」英文《大美晚報》（*Shanghai Evening Post and Mercury*）的執行總編高爾德（Randall Gould）說道。[60]

這個時候，蔣介石和兒子蔣經國已經在遠方隆隆的砲聲中乘船離開上海。父子倆在舟山上岸，湯恩伯已經將這座島嶼變成疏運人員與物資設備到臺灣的中繼站。蔣氏掛念從上海出走的人當中，是否包括那些「該出來的人」——也就是該市的大金融家、商界領袖、高級公務員和其他各界的知名人士。蔣的擔心不無道理。北平和南京已有先例，上述這些人士很容易受到中共地下黨或其他管道的影響，和共產黨達成協議，留在原地，並將他們負責主持的企業、政府部門和組織移交給「解放者」接管。

劉鴻生，這位在幾個月前決定不將所有資產和生意轉移到臺灣的劉氏家族企業掌門人，在共軍包圍上海時開始接收到要他留下來的訊息。[61]共產黨透過劉的一個兒子傳遞這些訊息，劉的兒子在他不知情的情況下，於抗戰期間加入中共，成為潛伏上海的地下黨員。解放軍已直逼上海郊區，共軍電臺不斷廣播，敦促劉鴻生一家留在上海，並保證對他們秋毫無犯。劉並不相信。「共產黨永遠不會是我們真正的朋友，」他對家人這麼說。儘管政府方面因為他似乎無意赴臺，而試圖勸說他留在大陸，劉還是決定將部分的資產轉移到香港，他本人也隨之前往。[62]劉來到英國殖民地，代表他甩脫了國民黨冷淡的懷抱，而至少在現階段也迴避了共產黨所承諾的比較溫暖的擁抱。但是，無論是劉鴻生內心，抑或是他那龐大的家族，對他旗下的事業究竟要落腳何處，卻還沒有定論——這一點，很快就會顯現出來。[63]

許多在上海的外國人同樣也面臨了去或留的兩難，但是卻有若干重要的群體，他們面對去留的風險比大多數的中國人都來得小，算是例外。誠然，這群人可能會失去生計，在某些情況下還會喪失為數可觀的商業資產，同時更需拋棄原先特定生活方式所帶來的樂趣。但是他們當中的許多人已經有了可以定居安身的家園，而對於那些在上海出生的人來說，即便他們可能從來沒有去過、也不大情願去那所謂的家園，情形也依然如此。

這個例外，就是那些居住在上海的無國籍人士，特別是逃離布爾什維克統治的俄國白軍人士（至少在初期階段）；由於上海對於移民的寬鬆規定，大約有兩萬餘名猶太人在一九三〇年代後期設法從希特勒控制下的歐洲脫身，前往上海。這兩種人合起來，構成了上海人數最龐大的外國人社群。現在，隨著共軍朝他們的避難之地節節進逼，再次出走的時候到了。命運對這座城市的猶太社群微笑：新建國的以色列張開雙臂歡迎他們，為了招徠在華猶太人，更將領事館開設在舊俄國猶太會館。據一位權威人士表示：「約有一萬餘名上海猶太人，其中包括俄羅斯裔及塞法迪（Sephardi）系，在以色列建立新家園。」[64]另外，國際難民組織也搭救了不少猶太人，或者安排他們前往以色列，或是轉送設於菲律賓的中繼收留站，等待美國、加拿大、澳洲和歐洲國家的移民簽證。

至於列強的在華公民，現在紛紛意識到各自母國政府難以保全他們不受未來動盪局勢的影響。四月底時，約有十二艘美國軍艦自長江上游順流而下，遠離市中心區，以免在共軍奪取吳淞港時被困在黃浦江狹窄的河道內。美國政府敦促當時還留在上海的兩千五百餘位該國公民，搭上這批軍艦，撤出該市。

由於這時「紫石英號」還滯留在長江上，據《泰晤士報》的報導，英國皇家海軍各艦也趕緊駛離上海，亟欲「避免出現挑釁姿態」。[65]報導中提到：「英方讓上海當地僑民自行決定，採取何等措施最能符合當地英國社群利益，」據說此時上海約有四千餘名英國僑民。「情勢令人憂慮。由於香港幾已無法再容納更多難民，因此從上海疏散就代表完全撤離中國，可能是永遠地放棄此一對本國（即英國）具極大商業利益的地方。」[66]隔日《泰晤士報》又報導說：「不列顛臣民從中國總撤離……短期內可望不會出現。除非情勢變得過於危險，否則英國在華商業人士認為，無論是否有皇家海軍保護，他們都將留下來，並試圖在新政權統治之下展開貿易。」[67]

「被解放的人」

「我們還不能確定，不過戰事可能很快就會停止，而我們應該會被算進被解放者的行列，」

圖 6.1　一列擠滿逃難民眾的火車駛往上海，到了一九四九年五月初，解放軍已經從陸路切斷了上海與各地的交通聯繫。

圖 6.2　共軍開入上海，這個中國最大城市以及全國金融貿易中心，現在落入解放軍控制。

救世軍在華領導人亞瑟・盧布魯克（Arthur Ludbrook）在五月二十一日時寫道。他寫這封信的地點，是位於蘇州河以北、河濱大樓裡的救世軍中國總部，這裡很快就將成為軍事行動的焦點。「再沒有什麼比最近這幾個月在上海的生活更糟的了，」他補充道：「我寫這封信的時候，人潮把幾條主要街道都擠滿了，他們緩慢移動，卻又逐漸堵在一起，幾乎動彈不得，哪兒都去不了——誰知道呢！」[68]

除非三野已做好能夠有效治理這座城市的準備工作，否則中共領導人不肯點頭下令讓解放軍開進上海。不過，正如美國上海總領事卡伯特所說，中共並不準備坐視國民黨「連最後一美元也從這座城市掠走」。毛澤東也對三野的將領們說，眾所周知，敵人眼下正從吳淞運走人員和物

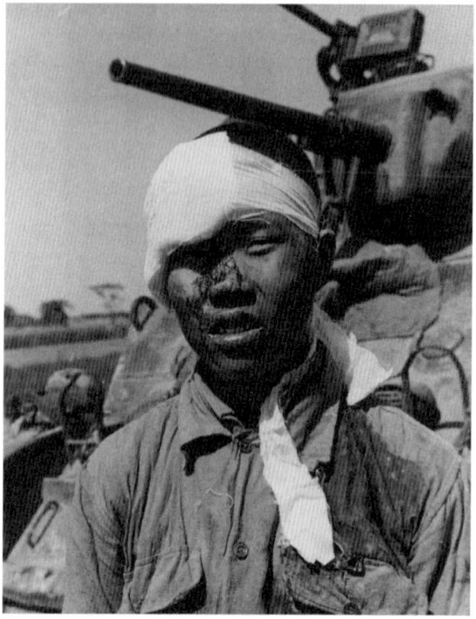
圖 6.3　戰火硝煙中的臉孔：一名負傷的國軍士兵，在上海近郊撤退途中所攝。

資，可以允許讓他們這樣做一段時間，但不能太久。進攻上海應該「斷其後路」，也就是盡快切斷敵人的海上退路。然後軍隊方能從容入城。於是，在五月十二日夜至十三日凌晨，解放軍開始進攻黃浦江與長江交匯的吳淞地區。但是守軍的抵抗比之前預期的要頑強許多，解放軍不得不放棄正面穿插強攻，改採較緩慢的近迫作業攻堅，包括在水稻田裡挖壕溝，以避免敵人碉堡和要塞據點的強大火力。

五月二十一日，三野下達攻擊上海命令，決定二十三日發起全線總攻。負責進攻市中心的部隊禁止使用火炮或炸藥，以免對建築及其他設施造成毀損。解放軍很快就控制了位於上海西郊與西南方的兩個主要機場，此時湯恩伯明白大勢已去，登上一艘停泊於吳淞外海的軍艦撤離。隔天，解放軍突破了守軍原本就不起眼的防禦圈。

奇怪的是，國民黨居然選在這個時候舉行「慶祝勝利大會」。五月二十四日上午，按照現在已不見人影的湯恩伯的命令，軍隊和軍車在困惑的圍觀群眾注視下參加遊行，一旁的商店櫥窗上張貼著標語：「我們將血戰到底！」「上海將是共匪的墳墓！」[69]他們隨即便匆忙離去。其他的部隊忙著爆破江南造船廠的部分船塢、鑿沉儲油槽、並摧毀國際廣播電臺的設備。

各警察總隊的隊長也動了起來。「一輛輛卡車停在警察局門口，攜家帶眷、手提行李的警察中隊魚貫上車，駛往吳淞，準備登上撤退的船隊。」魏斐德寫道：「在國軍官兵列隊出發時，家家戶戶的門口按照當局的命令懸掛國旗，因為這天被指定為『慶祝勝利日』。」[70]

五月二十五日凌晨，穿著黃綠色軍裝的共軍士兵突進市區，他們列隊行軍踏上的街道，不到二十四小時前，國民黨還在這裡舉行慶祝勝利遊行。共軍進城，沒有惹出什麼大麻煩。這種情形一則表示中共事前準備工作十分周密，也代表有許多（實際上是大多數）原政權的市政當局人員，願意將責任移交給新政權的接收者，更顯示出廣大市民百姓希望局勢盡快恢復「正常」的期盼。

警察部隊的順利接管，尤其引人注目：當解放軍先頭部隊出現在上海市警察局大門前時，便有高級警官迎出來歡迎他們，隨即交出警局。先前在丹陽為了這一刻而精心籌建的公安部隊搭乘火車進城，與各自轄區內的地下黨接頭，開始執行維持秩序勤務。新公安局希望原警察局的警官都能留在各自崗位上——現在他們都明白自己是在「為人民服務」。

市政高層的權力交替也平順進行。之前長期擔任上海市長的吳國楨，已經在五月十四日稱病請辭。代理市長職務的是原上海市政府祕書長陳良，他接任後的第一件事，是呼籲市民開闢菜圃，以因應未來若共軍長期圍城、糧食短缺的局面。但是，陳良也「不想為蔣家王朝站最後一班崗」，很快便開始尋找下一位代理市長的人選。[71]可想而知，願意接下重任的人選並不多。

正好這時陳良聽到中共方面的廣播，點名好幾位上海各界傑出人士，要他們留下來，為建設新上海貢獻所長。其中就有市府工務局長趙祖康。「好啊，」陳良心裡忖道，「共產黨為我找了一個代理市長！」[72]趙祖康畢業於美國康乃爾大學（Cornell University），專攻道路橋梁建築，他已經決定留在上海。中共地下黨曾派一位「李小姐」和趙接洽，要求他配合接管。趙向上海的中共地下黨提供市郊大橋地圖，這無疑對於解放軍入城接管這座城市起了幫助作用。此後趙祖康一直堅守崗位，直到預定出任共產黨首任上海市長的三野司令員陳毅進城，接管市政府為止。[73]

前進大上海，那些缺乏地圖導引的共軍士兵，可以向最熟悉這座城市的人尋求協助。「大約五十名身穿制服的郵務員，騎著自行車抵達南上海，為部隊帶路，」新華社報導，認為這是「勞動工人……與解放軍團結一致的經典範例。」[74]

解放軍進入市區時只遇到幾處輕微抵抗，其中只有一處戰鬥較為激烈。守軍在蘇州河以北、著名的外白渡橋附近，占領河濱建築，從屋頂居高臨下，向試圖渡河的共軍射擊。

對於解放軍、國軍和許多住在上海的外國人士來說，這都是十分緊張的幾個小時：解放軍當中有若干人強烈要求使用砲火攻擊，一舉端掉守軍的抵抗，但是被上級否決了；蘇州河北端守軍的指揮官明白大勢已去，他們的抵抗只不過是在掩護其他友軍部隊撤離；許多外國人士藏身在百老匯大廈和河濱大樓裡，前者是外國駐華記者俱樂部、郵政總局的所在地，後者則有救世軍駐華總部進駐，因為在他們的想像中，這裡是安全的地方。「兩天來，本建築（河濱大樓）一直處在雙方交戰的火力之下，有數千名（或更多）的市民湧進走廊通道來避難，」亞瑟．盧布魯克說道。但他很高興地向倫敦的上司報告，「住在大樓裡的救世軍幹部，生活並未因此而變得更糟，總部的各項職能也一如往常。」[75]

最後解決蘇州河畔這場武裝對峙的，是共軍用了無數次解除敵人武裝的老辦法：「策反」國軍將領；告訴他們：大勢已去，再行抵抗只是徒勞；再打下去將生靈塗炭，需避免民眾生命與財產的損失；同時，還強烈呼籲他們發揮愛國心，也就是所謂「中國人不打中國人」。五月二十七日，國軍淞滬警備副司令劉昌義率領所部四萬餘人放下武器。現在，整個市區都落入共軍的掌握，政府軍開始慌不擇路地潰逃。國軍第五十四軍第八師師長施有仁（譯按：知名作家施寄青之父）回憶當時的情形：

當天（二十五日）下午下完命令，我就乘吉普車開往虬江碼頭。開行不久，就被路上的車輛堵塞，無法通行。我尚以為少數汽車拋錨，乃下車徒步到前面觀看情況，見到馬路上停滿了各式車輛，一直走到碼頭上，也都是這樣的。才知道由於解放軍的砲彈已經打到碼頭附近，開車的司機和押車人員都把車輛丟了，趕著上船逃命去了。我到船邊一看，我們的部隊沒上多少，而船被亂七八糟的人擠滿了。……分配我們乘坐的船是個排水三千噸的貨船，事前就裝了兩千多噸的麵粉。結果我們的部隊僅上了一千多人，而第六師僅上了一百四十人。情況特別緊急，在我們船的左邊已經落下不少砲彈。船上人員一再要求開船，同時船上也載得像人山人海無法再擠了。我同六師師長商量，無可奈何地只得下令開船。76

據信大約有五萬餘國軍從上海撤出，前往臺灣或舟山。更多官兵沒能撤走，大部分人都投降了。其他少部分人分散開來逃往農村，有些重新組織起來，對共軍發起小規模的襲擊。至於另外一部分人，如果情況允許，便會脫下軍服，設法回鄉，而其中若干人的家鄉，距此數百英里之遙。

新上海的黎明

廣大上海市民和其他共產黨拿下城市的居民一樣，盼望在局勢底定以後盡快看到他們的「解放者」。英文《大美晚報》總編輯高爾德等人親眼目睹上海民眾對新政權的極度熱情，並且「暗中祕密準備迎接其入城」。[77]據一位觀察人士表示，這正是中共地下黨工作的成果，他們人數不多，但效率極高，其成員「打入警察局、政府部門、鐵路機廠、工廠和學校之中。」[78]聖約翰大學名列上海最著名的大專院校之一，校園裡自然也有中共的支持者。一個親共社團隨即出現，帶領學生改造這所學校。[79]

上海市民對共產黨的最初印象，混合著欽佩和輕蔑。前者來自於市民百姓的觀察：在共軍初進城的幾天，儘管下著滂沱大雨，部隊依然露宿街頭，而且在民眾邀請進入民宅晾乾、餽贈食物禮品等時一概謝絕，部隊還整隊帶往黃浦江畔沖洗沐浴，而不是徵收澡堂等更加便利的設施。

國民黨潰兵的行徑就截然不同了：留學英國時被稱作「查理陳」（Charlie Cheng）的年輕建築師陳占祥，就親眼目睹國軍潰敗退出上海時，偷竊搶掠、無惡不作的情形。陳占祥原本對中國的前途感到絕望，決定移居臺灣，也買好了赴臺的機票。然後，他從公寓窗戶向外看，見到共軍入城，全程安靜，紀律嚴明。隔天早晨，陳占祥和妻子燉了牛肉湯送去給露宿街頭的部隊，卻被他們婉拒了，他拿著湯上樓，淚流滿面。「一個黨能把軍隊教育成這個樣子，我憑什麼不相信她能把國家建設好？」他說，隨即把手中的機票撕得粉碎。[80]

而輕蔑則是上海人優越感衍生出的產物。這種優越感可以理解，但是並不討喜：上海市民都清楚，本地是中國最先進的城市，而現在被一群鄉巴佬占領了。作家波希・芬奇（Percy Finch）筆下說出不少上海人的心聲（不分中外），他說解放軍士兵是「臉色紅潤的鄉村男孩，……（這群人）雖然因為長途跋涉和歷次作戰而變得堅強，不過農村出身的那種粗拙蠢笨，倒是全都保留了下來；他們的雙眼睜得老大，目瞪口呆地看著櫛次鱗比的摩天大樓、百貨公司、穹頂銀行總部、高聳入雲的辦公樓、霓虹燈和龐然的廣告招牌，儼然一副迷失在現代化都市裡的鄉下土包子模樣。」[81]這樣的軍隊或許能征服全國（這要拜蔣介石軍隊的差勁表現之賜），但是又怎麼能指望他們可以駕馭上海這座複雜萬端的現代化都會呢？許多人擔心他們無此能力，而上海就此難以恢復元氣。另一些人則因此得出了一個更讓人感到寬慰的結論：上海的新統治者最後還是不得不仰賴在地的人才與企業，否則這座城市的情況，會變得比國民黨統治的最後幾個月還要糟糕。

或許是受到共產黨以英文發布的安民通告的鼓舞（大意是：只要外籍商業人士從事的是「正當職業」，他們個人及企業都會受到市政當局的保障），許多外國商界人士甚至更加樂觀。[82]這讓美國駐上海總領事卡伯特感到十分困惑。共產黨接管上海後第二天，他參加上海美國商會的一場會議，「在場眾人都歡欣鼓舞，好似解放上海的是美軍。美國和英國商人都相信，共產黨來了他們的生意會做得更好——我想不出他們為什麼會這樣認為。」[83]有一種普遍的看法是，雖然中共口口聲聲反對帝國主義、向蘇聯一面倒，不過共產黨仍然需要和西方進行貿易，以使他們的新政權得到更好的生存機會，更別提他們還有多項雄心勃勃的目標等待實現。而再沒有其他地方比上海更便利於從事這樣的貿易活動了，因此作為一個國際大都會，上海似乎前景可期。持這樣見解的人士，不久後終將失望。

儘管如此，正常生活恢復的速度之快，還是令很多人感到訝異，並且高興。「這次改朝換代，和之前想像的完全不同，」高爾德寫道：「我們本來擔心會出現為時數日秩序蕩然的混亂時期，結果這類事情完全沒有發生。前一天還是國民黨當家，後一天就換成共產黨坐天下，而昔日我們的保衛者則順長江而下，去了福爾摩沙。就是這麼簡單。」84

市面上很快就恢復車水馬龍的景況。商鋪和一些銀行重新開張營業。若干學校恢復上課。在發行新郵票之後，郵政服務重新開始運作。煤炭和糧食供應送到。六月一日，開放長江對外貿易，不過仍不開放外國軍艦往返航行於上海及長江內河。新華社報導，截至六月九日，上海的民營工廠已有半數正常運作，預計到了月底將可望全數恢復生產。市長陳毅與上海商界領袖一連舉行多場會議，除了承諾給予協助外，也提醒他們在國民黨統治時期面臨的種種困難。85

然而，正如一位目光敏銳的美國合眾社記者所指出的，這其實是一種「新」常態：「陳毅的三野政治部開設在靜安寺，外面有志願兵擔任警衛。入口處還張貼大字報，寫著『叛徒必須死』的標語，」這位特派記者說道：「附近的滄州飯店（Burlington Hotel）裡，拘留了三百名政府官員和國民黨的幹部，由五名士兵擔任看守。」[86]

中共的計畫從來都不只是把「老上海」治理得比前任好而已。相反的，黨的領導人決心要改造城市社會，而且在上海的局面仍然持續危險不安的時候，就要付諸實施；局面之所以危險不安，大部分來自國民黨的空襲、海上的封鎖，以及蔣介石的軍隊可能「反攻」的威脅。和其他地方一樣，這種緊張的氣氛往往會使得人民更加支持新政權。幾乎每天都有關於捕獲國民黨特務、阻止暗殺陳毅陰謀、以及粉碎敵人炸毀工廠、銀行或政府大樓計畫的新聞報導，這使得當局更容易能夠控制市民的生活。

在市長陳毅的指揮下，上海軍管會很快地接管了各公營機構，包括多所學校和一流大學。它沿用了國民黨的戶籍制度，但是用魏斐德的話來說，另外還搭配「糧食配給票與大眾參與」兩項辦法。[87]這就表示糧票是由公安負責發放。街巷居民委員會的創設同樣受到許多人的歡迎，因為它代表人民團結一致、利害與共，也讓中共認為改造上海社會所必須的社會控制與監控得以實現，更能揪出那些抗拒改變的分子。

上海各式各樣的大小媒體也被中共收服了。原來三大報中的兩家——《申報》和《新聞報》，因為先前的反共立場而被關閉。另外有兩家報紙，正如一句意味深長的短評所說，是「自願停止出刊」。[88]兩家英文報紙存活的時間稍長一些，其中著名的《字林西報》（*North China*

Daily News）尤其如此：該報一直到一九五〇年六月，因為報導北韓在韓戰中率先發動進攻的錯誤消息，才遭到勒令停刊。高爾德的英文《大美晚報》則因為沒有報導自家報社員工的薪資爭議，而遭到勒令停刊的處分，這是在一九四九年六月，也就是中共接管上海的數個星期之後。根據高爾德的說法，結果是來自紐約的員工（代表報社的美國業主）得到了一筆豐厚的遣散費，並且以巨大的淨額虧損出售了報社的印刷機組。

正如一位作家所說，上海作為一座「社會主義城市」的新身分，至少還需要一年，才能遮蓋它原來在許多中國人心目中那座國際大都會、「貿易、文化和陰謀匯聚的準殖民地轉口港」的不光彩過往。[89]但是在上海「解放」的幾個月內，這座城市與過去決裂，已經造成極為深遠的影響。「上海解放已經打破了中國反革命勢力的反抗，反動勢力經此失敗，已經化為殘破的小股碎片，」新華社報導道：「全國各地的殘餘反動勢力已不可能再堅持多久了。」[90]

第七章　兩個人間

李宗仁返鄉休養

如果代總統李宗仁把四月二十三日清晨從南京倉皇起飛看作是他政治生涯和個人際遇的低谷，很快他就會發現還有更惡劣的情況要來到。李遇上的第一個問題相對來說沒那麼要緊：他的座機一起飛，也就是在共軍士兵進入國民黨首都的幾小時之前，碰上了惡劣的氣候。讓座機駕駛員吃驚的是，李代總統登機後，指示座機逕直飛往廣西省會桂林，而不是許多高級官員雲集的中央政府臨時首都廣州。但專機在飛臨桂林上空時遇到大霧，若強行降落非常危險，被迫改降廣西中部的柳州。李從柳州打長途電話給省主席黃旭初，正式宣布他已「返鄉」、而不是飛抵政府所在地的消息，這就造成了廣州「中樞無主」、無人領導的局面。

然而，等到李氏一行人在桂林安頓下來以後，很快就發現沒有足夠的資金維持代總統辦公室的運作。「回到桂林第三天，司理官邸出納的關副局長告訴我，由南京帶回的錢已經用完了，」

一位李的親近幕僚抱怨道：「想不到偌大的總統官邸，如此寒傖，連吃飯也發生問題！我只好向廣西省政府和桂林市銀行挪借三千塊銀元濟急。」[1]雖然說這筆錢額度不大，但是對於一個竭力支持數十萬部署在北邊軍隊的省分來說，不啻是又添加了負擔。

不過，促使李宗仁返回家鄉的真正因素是，過去這三個月以來，國家大局在他主持之下，已是陷入完全混亂的局面。解放軍已經大舉渡過長江，幾乎所向披靡。首都業已陷落。其他許多位在政府政治、經濟中心地帶的城市，轉眼間也將面臨同樣下場。

失陷的疆土裡，安徽南部名列其中，這個地方位於華中地區、武漢與南京之間，有長江貫穿流過。自從對日抗戰開始後不久、李宗仁被任命為本戰區司令長官以來，安徽就被納入桂系「帝國」的版圖之中。解放軍渡過長江，猝然間結束了桂系在安徽的統治。安徽省主席張義純（安徽籍的桂系將領）被迫率領部屬倉皇出走。和其他地方一樣，國軍撤退唯恐逃得不夠快，而共軍前進的唯一限制，就只是它管理新取得領土的能力，以及其過度延伸而力有未逮的補給線。

即便支持軍隊的人口與提供軍隊物資、士氣的土地，都在日益縮小之中，但是政府目前仍然擁有為數眾多的武裝部隊。不過，這些軍隊的素質參差不齊，對於部隊指揮官個人的忠誠度、可供運用的裝備及補給品的數量與質量，全都有所差異；更重要的是，這些部隊的作戰意志也大不相同。湯恩伯麾下那支裝備精良的軍隊，就是一個很好的例子：面對解放軍的猛烈攻勢，他們先是撤退到上海，以期在再次撤退到舟山和臺灣之前，盡可能的將這座城市的資產搬遷帶走。再往北，另一位忠於蔣介石的國軍將領劉安祺，正拚命地試圖盡可能將麾下部隊從青島全數撤出。青島是目前長江以北唯一還在國軍控制之下的港口，駐防該地的美軍也正在撤走其軍艦及海軍陸戰隊，因為解放軍發動攻勢，揚言要將他們趕下海去。

在內地，白崇禧的華中部隊雖然裝備並不精良，但是戰力最強。他們構成解放軍進軍南方、拿下臨時首都廣州的最主要障礙，因此成為共軍打擊的首要目標。另外，總部設在昔日帝都西安的胡宗南，也統領一支有力兵團。按理說，這支部隊構成了共軍進軍西北和西南的障礙，當地還有穆斯林騎兵，或許能與共軍展開一場惡戰。再往南，廣州綏靖公署主任余漢謀所轄部隊，雖然人數較少，裝備也不佳，但如果指揮部署得當，可望能夠守住廣東和廣西兩省之地。

不過，除非國民黨高層能夠化解彼此的政治分歧，否則在軍事上很難取得任何成就。這就需要蔣介石、李宗仁、以及在廣州的大多數國民黨高層人物通力合作。此時蔣氏控制了政府黃金儲備、眾多部隊，還有大部分美國軍援器械；李則回到桂林休養生息；而其他國民黨高層人物則在廣州惶惶然不知所措。這三方面必須捐棄成見，攜手合作，實行徹底改革，贏得南方民眾的人心，以支持政府的反共鬥爭。這是一項至為艱鉅而難以實現的任務。在共產黨席捲中國前夕，以敏銳眼光觀察局勢走向的美國學者鮑大可，在解放軍渡過長江前三個月剛完成一趟華南之旅，他總結自己的觀察心得：

政府的後方一般在心理上十分脆弱，易受傷害。如果政府決定撤退到南方來，將會發現自己身處在一個人民對作戰已經失去信心的地方。它會遭遇到民眾的不信任。甚至可能引來民眾強烈的反感與積極的抵制行動。在民心士氣已經盪至低谷的情形下，若想要動員民眾起來支持反共戰爭，並重振與共黨戰鬥的精神，其任務將極為艱鉅——如果還有可能的話。[2]

待李宗仁返抵桂林之時，南方的局面已是更加惡化。

相較之下，中共控制的北方，整體氛圍卻是樂觀昂揚的。在成功過江之後，毛澤東和他麾下的軍事指戰員較之以往更對全面勝利充滿信心。隨著國民黨的國家體制在他們眼前土崩瓦解，他們更加緊準備要取而代之。因此，中國在一九四九年春夏之交，儼然分為兩個人間——一邊在準備建國，一邊是瀕臨崩潰；一邊是舊制度的終結，另一邊則是新制度的開始。

「蔣介石是我們的敵人」：廣西的和平運動

雖說李宗仁、白崇禧早已是全國政壇上的顯赫人物，但是他們權力的根基，仍然著落在對於廣西的掌控、以及該省的主要資源——軍隊身上。然而他們過去如一九三〇年代那樣，將這個地方作為私人地盤和改革的模範省的歲月，已經一去不復返了：蔣的中央政府力量在對日抗戰期間及戰後於廣西取得若干進展，削弱了李、白原來對家鄉的牢固控制力道。但是，李、白以及桂系第三號人物黃旭初三人合作，形成一個文武幹部網絡，治理著全省一千四、五百萬民風尚武、卻已厭戰，且相對較貧困的民眾；然而不管怎麼說，廣西上下仍然聽從李、白的號令。

此外，廣西軍隊更是白崇禧華中所部國軍的核心主力。直到五月的前兩星期，華中國軍仍然扼守長江中游的重鎮武漢，而且負責整個華南的防禦。他們之中有許多人自從抗戰以來，在過去十三年間，始終身在抵禦外侮及內戰的最前線，時常在遠離家鄉的地方作戰。而在一九四八年底、一九四九年初，蔣介石嫡系軍隊的連番失敗或撤退，代表廣西軍隊和桂系的領導人現在要肩負起黨國前途的重責大任。因此，李宗仁做出回到桂林休生養息的決定，而不是到廣州去領導政府，引發許多國民黨高層人士的憂慮，也就不令人感到驚訝了。蔣氏對於李滯留桂林非常焦慮，他派出多位黨內元老充當說客，極力勸說李南下廣州，就是擔心李、白因為和談不成、軍事又接連挫敗，深感智窮力竭，會與毛澤東單獨談和。

蔣的擔心有其根據。當李宗仁返抵桂林時，一群桂系文職幹部就呈給他一份呼籲與共產黨達成局部和平協議的文件。這群倡議和平人士的領導者，是時年六十三歲的廣西省參議會議長李任仁。李氏長期服務於教育界，曾任政府官吏，不但德高望重，與李宗仁、白崇禧的關係也很密切。他號召廣西立場稍左或自由派的幹部，一同加入倡議和平的行列。國民黨政府如今行將崩潰，李任仁解釋道。重要的是要明白蔣介石才是廣西真正的敵人，而不是共產黨。李、白手上仍有二十萬大軍，因此有了與中共談判的籌碼。廣西勢必要做出若干讓步，但局部和平協議是很有希望能夠達成的——可能需要透過廣西知名政治人物李濟深的斡旋。李現在以「國民黨革命委員會」（簡稱「民革」）主席的身分在北平，「民革」是脫離國民黨、投靠中共的政治團體。另一位倡議和平的人物，是廣西省教育廳長黃樸心；他公開表示，除非能像白崇禧那樣，將為數眾多的家眷先行轉移到香港，否則談不上和共黨作戰。據說白氏得知這番話後相當憤怒。

隨後，李代總統的桂林府邸裡進行了一場爭辯相當激烈的會議。正如上個月桂系高層在南京集會商討黃紹竑從北平帶回的和平協議方案，李宗仁對於最新和平倡議的反應頗為溫和。他尊重提議者的動機，但表示和談的時機已經過去，之前他們曾經試圖與中共和談，不過因為對方缺乏誠意而遭致失敗。

白崇禧由武漢飛回參加會議，他以素來的直率態度，批評這些倡議和平者是投降分子。白氏堅持認為廣西必須做好作戰的準備，唯有如此，才可能得到和平。放棄武力而逕自訴諸和平，無異是自掘墳墓。而他決心反共到底，不是「為個人的名位權利，純粹為國家民族保存一線生機，」據一位參與會議的桂系人士轉述，他認為：「如果共產黨能夠容許歧見者生存，容許反對者有一步（政治上）迴旋餘地，和平協定老早簽訂了，還等到這個時候來倡議和平！」[3]

廣西的和平運動於是在此時戛然畫下句點。白崇禧授意將內部準備投降者全部免職，特別是那些掌管該省金融資產的幹部，因為他們可能拿這筆錢作為和共產黨和談的籌碼。此時已經加入「民革」的李任仁，很快將悄然從廣西出走，前往北平，在共產黨新政府中任職。黃樸心則避居馬來西亞。桂系中的其他「左派」紛紛轉往香港觀望內戰將如何收場，再決定下一步行動。桂系這個軍事派系，現在再一次全員反共，無一例外。廣西的文人政客無法與武人抗衡，這是民國時期中國政治的殘酷事實。

林彪再次對決白崇禧

桂系將領在長江中游與共軍的作戰中，表現並不出色。起初，白崇禧設指揮部於兼具工業重鎮、主要港口和交通樞紐於一城的武漢。面對東面解放軍三管齊下的渡江攻勢，而國軍長江防線土崩瓦解，武漢似乎不為所動。美國駐漢口總領事（漢口與長江北岸的漢陽、長江南岸的武昌，構成所謂「武漢三鎮」）發現，白崇禧所部將領，對於「東邊（友軍）戰線的大敗」，展現出「異常冷漠的態度」。這位總領事斷言，非不得已，白必不會輕易放棄武漢，因為他需要本地的稅收以支持麾下部隊。[4]武漢同時也是煉鐵和煉鋼廠的重鎮，更生產軍火，不過由於長年戰爭和破壞，致使產量大減。

然而此時林彪的四野，不但在人數和士氣上都遠勝白崇禧部華中國軍，更是朝向他們的宿敵直撲而來。四野大軍在四十多天內由北平開至長江流域，行軍八百餘英里。根據中共官方新華社的報導，四野已在進軍路線沿途設置糧倉、野戰醫院、牲畜收容所和飼料設施，而「每隔幾里，就設有路標，給出接下來路途的詳盡情報。」甚至還告訴士兵行軍路線沿途的風土民情，以「平息若干不實傳言，如『南方的蚊子和蜜蜂一樣大』，以及『南方人死於帶有熱帶病菌的蒼蠅』等謠言。」[5]不過即使如此，他們仍然沒有自滿的理由：第四野戰軍的官方戰史承認白崇禧是一大強敵，而且自家的部隊正開入一個全然陌生的作戰地境。[6]

要是五月初的前幾天，華中國軍的生存沒有受到威脅，白崇禧或許還會欣然接受來自敵人的讚美。正如解放軍最高指揮部所料，林彪的四野已經牽制了白的部隊一段時間，讓二野和三野的大軍在長江的更東段過江。但是短短幾天時間，二野不但橫掃華南，還向西迴旋，進逼江西省的省會南昌市，從側面威脅切斷白部南下湖南的退路。「而白崇禧此時外臨強敵，內有反側，也已岌岌不可終日了，」李宗仁表示。[7]華中國軍現在必須盡速從武漢撤退，否則就有遭到共軍攔腰截斷的可能。

許多平民百姓已經逃離。「漢口已成空城，民眾紛紛出城，往南逃至（湖南）衡陽、桂林，或是向西到（貴州省會）貴陽，以避戰禍，」《民族日報》報導：「據信白崇禧可能會在撤退時破壞全城，（仍留在城中的）民眾表示憂心。不過，儘管地方上正在醞釀局部和平，卻無人有勇氣敢公然倡導……（反之，）他們正祕密串連組織，準備保護城市中的建築物，同時等候共軍的到來。」[8]

白崇禧部隊撤離武漢，開始時秩序井然，但是在白氏的其中一位副手、華中軍政副長官張軫率所部兩萬人投共之後，國軍陣腳大亂。五月十六日，國軍殿後部隊撤出武漢，幾小時後解放軍的先頭部隊就進入市區。美國駐漢口總領事冷眼旁觀，覺得共產黨人似乎「還沒做好武漢突然落入他們手上的準備」。國民黨在棄守之前的破壞行動使港口陷入癱瘓，不過小商家逐漸開張做生意，而武漢市面正「恢復原來的面貌」。[9]中共方面的消息聲稱，武漢工人成功阻撓了國民黨意圖破壞交通運輸設施和設備的計畫，在某處地方甚至「用泥土覆蓋火車頭以誤導破壞者，並且將車輪和重要零件隱藏起來。」[10]

南昌的情勢很不尋常，桂系將領徐啟明趕往該地，試圖防止南昌過早失陷，以免使白崇禧的新指揮部受到威脅。武漢撤守後，白氏將華中總部遷設湖南省會長沙，在南昌以西約一百六十英里。徐啟明和白一樣，反共信念堅定，同時也以身為廣西子弟為榮。他抱怨道，南昌城中，由江西省主席兼指揮所主任方天（蔣介石任命的黃埔子弟兵）率領的守軍已經失去戰鬥意志。徐抵達南昌後立刻與方天聯繫，「他（方）對所屬的兩兵團也無法控制，惶恐得很，已經準備離開南昌了，我對他說：『南昌是省城（方天兼江西省主席），希望你能維持就努力維持，能維持多幾天也是好的。』」他埋怨道。[11]徐搭乘火車到長沙與白崇禧商討當前情勢，待他再返抵南昌時，發現方早已離去。徐至此別無選擇，只能在五月二十二日棄守南昌。徐隨後指揮所部，在南昌東南方的贛江流域布陣，進行了一場持久的防禦戰，以遲滯解放軍的進展，並保護白崇禧的東翼。

其他戰線傳來的消息同樣也不樂觀。五月二十日，解放軍迫使國軍胡宗南部退出西安，也打開攻進大西北的門戶。而儘管起初有若干穆斯林騎兵在當地回族領袖馬步芳的領導下進行抵抗，但只稍微遲滯了彭德懷指揮的二野大軍前進的步伐。對此，史大林並不意外。「你們誇大了馬步芳的實力，」他在六月初給毛澤東拍發的電報中指出：「根據我們的情報，他並沒有那麼強大。」[12]五月二十五日，上海陷落。六月二日，青島易手。英國駐青島總領事報告：「劉（安祺）將軍大約在上午九時四十五分乘船啟航，碼頭遺下約兩千多名士兵，……開始大規模的劫掠。」[13]這些被遺棄的士兵企圖徵用一艘挪威籍船隻，將他們載往安全地帶。領事表示，青島易主是一次「極其平靜、平和的轉手」。但是他很困惑：因為從抵達的共軍士兵「疲倦、腿疼和飽經風霜」的模樣看來，「到底他們是如何穿透國民黨的防線，還真是一個謎。」[14]上述這些軍事挫敗，更加深了國民黨已經急遽縮小領土內的政治與經濟困境。

「將就湊合」：國民黨在廣州

李宗仁在平息廣西內部的「和平運動」後，仍然不願前往廣州主持政府，除非他能得到蔣介石的保證，承諾他有決策之全權，並可以放手讓他調度取用戰爭所需之財政資金。李還向蔣氏提出建議：如果蔣不願意復任總統，那就應該出國。

在進行一番頗為曲折的函件往返之後，蔣堅持國防部對軍事調度決策負有全權。在財政方面，將政府的黃金及外匯儲備轉移到臺灣，確實是他一人做出的決定。但這麼做只是為了防止敵人的劫奪。未來，用於軍事及其他項目的款項撥發，「皆依常規進行」。至於李宗仁建議他出國，蔣回應表示：「惟中（正）許身革命四十餘年，始終一貫為中國之獨立自由與三民主義之實現而奮鬥，只要中國尚有一片自由之領土，保持獨立之主權，不信中（正）竟無立足之地。」[15]由於有了蔣的這些保證，李宗仁遂在五月八日由桂林飛往廣州，這使得國民黨陣營內的許多人士都鬆了一口氣。

但此事安定人心的作用大過實質的效果。派赴廣州的美國資深外交官路易斯．克拉克（Lewis Clark）向華盛頓分析：「李認為自己有必要來廣州，行使職權，主持政府，並確認蔣委員長是否會信守承諾。我的判斷是他不會遵守諾言，而這些策略手段充其量只能延遲土崩瓦解的時間，到最後李將不得不公開譴責蔣委員長和他的陰謀詭計。」[16]這一觀察頗有先見之明，問題只在出現的時間以及觸發它的事件而已。李宗仁抵達廣州十天之後，便派自己的親信幕僚、曾在美國留學的甘介侯前往華盛頓，擔任他的「個人代表」。甘介侯的使命是說服美國政府，直接向李、白提供資金和武器援助，以保衛華南。

蔣、李之間雖然達成協議，但是從六月初組織新內閣引發的爭執，就可以看出其脆弱之一斑。李堅持任命白崇禧為國防部長，相信以白氏的本領，必能扭轉乾坤。有鑑於幾星期前軍事上的挫敗，這樣的想法似乎有些一廂情願；況且無論如何，蔣必不會接受。國防部長一職，最後由繼何應欽出來組織「戰鬥內閣」的閻錫山兼任。「選擇碩果僅存的軍閥閻錫山出掌行政院，似乎更進一步證明國民黨領導高層的破產（如果還需要更多證據的話），」路易斯．克拉克寫道。[17]幾天後，他又拍發一通電報：「新任閣揆閻錫山是一個老人，其外表甚至看上去比他六十七歲的年齡還要蒼老。經過長時間的交談，幾乎可以說，他已經老邁昏聵了，而自由中國的命運，竟要託付到這樣一個人的手上。」[18]一位接受李宗仁請託行使行政院長同意權、通過閻錫山任命案的立法委員表示：「國民黨是在將就湊合。」（譯按：依照《中華民國憲法》第五十五條，總統提名行政院長人選，由立法院投票通過後任命。李代總統於五月三十日提名黨國元老居正為新任閣揆，但立法院行使同意權，以一票之差，未能通過。三日之後李改提閻錫山，立法院投票通過。參見：劉維開，《蔣中正的一九四九》（臺北：時英，二〇一一），頁一九一至一九六。嗣後，一九九七年的《憲法增修條文》取消行政院長須經立法院同意任命規定。）[19]

改組之後的政府（也連同蔣介石在內，不過蔣氏通常自行其是，其作為更是從未取得廣州方面的同意），極力試圖穩定戰場內外的局勢。六月二十日，政府宣布對大陸沿海實施全面禁航：北起東北，南到福建，凡是在共產黨控制下的港口，一律加以封鎖，中外船隻不得駛入。隔天，當英國商輪晏芝士號（*SS Anchises*）駛近上海時，立刻遭到國民黨空軍的轟炸與機關槍掃射。

封鎖行動，加上對港口及其他設施的空襲，很快的耗盡了上海、天津及一些較小港埠的商業機能。所有這些港口仰仗貿易生活的社群都遭受到高稅收、不利的匯率以及難以與外界交流的折磨。封鎖港口引起英美兩國政府的強烈抗議，不過收效甚微。不管怎麼說，華盛頓和倫敦在這次事件中並沒有站在同一陣線。英國政府希望派船到上海撤出該國僑民。但倫敦遭受英國商界施加壓力，要求政府為當地英商企業提供生存所需的商品和物資，可望能在共產黨治下蓬勃發展。

國民黨控制地區的經濟狀況則更為惡劣。財政部長徐堪在六月時表示，政府和軍事作戰的支出每月總計約四千五百萬銀元，而每月的收入（其中大部分來自鹽稅和關稅）則為一千萬元。失去上海和天津的海關收入對政府來說是一大打擊，徐堪埋怨說，為此他不得不前往臺灣向蔣介石請款——結果經常空手而返，或是領到的款項金額遠不敷所需。[20]

由於擔心現行貨幣發行額浮濫，以及通貨膨脹加劇，廣州政府在七月三日發行了新貨幣「銀圓券」。國民黨政權的硬通貨儲備（譯按：即黃金、白銀）現在存放於臺灣，原本足以支持發行新貨幣所需，但是蔣介石再次快過他的政敵一步，將國家的黃金儲備用於支持六月十五日發行的新臺幣。臺灣的經濟很快開始趨於穩定；而大陸上的城市經濟卻瀕臨崩潰。政府宣稱發行銀圓券有充足的準備金，「這無疑是一種騙術，是政府欺騙老百姓的勾當，」一名李宗仁的幕僚抱怨道。[21]中共的新華社則將此事說成是「國民黨餘孽在躺進棺材前向人民發動的又一次大規模搶劫。」[22]

土地改革：國民黨的「浮木」

人們認為政府在改革方面做得太少、等到真正付諸實行又通常為時已晚，這種感覺在「政府突然對土地改革產生熱情」這件事情上再明顯不過了。「耕者有其田」一直是國民黨創建者孫中山號召農民支持的口號。一九二〇、三〇年代時，中國各界曾為了研究和解決土地問題，付出可觀的努力，並且在國內若干地區，進行了一些企圖心遠大的改革試驗。[23]

但是，自從一九二七年蔣介石掉轉槍口，對付國民黨的昔日戰友共產黨之後，土地改革就只剩下政策宣示，而少見付諸實現：中央政府欠缺實行土地改革的意願與能力，與中共不同的是，政府未能有效控制農村地帶。這就是為什麼毛澤東即將席捲天下，而蔣介石卻在這麼短的時間內丟掉江山的其中一個原因。在內戰到了最後階段的時候，國民黨終於下定決心，要為這個國家的農民做些事情。在倫敦，一位英國外交部官員在聽聞此事後評論道：「實在很遺憾，幾年前沒有這麼做……。」[24]

廣西是此時推行土地改革的省分之一，但是根據一位主其事的官員，在一九四九年中共建國之後聲稱，推行改革的目的是「針對著共產黨所領導的土改運動，企圖以反動的土地改革去對抗革命的土地改革。」[25]一九四九年夏季，廣西省政府進行了一項調查，用以了解有多少土地未能投入農業生產。被查出持有超額耕地的地主，必須在春耕之前，將土地售予縣政府。但是可用於補償地主的預算卻很有限，於是地主很快就運用家人作為人頭戶，將名下土地轉讓給家人，而不是將其售給佃農或自耕農。土改計畫規定，一名農夫（永遠都是男性）名下只准擁有七畝地（一畝等於六分之一英畝），另外每個兒子可分得三畝，最多不得超過十六畝地。但是據一位觀察人士指出，該計畫「並未嚴格執行」。[26]

在廣西，和在其他地方一樣，這類土地改革只在國民黨政權還存在時實施。等到共產黨來了以後，就推動更為徹底、手段也更加殘酷的土改。中共推行土改，通常會先召開「群眾大會」，農民受鼓動輪番上來「訴苦」，痛斥地主在舊社會時代對他們的剝削。群眾大會上人人情緒高漲，可能如人們所期待的那樣，這是讓大家在農村階級鬥爭中「算帳」的場合。地主的財產被沒收充公，他們通常遭受虐待，很多人被打死，他們的土地則分給佃農或小自耕農。中國南方農村的舊秩序，就如同東北和華北許多地方先前發生過的那樣，在一九五〇年代初期遭到中共以暴力手段連根拔起。

蔣介石復出

七月一日，中國海關總稅務司署外籍總稅務司李度（Lester Knox Little）在日記裡寫道：「一九四九年過去了一半。今年的十二月三十一日時，我還會在中國嗎？我很懷疑，但不敢作任何臆測。」[27]他的惶然不安可以理解：除非發生巨大的變化，否則他所效勞這個政府到了年底時，極有可能已經不復存在。

李度在日記裡寫下這番觀察的同一日，為了李代總統而在華盛頓四處奔走的甘介侯與美國國務卿艾奇遜（Dean Acheson）會晤。他向美方詳細解釋李宗仁計畫如何確保中國大陸的大部分地

圖 7.1　「一介平民蔣介石」：蔣氏在一月時自總統位置上引退下野，而在七月時率同隨扈在臺灣現身。此時距離中共完全席捲大陸、蔣將「他的」政府撤遷來臺灣，只剩下幾個月的時間。

圖 7.2　蔣經國：蔣介石的長子，在乃父失去大陸的這一年當中，他既是蔣氏的心腹親信，也隨侍其父左右。

區免於落入共產勢力之手。國軍將盡其可能的守住兩條主要防線，並且同時寄希望於美國的援助到來，以及共軍進攻的動能耗盡，或是被中共控制區內部人民起義抗暴行動所遏止。

北邊的防線起自陝西省的西安，往西經過寶雞，南至漢中，主要戰略目的是防止共軍向南進入四川這個中國的大糧倉，並且屏障大西北。據說約有四十萬軍隊，其中包括戰力強大的穆斯林騎兵，可以承擔這項任務。南方的防線遵照白崇禧在共軍過江之後立即修訂的防禦計畫進行部署，從湖南長沙向東南延伸，到廣東與福建兩省交界處的沿海地帶。[28]把守這道防線的是白崇禧的部隊，甘介侯在這時高估了他們的人數，說是有大約三十萬人，此外還有廣東部隊配合防禦。廣州將持續對外開放，以接收美國的援助，或是在情勢所需時協助國民黨撤退。假如政府必須棄守廣州，那麼位於廣州西南方的廣州灣，也能扮演相同的角色。

艾奇遜殷勤地接待甘介侯，但是對他的遊說完全不為所動。甘氏聲稱由國軍據守的防線，許多地方已經遭到突破。究竟國民黨需要什麼樣的裝備，又該怎麼在戰場上扭轉情勢？他並未提出切實可行的計畫。關於美國援助堅決反共的地方領導人及其軍隊的對話一直持續，而且最終也撥發了若干資金。但是儘管華盛頓十分同情李宗仁的處境，卻仍然沒有意願援助由他領導的國民黨政府。艾奇遜對甘介侯說：「美國隨時準備援助中國，但是中國必須先展現出自己願意接受援助的具體證明。」[29]

由於蔣、李之間在如何避免政府徹底崩潰一事上仍然存在分歧，這樣的證明自然是無從提出。正當李想要集中兵力保衛華南與西南時，蔣卻認為臺灣及東南沿海的福建才是最後根據地的適合地點。因此，國軍實際上分裂成西南與東南兩大集團，而共軍就迅速利用這種情形，一等到他們的部隊準備完成，便立刻繼續向南方推進。

能夠清楚說明「政府高層之間分歧難以彌合」這一點的，是蔣介石在七月初時除了正式名義之外已經完全復出掌權的事實。[30]在幾個星期的祕密運作、暗中布置之後，蔣氏在短短幾天之內先後在臺北主持一場研討今後戰略的重要軍事會議，接著又接受美國記者的專訪，誓言與共產黨鬥爭周旋到底。隨後，蔣到菲律賓從事外交訪問，與該國總統季里諾（Elpido Rivera Quirino）簽署了一項協議，這項協議被視為是日後稱為「太平洋公約」（Pacific Pact）的區域反共聯盟先聲。

蔣介石擔憂，面對共產主義勢力大舉進逼，美國不但放棄他和國民黨政府，同時也對亞洲大部分國家棄之不顧。正如他對美國駐廣州資深公使路易斯．克拉克所說：「因美國不肯積極負起領導遠東之責任，我等不得不自動起而聯盟耳。」[31]蔣和毛澤東一樣，都認為中國內戰是社會主義陣營與民主陣營之間爭奪霸權的區域性、乃至於全球衝突的一部分。但是此時的美國仍然致力於減少、而不是增加在亞洲的承諾，因此對此不予理會。倫敦也持同樣態度。一位英國外交部官員抱怨，倘若蔣提倡的太平洋公約真的實現，「必將胎死腹中，且妨害隨後在東南亞建立反共陣線的更切合實際之嘗試。」[32]

七月十四日，蔣介石顯然在事前未通知的情況下來到廣州，準備整頓國民黨事務，並與代總統李宗仁及其他高層人士會晤，討論防衛計畫。蔣氏座機降落的消息傳出後，李代總統和行政院閣院長趕忙前往機場迎迓，然而到時太晚，撲了個空。[33]蔣到廣州來時，恰逢解放軍因水患及補給問題而暫停其不間斷的向南推進；一時之間，臨時首都洋溢著一股較為樂觀的氛圍。黨內就設立「非常委員會」一事達成共識，該會將作為國民黨的最高決策機構，旨在國家非常時期強化協調，並簡化決策流程。非常委員會主席由蔣出任，李為多位副主席之一。蔣、李二人都期望藉由此一新機構的設置能有效制衡對方的權力。兩人之中只有一人會對結果感到失望，那個人可不是蔣介石。李宗仁先是在政治上被邊緣化，很快的連他個人都遭到冷落。一份美國中央情報局的評估報告形容他的作用「比一個居心良善的軍閥好不到哪裡去。」[34]此時李的健康狀態也欠佳，立場左傾的香港《遠東通訊》（*Far Eastern Bulletin*）很快就逮到這個大做文章的機會，輕蔑地表示：「李可能是真的病了，但最讓他感到痛苦的，恐怕還是強烈失望所帶來的衝擊。」[35]

北平：改造國家

一九四九年夏季，毛澤東和其他中共領導人已經在北平安頓下來，在此前他們當中許多人投身革命以來從未經歷過的舒適環境中生活。隨著解放軍不斷擴大控制的區域，包括許多大城市，他們開始面臨諸多挑戰。其中，恢復經濟生產、遏止通貨膨脹、維護公共秩序，以及平撫人民對黨的意圖所產生的焦慮不安，是中共黨人的首要之務。由於國民黨近期的空襲及海上封鎖，他們甚至不確定現在取得的成果是否會前功盡棄。「我們決不可因為勝利，而放鬆對於帝國主義分子及其走狗們的瘋狂的報復陰謀的警惕性，」毛提出警告。「假如他們還想冒險的話，派出一部分兵力侵擾中國的邊境，也不是不可能的。」[36]

然而到了年中的時候，共產黨已經因為軍事進展上的所向披靡，而對於中國未來的希望有了說一不二、獨家詮釋的本錢。毛澤東和他身邊的人形塑了一個拯救國家的偉大敘事，而這是過去國民黨在與共產主義勢力漫長、艱苦的鬥爭中，所未能達成的目標。中共承諾將「解放」中國人民——將土地分給農民，終結所有不公不義、外國的欺凌以及貧窮落後。一個工業化的現代「新中國」將會出現，讓世界再也不敢小看它。如此強而有力的訴求，打消了許多人對於中共在農村使用暴力手段、以及在城市對於個人自由施加新限制等方面的疑慮。無可否認的，中國需要改變；而大部分人抱持著這樣的看法：多虧了共產黨，改變終於要實現了。

抱持著這樣想法的人當中，也包括當年三十歲的李志綏醫生。他出身於北平一個富裕家庭，一九四八年十二月時出國，先去香港，後到澳洲，尋求更好的工作機會與更光明的前程。結果他發現兩地都不適合。前者是因為李不願意自己成為「外國國王統治下，沒有選舉權的子民」；而後者則是由於澳洲施行「白澳政策」的緣故。[37]幾個月以後，中共拿下故都北平，以及他們輕而易舉的應對英國皇家海軍「紫石英號」衝突這兩起事件，決定了李志綏未來的道路。李的家人寫信希望他回去，李便下決心要返國服務。「我一直覺得共產黨統治中國是再恰當不過的事，」他寫道：「我崇拜共產黨，將它視為新中國的希望所在。」[38]因此，儘管國外有更好的工作機會，李志綏和妻子吳慎嫻還是在一九四九年六月中旬離開香港回到北平。「如果在共產黨領導下中國真能由此富強起來，個人的生活暫時下降，也是值得。」他如此宣稱。[39]

李志綏剛回來時，見到北平城及民眾皆是灰茫茫、一片陰沉敗落的景象，不禁大感訝異。城中市民無分男女，「都是一身快洗成白色的土黃或灰色的幹部服，」可是「整個城市似乎歡欣鼓舞，……全體市民誠心歡迎共產黨新政權的到來。」而更大的意外是，他被分派的工作單位，不是原先期望的市立醫院或醫學院附設醫院，而是位於市郊的香山「勞動大學」門診部。這是一處警戒森嚴的前清皇家園林，毛澤東和其他中共高層都在此居住辦公。李志綏到職工作了一段時間後，用他自己的話說，才發現自己竟然來到「中國共產黨中央各個領導機關的所在地」，而毫無心理準備。[40]此後因緣際會，幾年之後他被任命為毛澤東的私人醫生，因此得以在接下來的職業生涯中，都身處在這個擁有特殊待遇和特權的位置。

香山地處僻靜，這裡空氣清新、繁花盛開、浮動著湖泊與杉樹的香氣，若與北平市區的酷熱與塵土飛揚相比，實在是一個宜人的好去處。當還有些懵懂的李志綏來到這個中共中央機關所在地的時候，毛澤東還沒有拿下整個江山。不過，現在他肯定已經成為中國最有權勢的人。身為中共黨內無與倫比的領袖，毛被譽為最傑出的戰略家和理論家。毛是真正的農民之子，因此也是一個普通的中國人民，由是又為他幾乎已是傳奇革命領袖的地位增添光彩，並且能夠剖析中國國情，將其置於世界脈絡之中。上述這些特質，加上毛個人的超凡魅力，不但讓他成為黨內個人崇拜的對象，更逐漸受到人民的擁戴。毛的肖像，就和他的文章與談話一樣，變得到處都是。

不過，如果說毛是黨內的主宰，至少目前他還沒有變得專橫剛愎。不但如此，他個人和中共目前所取得的勝利，正是黨內集體領導的結果。黨的二號人物劉少奇、三號人物周恩來，在制訂決策時都扮演重要角色，此外再加上解放軍總司令朱德，以及前線野戰軍各司令員：東南沿海的陳毅、林彪（當時他是毛的愛將），很快將要進攻西南的劉伯承、以及準備好進軍大西北的彭德懷——全都發揮了關鍵作用。毛很謹慎的允許前線大軍指戰員擁有臨機應變、獨斷專行的空間，以達成他們的目標。

過去幾年來中共在軍事和政治上的成功，很大程度說明了黨內高層團結一致的程度，遠不只是在上述提及的人物之間而已。此外，萬眾一心，希望把中國轉變為繁榮強盛國家的信念，也起到相同的作用。南方的國民黨政府二者皆缺，這是它內部分裂與權威衰弱的主要原因。

雖然中共可以自一九二〇年代後期統治大片地區的豐富經驗汲取借鏡，但是黨現在面臨的是治理整個國家的挑戰。其中大部分土地都是新近攻取下來的。從某種意義來說，中共對國內許多地方都並不熟悉，尤其是南方和西南地區更是如此，黨在這些地方的組織，不是力量極為薄弱，就是根本不存在。對於由「外來者」所強加而來的革命理念，既得利益者和許多一般人民的反應，充其量都只是冷眼旁觀罷了。毛澤東便指出，很多人（尤其是外國人）都覺得共產黨無法勝任治國的重責大任：「帝國主義者算定我們辦不好經濟，他們站在一旁看，等待我們的失敗。」[41]

伴隨著對於共產黨治國能力的懷疑而來的疑慮，是中共對蘇聯的態度，以及他們是否願意在國內分享政治權力。特別是外交界人士，他們持續在推測：究竟中共是不是一個真正的馬克思主義政黨？毛澤東有沒有可能成為「亞洲的狄托」？還有，究竟是經濟方面面臨到的困難，抑或是共產黨人的理想與中國人民個人主義的本質不相容，會令這個國家的新統治者感到挫折？上述這些猜測，都因為毛澤東於七月一日發表的文章〈論人民民主專政〉而大致告一段落；這篇文章是時代的重要文字，同時也是毛眾多著作中最重要的名篇之一。

文章一開始，毛澤東用短短幾頁的篇幅，根據馬克思主義學說對人類發展的歷史做出總結。他接著回顧自鴉片戰爭以來中國的歷史進程，解釋歷次改革均以失敗告終的原因。直到有改革志士找到了馬克思主義——這要歸功於一九一八年的俄國布爾什維克革命。[42]過往的歷史證明，中國向反動帝國主義的西方學習，所得十分有限。因此應當放棄追求「資產階級民主」，轉向工人階級領導下的「人民民主」。按照毛澤東的說法，中國「人民」包括工人階級、農民階級、城市小資產階級（小企業）和民族資產階級（規模較大的私營企業）。由於共產黨的軍隊已經推翻了反動的國民黨，因此這些團體或階級現在可以起來組成自己的新國家。他們將共同對「封建反動派」及「帝國主義的走狗」實行專政，這兩種人包括了地主、官僚資產階級（與國民黨有密切關係的企業人士）以及國民黨的頑固分子。這些是必須鎮壓的階級敵人，因為按照毛的說法，「在野獸面前，不可以表現絲毫的怯懦。」

但是在國內推行革命新秩序的時候，中國不能在國際上孤立無援。因此中國必須與蘇聯以及（東歐的）各「人民民主國家」結成同盟。新中國將「一邊倒」。在與社會主義陣營建立統一戰線的大前提下，任何時候，只要有可能，都將優先考慮國家利益。共產黨已經打下江山，現在必須要治理這錦繡河山，有鑑於國家目前處在危疑不安的狀態，打江山與治江山是完全不同的兩碼子事。「我們熟習的東西有些快要閒起來了，我們不熟習的東西正在強迫我們去做，」毛警告道，他指的是經濟建設時將面臨的困難。「我們必須克服困難，我們必須學會自己不懂的東西。……不懂就是不懂，不要裝懂。……蘇聯共產黨就是我們的最好的先生，我們必須向他們學習。」

被孤立在南京大使館裡的美國駐華大使司徒雷登，對他眼中所見中國自由派的未來遭到摧毀感到痛心，開始向華盛頓拍發大使生涯的最後一次電訊。他以諷刺的口吻，感謝毛澤東「以前所未有的清晰，揭露中共領導階層的立場。」他認為毛這篇文章的主要基調是：

> 堅定不移地效忠於以暴力發動世界革命的學說，認定蘇聯是世界革命的中心力量。對所有反對勢力抱持極度毀滅性的敵意，且堅定主張專制主義與共產主義教條和任何其他政

治或社會理論皆毫無調和折衷之餘地。在我們看來是殘酷血腥的鬥爭，在毛和其同志眼中，則是對中國（這個）政治實體進行的唯一必要、可取的外科手術。[43]

司徒雷登大使和其他許多人一樣，要是他們得知此時劉少奇奉毛澤東的指示，正祕密訪問莫斯科，目的是尋求蘇聯的財政援助、技術支援，以及如何建設社會主義國家的導引，一定有更多話想說。前兩項請求，史大林準備配合，而當毛澤東拍發電報給莫斯科，表明中國願意支付超過貸款原本附加的百分之一年利率時，他的反應是驚訝和幽默。蘇方告知劉少奇和他的同志們，歡迎他們研究和學習蘇聯的國家運作方式，不過如果他們「宣稱是來自滿洲的貿易代表團，藉以讓自己的存在合理合法，」那就再好不過了。[44]劉在搭乘火車返回北平的時候，一組蘇聯專家陪同回國。中共高層祕密向蘇聯尋求援助，而且獲得成功，這與先前宋美齡在廣為人知的情況下赴美訪問，請求美方援助她丈夫那陷入危殆的國民黨政府，結果不但備受批評，並且徒勞無功，恰成一個鮮明的對比。[45]

然而，此時的華盛頓已經對中國感到厭倦了。杜魯門政府的對華政策長期以來一直是黨派爭論的主題，蔣在美國的支持者——即所謂「中國遊說團」（China Lobby），正在國人同胞中尋找他們堅稱「背棄蔣介石政府」的人。據說，該為此事負責的是潛伏在國務院內的共產黨人。

「中國遊說團」對於美國對華政策造成的影響，比起中國本身的事件還大。

正是在這樣的背景底下，杜魯門政府應國務卿艾奇遜的請求，決定編製一部「白皮書」（譯按：正式名稱為《美國與中國的關係：注重一九四四年至一九四九年間》〔*United States Relations with China: With Special Reference to the Period 1944-1949*〕），詳列美國對華政策及其後果，其用意在辯解、開脫與卸責。「白皮書」中的大量歷史文件傳達出一個關鍵訊息：美國不應對蔣政府的傾覆背負責任。艾奇遜在七月三十日的「呈送文函」（Letter of Transmittal）中寫道：「國民黨軍隊還沒有等到被打敗，就自行解體了。歷史已經一次又一次的證明，一個喪失信念的政權，和一支欠缺士氣的軍隊，是無法通過戰役的考驗的。」[46]中國的內戰「是中國內部勢力造成的結果，美國曾試圖影響這些勢力，但未能如願。結局是中國內部所決定的，是一方怠忽職責所形成的。」[47]

白皮書的另一個論斷是，由於中共的勝利，中國再一次落入帝國主義的魔掌——這一次是蘇聯。艾奇遜寫道：「（中國）共產黨的領導人已經決心放棄他們的中國傳統，並公開宣布他們一面倒向另一個外國強權，也就是俄國。在過去五十年間，無論是在沙皇還是共產黨的統治時期，俄羅斯一直不斷努力擴張在遠東的勢力。」[48]

白皮書於八月五日正式發行，篇幅多達一千餘頁，全書重達三磅，零售價三美元整。[49]國務院先前一直擔心司徒雷登大使未能在白皮書面世之前離開中國，終於他於八月二日離境。毛澤東拿這兩起事件（譯按：即白皮書出版與司徒雷登離華）煽動反美情緒，並且利用此次機會教訓若干自由派知識分子，他們之中很多人對於共產黨的勝利反應冷淡，而對美國卻懷有友善情感。白皮書的發布是值得慶祝的，因為「特別是對那些相信美國什麼都好，希望中國學美國的人們，澆了一瓢冷水，」毛寫道。[50]幾天後，他又寫了一篇文章：「司徒雷登走了，白皮書來了，很好，很好。這兩件事都是值得慶祝的。」[51]一連多天，中共的報紙和廣播對於白皮書展開鋪天蓋地的批判。其中包括以學習教材的形式出版艾奇遜函件的中文譯本，並附有駁斥其「謬誤觀點」的社論。[52]

白皮書的發表不能遏止美國國內對於杜魯門的批評聲浪，也無法使美國對華政策擺脫政治惡鬥的泥沼。然而，它確實帶給廣州的國民黨政府一大打擊，特別是當時國軍正遭受又一次的軍情逆轉。其中最嚴重的破口出現在湖南前線，白崇禧在此試圖盡一切努力，要阻止林彪的軍隊向南席捲，或是向西南方攻入廣西。

由於共軍大軍壓境，再加上擔心麾下將領叛變，白氏被迫將華中長官公署由湖南省會長沙移至南邊約八十英里的衡陽。但是災難在八月初來臨：湖南省主席程潛宣布舉全省投共，幾天後，與程潛關係密切的第一兵團司令官陳明仁也率部叛變。九月初，程潛搭乘火車到北平，毛、周等中共領導人接見了他。此時，整個華南都遭受到威脅，先是恐懼，接著是一股陰鬱憂愁的氣氛籠罩著廣州。海關總稅務司李度在日記裡寫道：「湖南的叛變及華盛頓發表白皮書——這兩起事件可能是打倒國民黨政府的最後一兩記重拳。」[53]

事實上，白崇禧想辦法在湖南又堅守了幾個星期。在八月中旬的青樹坪一役中，他重挫了林彪的四野大軍。此役是解放軍至少在一年之內首次遭遇到的重大失敗，也打破四野將領原先以為湖南垂手可得的幻想。但這也是白取得的最後一次勝利了。

甘介侯在華盛頓繼續進行他越發急切的遊說，試圖讓美方提供援助，協助防衛華南。但是國民黨在八月時的情勢，幾乎沒有什麼可值得慶祝之處。蔣介石有充分的理由對美國發表白皮書感到憤怒，不過他並不公開表示意見。蔣經國在其父準備登機啟程前往大韓民國、展開另一次反共外交之前，向蔣氏報告了白皮書的大致內容，以及程潛等人在湖南叛變投共的消息。「父聞後，不但並不驚異，而且心神安恬異常。」小蔣在日記裡寫道。[54]或許這是因為蔣已經得到美方的保證：美國無意和英國一樣，承認毛澤東即將在北平建立的新政權。

香港：反共堡壘或自由港埠？

一九四九年的春夏兩季，英國政府盤算擔憂的並不是應否承認即將成立的中共新政府，而是香港遭受到的安全威脅。本書第四章已經討論過，共產黨在大陸的勝利、對華貿易的中斷、難民的大量湧入，以及國民黨與中共在香港活動的日漸增加，在在都使港英當局心生警惕。大多數人的生活看來一切如常。不過港英當局進行威脅評估，以確認香港是否有能力應對統一的共產中國越過邊境；同時也加強內部安全控管，以因應英國統治面臨的潛在挑戰。倫敦並不以此為滿足。不過英方研判，目前還不需要升級軍事防禦：共產黨的軍隊還遠在幾百英里開外，而國民黨的防線儘管延展過長而且處處薄弱，畢竟還擋在皇家殖民地與共軍中間。

這樣的情形，因為皇家海軍「紫石英號」砲擊事件，和四月二十、二十一日解放軍大舉渡過長江，而起了很大的變化。英國東南亞總督馬爾孔・麥克唐諾（Malcolm MacDonald）在四月三十日發往倫敦的急件當中直言道：

總體而言，（共產黨）在中國取得的進一步勝利，特別是我們的海軍在長江上的挫敗，嚴重削弱了我們的威望。……我擔心紫石英號事件對香港尤其有惡劣的影響。……中國人普遍認為，這是我們無力抵抗共產黨的象徵，也表明如果共產黨想要求返還或占領香港，我們將沒有力量保衛香港。[55]

香港總督葛量洪贊同這樣的看法，並且不安的表示：新華社香港分社的社長喬木（譯按：本名喬冠華）在香港酒店舉行一場雞尾酒會，慶祝解放軍渡過長江，而且「次日在一家頂級中菜館，又辦了一場規模更大的慶祝會。」[56]

艾德禮政府的回應是在五月時宣布將向香港增派大量增援部隊，駐軍人數在未來幾個月內將增加至三萬到四萬人。此外還有海軍及空中支援，不久之後更將派遣一個航空母艦戰鬥群前來。英方大動作宣示增援的目的，一是為了平息殖民地的緊張情緒，其次是向中共釋放訊息：英國決心堅守香港。

雖然若干民眾對於一九四一年十二月日本輕而易舉地拿下香港的記憶猶新，但前一個目的仍算是容易達成。國防大臣亞歷山大（A. V. Alexander）在六月時訪問香港，也安定了部分人心。不過，前述「軍事增援香港可以向中共釋出訊息」的想法卻大有問題，部分原因在於目前無法判定共產黨的意圖。

中共反對帝國主義的立場可說是旗幟鮮明：共產黨人比國民黨更像是民族主義者，時常大聲疾呼，要收回香港。此外，在夏季時，該黨與其盟友升高了對香港的批判，特別針對《社團條例》大肆抨擊，因為該條例禁止目的與活動和本地無關的政治組織在香港運作。香港是中國唯一一個個人自由受到保障的地方，許多香港民眾都希望能將這點維持下去。但是港府認為必須完全隔絕內戰的影響，因此利用新的立法，關閉國民黨駐港總支部，並禁止中共成立黨部。「民革」主席李濟深在北上參加中共的新政權之前，一直在香港的庇護下批評蔣介石政府，他如今宣稱《社團條例》將使得香港變成「警察國家，剝奪每個香港市民的民主權利。」拒絕給予香港居民「與祖國的組織聯繫的權利，不啻褫奪了他們集會結社和居住的自由。」[57]

不過，批評殖民統治是一回事，是否具備把英國人從香港趕出去的決心又是另一回事。對於所謂英國人在香港（以及順帶提到的東南亞）歧視華人的控訴，是中共宣傳的主要內容。但明確表達「需要早日終結外國統治」的說法倒是很少見到。倫敦對此似乎頗為惱怒，但是卻又莫名地感到寬慰。六月中旬時，英國外交部通告大英國協各成員國，目前「無可靠證據以揭示（中共方面）之意圖，（況）且共產黨領導人自身似乎尚未就其香港政策做出決定。」[58]

或許這樣也好：有鑑於英國內部對香港的目標各不相同，有時甚至是自相矛盾，因此其對港政策就有仔細調整的必要。首先，必須考慮到倫敦立場的根本弱點：面對來自中國大陸的軍事攻擊，英國武裝部隊無論數量多麼龐大，都無法指望長期守住香港。英軍的存在，充其量只能提高中共拿下香港的難度罷了。而儘管為了維繫英國在香港與整個東南亞的威望起見，增兵防守殖民地乃是不可或缺之舉，但是如何在這麼做的同時不挑釁、激怒中共，也同樣重要。英國駐華大使施締文擔心倘若出現這種情況，將對上海的英國僑民社群造成惡劣影響，因此敦促倫敦在保衛香港一事上採取和緩用詞，甚至要英國媒體在談論到香港時對此保持緘默。

就英國官員來說，他們不願對香港制訂長期政策，甚至避免去談論長期政策。內閣辦公室官員奈吉爾・布魯克（Nigel Brook）在五月十二日寫道：「說我們保住香港的唯一希望就是保持低調不聲張，或許這並不為過。」[59]這一點在殖民地的安全遭受到威脅之時，其實並不容易做到。日後成為首相的保守黨國會議員哈羅德・麥克米倫（Harold Macmillan）於五月五日在下議院發言時表示，香港是「遠東的直布羅陀（Gibraltar），非守住不可。」[60]

像這樣將英國在中國南端據有的立足點比作控扼直布羅陀的類比，不會是最後一次。共產勢力在中國的迅速擴張，意味著香港很快將成為冷戰的前線。所以，儘管英國出於戰略與商業的理由，決心守住香港，不過眼前的問題在於，是否應該努力將香港打造成一座「堡壘」？還是繼續讓它作為自由港發揮其功能？倫敦和香港的官員，還有在地的商界，全都偏向後者。「倘使當局悍然不顧該島的商業貿易，魯莽地將其改造為一要塞堡壘，香港的居民將首先為之痛惜，」《遠東經濟評論》表示：「香港亦將成為一座貧瘠的軍營之島。」[61]

一九四九年夏末，就在共軍先頭部隊抵達香港邊境的幾個月前，出現了一個妥協折衷的局面，使得香港得以避免成為前線軍事堡壘的命運。英國固然不會將這塊殖民地改造成軍事要塞，但卻也不願意將香港拱手讓人。八月十九日，外相歐內斯特・貝文寫道：

正如同我們無法確定柏林的未來走向如何，但確信留在柏林極為必須一樣，吾人因受時勢驅使留駐香港，而未能明確表態軍事投入之程度及時間長度。當未來在面臨俄國及中共擴張的雙重威脅時，亟需我們守住現有領土，而非撤離。[62]

貝文還保證，香港的未來前途，英國只會與一個「民主」的中國討論。否則「無異於把香港人民交給共產黨政權。」[63]不過，這項前提條件很快就被拿掉了，所以在三十多年後，當英國開始與共產中國就交還香港進行談判時，英方也就不那麼尷尬了。

一九四九年九月間，正當共軍向處境危若累卵的國民黨政府臨時首都廣州節節進逼之際，約八十英里以南，英國軍隊正伴隨著人數越來越多的難民一起進入香港。無論他們的到來會給當地民眾的信心帶來什麼樣的影響，都會讓負責收容的人傷透腦筋。許多英軍士兵被迫在新界搭帳棚宿營。海軍陸戰隊突擊旅的待遇則好得多：他們直接占領賽馬會充作營區。在鄉間，英軍必須修路架橋。《遠東經濟評論》說道，士兵與水手「前所未見的成為街頭上常見的風景。」[64]

而更引人注目的是持續大量湧入香港的難民。當時十二歲的白先勇，就在這些逃難人群之中。白先勇是白崇禧的第八個孩子，母親帶著他與其他六位手足一同到香港避難。白家的新處境，是國民黨許多上層人物潦倒的寫照。一九四九年的香港透出戰爭的荒涼，許多原來適宜人居、或不那麼適合居住的地方，全都擠滿了中國內戰的傷員與因之而顛沛流離的人。「家裡住著很多人，都是需要照顧的親戚和（父親）從前的部屬，」白先勇回憶起在香港的歲月：「大樓外面騎樓裡、走廊下，全睡著人，街上也到處是難民。」[65]

逃難到南方

比起數百萬為了逃避戰亂、或是憂慮在共產黨統治底下不愉快的後果而千方百計出走到南方的人們，白崇禧一家人的遭遇要好得多。應美君當然也在這些逃難到南方來的人們當中，她在年初時帶著年幼的兒子龍應揚離開家鄉，來到距離長沙（白崇禧將他的指揮部遷設於此）不遠的湖南小村莊，將應揚託付給她的婆婆。[66]三月時，美君來到廣州，希望與丈夫團聚。她的丈夫帶著憲兵隊負責廣州天河軍用機場的守備，這個機場是政治領導人、高級將領進出廣州的主要管道。隨著南京的官員、政府部門、商界領袖以及外交官紛紛湧入，她看到一幕幕亂象正在這座城市上演。大批部隊官兵和普通老百姓緊隨其後，跟著抵達。看到這一幕幕場景，加上共軍前進看來勢不可擋，美君再也不能忍受和兒子分開。她決定再往北一行，無論如何要把孩子帶出來。

可是到了九月，當美君好不容易從廣州出發，事情已經變得極為困難。一方面，逃難的人潮是由北而南，她是「逆流而上」。另方面，由於戰事的關係，衡陽火車站以北的鐵軌被炸毀。美君和護送她的同鄉必須沿著鐵軌向北，走上整整二十五英里（四十公里）的徒步路程，才能到達丈夫家鄉的偏遠小村莊。「戰爭打到了哪裡？」是丈夫族人見到她時開口的頭一個問題。[67]至於應揚，他已經不認識媽媽了，依偎在祖母身後，死命地抓著奶奶的手不放。

在美君決定南返的時候，衡陽到衡山一段的鐵路已經修復。但是她們希望搭上的火車已是擠滿了難民，弧形的車頂皮上爬滿了人，每一個可以利用的空間，「都被人體堵塞」。火車即將開動，美君心亂如麻。火車如此擁擠，她和應揚看來是不可能擠得上車了。「那——那孩子還是留下來比較好吧？」她的婆婆問道。美君的女兒後來寫道，此刻她內心拉扯，猶豫不已，「把手伸出去，又縮了回來，縮了回來，又伸出去。」最後，她決定鬆開孩子，自己單獨離去，告訴婆婆，她很快就回來。同鄉用力舉起她的身子，「像貨物一樣，從車窗塞進去」。美君再次南下。

大約在同一時間南下的，還有去年十一月離開學校的河南中學生瘂弦。他的同學和老師都認為，既然戰火已經波及家鄉，那麼在逃難途中繼續接受教育，而不是冒著死亡和受傷的風險，似乎是較好的選擇。[68]五個多月後，這群河南學生遇到一批湖南學生，兩邊合作一處，一齊南下避難。這一行人在湖南、廣西邊境、湘江之畔的永州停留了一段時間，他們的老師借了當地一座寺廟，盡最大努力維持教學，而且讓學生唱國歌，試圖保持士氣。

眼下雖然戰火還沒有延燒到永州，但毫無疑問的，只是時間遲早而已，這就引發了學生下一步該往何處的問題。對於這群學生中的許多人來說，他們應該趕在白崇禧部軍隊撤退之前，繼續往廣西走。但是瘂弦和另外一些人卻不是這樣想。在永州，他們回想起曾讀過一篇文章，盡說臺灣的好處：臺灣是「東方瑞士」，那邊的甘蔗「就像碗口那麼粗」，臺灣的漁民「不用結網，也不需釣具，只要把船開到海上去，在船上放盞燈，魚就自己蹦到船上。」不難想像，這樣的說法給這些一無憑藉、渴望找到避風港棲身的天真年輕人留下多麼深刻的印象。

所以，瘂弦和他的同學會積極響應張貼在永州城牆上的臺灣招兵布告，也就不令人感到訝異了。布告號召「有志氣、有血性的青年到臺灣去」。這些招兵布告都是孫立人的手筆，孫是美國軍校畢業的國軍將領，蔣介石（一開始時）和華盛頓方面都對他的練兵本事寄予厚望。受招募者被告知，將來他們受三個月訓練之後，就以少尉任用。瘂弦在報名的時候，遇見一個河南老鄉走上前來，用家鄉話招呼他們，這讓他很受鼓舞。更讓他們高興的是，這位老鄉煮了一大鍋肉讓他們大快朵頤，瘂弦和同學們已經有半年不知肉的滋味了。

這群準備投軍的學生不顧老師的反對和勸阻，離開永州到廣州去。瘂弦還記得他在廣州看了人生的第一部電影，諷刺的是這還是一部抗日愛國電影。一九四九年八月，瘂弦上了一艘甲板上滿載士兵的船，離開大陸到臺灣去。抵達高雄港後，瘂弦被編進國軍的通信連裡當兵。

美君和瘂弦的經歷，是關於失落與分離的故事，這是內戰時期千千萬萬中國人非常普遍的遭遇。不過，偶爾也會有較圓滿的結局。英國海外傳道會（Church Missionary Society）的牧師道格拉斯・薩金特（Douglas Sargent）在一九四〇年代後期的大部分時間裡都在聖公會的湖南與廣西教區度過，他向上級傳達這樣一個故事，關於這場戰爭於他教區內對人們的影響。他於七月三日從桂林寄出的信函中，以哀傷的語氣開頭：「看著原先關於難民的所有老問題再次出現，這實在很耐人尋味，也讓人感到無限哀傷；與難民問題相關的情勢和狀況，我們在戰爭時期（即抗日戰爭）都經歷過，算是太熟悉了。每個禮拜天，我們都會發現會眾裡又多了新成員——都是為了躲避紅軍而從別的地方逃難來的基督徒。」

不過，薩金特牧師接下去又說道：

一個星期前，我們正是因為這樣的緣故，而有了一段非常快樂的經歷。有一位基督徒，他是（位於武漢的）漢口一家銀行的職員，帶著全家到（廣西中部）柳州來。不知怎地，他十多歲的兒子與家人走失了。父親因為辦理銀行的業務被派到這裡（桂林）來一陣子，禮拜天早晨，正當他要前來教會領聖餐的路上，赫然發現有一人肩上揹著包袱，不是別人，正是他走散的兒子。您可以想像當他來參加禮拜時，心中的寬慰與感恩之情。[69]

在南方，絕大多數擠進火車、公共汽車和船舶逃難的難民，或是沿著通衢大道和鄉間小弄步行的人們，都沒有這麼幸運。他們的苦難仍在繼續，因為中國的內戰迫使他們拋下家園、家人和深植在家鄉的一切，只為換得一個在陌生而遙遠地方的不確定未來。然而儘管這些人為數眾多，但是和全國人口比起來，他們仍是少數。絕大多數的中國百姓即使對未來感到不安，卻也未直接受到戰爭的影響。大部分的人即使想逃，也難以逃脫。而他們當中的許多人卻帶著某種熱烈的感情，看待共產黨明顯大勢底定的勝利局面、軍事衝突的結束，以及國家重開新局的前景。

第八章　毛的新世界

「中共將執政很長一段時間」

一九四九年十月一日星期六下午，毛澤東穿著一襲簇新整潔的深棕色高領中山裝（這是中國革命黨人偏愛的衣著），登上天安門的城樓。天安門是紫禁城的一部分，紫禁城位於現在改稱為北京的中心地帶，而北京已是國家的新首都。[1]站在毛的身側兩旁，和他一起俯瞰天安門廣場的，是在過去十八個月裡擊敗了裝備精良蔣介石軍隊的解放軍將領，以及在毛領導下幾乎席捲全國、收入共產黨版圖的黨內高級幹部。人群中有少數知名的非黨人士點綴其間，其中包括孫中山遺孀宋慶齡（她是蔣介石夫人宋美齡的胞姊），也在這中國歷史上的特殊日子裡，加入勝利者的行列。唯一獲准上城樓來觀禮的外國人士，是蘇聯文化與藝術代表團的成員。

這是許多中國人與外籍人士一直在等待的時刻：有些人帶著期盼、有些人心懷恐懼，也有人介於二者之間。二十八年前，毛澤東是參加中國共產黨成立的第一次全國代表大會（簡稱「中共一大」）的十餘位代表之一。毛澤東在一大會議上曾作了一次發言，時間是一九二一年七月，發言內容是共產主義小組近期在長沙（距離他湖南家鄉最近的城市）活動情形的報告。他的「臉色蒼白」、「性情討人喜歡」，據一位出席中共一大的人士描述，「他穿著一襲土布長袍，看上去像鄉村裡的教書先生。」[2]

一九四九年的那個星期六下午，毛的體態已是截然不同。他的身形更重，據說健康狀況並不佳，但是他畢竟在三十多年艱困的革命鬥爭當中堅持了下來，締造了在他的時代、以及在任何時代都堪稱是偉大成就的政治勝利。他的衣襟俐落地別著一條紅緞帶，上面寫著「主席」兩個大字。「鄉下教書先生」現在成了世界上人口最多國家的領袖，甚至在某些人眼中，他還是全球革命的旗手。立在石砌的天安門古城樓，這象徵中國政治權力中心的地方，毛是底下大好河山的主人。城樓下方的廣場至少已經群集了二十萬人，許多人高舉著橫幅，揮舞著彩旗。群眾蜂擁進入，或是被「推擠」著進入天安門廣場，慶祝長久期待的中華人民共和國成立，並頌讚他們的領袖毛主席。

李志綏就在這些人群當中。一直到現在，他平日大部分時間都被限制在中共中央位於香山半祕密的辦公處所。在那裡，他是少數受到信任的西醫，負責照看新政府中央領導的健康。李一大早便抵達天安門廣場，發現為了下午的典禮，廣場事先經過清理，周圍原先斑駁的紅牆已粉刷一新。紅色的橫幅上寫著「毛主席萬歲！」和「中華人民共和國萬歲！」李志綏深受感動。「自我大哥第一次告訴我毛澤東是中國的救星起，他便是我心目中的英雄，」他寫道。[3]

開國大典以演奏新國歌〈義勇軍進行曲〉正式開場。隨後，毛澤東起立，以簡單一句話宣布，中華人民共和國成立了。他一按下電鈕，天安門廣場中央為了開國大典特意設置的巨型旗桿上，一面新國旗緩緩升起。這面五星紅旗，其中四顆較小的黃色五角星圍繞著旗幟左上方較大的五角星，搭配血紅色背景，反映出中國新的政治現實。那顆較大的黃五角星代表中國共產黨，四顆小五角星代表四個階級——工人、農民、小資產階級及民族資產階級；毛澤東認為，這四大階級構成了中華人民共和國的「人民」。旋即禮砲齊響，以表對新中國的致敬。

這是毛澤東首次對如此多的群眾發表講話，他先是宣示中國人民已經戰勝了「反動勢力」，接著有些冷場的宣讀了一長串新政府各部門的領導人選。最後他表示，中華人民共和國是中國唯一的合法政府，新中國願意在平等互惠、尊重國家主權的基礎上，與世界各國建立外交關係。按照事前安排，蘇聯是第一個承認北京新政權的國家，隨後則是東歐的幾個衛星國家。

接著舉行盛大閱兵式，在此同時，初組建的中共空軍以十多架飛機（其中包括繳獲的美製P－51野馬戰鬥機）飛掠天安門廣場上空。解放軍總司令朱德在接受致敬後，讚揚了部隊的英勇成就，但也提醒他們，任務尚未結束。「敵人的殘餘分子還在勾結外國侵略者，進行反革命活動，」他表示：「我們必須全力以赴，爭取人民解放戰爭的最後勝利。」[4]

然後輪到「群眾」遊行慶祝新時代，許多人以顯著的熱情（即便是刻意設計）參與——這是當時及之後中國大型群眾活動的特徵。據兩位參與遊行的外國學者說，他們的中國籍同事在遊行隊伍經過校閱臺前時，簡直到了「興奮欲狂」的程度。「人們手中揮舞著手帕歡跳雀躍。『中華人民共和國萬歲！』『毛主席萬歲！』之聲此起彼落，震耳欲聾；夾雜著『他在那兒！他在向我們招手！』的聲音……像波浪一樣將我們吞沒。」[5]其他共產黨統治下的城市也舉辦若干較小規模的慶祝活動。

在北京上演的這些事件，讓南邊一千多英里之外的廣州籠罩著愁雲慘霧。蔣介石這時正駕臨廣州，試圖團結士氣低落、內部分裂的國民黨高層，並決定何處能夠作為最後抵抗的根據地。李宗仁譴責中共建國乃是「對中國人民意志的扭曲」。莫斯科「在幕後指使操縱中國共產黨種種背信棄義的行徑」。[6]幾天後，他接受《中央日報》訪問時表示，時間對政府有利。長江流域的洪水與當地民眾仰賴賑濟，都讓中共發現補給難以供應其軍隊。如果國軍轉被動防禦為積極進取，就會「加速共產黨的崩潰」。只要政府能夠堅守住南方與大西南，美國「就一定會提供援助」。[7]

確實，美國國會即將撥放七千五百萬美元，用於支持中國的反共作為，其中部分資金將流向華南。但是時間已經不多了。杜魯門政府的對華政策，已經在白皮書裡闡明得很清楚：美國不會為蔣介石危殆的政權提供金援。就在毛澤東登上天安門城樓閱兵臺前不久，遭到孤立、且人員短缺的美國駐南京大使館裡，有一名參事寫道：有鑑於中國近期的歷史，認為「中共將執政很長一段時間」將會是明智的結論。[8]

「你們獨裁」。「可愛的先生們，……我們正是這樣」。

毛澤東在〈論人民民主專政〉一文中，毫不掩飾自己建立國家政權的種種意圖。[9]這篇文章裡反映出上述意圖誕生的環境，以及這個國家政權的開創者所擘畫的未來道路，這是一個革命性的轉變。但是在此過程中，卻為暴政創造了條件——暴政將導致大規模的政策災難，數以百萬計的公民人權遭到剝奪，並且形塑國家未來數十年的政治行為。

然而，在一九四九年時，各界普遍認為中國需要一個強有力的國家體制。眼前的任務至為艱鉅。儘管有多名國民黨將領被俘或被迫投降，卻還有好幾支國軍部隊未曾被打垮。很大部分的民眾飽受戰禍摧殘，深陷貧困與不安全感的泥沼。數百萬人流離失所。他們之中，將有許多人永遠等不到返鄉之日。城市經濟仍然深受通貨膨脹所害，中產階級原本的財富大部分遭到通貨膨脹所摧毀，現在又因為國民黨的封鎖，致使城市機能幾乎完全停擺。共產黨控制的大部分地區尚未實行土改——林彪提出警告，華中的城市民眾，至今面對的仍然是「封建主義農村」。[10] 除了蘇聯及其附庸國家，世界上大部分國家仍舊對「紅色中國」抱有敵意，甚或是不懷好意。

然而，這樣一片黯淡的現狀，也正是為什麼中共指出的未來前景得到許多中國人支持響應的原因：終結戰事、新的民族尊嚴、更普及的社會正義以及更加強韌的經濟，這似乎全都是中華人民共和國建立時所許下的承諾。毛澤東在十月一日開國大典前夕的演說，宣稱中國人民已經「站起來了」，他們的國家「將不再受到欺凌和侮辱」，這番話得到了許多人民——上至受西方教育的教授，下到佃農——的響應與支持。[11] 國民黨人幾乎在每一個面向上都辜負了這個國家，而對許多人來說，毛澤東和共產黨的「新中國」似乎十分值得支持擁戴。這個「新中國」也（幾乎）是當前唯一的選擇：沒有其他的政治勢力有辦法管理整個國家。

這並不表示「人民中國」能夠指望民眾的順從。新政權必須在取得同意和維持掌控之間保持平衡。敵人的軍隊或許已在失敗的邊緣，但是他們的「反動」思想、野心、陰謀和計畫（背後有美國的狂熱支持），被認為比之前任何時候都來得危險。「我們的革命工作還沒有完結，」毛在人民共和國成立前夕提醒道：「我們務必不要鬆懈自己的警惕性。」[12]

這就說明了為什麼人民共和國在創立時傾向於著重執行的政體（executive state），而非審議式的國家體制（deliberative state）。它由強有力而非「獨立」的機構所組成。體制對這些權力機構的領導者施加的限制不多。唯一能規範其行為的正式規則來自於中國人民政治協商會議（簡稱「政協」）通過的《共同綱領》，中共於九月間召開政協會議以使其統治合法化。出席政協的代表便是為了這個目的而精心挑選出來的，是人民共和國政治體制中最接近立法機關的機構。憲法在當時還沒有制定。

至少在中共建國之初，各界都認為不需要制定憲法。經過多年苦鬥，毛澤東終於掌握了過半的江山，以及為數更眾的人口。現在可不是讓權力受到「制衡」的時候。蔣介石也經常有同樣的感想：他的政府在前兩年斷斷續續的實施憲政，嚴重削弱他的個人權威，因此蔣氏被迫在國民黨內設立非常委員會，以治理日漸縮減的統治區。

新政府一開始實施的是軍事管制。全國被畫分為六大行政區，軍隊不但負責維持秩序，並且實施一種在過去數十年來未曾經歷過的治理模式，這種控制模式在中央集權的同時，還容許保有地域性的差異。通常這實行起來相當困難，因為在國內許多地方，共產黨人不但是初來乍到，而且還是遠離家鄉出任公職的「外地人」。在共產黨派來的幹部和「工作隊」深入到他們的村莊之前，中共的統治對許多人來說似乎是天高皇帝遠的事情。

在中共的新政治體制中，黨和國家之間沒有明確區分：毛澤東既是中央人民政府主席，也是黨主席；劉少奇同樣身兼黨的副主席與人民政府副主席；周恩來則是政務院總理兼外交部長。從建國之初，黨就在人民共和國的運作中扮演最重要的角色。政府是一個法人實體，需要進行治理與執行政策，並與世界各國政府及國際組織建立關係。但是政府的領導須聽命於中國共產黨，而中共迅速地在政府的各部會、局處部門當中都建立起黨的組織。

中央人民政府可說具有相當的代表性。這個政府是一個「民主聯盟」，因為它收納了毛澤東認定構成「人民」的各個階級成員。政府中的許多職位由「民主黨派」（即向中共靠攏的小黨派）的領導人，或是所謂「民主人士」出任。其中，獻出北平城（現在改稱北京）的國軍降將傅作義，被任命為水利部長；而李濟深則是中央人民政府六位副主席之一。這些人大多無法擁有實權，不過他們也沒有別的去處，除非是離開這個國家，或是轉投迅速敗退中的國民黨陣營（這兩者似乎是同一件事）。另一方面，這些人的參與對中共來說相當重要：這有助於新政權贏得各方面的支持，尤其是來自知識分子的擁戴，畢竟如果沒有他們，就很難將國家治理好。

在省、市、縣等地方層級，則設立所謂「人民代表大會」，以作為新的政治軍事當局與一般公民之間聯繫的管道。各級人代會的作用是籠絡那些出身背景不同、觀點意見有異的人士——然而按照條例規定，有資格獲選進入人代會者僅限於那些「反對帝國主義、封建主義、官僚資本主義，支持《共同綱領》」的人士。[13]黨的領導人抱怨說，這些機關建置的速度不夠快，因而使得政策方面幾乎難以有所作為。根據新華社的報導，設置人代會的地方，在「收稅、剿匪、減租減息、解決勞資糾紛、進行土改、發展生產和文化工作等方面，都進展得較為順利。」[14]

對與錯

新中國的領導人廢除了所有國民黨時期的法律、法規，使既有的司法體系陷入停頓狀態。上海有一位中國籍律師被召來聽取關於將來法庭訴訟如何進行的簡報會，他驚訝地獲悉，未來「只有軍管會的命令會得到執行，而且……訴訟將依照『常識』進行裁決。現有律師資格不予承認，因為他們被認定是資本主義的奴僕。……訴訟當事人必須親自出庭，但不得聽取律師的意見。」[15]另一位在上海參與外國傳教士審判的觀察人士表示，他發覺「無法判斷官員扮演的是法官還是公訴人角色，甚至也不清楚這位傳教士是以證人還是被告身分出庭！」[16]

在新的「人民法院」，比起由法院審判裁決，訴訟雙方更偏向選擇私下進行和解，並且在法院內設置調解委員會。據一位觀察人士說，他們經常要求爭端兩造「配對並化解分歧」。[17]另外一個新奇之處是「人民公審」，通常政治性質的重大案件會在大批群眾面前舉行審判，部分原因是「作為教育圍觀群眾的一種手段」。[18]這些公審大會通常都以處決被指控犯罪或被判決有罪者告終，而被控有罪或是被判有罪在這裡是殊途同歸。從一開始，人民共和國的法律就是推行政策的工具；而一直要到三十年後，中國才得到一部名副其實的刑法。

《共同綱領》闡明了政府施政的目標，其全文共五十八條，頗為古怪的混合了政策意圖、類似憲法對於新秩序的種種界定、以及誓言對反對者使用暴力鎮壓等條款。除了土地改革，它們還包括婦女的平等權利以及普選權的承諾。[19]條文中尚且有對個人自由的保障，這些保障堪與最自由的民主制度相提並論，只是保障的範圍並未擴展到地主、官僚資本家和「反動派」等專政類別。這類（非屬人民範疇）人要加以鎮壓，這就是為什麼毛澤東堅持要增強人民軍隊、人民的警察和人民法院的力量。「對於敵對的階級，它（軍隊、警察與法庭）是壓迫的工具，」他解釋道：「它是暴力，並不是什麼仁慈的東西。」[20]

所有外國在華特權都將遭到取消，原先蔣介石政府與外國簽署的條約將會受到審查，以確定是否損及中國的國家利益。如果這些條約有損國家利益，一經查證屬實，即行廢除。新政權更對擁有華裔人口的國家提出嚴正宣告，政府將「盡力維護外國華僑的正當權益。」[21]英國官員對此特別重視，而且注意到此一宣示對於英方治理香港與馬來亞帶來的影響。

恢復經濟秩序

恢復經濟是施政的重中之重。同時，這也是一項極為艱鉅的任務。共產黨人接手到的黃金和外匯儲備並不多，因為蔣介石已經將大部分轉移到臺灣去了。隨著戰事在南方、西南和西北持續進行，中共陷入和國民黨一樣的困境，即支出遠遠大過收入。一九四九年十二月，蘇聯駐中國專家顧問團團長伊萬・科瓦廖夫（Ivan Kovalev）向史大林報告：「國家的財政與貨幣的流通都處在完全無法令人滿意的狀態。」他估算華中地區的預算赤字（占收入的百分比）為百分之二十九點二，而西北地區達百分之四十三點二。[22]財政部長薄一波表示，即使在一九五〇年，「軍事與行政開支將占預算的百分之六十，因為將有九百萬人，其中包括軍隊、政府和教育人員，將由政府支付工資。」[23]

人民解放軍奉命「從一九五〇年春季開始參加生產和建設工作，以改善自身生活，並減少公家開支。」[24]在農村地區，作為新解放區土改前奏的降租減息計畫預計將會增加收成，而與此同時，數百萬農民現在也已經擁有了自己的土地。一九四九年的工業與農業生產數字堪稱是一場災難，二者的產量竟分別只有對日抗戰爆發的前一年、也就是一九三六年時的百分之四十九點九與百分之八十。[25]

對許多民眾和企業來說，「解放」就意味著要「勒緊褲腰帶」過日子。官方媒體聲稱：「人民應減少消費，並購買勝利公債，來幫助平衡預算。」[26]當局計畫在一九五〇年發行兩億張此類債券，可按商品指數的價值償還以保障投資者。銷售對象將針對「實業人士、商人、富裕之家、退休政府官員和退役軍職幹部。」[27]這些群體很快就遭受到強大的心理及政治壓力，要求他們購買債券，以表明對新政權的忠誠。

地方層級有時候會採取富有創造力的方式來籌款。一九四九年九月，就在中共於湖南省會長沙成立新的省人民政府後不久，三家在該市設有辦事處的外國石油公司接到通知：他們必須拿出六億元人民幣「貸款」當中的百分之二十五來支持軍隊作戰。據英國駐長沙領事的說法，這三家公司起先拒絕，但後來就收到函件，文句中「恐嚇與威脅的語調十分明顯」。[28]儘管總公司有拒絕給付的指示，但是為了後續公司的運作及「所有員工的安全」起見，他們決定支付這筆款項。[29]

原先由蔣介石政府發行、現在幾乎已形同廢紙的金圓券，很快便停止流通。但是，由於取代金圓券流通市面的人民幣快速貶值，這就表示舊日使用的銀元要捲土重來了：到了五月，一銀元的價值已經超過一美元。秋季時，通貨膨脹再次成為各城市的嚴重問題。新政權並不以加印鈔票的辦法來解決問題，而是將民生物品的價格與工資聯動起來，並且在相同的基礎上進行銀行交易。現在已經「改朝換代」的中國銀行總行發出一道通知，聲明如下：

> 實施優惠定期存款，目的在於鼓勵節儉儲蓄、發展生產償債基金、並且保障生活水平。符合活期存款和半個月、一個月期定期存款資格的存款人，限組織勞工、辦公室職員、

教師和學生。……每個月存款的最高金額不得超過存款人的該月工資，如存款人為學生，則不得超過該生每個月的伙食費。[30]

物價逐漸開始穩定，這是深受城市居民歡迎的新鮮事物。

共產黨的另一項成功（當然是相較於國民黨先前的表現而言），是金融決策的迅速收歸中央集權，以及國家金融財政體系的建立。貿易是頭一個受其管轄的經濟活動，接下來便是國家預算。到了一九四九年底，與貿易、金融及其他經濟事務相關的重要政策，都由北京拍板定案。省與各級地方政府不得動支他們徵得的稅款，地區獨立自治的日子很快就要結束了。

勞動與資本

《共同綱領》承諾保障私有財產，並鼓勵私營企業發展。當局並未公開宣示以實現社會主義為目標（至少目前還沒有）。劉少奇堅持主張不應該這樣宣示，「因為這很容易對今天必須採取的實際步驟造成混淆。」[31]然而，現在幾乎沒有理由相信，毛澤東在終於有機會能實現這些目標的時候，竟會輕易放棄。無論如何，出於增進人民福祉與國家安全的考量，迅速發展工業是當務之急。「只有發展我們的工業，不讓我們的經濟依賴外國，我們才能為國家和主權的獨立打下基礎，才能保證人民過上富裕的生活，」解放軍總司令朱德如此表示。[32]

他的這番話顯示出新中國成立初期「重工業、輕貿易」的傾向：中國將集中力量，發展國內經濟，而不是擴展與外界（或至少是與西方世界）的商業貿易連結。政治局勢、意識形態和國民黨的封鎖，都造就了這個傾向，只不過這並不是一條必然如此的道路：一直要到一九五〇年六月韓戰爆發、十一月中國參戰，才正式走上這樣的路線。然而，共產黨席捲大陸，使得「海上中國」幾乎注定要成為冷戰的最前線，而非像上個世紀大部分時間裡那樣，是資本、人才和思想流通的多元管道地帶。這道冷戰的前線，一邊是臺灣、香港與其他擁有眾多華僑的國家，另一邊則是「中國大陸」或是中華人民共和國。

在經濟方面，一等到上海市民對改朝換代時暴力與破壞較少的寬慰感消失，上海這座城市就受到格外嚴重的打擊。中國的國際大都會迅速失去它存在的理由。「在國民黨的封鎖與共產黨的控制和稅收的雙重夾攻之下，各國商人和實業家均苦不堪言，」英國在華商業遊說團體「中國協會」如此抱怨道。[33]黨是冷酷無情的。上海「解放」幾個月後，當局宣稱計畫將兩百萬市民遷徙到內地，以便讓這些人能夠「從事有用的職業或投入農業生產」，正如《遠東經濟評論》所說：「被指定搬遷的包括失業的商店雇員及其眷屬、六十五萬城市貧困人口、十七萬遊手好閒者和十萬難民地主。」這麼做的目的，是「抵銷封鎖影響，建設新上海。」[34]

儘管有上述這些事態發展，毛澤東還是堅持民族資產階級在新中國可以發揮重要作用。「我們目前的政策是限制資本主義，不是要消滅它，」毛說道。[35]劉少奇於一九四九年春季到天津視察時，更是嚴厲指責地方黨負責人對城市商業活動的打壓。當局將他的這次談話廣為流傳，減輕了全國各地商界領袖的若干憂慮。另一方面，中共雖然打著無產階級的名義奪取政權，卻沒有給予他們多少便利。

然而許多工人顯然將他們現在翻身做「國家主人翁」的想法當真，要求立即改善其生活條件。早在一九四九年四月，中共中央便曾抱怨，由於在解放的城市中出現了自發性的罷工，「勞資之間的鬥爭導致了無政府狀態」。[36]而因為資本出走、工廠倒閉和業主逃亡（通常前往香港或臺灣），上海的勞資衝突尤其嚴重。僅一九四九年六月至十二月期間，該市就發生了三千三百二十四次罷工或勞工騷動事件。根據美國歷史學者裴宜理（Elizabeth J. Perry）的研究，之前的最高紀錄是兩百八十次，出現在一九四六年。[37]

中共敦促全國各地的企業主與工人，按照特別制訂的「公私兼顧，勞資兩利」口號，平息罷工騷動。[38]中華全國總工會副主席李立三表示：「工人不應該錯誤地拿土改分田地和自己相提並論；毫無疑問的，如果（重新）分了工廠設施，整個工廠都毀滅了，工人也無法生產。」而徹底「廢除資本家剝削剩餘價值」的時機還沒有到；工業發展需要私營與國營企業一起推動。[39]

可能正是上述這樣的說法，促成了今年四月間出走香港、並將部分產業轉移到香港的上海商界大亨劉鴻生動身返國。[40]家庭壓力也是促成他回到上海的原因之一。劉鴻生在香港停留六個月期間，他的次子一直寫信勸父親回來。「新政府寬大為懷、通情達理、誠實勤奮、愛國務實、謙虛誠懇，他們當然是一番好意，」劉的次子在家書中對父親說道。[41]劉的妻子換一套說詞來勸：「你我如今年事已高，分隔日久，誠恐夜長夢多。」[42]劉的姨太太信仰基督教，她用宗教語言來表達訴求：「我知道我們在天上的父會看顧你，希望上帝保佑，好讓我們早日團圓。」[43]

到最後，是周恩來派到香港的說客達成使命。他們對劉鴻生解釋說，如果劉回到上海，完全無須憂慮，而且上海現在較香港更富商機。至此劉終於下定決心。「我已經六十多歲了，」他告訴家人：「我所有的事業都在中國，所以我會回國，不會像白俄那樣羈留海外。」[44]

劉鴻生祕密離開香港，事前做了安排，以防國民黨特務阻撓破壞。十一月二日，他搭乘一艘輪船前往天津。劉抵達後，周恩來總理隨即邀他到北京談話，期勉他能作為模範，說服其他資本家追隨仿效，共同協助建設國家。回到上海後，劉鴻生便成為新政權的大力支持者（至少在公開場合是這樣）。

「解放」具有強烈政治色彩

在一九四九年時的毛澤東眼中，創建擁有國旗、貨幣、國歌和首都的「人民」政府，不過只是勝利以後的錦上添花罷了。甚至新政府的政治與經濟施政綱領，也可以看作是當前中共已控制了全國大片地區的局面下，毛預備發動革命的其中一個面向。他決心要創建一個新國家，而不僅僅是一套政治體制；他立志要改造中國人民的整個生活，而不單只是人民的政治和經濟生活。這是一項規模宏大、見識深遠的大工程，而毛澤東很快就會以極其殘暴的手段去實現。[45]如果說中共在一九四九年打下江山期間沒有立即訴諸恐怖手段，那麼毫無疑問的，實施恐怖的各項條件，正在逐一到位。

中共決心將人民從原來的思考框架、行事準則裡拉拔出來，迫使他們轉而對新的國家革命事業效忠。為達成此一目的，各行各業的人民實際上都被賦予新的身分。新身分的甄別有兩大標準，一是階級出身，二是個人居住地為城市還是農村——這是當時以及日後很長一段時間中國的重大社會畫分。「將人民進行分類，對於國家官僚體系來說是一項巨大的挑戰，」德國歷史學者文浩（Felix Wemheuer）在論及人民共和國成立初期歷史時寫道。[46]然而新中國迎難而上，國家力量深入社會，達到中國史上前所未見的程度。

北京的戶籍登記就是一個例子。這項業務由該市的警察承辦，為此北京市警局進行整編，並且改名為公安局。到了十一月中旬，北京市四十三萬九千餘戶人家（總人口為一百九十五萬）都領到居民戶口簿。不久之後，每一個城市居民都得到一份進入勞動力市場的個人檔案，這份檔案將伴隨他們一生。階級成分很快就成為決定個人命運的最關鍵因素。在光譜的正面端，是「革命幹部」與「產業工人」這兩種類別；另一邊則是不受新政權歡迎的類別，諸如「資本家」、「右派分子」，或更加嚴重的「反革命分子」。一個人是否能獲得土地、能否接受高等教育、加入軍隊或者成為黨員，很快就將取決於他／她在這個政治階級成分光譜中所處的位置。

毛澤東所設想的大規模社會改造工程需要嚴格控制所有消息來源，尤其是媒體，中共一直十分注意在所有其統治的地方扮演唯一的消息管道。共產黨人在一九四九年占領城市之後做的頭一件事，就是關閉或審查效忠國民黨、或是具獨立色彩的報紙和廣播電臺。[47]另由新的報刊、電臺取而代之。但是報導的內容仍然存在若干爭議。「最近，媒體機構未經有關當局事先批准就發布了新聞，」黨在十一月時抱怨道：「他們隨後被迫進行更正，……造成事實與政治上的錯誤。」[48]這種所謂在新聞戰線上「無政府與缺乏紀律」的情形，隨後遭到黨內嚴厲的批評。[49]

絕大部分的媒體最終都被黨馴服了，一位國外觀察人士將報導內容主要區分為三大類題材：首先是「消息」類，主要由政府的公告所構成；其次是「教育」類，刊登的大部分是所謂「學習」材料；最後則是「宣傳」類，其報導的若不是反動派和帝國主義者的邪惡行徑，就是宣揚那些促進生產，或是傳播新社會價值觀的積極分子所達成的英勇偉大成就。[50]原來熱鬧非凡的新聞界，現在成了沉悶的清一色。在黨的指令下，全國各地廣播電臺一律轉播北京放送的國內消息與國際新聞，從而在一九四九年六月誕生了中國首次（但內容通常極為枯燥乏味）真正的全國新聞聯播。[51]

大部分外國駐華新聞機構的遭遇也好不到哪裡去。當局規定，只有承認北京新政權國家的駐華記者才獲准拍發專電。《紐約時報》對此抱怨說：這「形同自動扼殺了所有美國和西方列強新聞社及報紙的報導自由。」[52]這也是一次重要的轉捩點：此後西方世界對新中國的大部分認識，將不得不大量依賴香港與其他國外據點的觀察。蘇聯及其附庸國家，以及南斯拉夫由於承認北京，他們的新聞媒體得以不受上述禁令的影響。有鑑於這些國家政府的「政治色彩」，北京期望他們對社會主義中國做出「正面」的報導。

對媒體的嚴密控制，只是中共動員社會來達成其理念與目標的手段之一。另一個辦法是創設「群眾組織」，將人民依照職業身分和其個人志趣聚集起來，以追求共同利益。一九四九年三月的第一個星期，當時中共才進占北平不久，約有兩萬名年輕學子聚集起來，慶祝「全國學生聯合會」的成立。四月，「新民主主義青年團」召開第一次全國代表大會。六至七月間，「中華全國文藝工作協會」也在一片歡呼聲中召開了第一次會議。隔月，「中華全國總工會」正式成立。

周恩來、劉少奇等中共領導人經常在上述這些集會中發表重要講話，隨後報刊媒體便會對他們的講話進行鉅細靡遺的、不加任何批判的報導。而儘管他們面對的聽眾有著不同的興趣與專業，但是他們所說的內容卻非常一致。其主題是名副其實歌詠新政權的讚歌，以字面、口說、標語、圖像和其他幾乎一切藝術形式，在整個社會中迴盪——強調「舊社會」與「新中國」之間所謂劃時代的差異，以及在蔣介石的封建反動政府統治下恐怖的生活，與「解放」後即將到來的光明前景的對比。當局從未忽視問題，更是向來不敢低估敵人的邪惡計畫。不過，無論背景與場合如何，對於新制度及其領導人過度誇大的讚美，是當時的常態。

對於大多數普通民眾來說，解放給他們帶來的最大改變，是必須參加一場又一場的集會。「從七月起，上海變成了一座巨大的成人教育中心，」觀察敏銳的法國記者羅伯．吉蘭（Robert Guillain）報導道：「在政府辦公室，工廠、銀行、車間、商店、學校和大學，一場狂歡似的集會和講座正在到處進行；人們正在大規模地接受『再教育』。」[53]一則來自上海的合眾社報導指出：「教育的課程為共產主義哲學思想，其中特別著重毛澤東的著作與講話所闡釋的各項民主原則。課程還包含了『辯論與自由討論』。」[54]天津南開大學的一位外籍教授寫道：「每個人每天至少要花兩小時學習政治。這場……運動……普及的程度出乎尋常。社會生活中，幾乎每一個角落都被其滲透。」[55]

這些集會的目的是傳播黨的訊息，幫助人們透過學習馬克思、列寧和毛澤東（通常還有史大林），以改造他們的觀點和人格。黨的領導人想要說服、轉化、賦予權力和啟蒙受他們統治的人民，但最重要的還是**改變**他們。黨也很想知道人民之中誰是可以依靠的，並且揪出、排斥和懲罰那些被認為有可能抵制新政權的頑固分子。

自我批評是上述這些過程中的重要環節。它既使得那些較不容易接受新思維的人可以直抒胸臆，也能讓那些較健談、但可能不那麼真誠的人有說出真心話的機會。當時十七歲的周瑛（Esther Cheo Ying）深深受到毛澤東的啟發，同時也渴望與分離多年的父親團聚，因而離開長住十一年的英國，動身返回中國參加革命。她被分派到林彪四野底下的一支部隊，駐紮在北平近郊，很快就趕上一大堆開不完的會。「每天下午和四點鐘晚飯以後，我們進行了無數次的開會檢討和自我審查，總是在我們所做、所想的每一件事情中尋找動機和理由，」她寫道：「我們開會主要是……討論和分析我們的錯誤，並且聽取其他人對我們行為與態度的意見。」[56]服從群眾的壓力非常巨大，倘若抗拒，會被看作不愛國，甚至是更嚴重的「反動」。

公眾參與政治的情形，過去在國民黨統治時期充其量只是零星出現，現在共產黨上臺，就幾乎成為強制性的活動。「數以百萬計的中國公民把參與政治看得無比重要，而因為這是頭一回，所以更加熱切，」對上海新秩序抱持同情立場的觀察人士亞倫・法康納（Alun Falconer）寫道：

「『解放』具有強烈政治色彩。」[57]中國的公共空間一如黨的意圖，充滿了政治與宣傳。容納個人思想與活動、以及家人或朋友緊密連結、共享的私有社群空間，正在迅速減少之中。

語言和表達論述首當其衝，成為早期的受害者。「按照階級身分對人們進行分類，產生了一種新的善惡二分法語言，」德國歷史學者文浩指出：「原本抽象的階級畫分，透過宣傳、文學和電影當中傳達的個人故事中呈現出生動而具體的形式。」[58]在革命詞語群中，正面用語頗為豐富，例如「同志」、「解放」、「工人」、「農民」、「民主人士」和「毛主席」等；連同負面詞彙如「反動」、「蔣介石匪幫」、「帝國主義者」、「地主」等，很快都成為日常用語的一部分。這讓黨更加容易煽動人民對敵人的仇恨，無論這種仇恨是真實或想像出來的。在報刊文章或是非正式的談話裡，在領導人的公開講話或是知名人士私下的評論裡，對階級敵人的譴責，遠比慣例禮貌問候還來得重要。

中國的「曆法」在一九四九年也起了變化：這不僅是因為新政權從十月一日起揚棄了國民黨自一九一二年採用迄今的民國紀元，改採西元紀年；人們的公眾生活更因為一連串新的節慶假日而有了新的節奏，而且總是伴隨著集會遊行。

本名邱然的北京大學學生燕歸來，將新節日說成是當局的「神經興奮劑」，注入「原本可能不夠充分的情感生活之中」。她寫道：

五一勞動節拉開了每年共產黨官方在夏秋兩季集會慶祝節日的序幕。接下來是七月一日，建黨紀念日，中國共產黨在一九二一年的這天正式成立。然後我們慶祝八月一日，中國人民解放軍建軍紀念日。十月一日是新的國慶日，是中華人民共和國正式成立的日子。最後是一九四九年十二月二十一日，史大林的七十大壽，報紙告訴我們，全世界都認為這天在歷史上是深具意義的里程碑，北京全市迎來了為期兩天的慶祝活動……。[59]

「政權的鎧甲」

儘管中共自可以借鏡昔日在小範圍地區發動群眾的經驗，但它在甫落入其掌控的大片疆域內竟能動員如此多人民，其能力仍屬非凡。而能夠達成如此成就，究其箇中原因，必定是由於人民希冀變革的真誠熱情，以及對國民黨治理的深切不滿所致，因為畢竟中共本身也經常坦承，一九四九年時他們極為欠缺訓練有素的幹部人力。依照法國記者羅伯．吉蘭的估算，中共可運用、經過訓練的幹部人力，也就是他所稱構成「政權的鎧甲」的總人數，大概不會超過一千萬人。「根據近期發布的統計數字，在上述這一千萬名幹部當中，有三百萬人是中共黨員，」他寫道：「如果我們將這區區數百萬具熱誠的幹練分子和四億五千萬人民放在一起看，我們就掌握了理解新中國整個形勢的基本線索。」[60]

黨員規模在內戰期間大幅擴增，但是面對此一情況，中共的高層卻喜憂參半。一九四七年，毛澤東警告說，「有許多地主分子、富農分子和流氓分子」已乘機混進了兩百七十多萬黨員隊伍之中。[61]到了一九四八年十月，黨員總人數已經來到三百萬之譜，但是再一次證明需要矯正侵犯了中農、破壞了某些私人工商業，以及在鎮壓反革命時手段過度的若干「左的錯誤」。[62]《人民日報》表示，華北地區（和其他地方一樣）的大多數黨員來自農村，他們「文化水平很低，對馬列主義的理解很差，」因此時常導致在執行黨的政策時出現偏差。[63]

解放使得入黨更有吸引力：一九五〇年時中共已有黨員五百八十萬人，約占全國總人口百分之一點一。但是如此一來也在黨內形成了兩個梯次：一邊是一九四九年之前入黨、經常冒著生命危險的老革命，另一邊則是建國前後乘著勝利浪潮跟風入黨的新人。而中共領導人掌權之後，就認為沒有必要在生活條件、工作分配、情報取得方面剝奪自己的特權與額外津貼。在他們眼裡，中共是一個領導革命的「先鋒黨」。[64]勝利者理應得到一些戰利品來犒賞自己。

由於管理國家的人才極度短缺，新政府十分希望現有人員盡量都能留任，尤其是那些身懷高超技能的人更是如此。許多公務員、銀行主管、大學教授和新聞記者一如既往履行其職責——只要他們之前不是國民黨資深黨員，並進行必要的學習和思想改造。但是有些人在沒有充分理由的情況下被解僱了。十月時，中央譴責湖南省政當局，因為他們將鹽務局三百三十名員工只留四十人，其餘一概開除。中央稱湖南此舉「違背指示，使人們失去希望。」[65]那些丟掉飯碗的人隨後都找到了新工作。

原先潛伏在地方的中共地下黨成員，只要被認為合適，就會出任新政府的若干職位。不過新政權的骨幹分子由年輕的幹部或官僚組成（他們絕非都是黨員），之前中共已經招募了數十萬人，預備在敵人撤走或投降時，立即在各層級服務。跟隨解放軍渡過長江的「南下幹部」就是一個例子。[66]

這些地方幹部個個都是新中國的代表、化身。在許多觀察人士的眼裡，他們的外表和行為幾乎成了毛澤東政權是好或是壞的代名詞。金陵女子學院英籍歷史教師施以法現在已經逐漸接受共產黨統治下的南京生活，她招待從前一位教過的學生喝下午茶，後者參加革命，被分派到新華社工作。施以法先是對這位前學生的穿著品頭論足一番：「她穿著藍布制服，看上去比黃色卡其布好一些，不過剪裁不大行，看起來一點也不時髦。」接著：

> 上級每年配發兩件這樣的制式服裝給她，一件是棉衣，另一件是外套（如果她還沒有領到的話）。她有飯吃（每日供三餐），而如果她把孩子接回北平（目前孩子跟著丈夫住在上海，她已經往返兩地快兩年了），他們就能有飯吃、有學上，我想大概也有衣服

可穿。他們每天可以領到價值相當於一銀元的零用錢，來購買「衛生紙、肥皂和花生米」。我覺得有前面兩項就足夠了，我不曉得最近肥皂的價錢，但我不覺得你會因為買進大量的花生米而發胖。[67]

駐紮在北京近郊的周瑛得到的也是類似的待遇。「我們領到食品、冬季與夏季制服，還有兩雙布鞋，」她回憶道：「每個月我們還可以領到一點零用錢，這些錢幾乎可以滿足我們的基本需求，比如可以買到一塊肥皂，還有一捲質地非常粗糙的廁紙，充作給女孩們的衛生棉。」[68]

中共的幹部身穿藍色或卡其布制式服裝，在辦公室裡通常頭戴一頂布帽，在法國記者羅伯．吉蘭筆下，他們成了「陌生的征服者」（strange conquerors）。[69]一位消息人士對倫敦《泰晤士報》記者表示，共產黨希望每一個人都能像黨的幹部那樣生活，以下是他對某位幹部的描寫：

他在公共食堂吃飯，按照在黨內的級別，他吃的是三個等級伙食中的一種（中國人稱之為「三灶」）。這政權給他屋住，供他衣穿，讓他的孩子上學受教育，生病的時候還送他去住院。他的薪水微不足道，比僕傭還低，說起來真的只比零用錢多一點。他不能接受非黨員朋友的招待，就算是親人，也要經過黨的特別批准。人們期望他徹底清廉——

而他也的確如此。[70]

這位特派記者似乎還沒有察覺：女性在羅伯．吉蘭筆下這群「陌生的征服者」隊伍中具有特殊的地位。

幹部樹立了衣著與政治的標準。北大學生燕歸來觀察校園後寫道：「解放以後最明顯的改變，就是學校裡穿灰色制式服裝的人，數量正穩步上升。」[71]男士的西裝與女士色調鮮豔的洋裝被顏色單調的鋪棉「列寧裝」所取代，藉此表明與自己的過去切割。撲粉與胭脂變得罕見。女性的髮辮被剪掉了，只保留一個髮長僅遮住耳朵的「清湯掛麵」髮型。她指出，如此明顯的跡象，正表明了人們已經接受「新生活」，如此穿著，這樣裝扮，乃是避免遭到關注和批評的好辦法。[72]

走投無路、處處受限：「西方」準備退出

隨著毛澤東政權逐漸鞏固了對國家的控制，以在華的外國商人、傳教士、外交官、教師、學者和其他外籍人士構成的外國（以西方國家為主）在華社群，就遭遇到空前的挑戰。他們之所以能在中國居留，主要是因為從前取得、而現在已聲名狼藉的列強在華特權。如今在華外籍人士正面臨一個前所未有的局面：用已故美國歷史學者裴士丹（Daniel H. Bays）的話來說，一個明顯

強大、中央集權的國家力量，足以迫令他們，「即使不願誓言效忠，也要低頭服從。」[73]

「新中國」在建立之初，對於外國人對華造成的影響，尤其是西方人士在中國的作為，有一套極其負面的看法。這些外籍人士，除了少數例外，就算不被當成長期以來給中國帶來如此傷害的帝國主義代理人，也被看作是受益者。此外，他們的態度往往傲慢自大、自居優越——從過去以迄今日，由於中國人已經失去民族自尊，因此長期以來對此能夠輕易容忍。這樣的看法顯然得到中國新統治者所倡導的馬克思主義「科學」意識形態的認可，符合若干中國人容易產生的更深層排外情緒。

有鑑於此，一九四九年的新政府在處置外國在華社群時，自有一套邏輯理路——只不過（或許正是因為如此）這套做法在外籍人士圈中引起挫折和絕望。共產黨人在接管各大城市時，儘管確實限制了外國人的行動，但是基本上對他們採取忽視的態度。[74]這在一開始時是西方國家駐華外交圈最擔心的事情，他們亟欲和新政權建立起實質的聯繫關係，就算只是為了更多的了解中共的意圖，並且維持他們作為駐外使節的尊嚴，也是如此。但是這並沒有實現。在此之後，尊嚴取決於對新政權的外交承認，而這就需要與國民黨政府斷絕官方關係。不過一直等到一九四九年底、大勢底定，一切塵埃落定之前，沒有任何西方國家敢這麼做。

在此同時，侮辱外籍人士的行為到處出現。這一整年中，在某些情況下，西方國家的駐華大使館和領事館的人員都被當作普通外國人看待。新政權認為他們無權代表本國政府發言，也不能與新中國的任何政府部門單位接洽公務。他們的信件無人接收，電話無人接聽，原有的外交人員特權與利益大多被剝奪。

若干駐華外交官（主要是美國使領館人員）遭受到更粗暴的對待。美國駐瀋陽總領事瓦爾德在一九四九年的大部分時間裡都遭到軟禁或是拘禁，其罪名是在爭論薪資時出手攻擊一名領事館的中國籍雇員，以及從事間諜活動。[75]他一直到十二月時方才獲釋。

七月時，美國駐上海副領事歐立夫（William Olive）出於某種原因，駕駛汽車參加群眾遊行，結果遭到上海公安拘留、毆打，並且拒絕為其提供治療。新華社說，歐立夫的所作所為「是因為他認為自己是美國的副領事。」[76]《解放日報》附和道，歐立夫對上海新市政當局的態度，是「一位美國副領事對待國民黨反動派時所採取的主人翁嘴臉。」[77]歐在一份道歉信上簽名後才獲釋，他在不久後就離開中國。

十月，在位於滿洲南端的港埠城市大連，美國駐大連正副領事保羅・帕達克（Paul Paddock）、考佛・葛雷斯汀（Culver Gleysteen）兩人，終於獲准離開駐地。在此之前，他們和領事館的工作人員遭聯合管理城市的中、蘇當局持續騷擾了一年有餘。[78]（譯按：一九四五年八月，二次大戰結束後，依照《雅爾達協定》、《中蘇同盟友好條約》，大連交給蘇聯占領，此後蘇聯一直於大連駐軍，並與中共合管市政，至一九五五年方撤軍，占領大連達十年之久）儘管毛澤東在八月時還「慶祝」原美國駐華大使司徒雷登啟程返美，但是北京卻在批准美方在南京的其餘外交人員離開時處處刁難。[79]到了年底，美國關閉了除北京、上海兩地以外的所有使領館，餘下的這兩處領事館也於一九五〇年初下旗閉館。

不過，一九四九年對於在華外國人來說也不全然是流年不利，但這一次好消息是來自國民黨，而不是共產黨政府。六月，海關美國籍總稅務司李度終於說服他的上司，同意對已退休的外籍中國海關人員支付養老金。「今天我簽發了兩萬兩千英鎊和八萬五千美元的支票，這筆錢是今天自願退職的六十五名左右外國員工應領退休金的七成，」李度在六月三十日的日記裡寫道：「我簽發支票時，從來沒有這樣快樂過，等到我能夠支付剩下的三成時，我會非常高興。雖然困難重重，中國政府至少會履行其對海關退休人員的義務……。」[80]而很多海關的中國籍員工，也有充分理由擔心他們的前途，而他們抱怨李度沒像為外籍員工那樣出力保障這些人的出處。

一九四九年行將進入尾聲時，傳教士團體當中有不少人也有類似的困擾。無論這些傳教士各自隸屬哪個教會系統，他們通常都貼近基層民眾，可以親眼見到百姓對國民黨的若干不滿，以及對共產黨開啟新局的承諾所激發的期盼。新政府承諾維護宗教自由，也已經列入《共同綱領》，這一點受到好評。正如美國歷史學者裴士丹指出，有些新教徒、傳教士和本國籍的傳道人「都希望某種由中外信徒共同組成的新教社群可以繼續存在，並且在基督信仰上為『新中國』做出貢獻。」[81]美國長老教會就是其中之一。一九四九年十二月，它表達了希望能在共產中國傳教的「誠摯願望」。教會的海外傳道委員會宣稱：「為了證明這是一永續進行的策略，目前在中國服事的傳道人都續留在他們的崗位上，預備來華服務的傳教士已經啟程，或是準備出發。」[82]

可是，其他人認為，有鑑於當前治理中國的這批人，他們過往的歷史、性格和政策，這是一項艱鉅的任務。救世軍中國分部的負責人亞瑟·盧布魯克的一番話，說出許多人的心聲：「新政府反對外國人在中國傳教，而且不樂見傳教活動接受國外資金。……人民政府希望未來的救災賑濟工作全都不假外人之手，他們自然不願意有外國人或外國組織的幫忙協助。」他向倫敦總部表示：「我們必須很遺憾的報告，監獄宣教的工作已經被新政府喊停了。到本年年底，除與一、兩位外籍囚犯接觸之外，我們所有的活動都告中止。我們時常感到救世軍在中國的傳教任務即將結束……。」[83]

他的預感是對的。總的來說，傳教士在改朝換代、政權交替的前後還能繼續傳教工作，不過隨著共產黨開始鞏固其統治，傳教士就遭受到更嚴格的審查與監管。像南京的施以法這樣，在外國教會出資或是外國人營運的學校、大學和醫院裡任職、任教的醫師以及教師，必須向當局登記註冊，並說明他們來華的理由。他們並沒有立即被要求離開中國。但是，共產黨統治的來臨，就表示在華傳教士群體即將從中國退場：這個方向已經確定，剩下的只是時間問題而已。

在華外國商界起初時別有看法。[84]這主要是因為商界人士往往有更世俗的追求動機，而且有大量的資產需要保護。然而到了七月底，高漲的物價、苛重的賦稅、不利的匯率接踵而至，而打擊最大的可能是國民黨海空軍的封鎖，讓一些英國在華商界人士陷入絕望境地。倫敦的中國協會開始就此情況和政府交涉磋商。該協會提出警告，要是英國無法採取任何措施來解除封鎖，「協會只能建議會員研判時機，必要時立即認賠停損。」[85]

英國方面確實無計可施。許多英商公司也確實撤離上海，遷往香港或其他地方。國民黨實施封鎖的力道最終減弱，但不久之後，西方商界對於在共產主義制度下的生活將沿著「正常路線」繼續發展的希望也破滅了。不但如此，新的難題紛至沓來：外商公司被迫在未來一年左右的時間繼續營業，哪怕通常沒有什麼生意可做。隨後，他們別無選擇，只能註銷營業登記，或是以「破產拍賣」的低價出售其資產，以換取當局停止交易並讓其資金抽離中國的許可。[86]

對某些人來說，這種局面早在意料之中。一九四九年十一月，在一份會議紀錄中，英國外交部官員富蘭克林（A. A. E. Franklin）抱怨「上海的那些『大班』（企業大亨）對於別人的戰爭居然能干涉他們的生意，表現得過於義憤填膺。」他聲稱，這些大班壓根就看錯了這個時代。「對於傳統中國的國際事務觀念有若干了解，絕對有助於掌握當前的局勢變化。」他接著繼續表示：

毛澤東雖然穿著列寧裝，但作為愛國者，他無疑地和已故的慈禧太后（前清主導對外事務的著名排外領導人）一樣，抱有很多偏見。在這個方面，他們（中共黨人）也深具中國傳統。外國人充其量是一種必要的邪惡。為了讓他（外國人）知道，他沒資格對任何人作威作福，你集中力量羞辱他，讓他丟臉。這個過程中的迷人之處就在於，透過這麼做，你會很有面子，中國老百姓毫無疑問地會更加的看重你。[87]

新中國的新友人

如果說前述英國外交部官員富蘭克林描述新政府對外國人的態度有幾分真實性，那麼同樣也具有一種強烈的諷刺意味。中國的政治領袖們**在過去**對上海和其他地方的外國人群體抱有很大的反感，這是根源於過去中國所蒙受的恥辱。然而，他們在如今被看成是擁護四海一家的「世界主義者」（globalist）。只不過他們內心投射「四海一家」的是蘇聯領導的社會主義世界，而不是西方世界。正如毛澤東所說，他們是「一邊倒」。中共先是冷落在華西方人士、繼而將他們驅逐出去，等於是在另一個方面重新配置了國際體系。英國歷史學者畢可思指出，他們已經開始「更換合作夥伴，並與外國盟友和外籍專家攜手合作，試圖建設中國。這正是推陳出新……。」[88]

在情勢許可的時候，中國共產黨人在這個新的國際空間中表現得十分活躍。他們在登上全球外交舞臺時，其實已不算是完全的新手：中共中央政治局委員董必武，在一九四五年美國舊金山聯合國成立會議時，就是當時與會的中國代表團成員。在一定程度上，中共確實可以聲稱在二次大戰結束後創建新秩序時發揮了作用。

但是到了一九四八年，冷戰給這一戰後新秩序蒙上了陰影，中共熱切地站在蘇聯這一邊，參與了爭奪全球霸權的鬥爭。當中一個例子就是投身中共的知名文壇領袖人物郭沫若，他「出席」了一九四九年四月，在法國巴黎舉行、由蘇聯贊助支持的世界和平理事會（World Peace Council）大會。由於法國當局拒絕包括郭在內的各國代表團入境，因此他改而在布拉格參加與巴黎大會相關的單獨會議。回到中國後，他宣稱中共在內戰中的勝利：

> 已經改變了以蘇聯為首的和平力量與美國為首的帝國主義侵略勢力之間的力量平衡……。過去，帝國主義國家普遍將中國看成是其遠東殖民地及「生命線」的「最大海外市場」。中國的解放將促進殖民地革命的進程；從這個意義上來說，它是遠東，乃至全世界和平的保證。[89]

另一位參加捷克共產黨第九次全國代表大會、波蘭統一工人黨第二次全國代表大會以及世界和平理事會的中共高級幹部，則帶回了更令人鼓舞的消息。「世界各國知名革命領導人一致認為，中國革命的勝利是繼十月革命、第二次世界大戰反法西斯戰爭勝利以來，全人類的第三次偉大勝利，」他激動地表示。[90]上述這些言論無不強調一九四九年、中國革命之年給全球帶來的重大意義：它已改變了世界。

中共也熱衷於舉辦原來由蘇聯領導、或是「對蘇友好」的國際活動。這是提升其政權正當性、以及在其國際友邦面前展示成就的有效手段。在這些活動當中，頭一個是一九四九年十一月在北京舉行的世界工聯會亞澳工會會議。這場會議「更像是一場國際共產黨的大會，而不是各國的工會集會，」據說史大林得知後頗為不快。[91]不過這傳達出新中國領導人的國際觀：他們希望在近期贏得國內戰爭的勝利之後，能夠為解放世界人類的鬥爭做出貢獻。

此外，在外交戰線上，他們還必須處理更實際、甚至更為關鍵的問題。撇開蘇聯及其附庸國家陣營不談，目前大多數國家，尤其是那些「重要」大國，仍然承認只剩殘餘江山的國民黨政府是代表中國的合法政府。更糟的是，國民黨不但繼續占據著中國在聯合國的代表席位，而且由於是聯合國的創始會員國，更還擔任力量強大的安全理事會常任理事國。這年秋天的大部分時間，國民黨政府駐聯合國代表團都在努力遊說各國代表，支持其控訴蘇聯帝國主義侵略中國的提案。

（譯按：即聯合國大會第五〇五號決議案，又稱「控蘇案」：一九四九年九月二十二日，中華民國駐聯合國代表團向大會提出「控告蘇聯違反中蘇條約與聯合國憲章」，認為蘇聯阻撓政府恢復東北主權，並支持中共叛亂。此案在一九五二年二月一日經聯合國大會表決通過，被臺北視為外交重大勝利）人民共和國成立後不久，周恩來正告聯合國祕書長賴伊（Trygve Lie），稱「所謂國民黨代表團無權代表中國人民，要求立即廢除該『代表團』參與聯合國的一切權利。」[92]毫無疑問，中華人民共和國取得聯合國中國代表權，在美國展開其與共產中國的「關係正常化」以前，一直都是國際外交界的「頭等大事」。此後又過了二十二年，中共才進入聯合國。

與此同時，新中國亟需經濟、技術和軍事方面的支援以重建國家、滿足人民的需求，並對抗國內外的敵人，捍衛其革命成果。在此情勢之下，只有一個地方可以提供這樣的支持。

一九四九年十月五日，也就是人民共和國成立四天之後，「中蘇友好協會」在北京隆重開幕。由新中國最知名、地位最崇隆的女性，孫中山夫人宋慶齡致開幕詞。在廣州的國民黨政府下令通緝她與另外八十三名共產黨人及其盟友，《紐約時報》稱此為「徒勞之舉」。[93]七月時赴莫斯科與史大林祕密會談的劉少奇，此時是中共對蘇事務的負責人，他在中蘇友好協會開幕大會上透露，目前大約已有兩百名蘇聯專家在中國服務，其中大部分都在東北。他又表示，這些蘇聯專家領取的是和相同級別的中國工程師一樣的薪資，不像英美等國的專家技師，總是要求很高的酬勞。當此之時，蘇聯已經成功試爆第一顆原子彈，至少在象徵意義上將社會主義國家陣營置於和美國領導的資本主義國家陣營（或說是「自由世界」）同樣的立足點上。

在人民共和國開國大典曾站上天安門城樓觀禮的蘇聯文化藝術代表團團長、作家亞歷山大·法捷耶夫（Alexander Fadeyev），向世界傳達中蘇友誼帶來的訊息。「就讓美國和西歐帝國主義陣營裡的那些資產階級白癡，繼續重彈老調說中國落後吧，」在報導中他如此表示：「中華民族從此成為最進步、最文明的民族之一，為全人類指明了前進的道路。」[94]

蘇聯對新中國公眾生活的影響，很快就顯現出來。史大林和列寧的肖像到處張掛就是一個很好的例子。當史、列巨幅肖像首次在上海出現時，引起人們的注目，因為一直到最近，上海都還是中國資本主義的典型城市。父母是白俄羅斯人的麗蓮·威倫斯（Liliane Willens）在上海出生、長大，她「感到好奇，人民共和國與這位尚未放棄控制中國港口大連的『老大哥』蘇聯交朋友，要怎麼自圓其說。」當看見史大林、列寧、馬克思和中國領導人的肖像並列時，她「被中國人竟然會崇拜這些新的『魔鬼』給逗樂了。」[95]

據某些消息來源表示，公眾對於來到中國的蘇聯專家其實並不怎麼敬重。「從各方傳入領事館的情資顯示，中國方面對於蘇聯貪婪侵吞（的）不滿浪潮正迅速高漲，」美國駐上海領事寫道。[96]在眾多抱怨聲浪中，他提及「當中國自己糧食需求（很大）時，北方竟將大量糧食運往俄國」，此舉觸怒許多中國人；接著又談到近來蘇聯文化藝術代表團「在上海大肆搜購五金等物品」，招致中國「各界強烈反感」而形成威脅。[97]《紐約時報》則稱，在華的其他外籍人士已經「善於從衣著和舉止來分辨誰是初來乍到者。據報導，新來者通常衣裝粗陋，他們當中有不少人在抵華後不久，即前往裁縫店購置新西服和皮大衣。」[98]

一九四九年在中國的蘇聯專家人數還不多，這可能是他們給人留下深刻印象的原因。但是蘇共與中共的交會很快就發展成一種成熟的兄弟夥伴關係，幾乎進入到生活的每一個領域。一九五〇年代，蘇聯的專業技術、資金、人員、完整的工業廠房、機器和武器大規模輸入到中國。人民共和國的政府形式、法律程序、藝術、建築、城市景觀甚至科學，都受到這段「蘇聯經驗」帶來的影響。而也有成千上萬的中國學生「逆向輸出」，到蘇聯和其附庸國家學習。其中有兩位留學生——江澤民和李鵬，後來分別出任國家領導人和國務院總理，主導了一九九〇年代的中國政治。

如果蘇聯和中華人民共和國之間沒有簽訂正式的友好同盟條約，上述這些發展是難以出現的。不過在一九四九年終，這一條約還不存在。莫斯科長期以來一直對中國共產黨提供資金、武器裝備和發展建議，卻也經常在兩黨之間造成許多猜忌與挫折。如今既然中共已經贏得天下，建立新國家，蘇共與中共的領導人——史大林和毛澤東，也就不得不面對面進行會談。共產主義世界突然之間新添增了一個幅員廣闊、人口眾多，而且地位重要的新成員。這就要看共產主義世界原來的巨頭和新崛起的巨頭之間，如何找出追求共同利益和各自國家利益的最佳方式。

為了這個目的，毛澤東在高度保密、並帶著一種擔心憂慮的情緒，於十二月六日在北京搭上一列開往莫斯科的裝甲專列，這是他首次出國訪問。一小群專家和後勤人員陪同毛出訪，此外還帶了一整輛車廂的禮物，準備送給史大林：山東的大白菜、蘿蔔和大蔥，湖南的湘繡、浙江的龍井茶、貴州的茅台烈酒，以及上海產製的品質優良香菸。[99]毛澤東對於禮物準備得如此慷慨豐富不是很高興，據說還下令拉下一輛車皮不讓帶去。[100]他即將以出國訪問來結束這不平凡的一年，期望能在世界舞臺上邁開勝利的步伐。

第九章　終局之戰

正當毛澤東於十二月中旬抵達莫斯科、開始其首次國際外交活動時，他的一生勁敵蔣介石也在這動盪的一年中來到了最終目的地。一九四九年對毛、蔣二人而言都是驚心動魄的一年，然而兩人際遇的相似之處就到此為止了。儘管毛澤東對於與史大林會面、建立「新中國」亟需的中蘇同盟，感到憂慮不安，但他是中國內戰的勝利者，這一點殆無疑義。另一方面，蔣介石被迫將他的政府由大陸遷到臺北，而他的一生事業顯然已全被摧毀。

然而儘管意義重大，爭奪中國大片江山的鬥爭，其成王敗寇、勝利和失敗之間的分野，卻不是那麼絕對。這在很大程度上是因為國民黨在大陸上的「終局之戰」，以及世界各地被迫因應調整所致；被迫去調整的，不僅是為了一九四九年之後的「新中國」，更是為了這個出現雙重認同的國家，這兩種認同背後的勢力彼此敵對，並激烈競逐爭取中國人民及世界各地華僑的忠誠。這場「終局之戰」在十月一日中華人民共和國成立前夕，以人民解放軍大舉朝向國民黨臨時首都廣州推進，正式拉開序幕。

「我們的處境相當危險」

九月中旬時，美國駐廣州總領事向國務院回報，顯然李宗仁對甘介侯在華盛頓遊說美政府協助保衛華南已不抱希望，因此他請求駐廣州總領事，向美國海軍第七艦隊司令白吉爾（Oscar Badger）中將轉達以下的訊息：

> 廣州的中國政府目前情勢極為險峻。下星期或十日之內，湖南將爆發一場決戰，決定廣州之命運。白崇禧將軍即將迎戰林彪與劉伯承兩支大軍的合力攻擊。而從委員長（即蔣介石）最近的行動可看出，廣州不能指望臺灣的空軍支援，而臺灣對廣州政府的資金挹注，也將在近期完全停止。臺灣未來亦不可能在財政上支援廣州。若無資金，吾人的政府即告崩潰。倘若美國有意提供任何軍事、財政或道義上的支持，無論數量多寡，請即刻行動。我們的處境相當危險。[1]

美國海軍助理武官奉命晉見李代總統和白長官，他歸來後報告：兩位廣西領導人的精神鬥志，遠比上述那則訊息裡的模樣要昂揚許多。「即使李和白都是開了整日整夜的會，李看上去還是和之前一樣，氣色頗佳，思緒機敏、態度和藹，」他報告道：「白就顯得很疲憊，但還是計慮周全，經常是一本正經的神情。」他們「顯然認為財政和軍事上的立即援助，無論其數量多寡，將是使現任政府得以繼續對抗共產主義勢力、並且免於受到委員長掣肘的唯一希望。」[2]

達成上述這兩項目標的時機正快速消逝。且不說美方此時無意提供援助，就算美國真的施以援手，局面也不會有太大不同：國務院官員埋怨李宗仁在幾天前對美方透露的作戰計畫「顯然是臨時拼湊而成」，而且「更加反映出始終在國民黨內部普遍抱持的不切實際想法。」[3]

更重要的是，共產黨前進的勢頭現在看起來已無法阻擋。解放軍不但已經攻入大西北，現在前鋒更已抵達廣州北面一百五十英里處；許多焦慮不安的國民黨官員與一般民眾紛紛搭乘飛機、船舶、火車、汽車、公車或步行，逃往南邊的香港和其他地方。仍在國民黨控制下的地區，將領和其部隊、省主席及政客、民間社會頭臉人物和眾多平民百姓以各式各樣的辦法作好準備，等待著政權的崩潰以及共軍的來臨。

然而國民黨政府的作戰，是否能完全擺脫內部政治與軍事派系的影響，目前還在未定之天。蔣的政府雖然已是奄奄一息，但畢竟還沒有覆滅。它存在的時間越長，就越能對毛澤東建立的新國家合法性構成挑戰。

正是出於這樣的原因，在原有的秩序於一九四九年的最後幾週內土崩瓦解之際，讓政權存活下來是蔣介石的首要之務。蔣氏的目標是成為國民黨各股殘存勢力當中的「唯一存活者」，並且也是任何國外援助的唯一接受者。因為儘管外界往往持相反看法，但蔣堅信自己肩負著救國救民的重責大任。即將離任的中國海關外籍總稅務司李度，在十月下旬於臺北蔣氏行邸晉見辭行時，驚訝地發現蔣看來「氣定神閒，平靜如恆，完全沒有任何緊張不安的跡象。」李度在日記裡寫道：「顯然，他具有強大的力量，或許這是精神上的——或是完全缺乏感知能力。……即便他必須要對當前中國正在經歷的悲劇負責，我還是忍不住對他表示崇敬。」[4]

究竟哪裡才是國民黨最後抵抗的根據地？至今還未明朗。除了眾所周知的臺灣（蔣在一九四九年這一年裡，盡可能地將大量資源轉移到這裡來），另外還有幾個選擇。不過根據旅美臺灣學者林孝庭的研究，與其說蔣介石將臺灣當成無可避免的最後根據地，還不如說他其實將臺灣視為有備無患的「保險」退路。[5]他的個人權威並不如看上去那樣鞏固。而在許多臺灣人及若干外國政府官員的心目中（雖然大部分中國人並不這麼看），仍然對臺灣的確切法律地位存有疑慮，這樣的疑慮一直到與日本簽訂和約時才暫告消除。基於上述原因以及另外更多考量，除非情勢已別無選擇，否則蔣介石不願將他的政府完全從大陸撤出。

攻克廣州

李宗仁在九月中旬時曾警告湖南將爆發一場底定華南前途及廣州政府命運的決定性戰役，他的判斷是正確的。解放軍發起的「衡寶戰役」（以湖南的兩座城市衡陽與寶慶〔今日的邵陽〕命名）對白崇禧造成沉重的打擊，他的部隊在衡、寶一帶，數星期之內損失了四萬七千多人。這一次與宿敵的交鋒，林彪和他指揮的四野無疑是勝利者：白崇禧被迫向西退入廣西，他於九月初時在青樹坪所打那場大大振奮士氣的勝仗，如今已成過眼雲煙。[6]

幾天之後，隨林彪四野行動的蘇聯戰地記者康斯坦丁・西蒙諾夫（Konstantin Simonov）驅車經過衡陽，白崇禧的華中軍政長官公署最近方才放棄這座城市後撤。「這是一個人口近二十萬的城鎮，但是由於民眾擔心會爆發激烈的巷戰，大部分的民眾在國民黨撤走時也隨之疏散到周圍的村莊，」他寫道。殘骸在市區隨處可見，一旁則是碉堡等遭到廢棄的防禦工事。連同街頭闗閉的商家和破舊的房屋，「帶給人極其淒涼的印象。」[7]

雖然若干白崇禧的部隊在轉進時仍保有完整戰力，但是他們向西撤退，卻使得廣州北面的門戶洞開，而廣州正是毛澤東及其高級指戰員的首要目標。對中共來說，最重要的是打垮國民黨政府，或至少剝奪其透過廣州的港口、主要河流和眾多海上管道與外界聯繫、取得資源的能力。至於白崇禧的部隊，現在大部分已與外界失去聯繫，而且困處廣西，可以稍後再對付。

由於李宗仁與蔣介石之間仍然持續就何處作為最後抵抗之地爭執不休，因而使得中共奪取廣州變得更加容易。李、白二人在整個夏季都在制訂保衛兩廣的計畫——兩廣就是廣州所在的廣東，以及他們起家的廣西。李、白相信，他們能夠在兩廣堅守一段時間，倘若能從海路得到援助，更是深具信心。粵軍將領余漢謀、張發奎、薛岳等都支持這個構想。

蔣介石雖同樣也承諾誓死保衛廣東，但其實這並不是他唯一的選擇。在蔣氏而言，自然不願意讓國民黨僅剩的軍事力量都因為保衛臨時首都而陷於險境。蔣尚且擔心，倘使李宗仁政府設法守住了廣州，未來他在領導國民黨反共事業時就至少平添了一個競爭對手。這不但對他個人造成威脅，而且在他看來，更會使國家陷入更加危殆的險境。

李宗仁的左右親信極度不滿地抱怨說，蔣介石蓄意破壞華南防禦。他不但使白崇禧無法獲得守住湖南所必需的資金、空中支援和械彈裝備，下令部隊從白氏的左右兩翼撤軍，更嚴厲批評廣東將領支持李的「孤注一擲」作戰計畫。[8]由於蔣的「橫加掣肘」，使得保衛廣州的計畫完全落空。[9]據說白對於他的部隊領不到軍餉一事「怨憤交集」，以致揚言未來「將盡其所能徵用之手段，只為保衛家鄉廣西而戰。」[10]

蔣似乎不為所動。這一段時間以來，他已制訂計畫，預備將政府遷移到抗日戰爭時的首都重慶，或者倘若廣州的政治與軍事情勢進一步惡化，則也可以將政府轉移到西南的另一城市。為此目的而進行的準備工作早在五月底時就已展開，這時距離南京陷落、政府遷移到廣州還不到一個月。這是因為「時局漸不利於中華民國政府，行政院已有再遷移的準備，」臺灣歷史學者林桶法在專著《一九四九大撤退》中寫道：「但又怕影響戰局的發展，不敢貿然遷移，只好用分地辦公的方式進行。」[11]然而，選擇遷移的大多數地點，都在重慶或周邊地區。

可以想見，只要廣州沒有遭受到立即的威脅，公務員和政客們就不願意再次轉移。但是到了八月中旬，情勢陡然緊張起來；政府表示，計畫從廣州疏散一萬兩千人，其中包括八千五百名眷屬以及三千五百名非必要人員。有兩千名高級政府人員留守，但已做好準備，「隨身攜帶公事包，隨代總統李宗仁……前往重慶。」一位美國外交官報告說：「在重慶，他們將會在機場附近設立辦事處，以便在四川局勢不利時搭機飛往福爾摩沙。」[12]《泰晤士報》的特派員則報導：「很難不為其中若干官員感到難過，他們在重慶度過了戰時歲月，勝利後各在上海、南京和廣州旅居了長短不一的時間，而現在他們發現，自己竟然又一次回到這戰時首都。他們之中也沒有人相信重慶能夠堅守多久。」[13]

事實上，他們當中的許多人已經決定不跟隨政府到重慶去，以保身家性命安全。「雖然中國國民政府已決定從廣州遷往重慶，但我們了解到大部分的政府部門都將有部分人員先行轉移到臺灣，因此臺灣將成為主要的決策中樞，」英國駐臺北領事於九月中旬時寫道。[14]他另注意到：外交部已在臺北設立辦事處，以安置其檔案文卷；中國海關外籍總稅務司李度已率其下屬關員遷至福爾摩沙；政府的五個主要部門（譯按：似為五院）都在島上設置辦事處。十月，他又向倫敦報告：「有百餘位立法委員、數百名政府官員，以及若干位國民黨中央執行委員，都已由廣州來到福爾摩沙避難。」[15]

衡陽於十月八日陷落，廣州的命運就此底定。大批國軍部隊仍舊把守廣州的北面。但是這些軍隊、連同指揮他們的將領，全都士氣消沉，無法阻擋林彪的四野與向南迂迴包抄的劉伯承二野大軍。長期活躍在廣東邊陲地區的共產黨游擊隊此時和解放軍正規部隊取得聯繫，共同作戰。到了「雙十國慶」（一九一一年推翻滿清、建立民國的紀念日），廣州市郊槍聲大作。此情此景，讓杜魯門總統為祝賀中華民國國慶而向李宗仁代總統拍發致賀電報，添增了無限酸楚。《紐約時報》提醒讀者，杜魯門總統拍發賀電，乃是外交上的例行公事，不過該報倒也承認：「有些人認為這是美國政府對於國民黨還在持續與共產黨鬥爭的一種支持的表示。」[16]

兩天後政府宣布遷設重慶，十月十五日開始辦公。政府的電臺宣稱，政府人員由廣州疏散，轉移到重慶，行動已經進行了好幾天，接近完成。[17]政府留下六架飛機供外交界運用，以便他們能將人員轉移到新的臨時首都。不過大多數外交使節卻傾向去香港。而就在軍民大規模出逃、三個共軍縱隊分別從北面和東面市郊逼近廣州之時，國民黨軍事當局仍然承諾要打到底——正如他們在其他城市陷落之前信誓旦旦宣告的那樣。十月九日，余漢謀、薛岳等將領誓言「誓死保衛廣州」、「與城共存亡」。[18]兩天後，總稅務司李度在日記寫道：

看來政府正在盡速撤離廣州，如果從今天算起，一週之內還能在廣州城裡找到負責官員，我會感到驚訝。……我們看到廣州珠江三角洲及其周圍地區又一次創造歷史，而我得承認，我發現一部分身處其中的人們，情緒是激昂和振奮的。[19]

隔天，也就是十月十二日，李宗仁和其他高級官員離開廣州。結果，政府高層的目的地各不相同。代總統李宗仁在飛往重慶之前，先到局勢已經開始緊張的廣西省會桂林「稍事休息」。行政院長閻錫山飛往臺北，與蔣介石商討當前局勢。廣東眾將領則前往海南島，希望在局勢演進到下一階段之前，能盡量集結更多軍隊。

國軍士兵在撤退之前，將《紐約時報》譽之為「中國最佳」懸臂結構的珠江大橋炸毀。[20]他們還摧毀了廣州的兩個主要機場，並縱火燒毀彈藥庫。「最後一批國民黨官員已經撤出廣州，現在只等著紅軍進城，」李度寫道：「在大放厥詞之後，這些『守軍』一槍不放，在毫無必要的炸毀珠江大橋以後，以最快的速度逃跑了。就像一個被寵壞的孩子，臨走前還要卑鄙無恥的一腳踢壞別的孩子堆砌的沙堡。」[21]

這時市民爭先恐後搶購生活必需物資，場面一片混亂。國民黨士兵強行登上飛機或船舶，迫令開往海南島或廣州灣，後者是政府在華南最後一個可運用的海港了。其他人則溯西江而上，進入鄰省廣西。廣州市較富庶的區域已被洗劫一空，原來的屋主和業主早就逃往香港避難。不過，據《紐約時報》的報導，有部分廣州市警察仍在值勤，「（因為他們）已經收到中共地下黨的警告，要求繼續維持市面秩序。」[22]

十月十四日稍後，廣州市面沉寂下來，等待著「解放者」的來到。他們大約在晚間七時抵達，並立即接管了原來作為總統府、行政院、廣東省政府、以及市警局等機關的建築。四野的官方戰史宣稱，這些解放軍先頭部隊，連同從市郊東面開進的其他部隊，宣告「廣州已經解放」。[23]《時代》雜誌考慮到國外讀者，報導時採用一種較輕鬆的筆調：「伴隨著一聲輕嘆，廣州在上星期落入共產黨之手。這座曾經為垂死的中國國民政府提供庇護的城市沒有任何抵抗。……百萬市民漠然地繼續過日子，而紅色地下組織則紛紛現身，加入街頭歡欣鼓舞、慶祝解放的遊行隊伍之中……。」[24]

香港：走在鋼索上

中共拿下廣州，就表示解放軍士兵在香港與內地邊境上和英國保安部隊發生接觸，只是時間早晚的問題。倫敦和香港的官員都十分肯定，解放軍的進展將會像原本來往於廣州和九龍間的廣九鐵路那樣，在中港邊境止步。儘管在解放軍抵達後的幾星期間，中港邊境依然像之前那樣漏洞百出，不過兩地原先的鐵路「直達車」和直接的海路、空中運輸，突然之間都已成為過去。目前沒有跡象表明新政權一心要收復這片殖民地：它要做的事情太多，一時間無暇他顧。但倫敦已派來增援部隊，除了維持香港內部安定，更向中共領導人釋出信息：英國無意放棄這個已成為「紅色中國」邊緣的前哨基地。[25] 十月中旬，先是共產黨民兵抵達中港邊境，接著正規部隊也到了。倫敦的這套看法，現在面臨到考驗。

據《泰晤士報》十月十九日的報導，在分隔中國與香港邊境的沙頭角村，「有

圖 9.1　兩個世界面對面：一九四九年十月，一位英籍香港警官和一位解放軍民兵，各自站在香港與中國界線兩側對望。

圖 9.2　一九四九年十月底，在鄰近香港邊境的深圳，一群志願參加中共工作團的團員（各種年紀都有）高喊擁護毛澤東。

三十五名身穿制服的共軍士兵抵達，並且從村中商會耆老的手中，正式接管行政管理工作。」[26]而「在更西邊的深圳，現在已有一小支共產黨的正規軍駐紮。」一位英籍警官與廣東中共游擊隊取得聯繫，後者表示，他們受到上級嚴格指示，「避免與英方發生任何意外」，而且「只有在國民黨撤離之後，才能沿著邊境進入新陣地。」年底時，新政府的年鑑以愉快的筆調記錄「沒有任何突發事件出現，英國與中國當局在邊境的關係是正規且正確的。」[27]確實，共軍出現的那天，局勢相當平靜，據《每日電訊報》（*Daily Telegraph*）的報導，甚至「距邊境兩英里的地方即有英國公民在打高爾夫球。」[28]

國民政府前外交部長陳友仁之子陳丕士，這時是在香港執業的左傾律師，他和一小群人北上迎接解放軍。他們在深圳通過邊境橋梁，卻意外地遇見：

> 一隊男孩，年紀不超過十三、十四歲。他們身穿灰色制服，打綁腿，穿草鞋，帶隊指揮

員配帶毛瑟左輪手槍，用武裝帶掛在身上。他們頭戴灰色帽子，上綴一顆紅星。這就是著名的「紅色惡魔」（Red Devils），他們充當勤務兵和傳令兵，執行戰鬥人員以外的任務。[29]

解放軍的來臨，代表在共軍攻下華南之後，香港面臨的局勢起了重大變化。香港殖民地可以說多了一個強鄰，這個新鄰居不但實力強大、紀律嚴明、組織嚴密，而且反對香港所代表的一切政治理念，包括「由外國勢力繼續統治」在內。英國將會發現：和國民黨時期相比，治理香港已成為一件更加複雜、敏感和危險的事情。

因應難民的不斷湧入就是一個例子。港英政府聲稱，在五月上海陷落、以及十月廣州失守之後各出現一波難民潮，每星期都有超過一萬名難民自大陸湧進香港。[30]在五到十月這段期間的大部分時間，廣州是最後一個仍在國民黨手中的大城市，也是政府在國內最後幾個發放護照的地點之一。在廣州取得護照後，先到香港、再轉赴世界各地十分便利。於是，有辦法、有動機、有勇氣的人，紛紛以最快的速度湧向南方。「香港迎來又一波難民潮，大批疏散的廣州市民湧入本已人口過多的香港，」《紐約時報》在十月十四日報導：[31]「六十架飛機降落在啟德機場，另有約六千人搭乘火車抵港。」港府表示，一九四九年廣九鐵路的客運量達到四百七十萬人次，比過去兩年成長了百分之八十。[32]

隨父親逃難到香港的湖北少年胡耀恆，回憶自己走過分隔大陸和香港的界橋時的情景：

他們（香港方面的官員）只用廣東話問：「你住係邊度（你住哪裡）？」我記得父親給了他們一點金子，他們就讓我們過去了。當時香港政府不知道該怎麼處理這些難民。我們最後在山腳下落腳棲身……。我們剛過去的時候，那裡住有三百多人。短短幾個星期以後，變成三千多人。[33]

沒有成建制的國民黨部隊進入香港，殖民地的官員為此都鬆了一口氣。國軍部隊大多向西南方撤往海南島，或是向東退往臺灣。但是港督葛量洪還是擔心未來會出現難民潮，這批難民或許來自華北或華中，也可能途經臺灣。「香港無法再承受大規模的難民湧入，」他向倫敦陳述：「……而臺灣目前已有大批來自大陸的難民，他們可能會不計一切代價，想要盡快離開。」[34]他宣布，自十一月十一日起，除來自大陸的入境人士（實際上就是那些經由廣東走陸路進入香港的人）之外，所有各國籍人等皆須簽證才能入境香港。但事實證明，想實施如此大規模的計畫，是不可能的。

港英政府在香港人口登記計畫上倒是取得較大的進展，有鑑於人口越發增加，以及對內部顛覆活動的憂心，登記人口是另一項必要措施。根據《人事登記條例》，香港民眾可以獲發身分證，將來如果情勢需要，他們可以憑身分證領取糧食和其他生活必需品。港府的年度報告書中指出，「年底之前，殖民地的登記人數已超過十二萬人。」[35]

香港希望在中國這場尚未結束的內戰中保持中立（在此新形勢之下，香港要想安定與繁榮，這是另一個必要之舉），在立場上便需要藝高人膽大的走鋼索。這一點在兩家國營航空公司旗下大部分資產爆發爭議時便十分明顯。早在失去大部分大陸江山之前，國民黨政府便指令中國航空公司、中央航空公司旗下所屬八十三架飛機飛往香港，以免遭到共產黨奪取。然而在一九四九年十一月，兩家航空公司若干機組人員指揮十三架飛機，由香港飛往北京，受到中共方面有如民族英雄般熱烈歡迎。在慶祝他們「起義」的晚宴上，周恩來致詞表示，兩航人員的行動「標誌著中國人民航空事業的起點，前途無量。」[36]正當有更多飛機準備北飛投共時，港英政府介入干預，不准這些飛機起飛。

此後國民黨政府重組兩家航空公司的所有權，將大部分股份轉移給美國方面，希望機隊的剩餘飛機能擺脫北京的攫取。然而，此案隨後提交香港法院審理，當時英國已經承認中華人民共和國，這就代表香港必須將這批飛機移交給中國。華盛頓擔心倘若中共得到這批飛機，可能會用來攻擊在臺灣的國民黨政府，因此威脅倫敦要實施制裁。結果是，雖然香港法院做出有利北京的裁決，但是倫敦方面指示港督葛量洪將飛機扣留下來，直到法律程序窮盡為止。終於，在一九五二年，倫敦樞密院做出有利「美國產權所有者」的判決。總督葛量洪對這件他所稱「遺憾之事」表達個人的不滿。[37]

與前述相比，更加單調，但是不減其敏感性質的，是港英政府遏止中共（以及國民黨）在香港殖民地活動的各項舉措。北京經常譴責港英當局取締共產黨活動，並且「迫害」當地左翼或「進步人士」。[38]港英政府不但沒有因此屈服，還採取特別措施，以解散其認定的「親共學校」，因為當局擔心共產黨人會利用這些學校煽動年輕學子起來鬧事。港督葛量洪堅稱：「這些學校必須關閉，行徑最惡劣者，教師將被驅逐出境。」[39]港英政府在准許民間懸掛中華人民共和國國旗一事上，顯得比較寬容。中國海關外籍總稅務司李度在「雙十國慶」這天在日記裡寫道：「今天我看見許多共產黨的旗幟在香港飄揚。……共產黨的旗幟在新加坡已經被禁，但是在香港則否。這是時代的標誌。」[40]

由於現在中共控制了邊境，共產黨對香港工會運動的影響是另一個重大的問題。中共實際上掌控了港九總工會兩萬五千至三萬名會員，據估計約占全香港勞動力的百分之十二，在公共事業和港口都有很大的影響力。來自上海的資本和技術正大量湧入香港，代表香港將有更多工廠，工會的力量也因此將更為強大。港英政府在年度回顧勞工狀況時，對於一九四九年底「相當黯淡」的前景極為擔憂。[41]香港火柴廠工人霸廠抗爭，必須動用警力才能排除；一九五〇年，在廣州新統治者的鼓動下，電車工人罷工演變成與港英政府的對抗，後者最終獲勝。這表示「政府在自己家裡還能當家作主，」港督葛量洪回憶道。[42]

香港因此以一種與年初時截然不同的基調和情緒，迎向一九四九年的結束。好消息是中國內戰看來即將結束，至少最殘酷的階段將要告終。當時在「紫石英號」事件進行到最嚴重關頭的時候，很多人擔心英國在香港的統治會立即遭到來自外部的挑戰，最後並未成真。但是，如果香港這塊殖民地想要繁榮昌盛，其居民想要享有中國其他地方人民所無的和平、穩定和自由，就需要港英當局的力量與巧妙的手腕。考慮到前者，港英政府在一九四九年十二月授予自身各項緊急權力：無論是否正式宣布進入緊急狀態，總督葛量洪（以及其繼任者）保有逐步、逐項施行該條款的權力。

廣西墳場

在林彪迫使白崇禧的部隊向西退出廣西、因而打開攻取廣州的大門之時，對於與他交手的國民黨重要將領做了一番評價。「我認為白崇禧是國民黨將領中最具才幹的一位——這樣說並不過

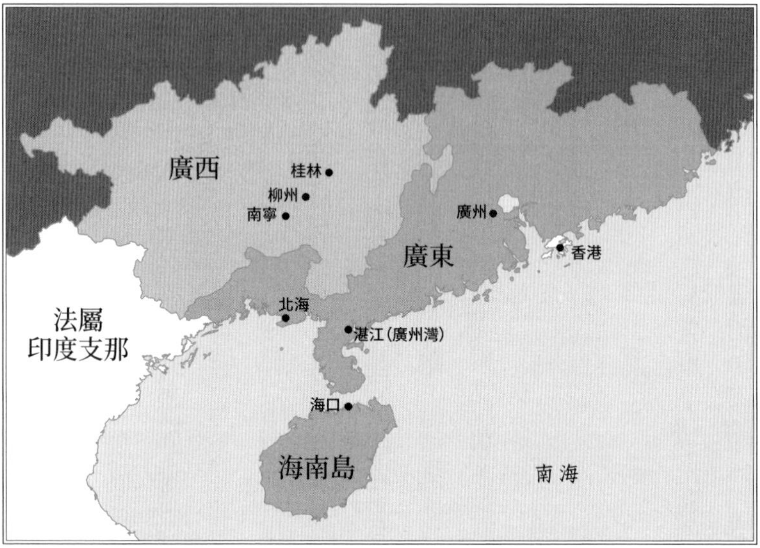

地圖 9.1 「廣西墳場」：就是在這裡，林彪的第四野戰軍擊潰了白崇禧率領的國府軍隊最後抵抗。

分，」林彪在其設於衡陽的指揮所內接受蘇聯隨軍記者康斯坦丁・西蒙諾夫採訪時表示。白氏「具備多年作戰經驗，能力較其他指揮官為優……。」至於他麾下的部隊，「有不少久經戰陣的老兵，他們的戰鬥力在蔣介石部隊的平均水平之上。」[43]

換句話說，白崇禧還沒有被打敗，而擊潰白部國軍的重責大任，就落在林彪這位四野司令員的身上。「在我們面前的是最後一個目標：解放廣西，包圍盤踞在廣西的國民黨軍，並將其全數殲滅——這支部隊是國民黨目前戰鬥力最強的集團，」林彪表示。[44]白氏已經多次拒絕中共方面的勸降，最近的一次在八月，當時前政府和談代表黃紹竑在香港召開記者會，宣布與國民黨斷絕關係，投向中共陣營，並號召他的昔日桂系戰友一同響應。確實有少數桂系成員投靠過去，但都不是手握兵符的廣西將領。因此，就和白一樣，只能在戰場上打敗他們。而打敗桂系的最佳戰場就在廣西。在白崇禧的地盤打敗他，將會重創白的名聲，而且能向有獨立思考能力的廣西人民表明：共產黨已經得了天下。

消滅白崇禧部的作戰計畫是毛澤東和解放軍最高指揮部制訂的，不是林彪。該計畫預備將白部包圍在一個巨大的馬蹄形陣地中，最終兩側部隊會師，收攏口袋尖端，以防白突圍逃脫。直接對白施以壓力很重要，但壓力不能太大，以免讓白和他的部隊在口袋收攏之前就逃出。為了進行此次廣西作戰，四野預備將動員五十萬人，並要求二野部隊在該省東南策應。論裝備，四野和白崇禧部是同樣的窳劣；不過論規模，足足是白部的兩倍。根據最近出版的一部專著，為了確保白崇禧至少能對部隊發餉，美國中央情報局的情報人員將「裝滿兩大柳條筐的大批現金（兌換成港元）」送到白氏位於桂林的總部。[45]至於這筆資金做何用途（如果有的話），目前仍不清楚。

正如今年每一回在戰場上發生的災難性挫敗那樣，內部策略分歧妨礙了保衛廣西的計畫。而在這一次，即使連平日裡以決策果斷著稱的白崇禧，竟也受到這樣分歧的困擾。白部第十兵團司令官徐啟明回憶當時在桂林召開的一場軍事會議，氣氛十分緊張：「健生（白崇禧的字）遇到他平生最難解決的問題，總統（指蔣介石，不在場）要他退雲南，李代座（指李宗仁）要他退海南島，我和黃杰等主張退到安南（法屬印度支那）。」[46]

若干將領考慮帶領部隊越過邊境，進入法屬印度支那這個選項，已有一段時間。在地方層級，廣西省主席黃旭初已經就此議題，和越南國民黨領導人進行了數次非正式會談。中方官員甚至曾對美國駐廣州外交官提起此事。當中方提出，請美方協助「說服法國政府同意白部軍隊，並且顯然是無限期駐留」之時，美方表示「驚訝」。[47]於是中方得到了「中國政府應該直接與巴黎接洽，而不是找美國人幫忙」這樣不客氣的回應。

徐啟明承認，倘若法國人試圖阻止國軍進入他們的領土，則可能必須與法國人作戰。然而縱使如此，「他們兵力小，我們幾十萬兵力，如何擋住我們。」[48]而如果入侵法屬印度支那邊境引發國際事件，那就更好不過了：如此一來才能引起美國重視。[49]再怎麼說，逃往法屬印度支那畢竟是求生存的策略，是避免遭到徹底消滅的替代方案。

周恩來在獲悉國民黨的計畫後，立即向法屬印度支那當局提出嚴厲警告，要求他們不得干預中國內戰。然而他在嚴正警告法屬當局的同時，卻也正和毛澤東尋求史大林的許可，預備派遣解放軍通過邊境，支持越南革命領袖胡志明。史大林卻回絕了，挪威歷史學者文安立（Odd Arne Westad）稱，史大林要一位同僚私下向中共方面傳話，說他「對於中共計畫處理越南問題的方式甚感不滿。」[50]

白崇禧決定，盡可能堅守廣西，要是最後實在守不住，希望能經由雷州半島南撤到海南島。廣西將士們現在已是退無可退，眼看著只能背水一戰硬拚。廣西全省實施「總體戰」。廣西省政府這時已由桂林遷往南寧，如一位桂系幹部所說，將賡續在西邊和南面，「加強防禦，堅壁清野」。[51]通往廣西省境西北的鐵公路沿線，「一切可能被共產黨利用的物資，全被收集起來，放在他們搆不著的地方。這包括牲畜和糧食，一針一線都不留下來。」[52]全省實行「一甲一兵一槍」辦法，意圖化平民百姓為武裝民兵。[53]

在廣西戰雲密布之際，當務之急是確認該省文職幹部的忠誠度。據中央社報導，廣西全省官員被要求「宣誓反共」，禁止他們「以傳遞訊息、提供食物、替共軍帶路、或是在撤退時留下烹飪器具等方式與共黨合作。他們還宣誓，一旦發現共諜或特務，就要立刻向軍事當局舉報。」[54]

蔣、李之間爭奪中央政府殘存的權力，為迫在眉睫的廣西決戰蒙上一層陰影。代總統李宗仁在撤離廣州後，先是飛往桂林，之後再前往新的臨時首都重慶。他在重慶受到各界盛大的歡迎，但也得到警告：當地將領都聽命於蔣，而不是他李代總統。「我隻身在渝（重慶），一舉一動都在蔣氏心腹監視之下，言行稍一不慎，立刻可以失去自由。」李於日後回憶道。[55]不但如此，當地報紙已經開始稱蔣為「總統」，而不是「總裁」。李宗仁認為蔣介石可能會在抵達重慶的幾天內，逼迫他辭卸代理總統之職。因此他在蔣氏抵達前離開重慶，前往雲南省會昆明，與雲南省主席盧漢商討反共戰爭事宜。蔣和李此後再也沒有碰面，也不再信任對方。

高層政爭的裂縫因為李宗仁突然決定離華赴美而宣告彌合。李在昆明停留期間，判斷盧漢不會久守雲南。事實上，盧漢這時正祕密和中共方面接觸，甚至試圖扣留蔣介石和李宗仁以求和共產黨達成和平協議。十一月十三日，李搭機飛回當時已因共軍大兵壓境而「風聲鶴唳，市面蕭條」的桂林。[56]在氣氛緊張的軍事會議上，李宗仁、白崇禧和其他將領一同審視各種出路選項。據一位在場幹部的觀察，白氏再一次顯得「舉棋不定，目眩心亂」。他正面臨到「生命史上最大的敗挫」。[57]

想要避免全軍覆沒的唯一出路，似乎是向海南島撤退。十一月十六日，李宗仁飛到海南評估局勢。情況並不樂觀。據一位大約在同時間造訪海南島主要城市海口的《紐約時報》記者寫道：

在過去六週，超過十萬名（國軍）部隊抵達海口這座人口二十五萬的城市。部隊搭乘的船隻五花八門，有老舊的輪船、登陸艇、平底帆船和舢舨，不一而足。他們衣衫襤褸、疲憊不堪，從淺灘徒步涉水上岸，每個人身上都背著一綑少得可憐的家當。……很多人病倒路旁已經好幾天了。瘧疾十分常見，還有爆發斑疹傷寒和霍亂疫情的危險。官兵已經一連好幾個月沒有領到薪餉，有些士兵索性賣掉所剩不多的財物，以換取食物。[58]

李宗仁帶著沉重鬱悶的心情飛回南寧，此時他突然疑似因胃出血而病倒。他決定與其冒著失去生命的危險留在國內，不如前往美國接受治療，或許還可能爭取到美援。他將白崇禧、省主席黃旭初和其他幾位桂系高級幹部召來，在病榻旁宣布這個決定。這是桂系李、白、黃三位領導人最後一次聚首。「三十餘年患難相從的朋友，至此便各奔東西了。」李氏說道。[59]

十一月十九日，李宗仁拍發電報給行政院長閻錫山，告知他決心出國就醫。李氏同時也請白崇禧飛往重慶向蔣介石報告這一消息；當時蔣氏正在四川部署最後防線。蔣對白做了一番鼓舞士氣的懇談。蔣對白表示，過往的歷史證明，只要兩人團結一致，事業必定成功。「今後局勢無論如何困難，只要我們兩人同心同德，徹底合作，則事尚有可為。」[60]二十多年來，蔣、白相互猜忌造就了今日的分歧，從而導致了這一年災難性的結果；如今二人終於達成某種和解。但是這樣的和解僅止於表面。就蔣而言，這件事很快便無關緊要了。

十一月二十日，李宗仁抵達香港，住進太和醫院。蔣介石請幾位黨內要員去勸說他回來，但沒有成功。美國外交官員語帶尖酸的評論說，蔣氏此舉是「要別人繼續『替他受過』，承擔失去大陸的責任。」[61]不過，李宗仁「替蔣受過」的日子已經結束了。由於他領導的政府拒絕簽發外交護照，李氏和隨員在十二月五日持個人旅行文件從香港啟程赴美。

李宗仁在出國時，仍然相信白崇禧有辦法阻擋共軍進攻，保住華南的部分地區。「李宗仁從香港飛美就醫，行前還囑程思遠帶其親筆信去海口給白崇禧，」李氏親信程思遠回憶道：「要白氏將部隊集中海南，候他做完胃潰瘍割治手術，即當力疾歸來，共商進止大計。」[62]但實際上，廣西戰役即將告終。林彪以殘酷無情的速度與效率打垮了白崇禧的部隊，證明與白氏相比，他才是在內戰中勝出的戰略家、最有才能的將領。

林彪大軍以中央突破戰術快速推進，迫使白崇禧放棄桂林和廣西西北，朝設想中較安全的南邊撤退。有一位目擊者描述這一悲慘的場景：「沿途可見被遺棄的軍車，士兵與平民百姓迤邐向南行進。」「疾駛的火車上「擠滿了士兵、難民及其眷屬」。[63]中共的新華社報導提供了另一個不同角度的觀察：白崇禧部隊「在撤退前大肆破壞……；他們炸毀鐵道橋梁，鑿沉渡船堵塞河道，砸壞民眾家中炊具，然後將人民驅趕進山裡。」[64]

桂林於十一月二十二日陷落，廣西中部的柳州，連同位於廣西東南、西江主要貿易城市梧州，都在十一月二十五日失守。白崇禧的部隊並沒有頑強抵抗，用一名省府官員的話來說，他們已是「強弩之末」。[65]另一位桂系幹部則表示，廣西士兵長年轉戰大江南北，「思家之念特殷，故退回廣西後，逃兵特別多。」[66]解放軍正規軍大多來自北方，不熟悉當地情況，由兩廣縱隊、滇桂黔邊縱隊等中共游擊隊協助作戰。廣西的中共游擊隊在人數上並不如攻取廣州時與解放軍配合作戰的非正規軍那麼多。不過按照一位二野部隊政委的話，這是一股未來將在廣西作戰時幫助解放軍、並協助治理全省的力量。他們的作用不應被低估。[67]

十一月的最後一星期和十二月的前幾天，白崇禧在形勢危急的南寧，試圖掌握當前局面。十二月二日，白氏對從香港飛到南寧訪視的美國共和黨參議員威廉・諾蘭（William Knowland）說，現在談保衛廣西，為時已晚。諾蘭強烈批評杜魯門政府不肯進一步援助國民黨政府；中國海關外籍總稅務司李度說他是「國民黨抓住的最後救命稻草。」[68]白請諾蘭確保未來任何的援助物資直接運往海南，因為他和華中國軍很快就會退往那裡。由於解放軍先頭部隊現在距離南寧只有幾英里，白崇禧敦促諾蘭參議員盡快離開，諾蘭在隔（三）日離去。再隔一日，白氏本人，連同黃旭初及其他高級幹部也從南寧前往海南。他們此生再也沒有重返大陸。

共軍進入廣西後，最激烈的戰鬥發生在該省東部和南部與廣東接壤的邊區。就在博白、百合這兩個不起眼的鄉鎮及周圍地區，白崇禧的主力兵團遭到殲滅。解放軍推進的速度出乎這些部隊的指揮官意料之外，他們原來想要守住一條走廊地帶，以便讓人員和器材都退往海南的計畫，如今全都成為泡影。

身歷其境的徐啟明將軍講述了國軍從南寧向西，到小港口欽州這條「逃亡之路」上（原先指望部隊也能從這裡渡海，撤退到海南），沿途混亂與慘敗，最後全軍覆沒的經過。徐一直主張大軍是不可能退往海南的，因為既沒有足夠的船舶，欽州與海南兩邊也都沒有適合的港口。大軍南撤，「前有大海後有追兵，又沒有足夠的船，我們怕要給（敵人）消滅了。」[69]

此話不幸言中。在退往欽州途中，徐啟明遇見指揮殘部撤退的黃杰，此時黃已經決心率軍退入法屬印度支那。這時一架空軍飛機飛來，投下白崇禧的命令：撤退到海南的計畫，現在已無法實行，徐部應該隨黃杰部隊退入廣西西南山區，然後進入法國殖民地。「這是白崇禧最後向部隊發出的一份電報，」一位桂系幹部如此記道。[70]

由於此時共軍正在追擊黃杰部隊，尾隨他們之後撤退也很危險。徐啟明很快就被迫兩面作戰，他的部隊被衝得七零八落，他本人則僅以身免。徐帶著副官和參謀，在欽州郊外山區農村裡躲藏了幾個星期，終於想辦法扮成平民先到廣州，然後間關抵達香港。徐的妻子之前已先由桂林到香港安頓，這時見到他大吃一驚，因為國軍方面一直打聽不到他的下落，已將他報為失蹤。「我脫險後，鶴齡（另一位桂系將領李品仙）最先知道，他奉健生（即白崇禧）命在香港收容失散的人。健生已到臺灣去了，叫鶴齡送兩萬港幣給我，」徐回憶道。他隨即脫下戎裝，轉業學習中醫。[71]

共產黨打下兩廣後造成的另一起（暫時）失蹤事件，出現在一位非戰鬥人員葉遠章（音譯）身上，當時他是前通商口岸北海的海關專員。十二月六日，葉氏向他的上司、如前所述，當時已在臺灣的總稅務司李度發出最後一通電報：

急。據報共軍距戶部（Hoppo，海關司署舊稱）僅三十（英）里，計明日可抵北海。此間國軍已大部撤離。職與全體關員奉諭堅守崗位。如無後續報告，此電恐為最後一電。再會。[72]

廣西的失陷，使得在一九四九年各大事件中既是軍事將領、又扮演重要政治角色的白崇禧，一生事業戛然畫上句點。白氏抵達海南後，大部分時間都在一艘軍艦上度過，他乘著軍艦來回於欽州附近海域，希望能接出若干突圍而出的部隊。但是真正接應到的官兵寥寥無幾。據中共官方對這場戰役的記述稱：解放軍在廣西戰役中一共消滅十七萬兩千九百九十名國民黨軍，俘虜高級軍官九十名。約有兩萬名部隊設法突圍，進入法屬印度支那。「人民解放軍已經消滅了大陸上最後一支、也是最大的國民黨武裝力量。」[73]

且不論這些精確到出奇的統計數字是否準確，不過白崇禧的部隊確實是被消滅得差不多了。法國人立刻將那些越過邊境的部隊解除武裝，並將他們關入集中營裡。現在，白氏成了沒有兵的光桿司令，一位政治影響力已然消失的軍事領袖，一位在國家生活中不再扮演任何角色的全國政治人物。白的華中軍政長官公署，年初時還設在工業重鎮漢口，控扼長江中游，現在卻已遷到海口市的一座天主堂內。海口是海南島這座尚未開發島嶼的最大城市，國民黨只能控制島嶼的沿海邊緣地帶，共產黨游擊隊在山地已活躍多年。

曾經擔任李宗仁親信幕僚的梁升俊，在戰事最激烈的階段未曾和白崇禧見面，及至到海南島重新見到白氏，驚覺他竟然前後判若二人。不過幾星期之前，儘管共軍大兵壓境，白看起來仍然鎮定自若，心情愉快。但這次見面，他卻顯得「形容憔悴，兩眼無神，精神渙散，聲語低沉。」[74]

白現在只有一條路可以選擇——前去臺灣（在他而言則是歸隊）。白到臺灣，不但影響力將大不如前，而且會受到蔣手下的情治人員監控。李宗仁的出國與白崇禧的戰敗，代表蔣介石不再需要擔心桂系。但蔣氏不打算放過他昔日的對手，特別是幾乎整整一年之前，連發電報催促他下臺的白崇禧。[75]十二月三十日，白氏由海口啟程飛往臺北，此後在臺灣度過不愉快的餘生，既對失去大陸充滿憾恨，期望光復舊河山的願望也終於落空。

相較之下，林彪以勝利者之姿結束了這一年。十二月十九日，他離開廣西，前往長沙，並發表聲明，盛讚四野的作戰表現。林彪聲稱，殲滅白崇禧集團「證明對縮短解放戰爭進程具有重要意義」。[76]林說的沒錯，而在他面前，尚有一項重大作戰任務在等待著，那就是很快即將展開的「解放」海南作戰。

進軍邊陲地帶

值得注意的是，在解放軍底定華南的同一時間，也攻取了廣大的西北地區。解放軍需要穿越比長江以南更加複雜艱難的地形與更長的距離。勝利也同樣來得突然而且徹底。

蔣介石政府的統治，一直未能到達甘肅、青海、寧夏以及更加偏遠的新疆。中央政府在這些人口相對稀少地區的權威，依賴其有限的補助，以換取地方領導人在表面上宣誓忠誠，而實際上他們大部分仍舊自行其是。中國的新統治者決心將他們的意志貫徹全國，獲得西北豐富的資源，並且確保即使在「人民中國」最偏遠的地區，也沒有「反動派」或「帝國主義者」可資立足之地。

要達成這一目標，必須先擊破橫梗於前的軍事障礙：包括整個民國時期統治甘肅、青海、寧夏大部分地區的穆斯林馬氏家族旗下的軍隊，以及由胡宗南統領的中央軍。雖然他們在一九四九年六月初發動突擊，暫時挫敗了由彭德懷指揮的一野西進，但是這兩支軍隊的現況都不足以守住當前的態勢。部分是由於這次勝利的關係，蔣介石（譯按：應為李宗仁）任命馬氏家族的領袖馬步芳為西北軍政長官，取代率領政府和談代表團到北平，卻投靠中共陣營的張治中。[77] 寧夏省主席馬鴻逵被任命為他的副手。

但是蔣介石未能如期向西北馬家軍補給武器彈藥，令其將領深感挫折。「我們在八月十五日拜訪馬（鴻逵）將軍，發現（這位）將軍只對一件事感興趣：子彈。」駐廣州的美國外交官向國務院報告：「他表示，曾向廣州中央政府及（在）福爾摩沙的蔣委員長討要子彈，但答案總是沒有。他甚至提議，先挪借子彈，待戰役結束之後歸還，但得到的答案仍是相同。」[78]

由於馬家軍欠缺彈藥，再加上胡宗南未能和馬的部隊協同（批評者謂，二者甚至連合作都沒能辦到），使得一野得以重新向西發動進攻，這次沿途少有抵抗。甘肅省會蘭州於八月陷落；青海與寧夏分別在隔月失守。馬步芳出逃，先到香港，之後轉往伊斯蘭聖地麥加（Mecca）；馬鴻逵則前往臺灣。

剩下新疆省，作為中國大西北未受內戰烽火波及的地區，此地的漢族大約只占人口百分之六，而維吾爾族及其他說土耳其語的人口約占百分之七十七。[79]新疆省警備總司令陶峙岳觀望風向，決定在九月二十五日通電脫離國民黨政府，並在幾天之後向一野接洽投降，從而使新疆全省免於受到戰火波及。但是既然本地區長期存在著派系紛爭與種族分歧，隨即而來的就是一段局面動盪不安的時期。到了一九四九年底，彭德懷向毛澤東報告，由於對陶峙岳部隊進行改編再教育，以及將原新疆省政府依照「民族民主原則」進行改組，本地區的總體情勢開始趨於穩定。但是在動盪平息之後，隨之而來的就是財政危機。「我認為蘇聯的大舉支援是十分必需的，」彭德懷表示。[80]蘇聯的援助不久就將來到。

一九四九年接近尾聲時，似乎只剩西藏還沒有被這場爭奪中國內地的戰爭所波及。夾處在印度與中國之間，西藏的宗教政權領袖認為自己廣袤的家園是一個獨立的國度。七月時，西藏當局以「可能變節投靠中共」為由，驅逐了國民黨政府駐藏辦事處所有人員。國民黨和中共都提出抗議，不過也都沒有實際作為。

這種情況很快也將發生變化。十一月初，西藏當局致函中共主席毛澤東，要求會談。「西藏自上古時代起即為一獨立國度，從未受外來強權統治，」函件中寫道：「吾人盼望您能保證人民解放軍不會越境進入西藏領土。」[81]三個星期後，西藏又轉向英國，倘若毛未回應，請英方提供協助。[82]這兩道計策都沒有奏效。一九五〇年十月，解放軍進入西藏，擊垮對中國統治的抵抗——至少目前是如此。英國縱然想插手干預，卻著實愛莫能助。一九五一年，西藏精神領袖達賴喇嘛和毛澤東簽署了一項協議，基本保持西藏社會和經濟維持現狀，但接受中國對西藏的宗主權。一九四九年時，一些桂系幹部曾主張在不同條件下與共產黨達成這種局部和平協議——直到白崇禧將其否決。

倉皇退出：蔣介石在大陸的最後日子

一九四九年十二月，國民黨統治西南的殘餘堡壘土崩瓦解，其過程與今年政府從各大城市敗退的情景相彷。從十一月中旬開始，蔣介石大部分時間都逗留在政府新的臨時首都重慶，此行他除了堅定地方將領的信心之外，還試圖盡可能在大陸堅持下去。蔣氏抵達後，接連召集高級政軍幹部會議，誓言要戰鬥到底，並宣布更為樂觀的防禦計畫。不過整個過程明顯有種不真實的氣氛：各將領與他們麾下的部隊既缺乏鬥志，也不具備堅決抵抗的能力。

雲南省主席盧漢的地盤，因為其地理位置及半獨立的傳統，似乎可以作為長期抵抗的基地，因而在「大西南戰事」這部迷你戲劇當中扮演了舉足輕重的角色。從某些層面上說，盧漢迄今還能安然在位實屬幸運：一九四九年夏季，李宗仁和白崇禧獲報，得知他正私下與中共接觸，便準備將他撤換，代之以桂系自己的人馬。「白氏亦明白，單憑一紙調令不足成事，軍事行動乃為必須，」廣西省主席黃旭初回憶道：「因之制訂了詳盡的用兵計畫。」[83]

蔣介石卻在此時出手干預，將局勢導向他主導的方向。蔣將盧漢召來重慶，與他做了一次懇談，盧一開始時表現得十分順從，立即著手在雲南的省會昆明逮捕左翼親共人士。然而就在同時，盧漢可能正在向美國有關方面接洽，提議雲南在未來的反共戰爭中「與中央政府脫離關係，接受美國的保護，由美軍進駐，並在軍事、經濟和政治上聽從美國顧問的建議。」[84]不過，縱使華盛頓同意這項提議，解放軍的推進速度，讓這一切顯得不切實際。十二月十一日，盧漢宣布雲南倒向中共陣營。共產黨進駐接管尚需一段時日，有一支國軍部隊在李彌將軍指揮下由雲南退入緬甸，並在一九五〇年代時在美國中情局的支持下，越過邊境，向雲南發動攻擊。對於中共的雲南新政府來說，這自然是一件頭痛的麻煩事，不過也就僅是麻煩事而已，並未傷筋動本。

很少人相信重慶能夠守住。十一月二十一日，政府宣布移駐成都，成都位於重慶西北方，蔣認為此處形勢或許較有利於防禦。混亂接踵而來。重慶市街上，到處塞滿搬運設備疏散的卡車、小汽車和行人，政府各機關都已是人去樓空，只留下一、二名人員焚燒文件檔案。[85]

到了十一月二十五、二十六日，共軍幾乎已將重慶團團包圍。十一月二十九日，連蔣介石暫駐的寓所附近都可以聽見槍聲大作。蔣經國勸父親立即動身前往機場。但是沿途道路嚴重堵塞，擠滿了同樣要去機場的車輛。小蔣在日記中寫道：「途中為車輛阻塞者三次，無法前進。父親不得已，乃下車步行，通過後改乘吉普車前進。」蔣氏及隨員一行人抵達機場後，「即登中美號專機夜宿。」[86]十一月三十日清晨，他們換搭另一架飛機前往成都。

空軍飛行員劉鴻翊回憶：

我駕駛最後兩架B－25轟炸機當中的一架，從白市驛機場起飛，隨老蔣總統到成都。機場有很多眷屬還在等待飛機，而……總統的一個侍衛不得不說謊，騙他們說後面還有五架飛機會過來接走他們。我們起飛以後，被迫轟炸跑道，以免被共軍利用。留下來斷後的士兵發現了，開始朝我們開槍射擊……。[87]

解放軍的二野部隊於同日下午進入重慶。

蔣介石在成都停留了十日，但是戰火槍砲聲很快就逼近過來。接下來，他眼前只剩下一個選擇：將政府遷到臺灣省的省會臺北市。政府於十二月八日宣布移駐臺北辦公，這是九個月來的第四次遷都。但為了至少象徵性地表明不放棄大陸，他宣布在成都西南邊的西昌（位於當時的西康省）成立大本營，繼續作戰。然而，西康省主席劉文輝於十二月十一日宣布投共，使得大本營無法長期維持下去（譯按：胡宗南部國軍，由陝西翻越秦嶺，進入四川，是掩護政府的最後力量。胡部三個兵團，在一九四九年十二月下旬或潰或降，胡本人到西昌收集殘部，繼續堅持到隔年三月二十六日，才在解放軍即將合圍之際，搭機飛往臺北）。

十七架飛機將政府官員從局勢緊張的成都運送到相對安全的臺北。如果不是幾天前有十三架屬於中央、中國航空公司的飛機叛逃到北京，政府應當有更多飛機艙位可供運用。十二月十日上午，正當毛澤東意態閒適地搭乘專列穿越中亞前往莫斯科，準備和史大林會晤之時，蔣介石一行人正匆匆出發到成都機場，他們登上一架道格拉斯DC3飛機，準備在共產黨控制的領土上空進行長途飛行，返回臺北。蔣氏登機時的神情「肅穆而哀戚」，一位與蔣同機的幕僚記錄下這位國民黨領導人離開大陸的最後一刻：「他沒有講話，就直接走進專艙。」[88]

臺灣：風雨飄搖

國民黨政府由大陸逃往臺北，不僅是蔣介石個人最後奮鬥的結束，也象徵著任何非共產中國的願景都已告終結。儘管臺灣距離大陸沿海有大約一百英里，這座島嶼如今卻顯得岌岌可危。八月時，解放軍的三野大軍逼使國民黨放棄臺灣對面的福建省會福州；十月，又拿下廈門，等於是控制了臺灣海峽的南北二端。福爾摩沙與中國大陸之間最密切的聯繫管道被切斷，這兩個可以發起入侵作戰、距離最近的港口，都落入共軍手中。

不過實際上，臺灣面臨的軍事壓力出現若干緩和的跡象。十月二十四日，解放軍向距離廈門僅有約一英里的金門發動登陸作戰，遭到重兵增援的國軍迎頭痛擊。接下來的三天，兩軍在島上爆發激烈戰鬥。政府方面將大砲、坦克和空軍轟炸機投入作戰。近萬名共軍陣亡或被俘，解放軍的官方戰史稱此次戰役是「我方在解放戰爭中的一次重大挫敗。」這場失敗被歸因為「部分高級指戰員的警戒心理鬆懈和盲目樂觀」所致，並提到「對於如何發起兩棲作戰的認識不充分」。[89]戰事爆發次日，蔣經國奉命前往金門視察幾個小時。他在日記中寫道，自己搭乘吉普車前往守將湯恩伯的司令部，沿途所見，全是屍體、傷兵和俘虜。「在砲火中慰問官兵，遍地屍體，血肉模糊。看他們在極艱苦的環境中，英勇作戰，極受感動。……金門登陸匪軍之殲滅，為年來之第一次大勝利，此真轉敗為勝，反攻復國之『轉捩點』也。」[90]

然而，金門古寧頭戰役（以戰鬥最血腥激烈的村莊命名）縱使勝利，並不足以彌補過去兩年間使政府輾轉播遷到臺灣來的災難性失敗。此戰告捷，充其量只是提供了一些喘息的空間，並使陷入混亂狀態的國民黨人，士氣為之一振，得以鞏固臺灣的防務。保衛臺灣這項艱鉅的任務，首先落在前上海市長吳國楨的肩上，他於十二月十六日接替陳誠，出任臺灣省主席。吳為了表示決心，據說「隨身攜帶氰化物膠囊」。[91] 一名英國官員指出：「（國民黨）組成新的文人政府班子，其目的是實施徹底的改革，以爭取美國方面的認可，並恢復援助。」[92]

臺灣自五月以來一直處在戒嚴狀態，其原因一方面是為了防止共產黨的滲透，另方面也為了要管控大量湧入臺灣的難民、士兵及其他從大陸躲避戰亂來臺的民眾。從英國駐臺北領事的報告中，得以一窺當時臺灣當局所面對的情況：

> 基隆（島上主要港口，鄰近臺北）的情形至為混亂，港口內擠滿軍用船隻，沒有商船……得以駛入。運兵船上的部隊，雖然本來是調往華南，而且被命令不得上岸，但是部隊長自作主張，要求上岸，聲稱部下正在挨餓，他們還威脅，如果不讓部隊上岸，就要對港務局開火射擊。[93]

臺灣本地民眾對於大陸撤臺士兵及初來乍到者的觀感一般不佳，有的人甚至對外省軍民的惡劣行為感到憤怒，這是可能造成動盪不安的潛在因素。

臺灣也在為中共的進犯做準備。之前被蔣介石派到臺灣訓練新軍的孫立人將軍，現在被任命為臺灣防衛總司令。沿海地區實施宵禁。政府表示，將於一九五〇年開始實施徵兵。現在大陸已經失守，反共戰爭中籌集資金與指揮作戰的責任，就落在臺灣的肩頭，從而將給臺灣的民眾與經濟帶來極其沉重的負荷。

實際上，在一九四九年下半年，臺灣經濟的發展，在全國一片不如人意的景象中顯得一枝獨秀。省政當局在六月時發行新臺幣，有效遏止通貨膨脹帶來的影響；本地民眾和外省避難來臺人士都信賴這個新貨幣，用它進行買賣交易。臺灣在與大陸隔絕之後，也快速更換其貿易夥伴。英國駐臺北領事在十一月時語帶讚許地指出：「（臺灣）最近與日本和香港的貿易迅速發展，又採購了更多的化學肥料，今年一百二十萬噸的稻作收成目標可望能實現。」

更引人注目的，仍然是政府在土地改革方面取得的進展。中共之所以能夠控制廣大中國農村，並進而在內戰中取得勝利，土地改革是關鍵因素。國民黨人先前一直未能嚴肅面對這一問題。[94]在實施土地改革以前，臺灣三百八十萬農民之中，約有七成是佃農，他們總收成中的百分之四十六到六十二點五用來支付地租。政府實施「三七五減租」，規定地租上限不得超過百分之三十七點五。同時，政府並未像中共在大陸上那樣沒收地主的田地財產，或是殺害他們，而是採取補償措施。農民很快受惠。「據估計，農民的收益成長了百分之三十，和實施改革之前相比，增加的幅度由百分之零點九到百分之七十不等。」一位觀察人士在「三七五減租」各項措施實施之後不久如此表示。[95]這些改革和其他改革一樣，因為當時臺灣民眾的教育水準相較大陸民眾為高，使得政府在推動時獲得不少便利。據說臺灣島上民眾識字率「超過七成」，這是日本統治時期留下來的成就。[96]

然而對於許多觀察人士來說，在一九四九年將要結束時，有一個更為迫切的問題，讓上述這些積極的進展為之黯然失色：那就是國民黨政府究竟能否在新的根據地長期堅持。各界對此都頗為悲觀。古寧頭之役失敗，或許證明解放軍缺乏渡海兩棲作戰的準備，但中共領導人要消滅蔣介石政權、將臺灣與大陸歸於一統的決心是毋庸置疑的。由陳毅司令指揮的第三野戰軍已經開始著手籌畫如何實現這一目標。

儘管經濟出現正向進展，但金融崩潰的陰影仍舊如影隨形的糾纏著當局。據說臺灣省的財政預算在一九四九年底時可以盈虧打平。但這樣的說法忽略了以下的事實：即中央政府只負擔島上大批武裝部隊開支的四分之一，而臺灣省支付的其餘款項，相當於全省整年度的預算。黃金和外匯儲備雖然可以在短時間內協助收支平衡，但畢竟不是長久之計。英國駐臺北領事警告說：「倘若未能有經濟和軍事上的積極援助措施，協助臺灣脫離共產黨的勢力範圍，一九五〇年的夏季看來將是福爾摩沙最危險的時期。」[97]

許多外界觀察人士相信，由於當局領導無方、治理無術，臺灣很快就會落入中共的手中。一份美國中情局的評估報告指出：「不僅武裝部隊的領導統御不當，國民黨政府所有最糟糕的層面，全都在對該島的差勁治理上清楚顯現出來。這些因素引來並加速了共產黨的滲透，而且已經在進行之中。」[98]倫敦也有同樣看法。英國外交部助理事務次長德寧（M. E. Dening）寫道：「我不想估計蔣介石能保有臺灣多長時間，但我認為吾人必須接受臺灣遲早將落入共產黨之手的可能性。如果有人能就如何避免此一情況提出任何高明建議，吾人將樂於接受。」[99]

美國很快就將上述的分析評估落實為政策，這引起蔣介石的極大關切。杜魯門總統於一九四九年十二月三十日核准的國家安全會議第四十八之二號文件明文規定，華盛頓將繼續與國民黨政府維持正式外交關係，「直到局勢明朗。」沒有承認毛澤東政權的問題。它還承諾透過外交和經濟手段，力保臺灣不致落入共產黨手中。這些手段包括禁止出口戰略物資給目前被稱為「共產主義集團」的國家。但這份文件也補充表示：「只要吾人的軍事實力與當前我方的全球義務還存在落差，臺灣的戰略重要地位便不足以成為公開軍事行動的理由。」[100]

美國方面傳達出的訊息十分確切明白：除非情勢出現變化，否則美方為阻止中共人民解放軍完成統一中國大業所採取的行動，將有明確的侷限。蔣介石和他的政府基本上只能靠自己了。正當蘇聯領導人約瑟夫．史大林張開雙臂歡迎毛澤東，接受中華人民共和國作為社會主義國家陣營的新夥伴，並給予協防承諾的同時，美國杜魯門總統正式解除了與中華民國曾經緊密的連結關係。這是一九四九年期間發生劇烈變動的驚人見證：這一年中國出現了重大的變化，而世界也隨之發生變動。

第十章　餘波：一九四九年的漫長陰影

一九四九年十二月三十一日，即蔣介石在南京的新年除夕茶會上，向黨政同僚宣布他即將下野，以促成政府和中共進行和談的整整一年後，中共中央向解放軍全體將士、以及所有中國人民發表新年文告：

中國人民解放軍在全軍將士忘我的努力和全國人民積極的支援之下，在一九四九年內已經解放了除西藏以外的全部中國大陸，殲滅了敵軍兩百六十萬人。由於這個偉大歷史勝利，帝國主義和國民黨在中國的反動統治已被永遠推翻，中華人民共和國已被鞏固地建立起來。

中國人民解放軍和中國人民在一九五〇年的光榮戰鬥任務是解放臺灣、海南島和西藏，殲滅蔣介石匪幫的最後殘餘，完成統一中國的事業，不讓美國帝國主義侵略勢力在我們的領土上有任何立足點。隨著戰爭勝利結束，中國人民已經可能並且必須把主要的力量逐步轉入和平建設工作。1

這種慶賀勝利的語氣或許在勝利者的身上是情有可原的，不過聽在中國內戰的失敗者耳裡，就十分令人惱火。這些失敗者，包括數以萬計的國軍官兵，他們有的被困在中國大陸，有的在海南島掙扎，更有些人越過邊境，進入法屬印度支那；失敗者包括蔣介石那殘破的國民黨政府，被迫播遷局勢風雨飄搖的臺灣；失敗者還包括數以百萬計的中國民眾，他們的生命因內戰而橫遭擾亂，甚至被毀滅，許多人現在成了陌生地方暫且棲身的難民，身上除了衣服之外別無長物。

中共的軍事勝利是突如其來的，是痛苦難忘的，而且似乎也是難以扭轉的。究竟整個中國大陸是「解放」還是「淪陷」，取決於人們在內戰中站在哪一邊而定。中國已經「改換陣營」，由原先身分模糊的西方盟國搖身一變，成為蘇聯所謂同志式歡迎擁抱：在一九四九年底，華盛頓和倫敦，再加上北京與臺北，全都焦急地等待毛澤東訪問莫斯科傳來的消息。

不過，如果說許多一九四九年發生的事件都具有決定性因素，那麼其中有一項大事尚未完成：中國的統一。很快就將出現兩個政權——中華民國和中華人民共和國——是否都自稱代表中國？而由於一九四九年造成的結果，中國人民又將必須接受哪一種中國，或者是說，哪一個中國？上面這兩個問題的答案，對於外交與治國方略、國防和安全、以及該地區和其他地方的和平與繁榮，又具有什麼樣的意義？

世界用不著等上太久，就能找到上述問題的答案。但一九四九年所掀起的風雲，卻也不會輕易平息。七十多年過去了，中國人民，以及他們在北京和臺北的政府，還有美國與日本——在此僅舉出幾個有關方面和國家——仍然在面對這場未結束的中國內戰所帶來的影響。亞太區域作為世界上人口最多的地區和世界經濟成長的主要動力來源，其和平前景很大程度上要取決於中國民族復興敘事之中，最關鍵的內戰問題要如何解決。

一九五〇年初，當解放軍幾乎已經攻取整個中國大陸之際，西方列強這時多半認為中國的未來是中國人民的事情，而且往後應該繼續交由他們自己決定。在華盛頓，儘管支持蔣介石的「中國遊說團」努力運作美國政府援助蔣政府，縱然放手不管就代表整個中國很可能都將落入共產主義勢力的控制，但美國仍然在百般無奈下得出上面這個結論。對現在進駐臺北陽明山僻靜處「國民黨總裁辦公室」的蔣介石而言，這是他軍政生涯之中又一個極為難受不安的時刻。蔣氏剛剛失去了大陸。現在，從前的國際友人與合作盟邦一個個爭相棄他而去。

在一月五日發布的白宮聲明中，杜魯門總統表示，美國不會「對駐在福爾摩沙的中國軍隊提供軍事援助或建議」，也將不採取任何「可能使美國捲入中國內戰」的舉措。[2]隔天，英國承認中華人民共和國，希望此舉可以維護英方在上海的投資，並且能更加省力的保住對香港的管治。[3]一月十二日，美國國務卿艾奇遜稱，國民黨的失敗係源自於「軍事指揮上所經歷過最為嚴重的無能」，並將臺灣和南韓畫出美國的太平洋防線之外。[4]

作為「勝利者」，毛澤東的新年伊始頗令人振奮。一月的大部分時間，他都是在約瑟夫・史大林位於莫斯科近郊的別墅內度過的。不過，實際上毛在這裡是被單獨撇下，蘇聯領導人很大程度上對他不聞不問，他也對這位國際同志如此行徑越發感到不滿。

毛澤東向史大林及蘇聯一邊倒是無庸置疑的。一位駐莫斯科的美國外交官表示，毛訪蘇的目的，是「親自向史大林帝國的統治者報告，帝國新近獲得廣袤的大片領土與數億人口。」這是一份「送給史大林的巨大生日賀禮。」[5]

不過，史大林不但在共產主義意識形態層面仍舊對毛澤東抱持疑慮，而且還憂心毛在內戰獲勝背後代表的意義。中國距離蘇聯的權力中心有數百英里之遙。毛澤東的革命是在國內自行發動，而不是從莫斯科輸入的。史大林可能不得不將中華人民共和國視為盟友，不能將中國等同於蘇聯在東歐建立的那些「衛星國家」。或許正是考慮到這一點，蘇方談判代表在與中國談判過程中艱辛地幾經折衝，終於在一九五〇年二月十四日簽訂了《中蘇友好同盟互助條約》。

至少毛澤東返國時，已經達成他此行的目的而歸：與蘇聯簽訂共同防禦協定、得到一筆財政金援（即使只有三億美元）以及中國所急需的技術支援。他現在可以集中精力策畫對海南和臺灣的攻擊（若能成功，就代表蔣政府的毀滅），並且落實革命。如果說臺北有一種局面已到最後圖窮匕見的感覺，那麼在北京看來，事情才正要開始而已。

不過這只是開端。在一九五〇年初，中共還未在全國大部分地區建立牢固的控制，特別是長江以南和大西北地區更是如此。如今共產黨人控制的是新近「解放」的城鎮而不是農村，這是對一九四九年前革命進程的諷刺反轉。而在城市裡，新政權最狂熱的支持者，通常是「民族資產階級」——商人、自由派知識分子、專業人士、學生和一般都市年輕人。由於中共堅持認為，即使在「新中國」，利潤和生產也必須放在首位，因而使得工人對黨提倡的政策便不是那麼熱心配合，而農民在發現他們豁免的地租和利率，全都倒還給更繁重的賦稅時，有時甚至還被逼得拿起武器來對抗新秩序。

毛澤東和共產黨雖然遭遇這些問題的考驗，但並沒有因此而退縮，反倒繼續推動國內各項施政綱領。土地改革、急速工業化、終結性別歧視和全面改造人民思想的社會改革，是施政的重中之重。對外政策上，北京為了鞏固其作為社會主義陣營重要成員的地位而推行的「革命外交」，同樣也是如此。中國領導人希望他們在毛澤東思想指導下的成功革命經驗能夠很快推行出去，能夠在被稱為「第三世界」的地方產生迴響與共鳴。人民共和國建立後不到幾星期，北京就開始向越南共產黨領袖胡志明提供軍事援助和建議，以試圖將法國人驅逐出印度支那。

一九五〇年三月，林彪發動準備已久的海南戰役。蔣介石做出艱難的決定（正如他決心撤出上海以南的舟山群島駐軍），撤出海南，以收縮國軍的防線。主動撤守是一個敏感議題，因為如此一來將削弱蔣氏誓言收復大陸的信用。這也加大有效封鎖大陸沿海的困難程度，但臺灣的生存必須擺在最優先地位。

當海南軍民爭相逃離之時，先前那熟悉的恐慌、混亂和悲劇場面又在碼頭上演。美君就在撤離的人員當中，這位去年將年幼兒子留在湖南的年輕女子，先是在廣州待了幾星期，然後去了海南。[6]美君最近又生下一個兒子，取名為龍應達，她將嬰兒背在身後，登上一艘撤離的船艦。許多前來載運撤離人員的船艦因為噸位太大而無法靠港，不得不靠小型船隻往返港口接駁。「人們攀著船舷邊的繩梯大網像蜘蛛一樣拚命往上爬，」她回憶道：「很多人爬不動，抓不住，直直掉下海……。港內的海面，到處是掙扎著喊救命但是沒人理會的人頭。……砲火直接射到了船舷，船上的人，不得不眼淚汪汪看著掩護自己上船的袍澤被拋棄。碼頭上的傷兵絕望地倒在地上放聲痛哭。」[7]

搭載美君的船艦，停靠在臺灣南部的大港高雄。這裡是她自一九四九年一月開始的顛沛流離旅程的最後一站。在這大約十五個月期間，美君和一個兒子分別，卻帶著另一個剛出生的兒子，將要展開永遠與家鄉離散的生活。

長久以來，蔣介石一直相信：他的命運，並連中國的前途，都繫於世界共產主義國家與民主國家陣營即將爆發的大規模戰爭。蔣氏曾期待這場戰爭在他失去大陸之前就開打。不過到了一九五〇年春季，看來在他即將從臺灣被驅逐出去之時，國際戰爭也還沒有爆發的跡象：美國中央情報局的報告表明，解放軍三野已經集結了五十萬大軍，和一支龐大的機帆船船隊，準備對臺灣發動攻擊。

蔣的運氣來得突然。北韓領導人金日成取得史大林的允准，下令朝鮮軍隊越過邊境，準備摧毀李承晚領導的南韓，一統朝鮮半島。史大林告訴毛澤東：如果毛不同意，金日成就必須延遲進攻。毛並未反對，於是北韓軍隊就在六月十五日跨越北緯三十八度線發起進攻。

十二天後，杜魯門總統宣布，有鑑於當前在韓國的局勢，倘若共產黨軍隊攻占臺灣，美國將視之為「對太平洋地區安全以及美軍在當地執行必要與合法職能的威脅」。[8]為此，他下令美國第七艦隊巡弋臺灣海峽，防止任何對該島的攻擊。但條件是蔣介石必須停止所有攻擊中國大陸的軍事行動。儘管蔣氏對此百般不情願，但這是值得為美國的安全保證付出的代價，蔣和其他國民黨領導人等待這一天的到來，已經等得太久了。突然之間，政權的存亡絕續不再是他們最緊迫的問題。符合臺灣利益以及以整個中國作為考量的改革和改組，現在都可以展開了。

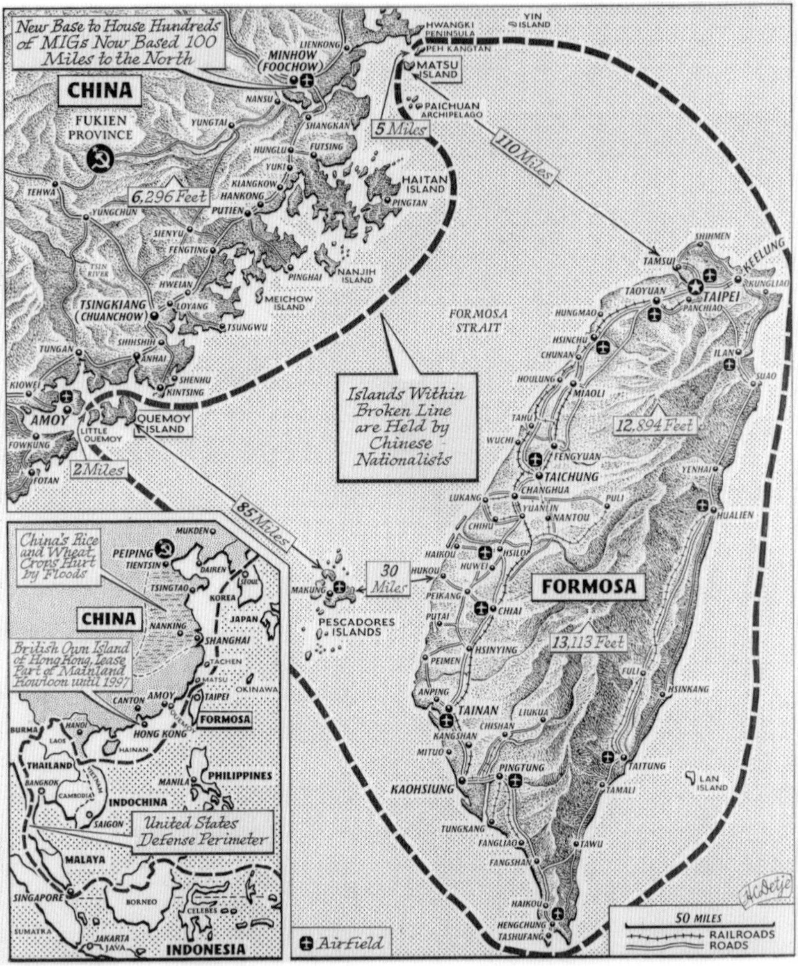

圖 10.1　保衛大臺灣：自一九四九年十二月八日起，蔣介石將國民黨政府遷來臺灣的省會臺北市。左下角的小地圖顯示一九五〇年代中期美國的防禦圈。

圖 10.2 「兩個中國」：一九五〇年代初期，一名國軍士兵在全島要塞化的金門眺望對岸的「紅色中國」（或稱中華人民共和國）。金門自那時起，迄今仍然是中華民國（或臺灣）的領土。

朝鮮半島的軍事衝突也是毛澤東治下中國的轉捩點。一九五〇年十月，以美國為首的聯合國軍將金日成的部隊逐回三十八度線以北。聯合國軍似乎正朝中國邊境逼近。史大林告訴毛澤東，金日成的政權已在崩潰邊緣。毛於是派遣數十萬解放軍，以「中國人民志願軍」的名義進入朝鮮參戰。經過幾星期激烈的戰鬥之後，他們竟能將以美軍為主力的聯合國部隊逼回三十八度線附近，且一直相持不下，這在當時及日後使許多中國人引以為傲。

對毛澤東而言，參加韓戰立即付出的代價，就是失去解放臺灣的機會。它還導致西方國家對中國實施經濟制裁，從而使得中國無法取得重建經濟所亟需的物資。但當時幾乎沒有人能預見，這場戰爭即將導致更嚴重的影響，其中犖犖大者，便是西方國家決心，只要情勢許可，就與亞洲各國攜手，共同防堵「革命中國」。這就是東南亞條約組織（Southeast Asian Treaty Organization）、美國介入越戰、以及迄今為止尋求「圍堵中國」、令北京惱火的一連串雙邊安保結盟（例如美日、美韓）的起源。

外國對中國的「圍堵」，從一開始就在國內製造了一種高度緊張的氛圍，毛澤東便利用這種緊張感來加速國家的改造，以及實現他的革命想像，過程中往往不計代價。無論中國是否參與韓戰，中共都會在新近「解放」的地區實施土改、擴大經濟公有制的規模，並且壓制對其統治的批評。儘管黨的領導人在中共建政初期刻意淡化「社會主義」這個詞語，但它始終是黨追求的目標。如果不是因為中國認為自身處在國內反動勢力和外國帝國主義的支配之下，上述這些和其他對人民生活施加前所未有控制的措施，就不會以如此之快、或是伴隨著殘暴手段的方式付諸實現。

正是在這樣的背景下，毛澤東在一九五〇年代多次發起政治運動，用以消滅「反革命分子」、壓制批判性思想，並廣泛從根本上剷除所有形式的反對派，無論這些所謂反對者是真有其事、其人，還是僅止於想像。這十年間也見證了若干較令人滿意的成果。土改帶來的農業部門剩餘資本，挹注到工業部門，造就了中國工業的快速發展，就是其中之一。人民平均預期壽命、識字率及生活水準均有顯著的提升，同時伴隨著全國各地工廠、鐵公路及橋梁的陸續落成。大多數這些發展，無論是積極還是消極層面，都是由於中共建立起一個強大的中央集權國家體制，對其治下人民的生活擁有前所未有的權力，才得以落實。毛澤東的人民共和國充滿了革命的目標以及將其加諸給人民的意志，使得中國成為一個過去在國民黨時期未曾成就的「國家」（nation）。

但是從一九五〇年代後期開始，中國與蘇聯的關係破裂，這為日後更加野心勃勃、也更具災難性，在全國各地掀起革命的計畫埋下伏筆，同時也期望激勵世界各地的革命者。一九五八至六〇年間發動的「大躍進」運動，試圖在短時間內進入共產主義社會，結果是造成三千萬人死於饑荒。一九六六至七六年間的「文化大革命」是毛主席最後的革命運動，它不但抹滅了眾多歷史文化文物古跡，更摧毀了這個國家的精神生活。到了一九七〇年代後期，人們普遍認為這個自一九四九年開始的革命出了嚴重的問題，可是要公開表達如此看法，著實太過危險。到此，不但中國經濟瀕臨崩潰，中國人民也早已是震駭恐怖、筋疲力盡了。中華人民共和國與其說遭到孤立，還不如說是自行封閉。

也因為一九四九年及其後發生的重大事件，使臺灣和香港兩地的人民免於遭受上述這些不幸的經歷。事實上，兩地自此時起已踏上截然不同的旅程。

蔣介石將政府遷來臺北不久，便著手改造國民黨，他認為大陸失守乃是肇因於國民黨的失敗。蔣氏抱怨他的政權有如「土崩瓦解」。[9]儘管有過去失敗和失去大陸的陰影，蔣在許多方面都具備在一片乾淨土上「另起爐灶」的優勢。一九五〇年三月，蔣介石「復行視事」，回任中華民國總統，而李宗仁儘管在美國對蔣大肆批評，但此時的他已是失勢的過氣人物了。昔日曾經困擾國民黨政治的政、軍派系（像是桂系）如今多半都已失勢，之前主導黨的大多數家族現在都被迫投閒置散。軍隊中嵌入一個政治委員制度。另外還創建了一套類似蘇聯國家安全委員會（Komitet gosudarstvennoy bezopasnosti，簡稱KGB）式的情治安全機構。國民黨的所有黨員在歸隊之前，都必須進行再登記。

這些舉措使得之前曾經衰敗的國民黨黨國體制得以加強。但是和毛澤東面臨的情況不同，蔣介石和其他國民黨領導人在改革這條路上能夠走多遠、可以走多遠，是有著諸多侷限的。毛的性格冷酷無情，足可成為真正的獨裁者；蔣氏在性情與行事作風上是獨裁專斷的，但這是另一回事。此外，蔣是儒家思想和傳統價值的捍衛者，而不是馬克思和列寧的信徒，他性格中那些獨裁專制的層面，多少因為這點而有所緩和。蔣還試圖在主導政治生活的動力與一九四六年制訂的《中華民國憲法》加諸於他的限制之間，尋求調和的可能，儘管他持續以「共產黨叛亂」使國家進入動員戡亂時期，來作為停用《憲法》中若干條款的正當理由。

毫無疑問，蔣介石的政府對待反對者的手段十分嚴厲。之所以維持戒嚴，是為了內部安全，以及出於對外部攻擊的恐懼。國民黨政權在外省人當中搜捕所謂的共產黨人，在本省人之中迫害主張臺灣獨立的人士。但是蔣這位國民黨領導人必須小心維持住美國的支持，並且贏得臺灣人民的擁戴，畢竟已有許多人對於他統治底下島嶼所發生的事情感到困惑與不滿。

在一九五〇年代初期，臺灣島內有時相互矛盾的政治勢力確實造成了政治與社會秩序的穩定。這就為經濟成長創造出有利的發展環境。而國民黨施行的政策也有利於經濟發展，這一點或許會讓人感到訝異：國民黨政府在臺灣的掠奪性不如大陸時期。政府在保障工業的同時，也讓許多公營企業私有化。它提供低利率信用貸款並鼓勵進口替代（譯按：即鼓勵以本國產品取代進口產品），尤其是化學、紡織和肥料產業。政府的優勢在於穩定的貨幣（以大陸運出的黃金和外匯儲備作為準備金）和美國的經濟援助。而在退往臺灣的大約一百二十餘萬大陸民眾之中，不但有許多人才，更是提供額外勞動力的來源。

大多數撤退來臺的大陸人士有一個共同點：對臺灣知之甚少，不過他們認為這一點無關緊要，因為他們不會在這裡待太久。國民黨當局不斷宣稱：目前的狀況只是暫時如此，蔣的軍隊將會光復大陸。屆時來臺的大陸人士就能返鄉與家人團聚。當時政府的口號是：「一年準備，二年反攻，三年掃蕩，五年成功」。[10]許多外省人要等到許多年過後，才明白臺灣已是他們的家鄉。

正如本書其他章節裡已經說明過，大陸來臺的外省人給臺灣社會帶來諸多巨大的問題，其中不少問題在數十年過後仍然很明顯。[11]之前臺灣的人口由少數的原住民和數百年來陸續由福建渡海而來的漢人組成，一九四九年大量來自大陸不同省分人士突然湧入，改變了人口的組成結構。一般來說，大陸來臺人士說著腔調各異的國語（官話或普通話）或上海話，而且彼此之間的交流比起和本地人溝通來得容易。他們當中的許多人，特別是政客、公務人員和專業人士，也帶來一種優越感，這種感覺並未因為他們是流亡避難到此而有所減弱。這樣的態度很難被真正的本地人接受。

不過，故事還有另外的面向。在一九四八年到一九五二年間，民國社會上層中的很大一部分人逃往臺灣，其中最大的一次遷徙潮出現在一九四九年。按照絕對值來看，這群人的數量並不多，但是用臺灣歷史學者林桶法的話來說，他們是臺灣社會的「新血」。[12]這是因為撤退來臺的這群人中，既有學者、軍人、商界領袖，也有地主、藝術家、建築師、電影製作人和失業的公務員。跟隨他們來到臺灣的，是大量的資本、機器設備和專業技術「訣竅」。大陸原先對於創意、對於企業人才和一般人才的「儲存」，有很大一部分流向華人世界的邊緣地帶，為臺灣的經濟起飛做出了重要貢獻。

在一九四九年共產黨贏得內戰勝利的期間與之後，香港是大陸資本、勞動力和專業知識的另一個主要受惠者。難民當初在湧入香港時，也認為這裡只是暫時棲身之地而已。中國民眾向來總是頻繁地進出香港。在局勢緊張時，進入和離開香港的人潮更多。一等到戰事結束，大多數新到香港者肯定會動身返鄉。這些人並未創造出「現代」香港的一個決定性特徵：主要是定居人口，而不是流動人口。

另一個與上述相關的特徵，是英屬殖民地香港與中華人民共和國之間設立了嚴峻的邊境關卡。先是中方邊防部隊開始限制人民由大陸向香港移動，然後幾個月後，已因難民大量湧入而深感震驚的港英當局，也加強香港這一端的邊防措施。到一九五〇年代中期，香港與中國大陸之間的邊界已具有某些冷戰前線的特色。中國籍人士由香港入境中國大陸相對較為容易，但是無法保證能獲准返回。英方則特別不願意讓不會說廣東話的人士入境香港，因此被認為與香港社會沒有深厚的聯繫。

香港的快速工業化同樣也受一九四九年中國內戰等重大事件的影響。由於中國參與韓戰，聯合國禁止向中國出售戰略物資，美國也限制本國企業與中華人民共和國進行任何形式的貿易，從而使得民眾的生活變得困難。但它們也造就了香港商業的「重生」。香港將經濟發展重點由對中國大陸貿易轉移到出口製造產業。港英政府的一份報告稱，回顧近二十年來的國內生產毛額（GDP），每年都有百分之十的成長，這是因為上海經驗及資本的挹注，從而使香港殖民地的工業化進程「較亞洲其他許多國家提早十到十五年」。[13]

一九四九年在香港留下的另一個顯著影響，就是港英當局與共產黨政府之間關於領土與統治地位的關係。北京對前者抱持質疑態度：香港本是中國領土，因戰爭而遭奪取，注定要在時機成熟時收回。至於統治地位，英方堅持負起完全責任，但他們在行使權力時，會以不冒犯邊境另一端強大鄰國的方式進行，這一政策完全反映出港督葛量洪及其繼任者所說的「現實主義」。所謂

「現實主義」政策，簡單來說，就是排除香港獨立的可能性、承諾不進行激進的基本法改革來「政治化」殖民地、打壓國民黨駐港機構、並限制中、英之外第三國和其他「利益相關」方面在香港的活動。

在一九五〇和六〇年代，英國和中國經常因香港問題發生摩擦、造成關係緊張。這些爭端有時相當嚴重。但是由於雙方的克制，英屬殖民地香港得以在英國統治下保有獨立身分，全心全意追求資本主義，並且繼續享受法治保障的個人自由。事實上，這種模式極為成功，以至於其主要內涵成為中國領導人鄧小平所提出的「一國兩制」方案的核心。根據「一國兩制」方案，香港將於一九九七年七月一日回歸中國。這個前殖民地將成為中華人民共和國的「特別行政區」，由港人自行治理，而原有的資本主義生活方式、個人自由與（習慣法）法治則維持不變。

令人訝異的是，這樣的安排竟一直完好無損的實施到二十一世紀的二〇年代。直到作風強硬專制的中共領導人習近平，決心增強北京在香港的影響力，從而使這樣的局面畫下終止符。北京的若干舉措引發香港民心不安，過不了多久便激起曠日持久的暴力示威抗議，而香港特區行政長官林鄭月娥應對失當、政治無能，更使得事態越形嚴重。二〇二〇年七月，即香港主權回歸中國二十三年後，北京繞過香港本地立法會，自行制定《國家安全法》，並在香港實施（譯按：香港《國安法》全名為《中華人民共和國香港特別行政區維護國家安全法》，經全國人民代表大會常務委員會表決通過，由香港特區政府公布實施）。這部法律嚴重侵害個人自由，妨害香港的司法獨立，並授權中央政府的國家安全機關得以在特區公開運作。一九四九年以來，香港和中國內地之間極為明顯的幾個主要「差異」層面，幾乎在一夕之間便消失不見。

雖然中國大陸和臺灣（或者說，中華人民共和國和中華民國）在一九四九年走上了不同的道路，但雙方仍然保留了一個共通之處：由於國共長期鬥爭的血腥過往，以及各自都聲稱自己才是代表中國的唯一合法政府，因此相互之間有著根深蒂固的敵意與仇恨。蔣介石和國民黨不斷聲稱將以武力「光復大陸國土」，而毛澤東和其他中共領導同志們也以同樣的方式傳達他們「解放臺灣」的決心。雙方的宣傳都毫不留情，且充斥著惡毒的謾罵。

雙方很快就相互考驗對方動武的勇氣，以及各自的後臺靠山（美國和蘇聯）涉入中國內戰的意願。一九五四年，就在蔣政府即將與美國簽署共同防禦條約的前夕，解放軍對國民黨控制的金門島進行了猛烈砲擊，史稱「第一次海峽危機」。為了應對這次危機，美國國會通過一項決議，允許美軍防禦臺灣和澎湖群島以外的中華民國領土（譯按：即屬於福建省的金門、馬祖）。華盛頓並不願意因為這些領土而被捲入與中共的戰爭，但同樣也不希望蔣丟失這幾處地方，因為它們對於防衛臺灣至關緊要。

一九五八年，毛澤東決定再次砲擊金門，以檢驗美國對蔣介石的承諾是否算數，這次還增加海上與空中封鎖。當國、共兩軍的戰鬥機激烈爭奪空中優勢時，美軍第七艦隊的船艦將運補金門的人員與器材送到距金門不到三英里處，再由國軍的船艦接手，完成最後一段行程，以對島上駐軍進行補給。毛澤東對國民黨守住金門的決心深感訝異，同時也對蘇聯不支持他砲打金門感到憤怒，於是解除對金門的封鎖，並將砲擊改為「單（日）打雙不打」。臺灣海峽的現狀就在福建的對峙局面中保存了下來。

這樣的情況一直持續到一九七〇年代初，當時美國與中華人民共和國開始和解，首先是理查・尼克森（Richard Nixon）總統的國家安全顧問亨利・季辛吉（Henry Kissinger）於一九七一年訪問北京，接著尼克森總統本人在一年後也親自訪問中國，從而改變了局勢中各方參與者的狀況。此時華盛頓已經放棄長達二十餘年阻擋中共進入聯合國的努力，於是在一九七一年十月，聯合國投票表決接納中華人民共和國為中國代表，並驅逐臺灣的代表。

尼克森和中華人民共和國關係正常化的代價，是廢除與中華民國的共同防禦條約，以及正式外交關係。在尼克森看來，能夠在與蘇聯對抗的大局中獲得北京（謹慎）的支持，並且開始從越南撤軍，付出這樣的代價是值得的。之後在一九七九年三月，美國國會通過《臺灣關係法》（Taiwan Relations Act），責成美國政府對中國試圖以武力手段統一臺灣表達「嚴重關切」，並承諾對臺灣政府提供武器，以使其「保持足夠的自我防衛能力」。[14]這部精心設計制定的美國國內法，至今仍然是臺灣安全的基礎。但是美國與中華人民共和國建交，為臺灣以「中國」自居的假象給了致命一擊，並加速中華民國從國際舞臺上退出。

中國在一九八〇年代發生的重大變化也有類似的效應。鄧小平的經濟改革引領共產中國走向新局。不但毛澤東已經去世（他於一九七六年死去，只比老對頭蔣介石晚了一年），而且他所代表的大部分事物看來也隨之而消逝。經過數十年的封閉和自食其力，中國現在要「走向世界」。這是一個令人鼓舞的故事，因為中國的改革開放，就是向世界其他地區指出有利可圖的商機。香港、臺灣和其他地方的華人商業領袖迅速掌握了這樣的機會。事實上，中共領導人在推動改革開放時，就考慮到這些群體：這在一定程度上是為了吸引一九四九年離開大陸的若干資金與人才。

鄧小平還向臺灣方面提出「和平統一」的新條件：只要臺灣同意成為中華人民共和國的一部分，那麼除了國旗、國號與外交政策之外，臺灣可以保留一切原有的生活方式。中共領導人希望，臺北國民黨當局會因為近來的外交孤立，而能夠接受大陸的提議。不過，鄧小平也警告臺灣領導人，北京拒絕排除使用武力統一臺灣的可能性。

蔣介石去世後繼起領導國民黨的蔣經國，拒絕了大陸這一提議。小蔣於一九八六年啟動改革：宣布解除戒嚴，允許反對黨成立，並且取消對媒體的限制禁令。國民黨向來宣稱臺灣是「自由中國」，國民黨人很快就會聲稱，他們主導創建了中國第一個真正民主的社會。原先蔣介石在一九四八年時為了「動員戡亂」、賦予他更大權力而制訂的憲法《臨時條款》，終於在一九九一年時廢除。然而諷刺的是，臺灣的民主化運動，使得未來（自願）與中國大陸統一，將取決於是否為臺灣選民所接受，而非領導人的意向所能主導。

一九九〇年代，海峽兩岸之間的旅遊與貿易蓬勃發展。在前往中國大陸旅遊的臺灣人中，有許多是國民黨老兵。經過長期分隔之後，他們急切盼望能在一切太遲之前重返昔日家園。但是正如筆者在先前另一部著作所指出，大陸返鄉之旅往往令人失望沮喪：

> 許多到大陸返鄉探親的人士發覺：大陸已不是他們的家園了。首批返鄉探親者往往因他們親眼所見某些地方的貧困而感到震驚，然後又因為包括親戚在內的家鄉同胞表露出來的貪婪模樣而覺得難過。臺灣從前也有過黑暗的歲月，但國民黨既不曾摧毀被統治者的精神意志，顯然也沒有像共產黨那樣，破壞中國的傳統文化、習俗和禮儀。[15]

隨著一九四九年渡海來臺的那一代人日漸凋零，他們對大陸的幻滅很快就被中國快速發展經濟而帶來的商機所掩蓋。一九四九年時，中國還是一個極度貧窮、以農村為主的國家。過了六十年，已是相當繁榮、都市化程度甚高的國度。三十年的改革，以及與世界的廣泛接觸，讓中國在經濟上改頭換面。到了這個時候，中國是世界成長最快速的主要經濟體，即使以美元計算，也是規模第二的經濟體。數百萬人因此擺脫了貧困。

這些成就很大程度上要歸功於鄧小平及其後繼者的改革。不過，毛澤東對於創造當代中國的貢獻，雖然後來被大規模的流血和悲劇所破壞、掩蓋，卻不能因此而輕易忽視不提。這是一個很好的觀點。究竟一九四九年到一九七九年這段期間的歷史，如何造就今日的中國，將是往後數十年中外歷史學者及其他人士反覆爭論的重大主題。不過即使如此，他們可能也無法得出任何確切的結論。

不管怎麼說，臺灣公司企業在二十一世紀的頭十年間已經在中國投資了數十億美元。幾十萬臺商在長江流域和其他地方落戶定居：自一九四〇年代後期開始，人才和資本由大陸流向「海上中國」的趨勢，至此終於出現反轉。結果，臺灣經濟與大陸緊密連結，其程度前所未有。中共領導人相信，臺灣對中國大陸在經濟上的依賴，再加上兩岸擁有共同的文化傳承，必然會使臺灣人民更願意接受與中國大陸統一。

但是情況並非如此。相反的，或許是出於對於被統一的恐懼、以及對於中國日益威脅對臺灣動武的擔憂，使得臺灣的選民在二〇〇〇年的大選中拋棄國民黨，轉而支持原本在野的民主進步黨（民進黨）。新當選的總統陳水扁謹慎地淡化民進黨內主張臺灣獨立的言論，以免激怒北京，或引發華盛頓的不安。但是，儘管兩岸經貿文化交流總體上仍然持續發展，臺北與北京之間的關係卻陷入急凍狀態。

二〇〇八年，國民黨在馬英九帶領下贏得大選，重新上臺執政，國、共這對昔日的老對手，關係出現若干緩和。二〇一五年，在馬的第二任總統任期即將結束之時，他更與中國國家主席、中共總書記習近平在新加坡舉行會談：兩岸的政府互不承認對方，但是兩岸的執政黨則互不否認彼此。自從一九四五年八月，毛澤東和蔣介石在重慶舉行會談以來，國、共這兩個形塑現代中國的政黨，其領導人再也沒有像現在這樣面對面對談過。然而，新加坡的馬、習會談與前一次蔣、毛的重慶會談一樣，沒有達成任何實質成果。

與此同時，中國在過去二十年間的軍費支出，確保解放軍對上規模要小得多的臺灣軍隊，擁有幾乎是全方位的壓倒性優勢。有人擔心，一旦臺灣遭受攻擊，中共軍方將很快就能阻止美國前來營救。北京動武的門檻似乎越來越低。中國大陸舉行意在挑釁的軍事演習，並且對那些希望維持海峽兩岸分裂現狀的人士提出嚴厲警告，更是加深了這樣的憂慮。

然而，以武力恫嚇的方式再次失效。在二〇一六年、以及二〇二〇年的大選，臺灣選民接連兩次以大幅度的差距，讓民進黨重返執政，當選的民進黨籍總統蔡英文，更是這座島嶼的第一位女性總統。蔡的勝利有部分原因是因為臺灣人民對於當時香港正在發生的事態感到焦慮，在香港施行的「一國兩制」方案正遭受到極大的壓力。但這樣的結果同時也是臺灣在面對中國恫嚇時的一種反抗行為：中共當局禁止大陸民眾赴臺旅遊，用意是在經濟上懲罰臺灣；北京對少數仍與中華民國建交的國家施加壓力，要求這些國家改承認北京；同時還對臺灣媒體輸送資金，以影響島內選舉。

習近平曾提出警告，臺灣統一問題不能「一代拖過一代」。習取消原先領導人的任期規定，以及他加強對整個社會的控制，說明他期盼能成為完成統一中國大業之人，被載入史冊。要在二〇二一年、中國共產黨建黨百年之際實現這項目標，對習近平以及北京的中共領導高層來說格外令人欣慰。習近平的「中國夢」，他偉大的中華民族復興計畫，很大一部分將從這裡實現。

但是在本書撰寫之時，通過和平方式實現統一的可能性，似乎已越發渺茫。更加有可能出現的是，這場尚未結束的中國內戰，在一九四九年過後七十多年，甚至可能將重新開打。

附錄

英文縮寫

CCP　中國共產黨（Chinese Communist Party）

DBPO　英國海外政策檔案（Documents on British Policy Overseas）

FRUS　美國外交文件輯（Foreign Relations of the United States）

GMD　中國國民黨（Guomindang, China's Nationalist Party）

GMDRC　國民黨革命委員會（Guomindang Revolutionary Committee）：由國民黨內與蔣介石決裂的知名「自由派」與「左派人士」組成，旋即投靠中共陣營。

PLA　人民解放軍（People's Liberation Army）

PRC　中華人民共和國（People's Republic of China）

ROC　中華民國（Republic of China）

SWB　英國國家廣播公司廣播監聽站監聽節錄摘要（Summary of World Broadcasts from the BBC Monitoring Service）

TNA　英國國家檔案（The National Archives, United Kingdom）

主要人物一九四九年後事略

白崇禧：前往臺灣，在臺期間擔任數個名譽職銜，並且遭懷恨在心的蔣介石以情治人員監控；白氏於一九六六年歸真，死前仍一心期望能光復大陸。

白先勇：十五歲時從香港到臺灣與父母團聚；日後他成為知名作家，並致力於為父親白崇禧立傳。

陳誠：在臺灣出任行政院院長（中華民國行政最高首長），實施各項政治、經濟改革；他於一九六五年辭世。

蔣經國：日後成為行政院院長以及中華民國總統；他於一九八六至八七年讓臺灣走向民主改革之路：先是解除戒嚴，並開放黨禁，使反對黨合法成立，又解除媒體的審查；他於一九八八年過世。

蔣介石：一九五〇年三月「復行視事」，回任中華民國總統；以政治高壓手段統治臺灣，同時致力於發展經濟；始終讓美國承認其為「中國」政府領導人。他於一九七五年去世。

傅作義：在中央人民政府持續擔任水利部長至一九七二年；然而縱使他在一九四九年獻出北平，卻無法保護家人在毛澤東發動的文化大革命中受到迫害。

何應欽：退往臺灣之後不再擔任實際政府職務，於一九八七年逝世。

胡適：人生的最後幾年在臺灣度過（譯按：胡適於一九五八年自美國返臺定居，出任中央研究院院長）；他於一九六二年去世。

黃紹竑：留在北京，效力於人民共和國中央政府；一九五〇年代後期「反右」運動時遭受衝擊，嗣後在毛發動的文化大革命中再次被攻擊；一九六六年，他於政治運動中自殺。

李志綏：被中共中央指定為毛澤東個人的保健醫師；安然度過文化大革命的動盪；一九八八年離華赴美；出版《毛澤東私人醫生回憶錄》；於一九九五年去世。

李宗仁：滯留美國到一九六五年，之後在北京運作下突然返回中國，震驚各界；一九六九年逝世。

林彪：在一九六〇年代成為解放軍的領導人，協助毛澤東發動文化大革命，然後在其後的動盪混亂中動用軍隊「控制局面」；一九七一年，據說密謀策畫暗殺毛澤東，結果消息外洩，他與家人搭乘一架飛機準備逃往蘇聯，在中途墜機身亡。

李度（Lester Knox Little）：一九五〇年初，退往臺灣後，從中國海關總稅務司署外籍總稅務司任上退休；一九八一年逝世。

劉鴻生：被中共領導人譽為「愛國民族資本家」；中共建政初期，他在打擊商業腐敗運動時倖免於難；但他終究未能逃過一九五〇年代中期的「資本主義工商業公私合營」的衝擊，他旗下的所有企業都被充公，於一九五六年去世。

劉少奇：被指定為毛澤東的接班人，但是到了一九六〇年代初期，劉與毛在經濟政策和意識形態方面大起爭執；他在文化大革命中遭到打倒；一九六九年死於囚禁。

毛澤東：以許多積極具建設性的方式改變他的國家，但是也使得人民陷入群眾運動和政治動盪之中，在大躍進（一九五八至六〇）、和文化大革命期間，造成數百萬人喪生；他於一九七六年去世，至今仍舊被中共（以及許多中國人）尊為「新中國」的創造者。

應美君：一九五〇年三月抵達南臺灣的高雄港，她在高雄租了一爿菜攤，做起小本生意以維持生計；一九五二年，她生下女兒龍應台。龍應台後來提筆為文，記下母親這段大江大海的旅程。

施以法（Eva Spicer）：一九五〇年十一月離開中國，一九七四年去世。

瘂弦：由廣州離開中國大陸，來到臺灣；他後來成為臺灣知名作家及詩人。

閻錫山：一九四九年十二月退至臺灣；一九五〇年初自行政院長職務退下；一九六〇年去世。

張治中：投效人民共和國後，在中央人民政府擔任多項職位，協助中共鞏固對大西北地區的控制；一九六九年去世。

周恩來：「新中國」的國務院（起初為政務院）總理兼外交部長；儘管周未能遏制毛澤東的過激行為、有時甚至是和毛共謀，但他依然受到許多中國人的崇敬；他於一九七六年去世。

（中央研究院）馬天綱、賈廷詩、陳三井、陳存恭（訪問、記錄），《白崇禧先生訪問記錄》，上下冊（臺北：中央研究院近代史研究所，1984）。
（中央研究院）黃嘉謨、朱浤源（訪問），鄭麗榕、丁素湘（記錄），《潘宗武先生訪問紀錄》（臺北：中央研究院近代史研究所，1992）。
周宏濤（口述）、汪士淳（撰），《蔣公與我：見證中華民國關鍵變局》（臺北：天下文化，2003）。
周全，《桂系解剖》（香港：七星書屋，1949）。
Zia, Helen. *Last Boat out of Shanghai: The Epic Story of the Chinese Who Fled Mao's Revolution*. New York: Ballantine Books, 2019.

Lawrence & Wishart, 1986.
Wong Siu-lun. *Emigrant Entrepreneurs: Shanghai Industrialists in Hong Kong*. Hong Kong: Oxford University Press, 1988.
Wong, Young-tsu. "The Fate of Liberalism in Revolutionary China: Chu Anping and His Circle, 1946-1950." *Modern China*, Vol. 19, No. 4 (October 1993), pp. 457-490.
Worthing, Peter. *General He Yingqin: The Rise and Fall of Nationalist China*. Cambridge: Cambridge University Press, 2016.
吳興鏞，《黃金祕檔：一九四九年大陸黃金運臺始末》（南京：江蘇人民出版社，2009）。
武月星，《中國現代史地圖集》（北京：中國地圖出版社，1997）。
Xiang, Lanxin. *Recasting the Imperial Far East: Britain and America in China, 1945-1950*. New York: M. E. Sharpe, 1995.
蕭志華、商榮彬，《小諸葛：白崇禧外傳》（開封：河南人民出版社，1991）。
楊奎松，《國民黨的「聯共」與「反共」》（北京：社會科學文獻出版社，2008）。
葉飛，《葉飛回憶錄》（北京：解放出版社，1988）。
Yen, Maria. *The Umbrella Garden: A Picture of Life in Red China*. New York: Macmillan, 1954.
Yick, Joseph K. S. *Making Urban Revolution in China: The CCP–GMD Struggle for Beiping-Tianjin, 1945-1949*. New York: M. E. Sharpe, 1995.
隱士，《李蔣關係與中國》（香港：自由出版社，1950）。
張良任（編），《蔣經國先生全集》，第 1 卷（臺北：行政院新聞局，1991）。
張任民，〈黔桂邊大盜楊彪抗共殉國記〉，《春秋》（香港），第 118 期（1962）。
張仁善，《一九四九中國社會》（北京：社會科學文獻出版社，2005）。
張治中，《張治中回憶錄》（北京：文史資料出版社，1985）。
南陽市政協（編），《南陽教育春秋》（南陽文史資料第九號，1993）。
中共陝西省委黨史辦公室（編），《一九四九：山西幹部南下實錄》，卷 1（太原：山西人民出版社，2012）。
中共中央黨史研究室（編），《中共黨史大事年表》（北京：人民出版社，1987）。
中國人民政治協商會議廣西壯族自治區委員會（編），《廣西文史資料選輯》，第 9 輯（南寧：文史資料研究委員會，1991）。
（中央研究院）陳存恭（訪問、記錄），《徐啟明先生訪問紀錄》（臺北：中央研究院近代史研究所，1983）。

Yale University Press, 1955.
汪朝光，《1945-1949：國共政爭與中國命運》（北京：社會科學文獻出版社，2010）。
Wang, Chi. *A Compelling Journey from Peking to Washington. Building a New Life in America*. Lanham, MD: Hamilton Books, 2011.
中文版：王冀，《從北京到華盛頓：王冀的中美歷史回憶》（香港：商務印書館，2008）。
Wang Gung-hsing, "Nationalist Government Policies, 1949-1951." *The Annals of the American Academy of Political and Social Science*, Vol. 277, Report on China (September 1951), pp. 213-223.
王軍，《城記》（北京：三聯書店，2011）。
王梅枝、張秋實，《金陵曇夢：李宗仁在一九四九》（北京：團結出版社，2007）。
中國人民政治協商會議廣西壯族自治區委員會文史資料委員會（編），《新桂系紀實》，上中下冊（南寧：廣西區政協文史辦公室，1990）。
王維禮（編著），《蔣介石的文臣武將》（臺北：巴比倫出版社，1992）。
Wang Xiaojue, *Modernity with a Cold War Face: Reimagining the Nation in Chinese Literature across the 1949 Divide*. Cambridge, MA: Harvard University Press, 2013.
王宇平，《劉斐將軍傳略》（北京：團結出版社，1998）。
Wemheuer, Felix. *A Social History of Maoist China*. Cambridge: Cambridge University Press, 2019.
Westad, Odd Arne. *Decisive Encounters: The Chinese Civil War, 1946-1950*. Stanford, CA: Stanford University Press, 2003.
Westad, Odd Arne. *Restless Empire: China and the World since 1750*. New York: Basic Books, 2012.
中譯版：文安立（著）、林添貴（譯），《躁動的帝國：從清帝國的普世主義，到中國的民族主義，一部250年的中國對外關係史》（臺北：八旗文化，2020）。
Whitson, William W. *The Chinese High Command: A History of Communist Military Politics, 1921-71*. New York: Praeger, 1973.
Wilson Center Digital Archive. International History Declassified: https://digitalarchive.wilsoncenter.org/
Winfield, Gerald F. *China: The Land and the People*. New York: William Sloane Associates, 1948.
Winnington, Alan. *Breakfast with Mao: Memoirs of a Foreign Correspondent*. London:

Topping, Seymour. *Journey between Two Chinas*. New York: Harper & Row, 1972.

Townsend, Peter. *China Phoenix: The Revolution in China*. London: Jonathan Cape, 1955.

Tsang, Steve (ed.). *A Documentary History of Hong Kong: Government and Politics*. Hong Kong: Hong Kong University Press, 1995.

Tsang, Steve. *The Cold War's Odd Couple: The Unintended Partnership between the Republic of China and the UK, 1950-1958*. London: I. B. Taurus, 2005.

Tsang, Steve and Tien Hung-mao. *Democratization in Taiwan: Implications for China*. Hong Kong: Hong Kong University Press, 1999.

Tsou, Tang. *America's Failure in China, 1941-1950*. Three volumes. Chicago: University of Chicago Press, 1963.

中譯版：鄒讜（著），王寧、周先進（譯），《美國在中國的失敗（1941-1950）》（上海：上海人民出版社，2012）。

Tucker, Nancy Bernkopf (ed.). *China Confidential: American Diplomats and Sino-American Relations, 1945-1996*. New York: Colombia University Press, 2001.

中譯版：唐耐心（著），徐啟明、續伯雄（譯），《中美外交祕辛》（臺北：時英，2002）。

US Department of State. *The China White Paper August 1949*, two vols. Stanford, CA: Stanford University Press, 1967.

van der Sprenkel, Otto (ed.). *New China: Three Views*. London: Turnstile Press, 1950.

van de Ven, Hans. *Breaking with the Past: The Maritime Customs Service and the Global Origins of Modernity in China*. New York: Columbia University Press, 2014.

中譯版：方德萬（著），姚永超、蔡維屏（譯），《潮來潮去：海關與中國現代性的全球起源》（太原：山西人民出版社，2017）。

van de Ven, Hans. *China at War: Triumph and Tragedy in the Emergence of the New China, 1937-1952*. London: Profile Books, 2017.

中譯版：方德萬（著）、何啟仁（譯），《戰火中國 1937-1952：流轉的勝利與悲劇，近代新中國的內爆與崛起》（臺北：聯經，2020）。

Van Slyke, Lyman P. *Yangtze: Nature, History and the River*. Reading, MA: Addison-Wesley Publishing Company, 1988.

Wakeman Carolyn and Light Ken (eds). *Assignment Shanghai: Photographs on the Eve of Revolution*. Berkeley, CA: University of California Press, 2003.

Wales, Nym. *Red Dust: Autobiographies of Chinese Communists*. Stanford, CA: Stanford University Press, 1952.

Walker, Richard L. *China Under Communism: The First Five Years*. New Haven, CT:

Schell, Orville and Delury, John. *Wealth and Power: China's Long March to the Twenty-first Century*. London: Little, Brown Book Group, 2013 (Kindle edition).
中譯版：夏偉、魯樂漢（著），潘勛（譯），《富國強兵之後：中國的百年復興及下一步》（臺北：八旗文化，2017）。
Schram, Stuart. *Mao Tse-Tung*. Harmondsworth: Penguin Books, 1966.
Schram, Stuart. *The Political Thought of Mao Tse-tung*. Cambridge: Cambridge University Press, 1989.
Shai, Aron. *The Fate of British and French Firms in China, 1949-54*. Basingstoke: Macmillan Press, 1996.
Shakya, Tsering. *The Dragon in the Land of Snows: A History of Modern Tibet since 1947*. London: Pimlico, 1999.
Short, Philip. *Mao: The Man Who Made China*. London: I. B. Tauris, 2017.
Smith, Felix. *China Pilot: Flying for Chennault during the Cold War*. Washington, DC: Smithsonian Institution Press, 1995.
Snow Philip. *The Fall of Hong Kong: Britain, China and the Japanese Occupation*. New Haven, CT: Yale University Press, 2003.
唐德剛（撰）、李宗仁（口述），《李宗仁回憶錄》（香港：南粵出版社，1987）。
Tang, James Tuck-Hong. *Britain's Encounter with Revolutionary China, 1949-54*. New York: St. Martin's Press, 1992.
Tang, James Tuck-Hong. "From Empire Defense to Imperial Retreat: Britain's Post-war China Policy and the Decolonization of Hong Kong." *Modern Asian Studies*, Vol. 28, No. 2 (May 1994), pp. 317-319.
Tanner, Harold M. *The Battle for Manchuria and the Fate of China: Siping 1946*. Indianapolis, IN: Indiana University Press, 2013.
Taylor, Jay. *The Generalissimo's Son: Chiang Ching-kuo and the Revolutions in China and Taiwan*. Cambridge, MA: Harvard University Press, 2000.
中譯版：陶涵（著）、林添貴（譯），《蔣經國傳：臺灣現代化的推手》（臺北：時報出版，2010）。
Taylor, Jay. *The Generalissimo: Chiang Kai-shek and the Struggle for Modern China*. Cambridge, MA: Harvard University Press, 2009.
中譯版：陶涵（著）、林添貴（譯），《蔣介石與現代中國的奮鬥》，上、下冊（臺北：時報出版，2010）。
T'ong Te-kang (with Li Tsung-jen). *The Reminiscences of Li Tsung-jen*. Boulder, CO: Westview Press, 1979.

Schuster, Kindle edition, 2013.
中譯版：亞歷山大・潘佐夫、梁思文（著），林添貴（譯），《毛澤東：真實的故事》（臺北：聯經，2015）。

Pepper, Suzanne. *Civil War in China: The Political Struggle, 1945-1949*. Berkeley, CA: University of California Press, 1978.
中譯版：胡素珊（著）、啟蒙編譯所（譯），《中國的內戰：1945-1949 年的政治鬥爭》（北京：當代中國出版社，2014）。

Pepper, Suzanne. *Keeping Democracy at Bay: Hong Kong and the Challenge of Chinese Political Reform*. Lanham, MD: Rowman & Littlefield, 2008.

Peraino, Kevin. *A Force So Swift: Mao, Truman, and the Birth of Modern China, 1949*. New York: Crown, 2017.
中譯版：凱文・斐萊諾（著）、林添貴（譯），《迅猛的力量：1949，毛澤東、杜魯門與現代中國的誕生》（臺北：遠足文化，2019）。

Radchenko, Sergey and Wolff, David. "To the Summit via Proxy-Summits: New Evidence from Soviet and Chinese Archives on Mao's Long March to Moscow, 1949." *Cold War International History Project Bulletin*, Issue 16 (Fall 2007/ Winter 2008), pp. 105-182.

Rea, Kenneth W. and Brewer, John C. (eds). *The Forgotten Ambassador: The Reports of John Leighton Stuart, 1946-1949*. Boulder, CO: Westview Replica Editions, 1981.
中譯版：司徒雷登（著），尤存、牛軍（譯），《被遺忘的大使：司徒雷登駐華報告，1946-1949》（南京：江蘇人民出版社，1990）。

人民出版社編輯部（編），《第三次國內革命戰爭大事月表》（北京：人民出版社，1983）。

Rice, Condoleezza. *No Higher Honour: A Memoir of My Years in Washington*. New York: Crown Publishers, 2011.

Rickett, Allyn and Rickett, Adele. *Prisoners of Liberation*. San Francisco, CA: China Books, 1981.

Roberts, Claire. *Photography and China*. London: Reaktion Books, 2013.

Robinson, Thomas W. *A Politico-Military Biography of Lin Piao, Part 1, 1907-1949*. Santa Monica, CA: Rand, 1971.

Ronning, Chester. *A Memoir of China in Revolution*. New York: Pantheon Books, 1974.

Rowan, Roy. *Chasing the Dragon: A Veteran Journalist's Firsthand Account of the Chinese Revolution, 1946-49*. Guilford, CT: The Lyons Press, 2004.

Saich, Tony (ed.). *The Rise to Power of the Chinese Communist Party: Documents and Analysis*. New York: M. E. Sharpe, 1996.

Monumenta Serica Institute and the China-Zentrum, 2000.
Mao Zedong. *Selected Works Vols IV & Vol V*. Peking: Foreign Languages Press, 1969 & 1977). http://www.marx2mao.com/Mao/Index.html
網路中文版：「中文馬克思主義文庫：毛澤東選集」，網址：https://www.marxists.org/chinese/maozedong/index.htm#4
McGregor, Richard. *Asia's Reckoning: The Struggle for Global Dominance*. London: Allen Lane, 2017.
Melby John F. *The Mandate of Heaven: Record of a Civil War, China 1945-49*. London: Chatto & Windus, 1969.
Meisner, Maurice. "The Significance of the Chinese Revolution in World History." Asia Research Centre Working Paper 1. London School of Economics and Political Science, 1999. http://eprints.lse.ac.uk/21309/
Merkel-Hess, Kate. *The Rural Modern. Reconstructing the Self and State in Republican China*. Chicago: University of Chicago Press, 2016.
Meyer, Mahlon. *Remembering China from Taiwan: Divided families and bittersweet reunions after the Chinese Civil War*. Hong Kong: Hong Kong University Press, 2012.
Mitter, Rana. *A Bitter Revolution: China's Struggle with the Modern World*. Oxford: Oxford University Press, 2004.
Mitter, Rana. *China's War with Japan, 1937-1945: The Struggle for Survival*. London: Penguin, 2013.
Monitoring Service of the British Broadcasting Corporation, *Summary of World Broadcasts, Part V: The Far East*. Caversham Park, Reading: 1949-50.
National Intelligence Council (NIC). *Tracking the Dragon: National Intelligence Estimates on China During the Era of Mao, 1948-1976*. Pittsburgh: Government Printing Office, 2004.
Naval Intelligence Division. China Proper, *Vol III: Economic Geography, Ports and Communications*. London: Geographical Handbook Series, 1945.
O'Neill, Mark. *The Miraculous History of China's Two Palace Museums*. Hong Kong: Joint Publishing (HK) Ltd, 2015.
Pan Ling. *Old Shanghai. Gangsters in Paradise*. Singapore: Heinemann Asia, 1993 edition.
龐敦志，《清算桂系》（廣州：南青出版社，1950）。
Panikkar, K. M. *In Two Chinas: Memoirs of a Diplomat*. London: George Allen & Unwin, 1955.
Pantsov, Alexander (with Steven I. Levine). *Mao: The Real Story*. New York: Simon &

中譯版：李志綏，《毛澤東私人醫生回憶錄》（臺北：時報出版，2015）。
梁升俊，《赤色恐怖下的廣西》（香港：自由出版社，1951）。
梁升俊，《蔣李鬥爭內幕》（臺北：新新聞，1993）。
Lieberthal, Kenneth G. *Revolution and Tradition in Tientsin, 1949-1952*. Stanford, CA: Stanford University Press, 1980.
Lin Hsiao-ting. "The Civil War and Modern China's Ethnic and Frontier Politics, 1947-53." *Asian Profile*, Vol. 37, No. 2 (April 2009), pp. 105-17.
Lin Hsiao-ting. *Accidental State: Chiang Kai-shek, the United States and the Making of Taiwan*. Cambridge, MA: Harvard University Press, 2016.
中譯版：林孝庭（著）、黃中憲（譯），《意外的國度：蔣介石、美國與近代臺灣的形塑》（臺北：遠足文化，2017）。
林桶法，《戰後中國的變局：以國民黨為中心的探討》（臺北：臺灣商務印書館，2003）。
林桶法，《一九四九大撤退》（臺北：聯經，2009）。
Ling, Oi Ki. "Demise of the Missionary Enterprise." In R. G. Tiedemann (ed.), *Handbook of Christianity in China*, Volume Two: 1800 to the Present. Leiden: Brill, 2012.
劉沉剛、王序平，《劉斐將軍傳略》（北京：團結出版社，1998）。
Liu, F. F. *A Military History of Modern China, 1924-1949*. Princeton, NJ: Princeton University Press, 1956.
中譯版：劉馥（著）、梅寅生（譯），《中國現代軍事史》（臺北：東大圖書，1986）。
劉紹唐（編），《民國大事日誌》，第 3 卷（臺北：傳記文學雜誌社，1979）。
劉統，《中國的一九四八年：兩種命運的決戰》（北京：三聯書店，2006）。
劉統，《決戰：華東解放戰爭 1945-1949》（上海：上海人民出版社，2017）。
Loh, Christine. *Underground Front: The Chinese Communist Party in Hong Kong*. Hong Kong: Hong Kong University Press, 2010.
龍應台，《大江大海一九四九》（香港：天地圖書，2015）。
Lynch, Michael. *The Chinese Civil War, 1945-1949*. Oxford: Osprey Publishing, 2010 (Kindle edition).
Mackinnon, Stephen R., Lary, Diana and Vogel, Ezra (eds). *China at War: Regions of China, 1937-1945*. Stanford, CA: Stanford University Press, 2007.
Maddison, Angus. *Chinese Economic Performance in the Long Run*. Paris: OECD, 1998.
Maddison, Angus. *The World Economy: A Millennial Perspective*. Paris: OECD, 2001.
Malek, Roman (ed.). *Jews in China, From Kaifeng to Shanghai*. Sankt Augustin:

Military, 2018.
Judt, Tony. *Reappraisals: Reflections on the Forgotten Twentieth Century*. London: William Heinemann, 2008.
軍事科學院軍事史研究部（編），《中國人民解放軍戰史：第三卷・全國解放戰爭時期》（北京：軍事科學出版社，1987）。
Kau, Michael Y. M. and Leung John, K. *The Writings of Mao Zedong, 1949-1956*: Vol. 1, September 1949-December 1955. New York: M. E. Sharpe, 1986.
Kidd, David. Peking Story: *The Last Days of Old China*. London: Aurum Press, 1988.
Kim, Donggil. "Stalin and the Chinese Civil War." Cold War History, Vol. 10. No. 2 (May 2010), pp. 185–202.
Kubek, Anthony. *How the Far East Was Lost: American Policy and the Creation of Communist China, 1941-1949*. Chicago: Heny Regnery Company, 1963.
Kwarteng, Kwasi. *Ghosts of Empire: Britain's Legacies in the Modern World*. London: Bloomsbury, 2011.
Lai Tse-han, Myers, Ramon H. and Wei Wou. *A Tragic Beginning. The Taiwan Uprising of February 28, 1947*. Stanford, CA: Stanford University Press, 1991.
中譯版：賴澤涵、馬若孟、魏萼（著），羅珞珈（譯），《悲劇的開端：臺灣二二八事變》（臺北：時報出版，1993）。
Lapwood, Ralph and Lapwood, Nancy. *Through the Chinese Revolution*. People's Books Cooperative Society, 1954.
Lary, Diana. *China's Republic*. Cambridge: Cambridge University Press, 2007.
Lary, Diana. *The Chinese People at War: Human Suffering and Social Transformation, 1937-1945*. Cambridge: Cambridge University Press, 2010.
中譯版：戴安娜（著）、廖彥博（譯），《流離歲月：抗戰中的中國人民》（臺北：時報出版，2015）。
Lary, Diana. *China's Civil War: A Social History, 1945-1949*. Cambridge: Cambridge University Press, 2015.
Leighton Stuart, John. *Fifty Years in China. The Memoirs of John Leighton Stuart. Missionary and Ambassador*. New York: Random House, 1954.
中譯版：司徒雷登（著）、陳麗穎（譯），《在華五十年：從傳教士到大使，司徒雷登回憶錄》（上海：東方出版中心，2012）。
Lew, Christopher R. *The Third Chinese Revolutionary Civil War, 1945-49: An Analysis of Communist strategy and leadership*. London, Routledge, 2009.
李敖，《李敖回憶錄》（臺北：李敖出版社，1999）。
Li Zhisui. *The Private Life of Chairman Mao*. New York: Random House, 1994.

Hamilton, William Stenhouse. *Notes from Old Nanking, 1947-1949: The Great Transition*. Canberra: Pandanus Books, 2004.

何芳洲，〈再論逃難〉，《論語》半月刊，第173期（1949年3月16日），序言。

Ho, Daphon D. 'Night Thoughts of a Hungry Ghostwriter: Chen Bulei and the Life of Service in Republican China.' *Modern Chinese Literature and Culture*, Vol. 19, No. 1 (Spring 2007), pp. 1-59.

Home News Library of the Xinhua News Agency (compilers). *China's Foreign Relations: A Chronology of Events, 1949-1988*. Peking: Foreign Language Press, 1989.

Hood, George. *Neither Bang nor Whimper: The End of a Missionary Era in China*. Singapore: The Presbyterian Church in Singapore, 1991.

Hooper, Beverley. *China Stands Up: Ending the Western Presence*. London: Allen & Unwin, 1986.

懷鄉，《論李宗仁與中美反動派》（香港：宇宙書屋，1948）。

黃旭初，〈國府由粵遷渝的混沌之局〉，《春秋》（香港），第145期。

黃永盛（音），《廣西文史資料選輯．第36輯：南下幹部在廣西》（南寧：廣西區政協文史資料編輯部發行，1993）。

Hung, Chang-tai. *Mao's New World: Political Culture in the Early People's Republic*. Ithaca, NY: Cornell University Press, 2011.

Hutchings, Graham. "A Province at War: Guangxi during the Sino-Japanese Conflict, 1937-45." *The China Quarterly*, No. 108 (December 1986), pp. 652-679.

Hutchings, Graham. *Modern China: A Companion to a Rising Power*. London: Penguin Books, 2001 edition.

Ingrams, Harold. *Hong Kong*. London: Her Majesty's Stationery Office, 1952.

Izzard, Brian. *Yangtze Showdown: China and the Ordeal of HMS Amethyst*. Barnsley: Seaforth Publishing, 2015.

Jacobs-Larkcom, Dorothy. *As China Fell*. Ilfracombe: Arthur H. Stockwell, 1976.

Jarman, Robert L (ed.). *China: Political Reports 1911-1960*, Vols 8 & 9. Cambridge: Archive Editions Limited, 2001.

金沖及，《轉折年代：中國的一九四七年》（北京：三聯書店，2002）。

Jin Feng. *The Making of a Family Saga, Ginling College*. Albany, NY: State University of New York Press, 2009.

金立昕，《中南解放戰爭紀實》（北京：人民出版社，2004）。

Jowett, Philip. *Images of War: Chiang Kai-shek versus Mao Tse-Tung. The Battle for China 1946-1949*. Rare Photographs from Wartime Archives. Barnsley: Pen & Sword

Elegant, Robert S. *China's Red Masters: Political Biographies of the Chinese Communist Leaders*. New York: Twayne, 1951.

Esherick, Joseph W. (ed.). *Remaking the Chinese City: Modernity and National Identity, 1900-1950*. Honolulu: University of Hawai'i Press, 2000.

Esherick, Joseph W. *Ancestral Leaves: A Family Journey through Chinese History*. Berkeley, CA: University of California Press, 2011.

中譯本：周錫瑞（著），史金金、孟繁之、朱琳菲（譯），《葉：百年動盪中的一個中國家庭》（太原：山西人民出版社，2014）。

Fan, Joshua. *China's Homeless Generation: Voices from the veterans of the Chinese Civil War, 1940s-1990s*. London: Routledge, 2009.

Falconer, Alun. *New China: Friend or Foe?* London: The Naldrett Press, 1950.

Feis, Herbert. *The China Tangle: The American Effort in China from Pearl Harbour to the Marshall Mission*. New York: Atheneum, 1966.

Fenby, Jonathan. *Generalissimo: Chiang Kai-shek and the China He Lost*. London: Simon & Schuster, 2003.

中譯版：喬納森・芬比（著）、陳一鳴（譯），《蔣介石傳：從統治中國到失去江山，為什麼會是蔣介石？》（北京：中國青年出版社，2011）。

Fenby, Jonathan. *Crucible: Thirteen Months That Forged Our World*. London: Simon & Schuster, 2018.

Fernandes, Moises Silva. "How to Relate with a Colonial Power on its Shore: Macau in the Chinese Foreign Policy, 1949-1965." *Bulletin of Portuguese/ Japanese Studies*, Vol. 17 (December 2008), pp. 225-250.

Finch, Percy. *Shanghai and Beyond*. New York: Charles Scribner's Sons, 1953.

Foreign Office Files for China: Part 1. *Complete Files for 1949: A Listing and Guide to the Microfilm Collection*. London: Adam Matthews, 1999-2002. http://www.archivesdirect.amdigital.co.uk/FO_China.

Foreign Relations of the United States, *The Far East: China 1948 Vols VII–VIII; 1949 Vols VIII–IX*. https://history.state.gov/historicaldocuments/truman.

Gould, Randall. "Shanghai during the Takeover, 1949." *The Annals of the American Academy of Political and Social Science*. Vol. 277. Report on China, September 1951.

Goncharov, Sergei, N., Lewis, John W. and Xue Litai. *Uncertain Partners: Stalin, Mao and the Korean War*. Stanford, CA: Stanford University Press, 1993.

Grantham, Alexander. *Via Ports: From Hong Kong to Hong Kong*. Hong Kong: Hong Kong University Press, 2012 edition.

廣西通史館（編），《廣西解放紀實》（南寧：廣西人民出版社，1990）。

Cradock, Percy. *Know Your Enemy: How the Joint Intelligence Committee Saw the World*. London: John Murray, 2002.

Craft, Stephen G. *V.K. Wellington Koo and the Emergence of Modern China*. Lexington, KY: The University Press of Kentucky, 2004.

當代中國研究所（編），《中華人民共和國史編年：一九四九年卷》（北京：當代中國出版社，2004）。

De Bary, Wm Theodore. *Sources of Chinese Tradition*, Volume II. New York: Columbia University Press, 1960.

Dikotter, Frank. *Things Modern: Material Culture and Everyday Life in China*. London: Hurst & Co, 2007.

Dikotter, Frank. *The Age of Openness: China before Mao*. Hong Kong: Hong Kong University Press, 2008.

Dikotter, Frank. *The Tragedy of Liberation: A History of the Chinese Revolution, 1945-57*. London: Bloomsbury, 2013.

中譯版：馮客（著）、蕭葉（譯），《解放的悲劇：中國革命史一九四五至一九五七》（臺北：聯經，2018）。

丁永隆、孫宅巍，《南京政府的覆亡》（鄭州：河南人民出版社，1992）。

第四野戰軍戰史編寫組（編），《中國人民解放軍第四野戰軍戰史》（北京：解放軍出版社，1998）。

Dittmer, Lowell. *Liu Shaoqi and the Chinese Cultural Revolution*. New York: M. E. Sharpe, 1998.

董世桂、張彥之，《北平和談紀實》（北京：文化藝術出版社，1991）。

董顯光，《蔣總統傳》，第 3 卷（臺北：中華文化出版事業委員會，1954）。

Dower, John W. *Embracing Defeat: Japan in the Wake of World War II*. New York: Norton Paperback, 2000.

Eastman, Lloyd E. *Seeds of Destruction: Nationalist China in War and Revolution, 1937-1949*. Stanford, CA: Stanford University Press, 1984.

中譯本：易勞逸（著），王建朗、王賢知（譯），《毀滅的種子：革命與戰爭中的國民黨中國（1937-1945）》（南京：江蘇人民出版社，2009）。

Eastman, Lloyd E. Family Field and Ancestors: Constancy and Change in China's Social and Economic History, 1550-1949. Oxford: Oxford University Press, 1988.

中譯本：易勞逸（著）、苑杰（譯），《家族、土地與祖先：近世中國四百年社會經濟的常與變》（重慶：重慶出版社，2019）。

Eastman, Lloyd E, Ch'en, Jerome, Pepper, Suzanne, van Slyke and Lyman, P. (eds). *The Nationalist Era in China, 1927-1949*. Cambridge University Press, 1991.

Chang, Sidney H. and Myers, Ramon H. *The Storm Clouds Clear over China: The Memoir of Ch'en Li-fu, 1900-1993*. Stanford, CA: Hoover Institution Press, 1994.
中譯本：陳立夫，《成敗之鑑：陳立夫回憶錄》（臺北：正中書局，1994）。
Chassin, Lionel Max. *The Communist Conquest of China: A History of the Civil War, 1945-1949*. London: Weidenfeld & Nicolson, 1966.
Chen, Percy. *China Called Me: My Life inside the Chinese Revolution*. Boston: Little, Brown and Company, 1979.
程思遠，《李宗仁先生晚年》（北京：文史資料出版社，1985）。
程思遠，《政海祕辛》（香港：南粵出版社，1988）。
程思遠，《白崇禧傳》（香港：南粵出版社，1989）。
Cheo Ying, Esther. *Black Country to Red China*. London: Vintage, 2009.
Chiang Kai-shek (with an Introduction by Lin Yutang). *China's Destiny*. New York: The Macmillan Company, 1947.
中文版：蔣中正，《中國之命運》（臺北：中國國民黨臺灣省執行委員會，1945）。
Chiang Kai-shek (with Notes and Commentary by Philip Jaffe). *China's Destiny & Chinese Economic Theory*. New York: Roy Publishers, 1947.
Chiang Monlin. *Tides from the West*. Taipei: China Culture Publishing Foundation, 1957.
中文版：蔣夢麟，《西潮》（臺北：晨星，2006）。
Ch'ien Tuan-sheng. *The Government and Politics of China, 1912-1949*. Stanford, CA: Stanford University Press, 1950.
中文版：錢端升，《中國政府與政治》（上海：商務印書館，2011）。
Chin, Tsai. *Daughter of Shanghai*. London: Chatto & Windus, 1988.
中譯版：周采芹（著）、何毅華（譯），《上海的女兒》（南寧：廣西人民出版社，2002）。
China Handbook Editorial Board for the Nationalist Government. *The China Handbook 1950*. New York: Rockport Press, 1950.
Cochran, Sherman and Hsieh, Andrew. *The Lius of Shanghai*. Cambridge, MA: Harvard University Press, 2013.
Colonial Reports, *Hong Kong 1948, 1949, 1950*. London: His Majesty's Stationery Office.
Cowley, Robert (ed.). *What If? Military Historians Imagine What Might Have Been*. London: Pan Books, 2001.
中譯版：羅伯・考利（著）、王鼎鈞（譯），《What If? 史上二十起重要事件的另一種可能》（臺北：麥田，2003）。

Bellis, David. *Old Hong Kong Photos and the Stories They Tell*. Volume 1. Hong Kong: Gwulo, 2017.

Bennett, Gill. *Six Moments of Crisis inside British Foreign Policy*. Oxford: Oxford University Press, 2014 edition.

Bernstein, Richard. *China 1945: Mao's Revolution and America's Fateful Choice*. New York: Alfred A Knopf, 2014 (Kindle edition).

Bickers, Robert. *Britain in China: Community, Culture and Colonialism, 1900-1949*. Manchester: Manchester University Press, 1999.

Bickers, Robert. *Out of China: How the Chinese Ended the Era of Western Domination*. London: Allen Lane, 2017.

中譯本：畢可思（著）、胡訢諄（譯），《滾出中國：十九、二十世紀的國恥，如何締造了民族主義的中國》（臺北：時報出版，2018）。

Biggerstaff, Knight. *Nanking Letters, 1949*. Cornell University: East Asia Papers Number 23, 1979.

Bird, Isabella. *The Yangtze Valley and Beyond*. London: Virago Press, 1985.

Bradie, Anne-Marie and Brown, Douglas (eds). *Foreigners and Foreign Institutions in Republican China*. London: Routledge, 2013.

Brown, Jeremy and Pickowicz, Paul G. (eds). *Dilemmas of Victory: The Early Years of the People's Republic of China*. Cambridge, MA: Harvard University Press, 2007.

Buck, John Lossing. *Land Utilisation in China: a Study of 16,786 Farms in 168 Localities, and 38,256 Farms in Twenty-Two Provinces in China, 1929-1933*. Three vols. Nanjing: Nanjing University Press, 1937.

Buruma, Ian. *Year Zero: A History of 1945*. London: Atlantic Books, 2013.

Byron, John and Pack, Robert. *The Claws of the Dragon: Kang Sheng–the Evil Genius Behind Mao-and His Legacy of Terror in People's China*. London: Simon & Schuster, 1992.

蔡登山（編），《黃旭初回憶錄：李宗仁、白崇禧與蔣介石的離合》（臺北：獨立作家，2016）。

Chang, Carsun. *The Third Force in China*. New York: Bookman Associates, 1952.

中譯本：張君勱，《中國第三勢力》（臺北：稻鄉出版社，2005）。

Chang Chihyun (ed.). *The Chinese Journals of L. K. Little, 1943-54: An Eyewitness Account of War and Revolution*. Vol 1. London: Routledge online resource, 2017.

Chang, Jung. *Mao: The Unknown Story*. London: Jonathan Cape, 2005.

中譯本：張戎、哈勒戴（著）、張戎（譯），《毛澤東：鮮為人知的故事》（臺北：麥田出版，2021）。

參考書目

參考檔案

英國海外傳道會宣教檔案（Church Missionary Society），牛津大學。
倫敦國王學院（King's College London）典藏檔案。
倫敦亞非政經學院（School of Oriental and African Studies, London）典藏檔案。
雪菲爾大學（Sheffield University）典藏檔案。

中外書籍及期刊

Armitage, David. *Civil Wars: A History in Ideas*. New Haven, CT: Yale University Press, 2017.

Asbrink, Elisabeth. *1947: When Now Begins*. London: Scribe Publications, 2017(Kindle edition).

Ashdown, Paddy. *A Fortunate Life: The Autobiography of Paddy Ashdown*. London: Aurum Press, 2009.

Ashton, S. R., Bennett, G. and Hamilton, K. A. (eds). *Documents on British Policy Overseas, Series I, Volume VIII: Britain and China 1945-1950*. London: Routledge, 2002.

Association for Diplomatic Studies and Training Foreign Affairs Oral History Project. "Elden B. Erickson," Interviewed by Charles Stuart Kennedy. Initial interview date: 25 June 1992.

白先勇，《父親與民國：白崇禧將軍身影集》，上、下卷（香港：天地圖書，2012）。

Barber, Noel. *The Fall of Shanghai: The Communist Take-Over in 1949*. Newton Abbot: Readers' Union, 1980.

Barnett, Doak A. *China on the Eve of Communist Takeover*. New York: Frederick A. Praeger, 1963.

Bays, Daniel H. *A New History of Christianity in China*. Chichester: Wiley-Blackwell, 2012.

99 DBPO, p. 397.

100 FRUS, *The Far East: China*, Vol. VII, Part 2, 30 December 1949. https://history.state.gov/historicaldocuments/frus1949v07p2/d387 (accessed 22 January 2020).

第十章

1 當代中國研究所（編），《中華人民共和國史編年：一九四九年卷》（北京：當代中國出版社，2004），頁 833。譯按：〈中共中央告前線將士和全國同胞書〉，《解放日報》（上海），1950 年 1 月 1 日，頁 1。

2 Harry S. Truman, "Statement on Formosa," 5 January 1950. https://china.usc.edu/harry-s-truman-'statement-formosa'-january-5-1950 (accessed 31 January 2020).

3 參見本書第二章，「強權博弈」一節。

4 Dean Acheson, "Speech on the Far East," 12 January 1950. https://www.cia.gov/library/readingroom/docs/1950-01-12.pdf (accessed 31 January 2020).

5 FRUS, *The Far East: China*, Vol. VIII, 18 December 1949. https://history.state.gov/historicaldocuments/frus1949v08/d731 (accessed 30 January 2020).

6 參見本書第七章，「逃難到南方」一節。

7 龍應台，《大江大海一九四九》（香港：天地圖書，2015），頁 38-41。譯按：引文按英文版順序節錄。

8 Wilson Center Digital Archive, "Statement by the President, Truman on Korea," 27 June 1950. https://digitalarchive.wilsoncenter.org/document/116192.pdf?v=cd0b66b71d6a0412d275a5088a18db5d (accessed 31 January 2020).

9 Steve Tsang, "Transforming a Party State into a Democracy," in Steve Tsang and Hung-mao Tien (eds), *Democratization in Taiwan: Implications for China* (Hong Kong: Hong Kong University Press, 1999), p. 1.

10 Lin Hsiao-ting, "The Civil War and Modern China's Ethnic and Frontier Politics, 1947-53," *Asian Profile*, Vol. 37, No. 2 (April 2009), p. 402.

11 參見本書第四章，「臺灣：避難之島？」一節。

12 林桶法，《一九四九大撤退》（臺北：聯經出版，2009），頁 6。

13 Wong Siu-lun, *Emigrant Entrepreneurs: Shanghai Industrialists in Hong Kong* (Hong Kong: Oxford University Press, 1988), p. 8.

14 The Taiwan Relations Act, 1 January 1979, p. 2. https://photos.state.gov/libraries/ait-taiwan/171414/ait-pages/tra_e.pdf (accessed 10 February 2020).

15 Graham Hutchings, *Modern China: A Companion to a Rising Power* (London: Penguin Books, 2001 edition), p. 410.

wilsoncenter.org/document/176327 (accessed 17 January 2020).

81 當代中國研究所（編），《中華人民共和國史編年：一九四九年卷》（北京：當代中國出版社，2004），頁 665。

82 同前註。

83 黃旭初，〈國府由粵遷渝的混沌之局〉，《春秋》（香港），第 145 期，頁 9-10。

84 FRUS, *The Far East: China*, 15 November 1949. https://history.state.gov/historicaldocuments/frus1949v08/d675 (accessed 20 January 2020); Lin Hsiao-ting, "The Civil War and Modern China's Ethnic and Frontier Politics, 1947-53," *Asian Profile*, Vol. 37, No. 2 (April 2009), p. 109 et seq.

85 林桶法，《一九四九大撤退》，頁 290。

86 張良任（編），《蔣經國先生全集》，頁 490，一九四九年十一月二十九日日記。

87 Joshua Fan, *China's Homeless Generation: Voices from the Veterans of the Chinese Civil War, 1940s-1990s* (London: Routledge, 2009), pp. 36-37.

88 周宏濤，《蔣公與我：見證中華民國關鍵變局》（臺北：天下文化，2003），頁 161。

89 軍事科學院軍事史研究部（編），《中國人民解放軍戰史・卷三：解放戰爭時期》（北京：軍事科學出版社，1987），頁 340-341。

90 張良任（編），《蔣經國先生全集》，頁 412，一九四九年十月二十六日日記。

91 Steve Tsang, "Transforming a Party State into a Democracy," in Steve Tsang and Hung-mao Tien (eds), *Democratization in Taiwan: Implications for China* (Basingstoke: Macmillan, 1999), p. 2.

92 TNA FO371/75805/F18919, 18 December 1949, p. 81.

93 TNA FO371/75805/F8556, 11 June 1949, p. 24.

94 參見本書第一章，「中共與農民」、第七章，「土地改革：國民黨的浮木」等節。

95 Wang Gung-hsing, "Nationalist Government Policies, 1949-1951," *The Annals of the American Academy of Political and Social Science*, Vol. 277, Report on China (September 1951), pp. 218-219.

96 Ibid., p. 220.

97 TNA FO371/75805/F19647, 14 December 1949, p. 117.

98 National Intelligence Council (NIC), "Survival of Non-Communist regimes, October 1949 Taiwan," p. 09/8.

57 梁升俊，《蔣李鬥爭內幕》，頁 212。

58 *The New York Times*, 14 November 1949, p. 8.

59 T'ong Te-kang, *The Reminiscences of Li Tsung-jen*, p. 545.

60 白先勇，《父親與民國：白崇禧將軍身影集》，上冊（香港：天地圖書，2012），頁 322。

61 FRUS, *The Far East: China*, 25 November 1949. https://history.state.gov/historicaldocuments/frus1949v08/d693 (accessed 14 January 2020).

62 程思遠，《白崇禧傳》（香港，南粵出版社，1989），頁 320。

63 梁升俊，《赤色恐怖下的廣西》，頁 5。

64 *SWB*, No. 33, 6 December 1949, p. 34.

65 張任民，〈黔桂邊大盜楊彪抗共殉國記〉，《春秋》（香港），第 118 期（1962），頁 28-29。

66 梁升俊，《蔣李鬥爭內幕》，頁 219-221。

67 金立昕，《中南解放戰爭紀實》（北京：人民出版社，2004），頁 438。

68 Chang Chihyun (ed.), *The Chinese Journals of L. K. Little, 1943-54*, Electronic Resource: 837.1.

69 陳存恭（訪問、記錄），《徐啟明先生訪問紀錄》，頁 150。

70 程思遠，《白崇禧傳》，頁 319。

71 陳存恭（訪問、記錄），《徐啟明先生訪問紀錄》，頁 157。

72 Chang Chihyun (ed.), *The Chinese Journals of L. K. Little, 1943-54*, Electronic Resource: 29.5/931). 葉之後沒有後續電報，因此引文這通電報，就是民國時期海關的最後一通電報。葉在中共建政後繼續在海關服務，但不久之後就被共產黨施以強度甚高的「改造學習」。據葉本人表示，原因一方面是「他的級別，另方面是他住在一間三十畝的屋子、還配有僕役」。他於一九五六年前往臺灣。（ibid. 36.0/931）

73 廣西通史館（編），《廣西解放紀實》（南寧：廣西人民出版社，1990），頁 10。

74 梁升俊，《蔣李鬥爭內幕》，頁 218-219。

75 參見本書〈導論〉。

76 *SWB*, No. 37, 3 January 1950, p. 32.

77 參見本書第三章，「南京說『不』」一節。

78 FRUS, *The Far East: China, Vol. VIII*, 15 August 1949. https://history.state.gov/historicaldocuments/frus1949v08/d561 (accessed 16 January 2020).

79 *The Times*, 22 September 1948, p. 5.

80 Wilson Center Digital Archive, 29 December 1949. https://digitalarchive.

33 Mahlon Meyer, *Remembering China from Taiwan: Divided Families and Bittersweet Reunions after the Chinese Civil War* (Hong Kong: Hong Kong University Press, 2012), p. 41.

34 TNA FO371/75944/F17601, 24 November 1949, p. 56.

35 Colonial Reports, *Hong Kong 1949*, p. 7.

36 *SWB*, No. 31, 22 November 1949, p. 36.

37 Alexander Grantham, *Via Ports: From Hong Kong to Hong Kong* (Hong Kong: Hong Kong University Press, 2012 edition), p. 163.

38 參見本書第七章，「香港：反共堡壘或自由港埠？」一節。

39 Grantham, *Via Ports*, p. 115.

40 Chang Chihyun (ed.), *The Chinese Journals of L. K. Little, 1943-54*, Electronic Resource: 789.6.

41 Colonial Reports, *Hong Kong 1949*, pp. 18–21.

42 Grantham, *Via Ports*, p. 148.

43 Robinson, *A Politico-Military Biography of Lin Piao*, pp. 194-195.

44 Ibid., p. 199.

45 Kevin Peraino, *A Force So Swift: Mao, Truman, and the Birth of Modern China, 1949* (New York: Crown, 2017), pp. 219-220.

46 陳存恭（訪問、記錄），《徐啟明先生訪問紀錄》（臺北：中央研究院近代史研究所，1983），頁 148。

47 FR US, *The Far East: China*, Vol. VIII, 23 October 1949. https://history.state.gov/historicaldocuments/frus1949v08/d638 (accessed 13 January 2020).

48 陳存恭（訪問、記錄），《徐啟明先生訪問紀錄》，頁 148。

49 同前註，頁 147。

50 Odd Arne Westad, *Decisive Encounters: The Chinese Civil War, 1946-1950* (Stanford, CA: Stanford University Press, 2003), p. 317.

51 梁升俊，《赤色恐怖下的廣西》（香港：自由出版社，1951），頁 3-4。

52 同前註，頁 4。

53 莫樹杰，〈解放前夕新桂系在廣西的反動措施片段回憶〉，收於：中國人民政治協商會議廣西壯族自治區委員會文史資料委員會（編），《新桂系紀實》，下冊（南寧：廣西區政協文史辦公室，1990），頁 278-279。

54 *SWB*, No. 25, 11 October 1949, p. 34.

55 T'ong Te-kang (with Li Tsung-jen), *The Reminiscences of Li Tsung-jen* (Boulder, CO: Westview Press, 1979), p. 544.

56 唐德剛（撰），《李宗仁回憶錄》，下冊（臺北：遠流，2010），頁 910。

1949 (Santa Monica, CA: Rand, 1971), p. 192.

8 梁升俊，《蔣李鬥爭內幕》（臺北：新新聞叢書，1992），頁 189-191，是當時桂系批評蔣的一個例子。

9 這段話是一位美國外交官會見李代總統的某位顧問之後所做的陳述，參見：FRUS, *The Far East: China*, Vol. VIII, 24 October 1949. https://history.state.gov/historicaldocuments/frus1949v08/d640 (accessed 9 January 2020).

10 *The New York Times*, 9 October 1949, pp. 1, 6.

11 林桶法，《一九四九大撤退》，頁 179。

12 FRUS, *The Far East: China*, 12 August 1949. https://history.state.gov/historicaldocuments/frus1949v08/pg_484 (accessed 8 January 2020).

13 *The Times*, 25 August 1949, p. 23.

14 TNA FO 371/75804/F12354, 28 August 1949, p. 41.

15 TNA FO 371/75804/F15933, 19 October 1949, p. 38.

16 *The New York Times*, 11 October 1949, p. 10.

17 *SWB*, No. 26, 18 October 1949, p. 23.

18 第四野戰軍戰史編寫組（編），《中國人民解放軍第四野戰軍戰史》（北京：解放軍出版社，1998），頁 546。

19 Chang Chihyun (ed.), *The Chinese Journals of L. K. Little, 1943-54*, Electronic Resource: 789.6.

20 *The New York Times*, 15 October 1949, p. 1.

21 Chang Chihyun (ed.), *The Chinese Journals of L. K. Little, 1943-54*, Electronic Resource: 794.9.

22 *The New York Times*, 14 October 1949, p. 1.

23 第四野戰軍戰史編寫組（編），《中國人民解放軍第四野戰軍戰史》，頁 550。

24 *Time*, 24 October 1949, p. 22.

25 參見本書第七章，「香港：反共堡壘或自由港埠？」一節。

26 *The Times*, 19 October 1949, p. 3.

27 Colonial Reports, *Hong Kong 1949* (London: His Majesty's Stationery Office), p. 1.

28 *Daily Telegraph*, 17 October 1949, p. 1.

29 Percy Chen, *China Called Me: My Life Inside the Chinese Revolution* (Boston: Little, Brown and Company, 1979), p. 389.

30 Colonial Reports, *Hong Kong 1949*, p. 2.

31 *The New York Times*, 14 October 1949, p. 1.

32 Colonial Reports, *Hong Kong 1949*, p. 11.

Domination (London: Allen Lane, 2017), 特別是第八章。

87 DBPO, pp. 406, 407.

88 Bickers, *Out of China*, p. 251.

89 *SWB*, No. 6, 31 May 1949, p. 28.

90 *SWB*, No 12, 12 July 1949, p. 28.

91 Jung Chang and Jon Halliday, *Mao: The Unknown Story* (London: Jonathan Cape, 2005), p. 358.

92 Home News Library of the Xinhua News Agency (compilers), *China's Foreign Relations: A Chronology of Events, 1949–1988* (Peking: Foreign Language Press, 1989), p. 3.

93 *The New York Times*, 9 October 1949, p. 1.

94 *SWB*, No. 25, 11 October 1949, p. 27.

95 Liliane Williams, *Stateless in Shanghai* (Hong Kong: China Economic Review Publishing [Hong Kong] for Earnshaw Books, 2010), p. 223.

96 FRUS, *The Far East: China*, Vol. VIII, 16 December 1949. https://history.state.gov/historicaldocuments/frus1949v08/d729 (accessed 13 December 2019).

97 Ibid.

98 *The New York Times*, 19 November 1949, p. 6.

99 當代中國研究所（編），《中華人民共和國史編年：一九四九年卷》，頁763-764。

100 Dikotter, *The Tragedy of Liberation*, p. 122.

第九章

1 FRUS, *The Far East: China*, Vol. IX, 16 September 1949. https://history.state.gov/historicaldocuments/frus1949v09/pg_549 (accessed 6 January 2020).

2 Ibid.

3 Ibid. 6 September 2020. https://history.state.gov/historicaldocuments/frus1949v09/pg_547.

4 Chang Chihyun (ed.), *The Chinese Journals of L. K. Little, 1943–54: An Eyewitness Account of War and Revolution*, Vol 1 (London: Routledge online resource, 2017), Electronic Resource: 810.7.

5 Lin Hsiao-ting, *Accidental State: Chiang Kai-shek, the United States and the Making of Taiwan*. (Cambridge, MA: Harvard University Press, 2016).

6 參見本書第七章，「北平：改造國家」一節。

7 Thomas W. Robinson, *A Politico-Military Biography of Lin Piao, Part 1, 1907-*

61 Saich, *The Rise to Power of the Chinese Communist Party*, p. 1199.

62 Ibid., pp. 1318-1319.

63 FRUS, *The Far East: China*, Vol. VIII, 9 July 1949. https://history.state.gov/historicaldocuments/frus1949v08/d488 (accessed 21 February 2020).

64 Wemheuer, *A Social History of Maoist China*, p. 19.

65 當代中國研究所（編），《中華人民共和國史編年：一九四九年卷》，頁664。

66 參見本書第五章，「變革的推動者：南下幹部」一節。

67 SOAS archives, "Papers of Eva Dykes Spicer," PP MS92, Letter dated 23 June 1949.

68 Esther Cheo Ying, *Black Country to Red China*, p. 34.

69 Van der Sprenkel (ed.), *New China*, p. 85.

70 *The Times*, 10 August 1949, p. 4.

71 Yen, *The Umbrella Garden*, pp. 72-73.

72 Ibid., p. 73.

73 Daniel H. Bays, *A New History of Christianity in China* (Chichester: John Wiley & Sons, 2012), p. 159.

74 參見本書第六章，「前任大使們」一節。

75 參見本書第二章，「強權博弈」一節。

76 *SWB*, No. 13, 19 July 1949, p. 26.

77 Ibid.

78 FRUS, *The Far East: China*, Vol VIII, 26 October 1949. https://history.state.gov/historicaldocuments/frus1949v08/d1138 (accessed 10 December 2019).

79 參見本書第七章，「北平：改造國家」一節。

80 Chang Chihyun (ed.), *The Chinese Journals of L. K. Little, 1943-54: An Eyewitness Account of War and Revolution*. Vol 1 (London: Routledge online resource, 2017), Electronic Resource: 707.7/968.

81 Daniel H. Bays, *A New History of Christianity in China*, p. 149.

82 *The New York Times*, 11 December 1949, p. 46.

83 Salvation Army Heritage Centre, *North China Territory Report 1949*, p. 7, File no. CH1/2/1, "Social Operations," section p. 1.

84 參見本書第二章，「上海落日」一節；以及本書第六章，「新上海的黎明」一節。

85 DBPO, p. 326.

86 參見：Robert Bickers, *Out of China: How the Chinese Ended the Era of Western*

388。

37 Jeremy Brown and Paul G. Pickowicz (eds), *Dilemmas of Victory: The Early Years of the People's Republic of China* (Cambridge, MA: Harvard University Press, 2007), p. 60.

38 當代中國研究所（編），《中華人民共和國史編年：一九四九年卷》，頁409。

39 *SWB*, No. 5, 24 May 1949, p. 27.

40 參見本書第六章，「國民黨的上海終局」一節。

41 Sherman Cochran and Andrew Hsieh, *The Lius of Shanghai* (Cambridge, MA: Harvard University Press, 2013), p. 285.

42 Ibid., p. 287.

43 Ibid.

44 Ibid., p. 288.

45 關於這方面最近的研究，參見：Dikotter, *The Tragedy of Liberation*; 早期的論述，可參見：Richard L. Walker, *China Under Communism: The First Five Years* (New Haven, CT: Yale University Press, 1955).

46 Felix Wemheuer, *A Social History of Maoist China*, p. 39.

47 參見本書第六章，「新秩序」一節。

48 當代中國研究所（編），《中華人民共和國史編年：一九四九年卷》，頁682。

49 同前註，頁713。

50 Otto Van Der Sprenkel (ed.), *New China: Three Views*, pp. 13–14.

51 當代中國研究所（編），《中華人民共和國史編年：一九四九年卷》，頁411。

52 *The New York Times*, 7 October 1949, p. 10.

53 Van der Sprenkel (ed.), *New China*, p. 91.

54 *SWB*, No. 9, 21 June 1949, p. 27.

55 Van der Sprenkel (ed.), *New China*, pp. 14-15.

56 Esther Cheo Ying, *Black Country to Red China* (London: Vintage 2009), p. 38.

57 Alun Falconer, *New China: Friend or Foe?* (London: The Naldrett Press, 1950), p. 66.

58 Felix Wemheuer, *A Social History of Maoist China*, p. 63.

59 Maria Yen, *The Umbrella Garden: A Picture of Life in Red China* (New York: Macmillan, 1954), pp. 101-102.

60 Van der Sprenkel (ed.), *New China*, p. 85.

mao/selected-works/volume-5/mswv5_01.htm (accessed 21 February 2020).

13 新華社報導，北京，1949 年 12 月 4 日。

14 *SWB*, No. 34, 13 December 1949, p. 34.

15 TNA FO371/75836, 6 July 1949, "Copy of a Memorandum from Mr. John Gadsby re Meeting of the Bar Council of Shanghai."

16 Otto Van Der Sprenkel (ed.), *New China: Three Views* (London: Turnstile Press, 1950), p. 106.

17 *The New York Times*, 11 December 1949, p. 42.

18 Ibid.

19 Felix Wemheuer, *A Social History of Maoist China* (Cambridge: Cambridge University Press, 2019), p. 58.

20 Tony Saich (ed.), *The Rise to Power of the Chinese Communist Party: Documents and Analysis* (New York: M. E. Sharpe, 1996), p. 1370.

21 The Common Program of the Chinese People's Political Consultative Conference, 1949, Article 58. https://sourcebooks.fordham.edu/mod/1949-ccp-program.asp (accessed 20 November 2019).

22 Wilson Center Digital Archive, "Report, Kovalev to Stalin," 24 December 1949, p. 3 http://digitalarchive.wilsoncenter.org/document/113441 (accessed 2 February 2020).

23 *SWB*, No. 34, 13 December 1949, p. 30.

24 Ibid., p. 33.

25 當代中國研究所（編），《中華人民共和國史編年：一九四九年卷》（北京：當代中國出版社，2004），頁 838。

26 *SWB*, No. 34, 13 December 1949, p. 19.

27 *SWB*, No. 38, 10 January 1950, p. 343.

28 TNA FO371/83357/F111/1, "Hankow Dispatch," 27 October 1949.

29 Ibid.

30 TNA FO371/83272/C10121/1, China Association Annual Report, 1949-1950, p. 7.

31 *SWB*, No. 23, 27 September 1949, p. 23.

32 當代中國研究所（編），《中華人民共和國史編年：一九四九年卷》，頁 425。

33 TNA FO371/83272/C10121/1, China Association Annual Report, 1949-1950, p. 2.

34 *Far Eastern Economic Review*, 1 September 1949, p. 278.

35 Tony Saich (ed.), *The Rise to Power of the Chinese Communist Party*, p. 1373.

36 當代中國研究所（編），《中華人民共和國史編年：一九四九年卷》，頁

commons/1949/may/05/china-british-policy (accessed 21 February 2020).

61 *Far Eastern Economic Review*, 22 June 1949, p. 770.

62 Ashton et al. (eds), *Documents on British Policy Overseas*, p. 334.

63 同前註，頁 336。內閣後來同意刪除「民主」一詞，因為他們擔心若保留這個字眼，將使「英國無法在任何時候與中國共產黨政府討論香港問題」（頁 338）。

64 *Far Eastern Economic Review*, 7 July 1949, pp. 1-2.

65 龍應台，《大江大海一九四九》（香港：天地圖書，2015），頁 151。

66 參見本書第四章，「撤退到臺灣」一節。

67 本段及下一段的摘引，參見：龍應台，《大江大海一九四九》，頁 68-69。

68 參見本書第二章，「觀望，等待，計畫，逃亡」一節；以下對於痖弦旅程的記述，主要取材自龍應台，《大江大海一九四九》，頁 131-133。

69 Church Missionary Society Archives. Kwangsi-Hunan General Papers 1935-1951, G1 CH5/1 Reel 418. Letter from Sargent to Wittenbach, 3 July 1949.

第八章

1 參見本書導論，註釋二。

2 Alexander Pantsov (with Steven I. Levine), *Mao: The Real Story* (New York: Simon & Schuster, Kindle edition, 2013), pp. 101-102.

3 Li Zhisui, *The Private Life of Chairman Mao* (New York: Random House, 1994), p. 51; Frank Dikotter, *The Tragedy of Liberation: A History of the Chinese Revolution, 1945-57* (London: Bloomsbury, 2013), p. 41.

4 當代中國研究所（編），《中華人民共和國史編年：一九四九年卷》（北京：當代中國出版社，2004），頁 569。

5 Allyn Rickett and Adele Rickett, *Prisoners of Liberation* (San Francisco, CA: China Books, 1981), pp. 22-23.

6 *SWB*, No. 25, 11 October 1949, p. 33.

7 *SWB*, No. 24, 4 October 1949, p. 44.

8 FRUS, *The Far East: China, Vol. VIII*, 3 September 1949. https://history.state.gov/historicaldocuments/frus1949v08/d593 (accessed 22 February 2020).

9 參見本書第七章，「北平：改造國家」一節。

10 *SWB*, No. 14, 26 July 1949, pp. 29-30.

11 MZD *SW*, Vol. 5, 21 September 1949. https://www.marxists.org/reference/archive/mao/selected-works/volume-5/mswv5_01.htm (accessed 21 February 2020).

12 MZD *SW*, Vol. 5, 21 September 1949. https://www.marxists.org/reference/archive/

澤東，〈論人民民主專政〉。

42 本段以及接下來段落中的引文，均摘自：*MZD SW*, Vol. IV, 30 June 1949. https://www.marxists.org/reference/archive/mao/selected-works/volume-4/mswv4_65.htm (accessed 21 February 1949).

43 FRUS, *The Far East: China, Vol. VIII*, 6 July 1949. https://history.state.gov/historicaldocuments/frus1949v08/d478 (accessed 21 February 2020).

44 Wilson Center Digital Archive "Memorandum of Conversation between Stalin and CCP Delegation," 27 Jun 1949, http://digitalarchive.wilsoncenter.org/document/113380 (accessed 25 October 2019).

45 參見本書導論。

46 *CWP*, Vol. I, p. xiv.

47 Ibid., p. xvi.

48 Ibid.

49 *Time*, 15 August 1949, p. 1.

50 MZD *SW*, Vol. IV, 14 August 1949. https://www.marxists.org/reference/archive/mao/selected-works/volume-4/mswv4_66.htm (accessed 25 October 2019). 譯註：毛澤東，〈拋開幻想，準備鬥爭〉。

51 MZD *SW*, Vol. IV, 18 August 1949. https://www.marxists.org/reference/archive/mao/selected-works/volume-4/mswv4_67.htm (accessed 28 October 2019). 譯註：毛澤東，〈別了，司徒雷登〉。

52 *SWB*, No. 22, 6 September 1949, p. 27.

53 Chang Chihyun (ed.), *The Chinese Journals of L. K. Little, 1943–54*, Electronic Resource: 731.5/968.

54 張良任（編），《蔣經國先生全集》，冊一，頁 460，一九四九年八月六日日記。

55 Brian Izzard, *Yangtze Showdown: China and the Ordeal of HMS Amethyst* (Barnsley: Seaforth Publishing, 2015), p. 101.

56 TNA FO 371/1607, "Hong Kong Political Summary for April 1949," p. 30.

57 *SWB*, No. 8, 15 June 1949, p. 24.

58 British Library, India Office Records, "Communism in China," IOR/L/WS/1/1231, Outward telegram from the Commonwealth Relations Office, 15 June 1949, p. 1.

59 S. R. Ashton, G. Bennett and K. A. Hamilton (eds), *Documents on British Policy Overseas, Series I, Volume VIII: Britain and China 1945–1950* (London: Routledge, 2002), p. 71.

60 *Hansard*, 5 May 1949, p. 1234. https://api.parliament.uk/historic-hansard/

20 蔡登山（編），《黃旭初回憶錄：李宗仁、白崇禧與蔣介石的離合》（臺北：獨立作家，2015），頁 351。

21 梁升俊，《蔣李鬥爭內幕》，頁 180。

22 *SWB*, No. 14, 26 July 1949, p. 31.

23 參見本書第一章，「中共與農民」一節。

24 TNA FO371/13910, 10 September 1948.

25 鍾鑫，〈新桂系的土地改革〉，收於：中國人民政治協商會議廣西壯族自治區委員會文史資料委員會（編），《新桂系紀實》，下冊（南寧：廣西區政協文史辦公室，1990），頁 221。

26 T NA FO 371/75841/ F12923, "Economic Report for Guangzhou for the month of July 1949."

27 Chang Chihyun (ed.), *The Chinese Journals of L. K. Little, 1943–54: An Eyewitness Account of War and Revolution*. Vol 1 (London: Routledge online resource, 2017), Electronic Resource: 707.7/968.

28 參見本書第六章，「南京的最後時刻」一節。

29 FRUS, *The Far East: China, Vol. VIII*, 16 June 1949. https://history.state.gov/historicaldocuments/frus1949v09/d671 (accessed 6 January 2020).

30 蔣氏此時尚未準備要「復行視事」，回復總統職位。

31 張良任（編），《蔣經國先生全集》，冊一，頁 456，一九四九年七月十九日日記。

32 TNA FO371/75802, 21 July 1949, p. 81.

33 *Time*, 25 July 1949, p. 19.

34 *National Intelligence Council (NIC), Tracking the Dragon: National Intelligence Estimates on China During the Era of Mao, 1948–1976*, 16 June 1949, ORE 45–49, CD-ROM, p. 14 or p. 51.

35 *Far Eastern Bulletin*, 20 May 1949, p. 2.

36 *MZD* SW, Vol. IV, 15 June 1949. https://www.marxists.org/reference/archive/mao/selected-works/ volume-4/mswv4_64.htm (accessed 24 October 2019).

37 Li Zhisui (with the editorial assistance of Anne F. Thurston), *The Private Life of Li Zhisui* (New York: Random House, 1994), p. 38.

38 Ibid., p. 41.

39 Ibid., p. 39.

40 Ibid., p. 48.

41 Mao, *Selected Works*, Vol. IV. https://www.marxists.org/reference/archive/mao/selected-works/volume-4/mswv4_65.htm (accessed 25 October 2019). 譯按：毛

90 *SWB*, No. 7, 7 June 1949, pp. 24-25.

第七章

1 梁升俊，《蔣李鬥爭內幕》（臺北：新新聞叢書，1992），頁142。

2 Doak A. Barnett, *China on the Eve of Communist Takeover* (New York: Frederick A. Praeger, 1963), p. 99.

3 梁升俊，《蔣李鬥爭內幕》，頁145。

4 FRUS, *The Far East: China, Vol. VIII*, 26 April 1949. https://history.state.gov/historicaldocuments/frus1949v08/d327 (accessed 21 February 2020).

5 *SWB*, No. 5, 24 May 1949, p. 21.

6 第四野戰軍戰史編寫組（編），《中國人民解放軍第四野戰軍戰史》（北京：解放軍出版社，1998），頁468。

7 T'ong Te-kang (with Li Tsung-jen), *The Reminiscences of Li Tsung-jen* (Boulder, CO: Westview Press, 1979), p. 522.

8 SOAS archives, "Papers of Sir Lionel Lamb," pp. MS 380730.

9 FRUS, *The Far East: China, Vol. VIII*, 19 May 1949. https://history.state.gov/historicaldocuments/frus1949v08/d392 (accessed 21 February 2020).

10 *SWB*, No. 6, 31 May 1949, p. 22.

11 陳存恭（訪問、記錄），《徐啟明先生訪問紀錄》（臺北：中央研究院近代史研究所，1983），頁143-144。

12 Wilson Center Digital Archive. "Stalin to Mao," 18 June 1949. https://digitalarchive.wilsoncenter.org/document/113379 (accessed 21 February 2020).

13 *Foreign Office Files for China: Part 1 Complete Files for 1949, A Listing and Guide to the Microfilm Collection* (London: Adam Matthews, 1999–2002), p. 9.

14 Ibid.

15 張良任（編），《蔣經國先生全集》，冊一（臺北：行政院新聞局，1991），頁431，一九四九年五月三日日記。

16 FRUS, *The Far East: China, Vol. VIII*, 9 May 1949. https://history.state.gov/historicaldocuments/frus1949v08/d352 (accessed 21 February 2020).

17 FRUS, *The Far East: China, Vol. VIII*, 5 June 1949. https://history.state.gov/historicaldocuments/frus1949v08/d435 (accessed 21 February 2020).

18 FRUS, *The Far East: China, Vol. VIII*, 16 June 1949. https://history.state.gov/historicaldocuments/frus1949v08/d461 (accessed 21 February 2020). 一九四九年時，閻錫山實際上是六十五歲。

19 *Time*, 13 June 1949, p. 23.

66 *The Times*, 25 April 1949, p. 4.

67 *The Times*, 26 April 1949, p. 4.

68 Salvation Army Heritage Centre. Letter from Arthur Ludbrook, 21 May 1949, File No. CH1/1/3.

69 Percy Finch, *Shanghai and Beyond* (New York: Charles Scribner's Sons, 1953), p. 338.

70 Jeremy Brown and Paul G. Pickowicz (eds), *Dilemmas of Victory: The Early Years of the People's Republic of China* (Cambridge, MA: Harvard University Press, 2007), p. 32.

71 陳冠任，〈工務局長趙祖康如何當上國民黨最後一任上海市長〉，2013 年 7 月 7 日，頁 1、2；「中國共產黨新聞網」，網址：http://dangshi.people.com.cn/n/2013/0707/c85037-22107403.html，讀取時間：2020 年 2 月 20 日。

72 同前註。

73 同前註。

74 *SWB*, No. 7, 7 June 1949, pp. 25-26.

75 Salvation Army Heritage Centre, Territorial Newsletter, Shanghai, 3 June 1949, File No., CH1/2/1.

76 劉統，《決戰》，頁 611-612。

77 Gould, "Shanghai during the Takeover, 1949," p. 183.

78 Townsend, *China Phoenix*, p. 65.

79 Helen Zia, *Last Boat out of Shanghai: The Epic Story of the Chinese Who Fled Mao's Revolution* (New York: Ballantine Books, 2019), p. 269.

80 王軍，《城記》（北京：三聯書店，2011），頁 78。

81 Finch, *Shanghai and Beyond*, p. 339.

82 *SWB*, No. 7, 7 June 1949, pp. 24-25.

83 Noel Barber, *The Fall of Shanghai: The Communist Take-Over in 1949* (Newton Abbot: Readers' Union, 1980), p. 164.

84 Gould, "Shanghai during the Takeover, 1949," pp. 183-184.

85 *SWB*, No. 8, 14 June 1949, p. 21.

86 *SWB*, No. 6, 31 May, 1949, p. 22.

87 Jeremy Brown and Paul G. Pickowicz (eds), *Dilemmas of Victory: The Early Years of the People's Republic of China*, p. 43.

88 *SWB*, No. 6, 31 May 1949, p. 21.

89 Carolyn Wakeman and Ken Light (eds), *Assignment Shanghai: Photographs on the Eve of Revolution* (Berkeley, CA: University of California Press, 2003), p. viii.

放戰爭時期》（北京：軍事科學出版社，1987），頁 362。

43 Smith, *China Pilot*, p. 117.

44 William W. Whitson, *The Chinese High Command: A History of Communist Military Politics, 1921-71* (New York: Praeger, 1973), p. 353.

45 劉統，《決戰》，頁 601。

46 前引書，頁 604。

47 前引書，頁 601。

48 前引書，頁 600-601。

49 FRUS, *The Far East: China*, Volume VIII, 24 April 1949. https://history.state.gov/historicaldocuments/frus1949v08/d321 (accessed 20 February 2020).

50 *The Times*, 28 April 1949, p. 2.

51 FRUS, *The Far East: China, Volume VIII*, 11 May 1949. https://history.state.gov/historicaldocuments/frus1949v08/d361 (accessed 20 February 2020).

52 FRUS, *The Far East: China, Volume VIII*, 7 May 1949. https://history.state.gov/historicaldocuments/frus1949v08/d348 (accessed 20 February 2020).

53 *Time*, 16 May 1949, p. 19.

54 FRUS, *The Far East: China, Volume VIII*, 25 April 1949. https://history.state.gov/historicaldocuments/frus1949v08/d325 (accessed 20 February, 2020).

55 *Time*, 23 May 1949, p. 21.

56 Peter Townsend, *China Phoenix: The Revolution in China* (London: Jonathan Cape, 1955), p. 61.

57 FRUS, *The Far East: China, Volume VIII*, 11 May 1949. https://history.state.gov/historicaldocuments/frus1949v08/d361 (accessed 20 February 2020).

58 *SWB*, No. 9, 21 June 1949, p. 29.

59 Townsend, *China Phoenix*, p. 68.

60 Randall Gould, 'Shanghai during the Takeover, 1949,' *The Annals of the American Academy of Political and Social Science*, Vol. 277, Report on China, September 1951, p. 183.

61 參見本書第四章，「撤退到臺灣」一節。

62 Sherman Cochran and Andrew Hsieh, *The Lius of Shanghai* (Cambridge, MA: Harvard University Press, 2013), p. 283.

63 參見本書第八章，「勞動與資本」一節。

64 Roman Malek (ed.), *Jews in China, From Kaifeng to Shanghai* (Sankt Augustin: Monumenta Serica Institute and the China-Zentrum, 2000), p. 413.

65 *The Times*, 29 April 1949, p. 4.

21 劉統，《決戰：華東解放戰爭 1945-1949》（上海：上海人民出版社，2017），頁 572。

22 中共陝西省委黨史辦公室（編），《一九四九：山西幹部南下實錄》，卷 1（太原：山西人民出版社，2012），頁 202。

23 劉統，《決戰》，頁 572。

24 Panikkar, *In Two Chinas*, pp. 49–50.

25 Knight Biggerstaff, *Nanking Letters, 1949* (Cornell University: East Asia Papers Number 23, 1979), p. 44.

26 SOAS archives, "Papers of Sir Lionel Lamb," PP. MS 380730, *Nanjing Diplomatic Press Service*, 11 May 1949, p. 8.

27 Ibid.

28 Ibid., p. 7.

29 Ibid., p. 8.

30 SOAS archives, "Papers of Eva Dykes Spicer," PP. MS92, 1949 年 4 月 30 日的私人函件，頁 4；標明不得引用，只能私下傳看。

31 SOAS archives, "Papers of Sir Lionel Lamb," PP. MS 380730, 引用《南京日報》，1949 年 5 月 12 日。

32 Knight Biggerstaff, *Nanking Letters, 1949*, p. 54.

33 參見本書第三章，「李宗仁上臺」一節。譯按：蘇聯大使館已於二月初隨政府各部會南遷廣州。

34 當代中國研究所（編），《中華人民共和國史編年：一九四九年卷》（北京：當代中國出版社，2004），頁 356。

35 參見本書第二章，「強權博弈」一節。

36 參見本書第五章，「渡江，危機，崩潰」一節。

37 Kenneth W. Rea and John Brewer (eds), *The Forgotten Ambassador: The Reports of John Leighton Stuart, 1946-1949* (Boulder, CO: Westview Replica Editions, 1981), p. 320; FRUS, *The Far East: China*, Vol. VIII, 25 April 1949. https://history.state.gov/historicaldocuments/frus1949v08/d857 (accessed 20 February 2020).

38 劉統，《決戰》，頁 590。

39 Panikkar, *In Two Chinas*, pp. 52-53.

40 SOAS archives, "Papers of Eva Dykes Spicer," PP. MS92. 致家人與友人函，1949 年 8 月 29 日。

41 Felix Smith, *China Pilot: Flying for Chennault during the Cold War* (Washington, DC: Smithsonian Institution Press, 1995), p. 115.

42 軍事科學院軍事史研究部（編），《中國人民解放軍戰史：第三卷・全國解

50 劉統，《決戰》，頁 575。

第六章

1 Tony Saich (ed.), *The Rise to Power of the Chinese Communist Party: Documents and Analysis* (New York: M. E. Sharpe, 1996), p. 1340.

2 Ibid., pp. 1340-1341. 譯按：引用自毛澤東，〈在中國共產黨第七屆中央委員會第二次全體會議上的報告〉，1949 年 3 月 5 日。

3 毛澤東，〈七律・人民解放軍占領南京〉，1949 年 4 月，網址：https://www.marxists.org/reference/archive/mao/selected-works/poems/poems19.htm (accessed 20 February, 2020).

4 T'ong Te-kang (with Li Tsung-jen), *The Reminiscences of Li Tsung-jen* (Boulder, CO: Westview Press, 1979), p. 513.

5 Seymour Topping, *Journey between Two Chinas* (New York: Harper & Row, 1972), p. 66.

6 TNA FO371/75801, 25 April 1949, p. 94.

7 *Time*, 2 May 1949, p. 16.

8 T'ong Te-kang, *The Reminiscences of Li Tsung-jen*, p. 516.

9 梁升俊，《蔣李鬥爭內幕》（臺北：新新聞叢書，1992），頁 140；接下來機場一幕也引用此書。譯按：據李宗仁的回憶，來電催促李離開、稍後在機場等候李一行人者，應為京滬杭警備總司令湯恩伯，而不是何應欽。參見：唐德剛（撰），《李宗仁回憶錄》，下卷，頁 865-866。

10 同前註。

11 SOAS archives, "Papers of Eva Dykes Spicer," PP. MS92, 'Report from the Office of the Dean of Students,' 11/48.

12 Ibid., p. 1.

13 Ibid.

14 同前註，1949年4月30日的私人函件，頁1；標明不得引用，只能私下傳看。

15 同前註。

16 Jin Feng, *The Making of a Family Saga, Ginling College* (Albany, NY: State University of New York Press), 2009, p. 229.

17 K. M. Panikkar, *In Two Chinas: Memoirs of a Diplomat* (London: George Allen & Unwin, 1955), pp. 47-48.

18 Ibid., p. 49.

19 *Time*, 2 May 1949, p. 16.

20 Claire Roberts, *Photography and China* (London: Reaktion Books, 2013), p. 101.

30 同前引書，頁 90。

31 軍事科學院軍事史研究部（編），《中國人民解放軍戰史：第三卷・全國解放戰爭時期》，頁 325。

32 劉統，《決戰》，頁 549。

33 同上，頁 551。

34 當代中國研究所（編），《中華人民共和國史編年：一九四九年卷》，頁 372。

35 *Time,* 2 May 1949, p. 16.

36 以下對於渡江戰役的描述，分別取材自：劉統，《決戰》，第三十八、三十九章；William W. Whitson, *The Chinese High Command: A History of Communist Military Politics, 1921–71* (New York: Praeger, 1973), pp. 243-4, 332–3, 186–9; 以及：Christopher R. Lew, *The Third Chinese Revolutionary Civil War, 1945-49: An Analysis of Communist Strategy and Leadership* (London: Routledge, 2009), pp. 129–44.

37 劉統，《決戰》，頁 569。

38 Peter Townsend, *China Phoenix: The Revolution in China* (London: Jonathan Cape, 1955), p. 49.

39 *Time*, 2 May 1949, p. 16.

40 劉統，《決戰》，頁 568。

41 近年來出現兩部提及此一事件梗概的著作，分別是英文的著作：Brian Izzard, *Yangtze Showdown: China and the Ordeal of HMS Amethyst* (Barnsley: Seaforth Publishing, 2015); 以及中文著作：劉統，《決戰》，第三十九章，頁 577-586。後者運用一系列檔案史料表明，毛澤東和周恩來曾有一段時間內認為「紫石英號事件」在政治上「有用處」，但是當「紫石英號」逃跑時，卻又不覺得遺憾，而且很可能還暗中促成其逃跑，以避免和帝國主義列強勢力產生進一步摩擦。

42 Izzard, *Yangtze Showdown*, p. 6.

43 葉飛，《葉飛回憶錄》（北京：解放出版社，1988），頁 371。

44 同前註。

45 同前註，頁 372。

46 同前註。

47 Robert Bickers, *Out of China: How the Chinese Ended the Era of Western Domination* (London: Allen Lane, 2017), p. 273.

48 *The Times*, 25 April 1949, p. 4.

49 葉飛，《葉飛回憶錄》，頁 375。

7 黃嘉謨、朱浤源（訪問），鄭麗榕、丁素湘（記錄），《潘宗武先生訪問紀錄》（臺北：中央研究院近代史研究所，1992），頁 172。
8 《潘宗武先生訪問紀錄》，頁 173。
9 劉統，《決戰》，頁 541。
10 同前註。
11 Isabella Bird, *The Yangtze Valley and Beyond* (London: Virago Press, 1985), p. 60.
12 林桶法，《一九四九大撤退》（臺北：聯經，2009），頁 45。
13 軍事科學院軍事史研究部（編），《中國人民解放軍戰史：第三卷・全國解放戰爭時期》（北京：軍事科學出版社，1987），頁 321。
14 John Leighton Stuart, *Fifty Years in China: The Memoirs of John Leighton Stuart, Missionary and Ambassador* (New York: Random House, 1954), p. 235.
15 Percy Finch, *Shanghai and Beyond* (New York: Charles Scribner's Sons, 1953), p. 340.
16 劉統，《決戰》，頁 563。
17 Donggil Kim, "Stalin and the Chinese Civil War," *Cold War History*, Vol. 10, No. 2 (May 2010), p. 195.
18 Kim, "Stalin and the Chinese Civil War," p. 186.
19 軍事科學院軍事史研究部（編），《中國人民解放軍戰史：第三卷・全國解放戰爭時期》，頁 321、325。
20 Kim, "Stalin and the Chinese Civil War," p. 193.
21 Lyman P. Van Slyke, *Yangtze: Nature, History and the River* (Reading, MA: Addison-Wesley Publishing Company, 1988), p. 146.
22 中共陝西省委黨史辦公室（編），《一九四九：山西幹部南下實錄》，卷 1（太原：山西人民出版社，2012），頁 1。
23 同前註，頁 2。
24 Joseph W. Esherick, *Ancestral Leaves: A Family Journey through Chinese History* (Berkeley, CA: University of California Press, 2011), p. 218.
25 黃永盛（音），《廣西文史資料選輯・第 36 輯：南下幹部在廣西》（南寧：廣西區政協文史資料編輯部發行，1993），頁 2。
26 中共陝西省委黨史辦公室（編），《一九四九：山西幹部南下實錄》，卷 1，頁 11。
27 本節引用的材料均來自這些文學作品。
28 中共陝西省委黨史辦公室（編），《一九四九：山西幹部南下實錄》，卷 1，頁 15。
29 同前引書，頁 41。

and *Colonial Reports, Hong Kong 1949*, p. 12.

52 *Far Eastern Economic Review*, 8 December 1948, p. 601.

53 Ibid.

54 *Colonial Reports, Hong Kong 1949*, p. 88.

55 Ibid., p. 82.

56 Paddy Ashdown, *A Fortunate Life: The Autobiography of Paddy Ashdown* (London: Aurum Press, 2009), p. 128.

57 龍應台，《大江大海一九四九》，頁 146。

58 參見：本書第二章，頁 71。

59 Grantham, *Via Ports*, pp. 132-133.

60 Michael Y. M. Kau and John K. Leung (eds), *The Writings of Mao Zedong, 1949–1956 Vol 1, September 1949–December 1955* (New York: M. E. Sharpe, 1986), p. 53. 毛這番話是在回應一些中共黨員的不滿抱怨，因為李濟深在參加北京政府之後，將會在經濟上獲得優惠的待遇。

61 DBPO, p. 217.

62 Steve Tsang (ed.), *A Documentary History of Hong Kong: Government and Politics* (Hong Kong: Hong Kong University Press, 1995), p. 283.

63 DBPO, p. 226.

64 Ibid., p. 227.

65 *Colonial Reports: Hong Kong 1948*, p. 3.

第五章

1 劉統，《決戰：華東解放戰爭 1945-1949》（上海：上海人民出版社，2017），頁 548。

2 這句話引自馮客（Frank Dikotter）的著作，參見：Frank Dikotter, *Things Modern: Material Culture and Everyday Life in China* (London: Hurst & Co., 2007), p. 74.

3 Jeremy Brown and Paul G. Pickowicz (eds), *Dilemmas of Victory: The Early Years of the People's Republic of China* (Cambridge, MA: Harvard University Press, 2007), p. 24.

4 當代中國研究所（編），《中華人民共和國史編年：一九四九年卷》（北京：當代中國出版社，2004），頁 359-360。

5 劉統，《決戰》，頁 548。

6 William W. Whitson, *The Chinese High Command: A History of Communist Military Politics, 1921-71* (New York: Praeger, 1973), p. 87.

Civil War, 1940s–1990s (London: Routledge, 2009), p. 7.

29 龍應台，《大江大海一九四九》（香港：天地圖書，2015），頁 38-39。

30 這段美君女士輾轉逃難的經過取材自她女兒的記述，參見：龍應台，《大江大海一九四九》，頁 35、頁 56-57 各處。

31 參見本書第七章，頁 203。

32 張仁善，《一九四九中國社會》（北京：社會科學文獻出版社，2005），頁 54。

33 Monitoring Service of the British Broadcasting Corporation, *Summary of World Broadcasts, Part V: The Far East* (hereafter SWB) No. 3, 10 May 1949, p. 29.

34 TNA FO371/8246, 23 May 1949, pp. 9-11.

35 *Time*, 7 February 1949, p. 15.

36 *Far Eastern Economic Review*, 19 January 1949, p. 66.

37 Ibid.

38 Chiang Kai-shek, *China's Destiny* (New York: Da Capo Press, 1976 edition), p. 143. 譯按：引文引自蔣中正，《中國之命運》（臺北：中國國民黨臺灣省執行委員會，1945），頁 128-129。

39 DBPO, pp. 80, 84.

40 Harold Ingrams, *Hong Kong* (London: Her Majesty's Stationery Office, 1952), p. 272. 哈洛德·英格姆（Harold Ingrams）在一九五〇年三到五月間訪問香港期間，寫作了這本書。

41 Graham Hutchings, *Modern China: A Companion to a Rising Power* (London: Penguin Books, 2000), pp. 327–329.

42 Alexander Grantham, *Via Ports: From Hong Kong to Hong Kong* (Hong Kong: Hong Kong University Press, 2012 edition), p. 107.

43 Kwasi Kwarteng, *Ghosts of Empire: Britain's Legacies in the Modern World* (London: Bloomsbury, 2011), p. 353.

44 Grantham, *Via Ports*, p. 138.

45 David Bellis, *Old Hong Kong Photos and the Stories They Tell*, Vol. 1 (Hong Kong: Gwulo, 2017), p. 101.

46 Ingrams, *Hong Kong*, p. 114.

47 Grantham, *Via Ports*, p. 129.

48 龍應台，《大江大海一九四九》，頁 152-153。

49 *Far Eastern Economic Review*, 13 April 1949 (title page).

50 *Far Eastern Economic Review*, 9 February 1949 (title page).

51 *Colonial Reports, Hong Kong 1948* (London: His Majesty's Stationery Office), p. 9

5 *The Economist*, 23 July 1949, p. 195.

6 這種隔閡也表現在語言上：外省人說國語，而占人口多數的本省人則講閩南語。

7 林桶法，《一九四九大撤退》（臺北：聯經，2009），頁 49-50。

8 *The Economist*, 25 December 1948, p. 21; *Daily Express*, 3 January 1949, p. 2.

9 Mark O'Neill, *The Miraculous History of China's Two Palace Museums* (Hong Kong: Joint Publishing (HK) Ltd, 2015), p. 221.

10 馬天綱、賈廷詩、陳三井、陳存恭（訪問、紀錄），《白崇禧先生訪問記錄》，下冊（臺北：中央研究院近代史研究所，1984），頁 864-865。

11 Taylor, *The Generalissimo*, p. 399.

12 董顯光，《蔣總統傳》，冊 3（臺北：中華文化出版事業委員會，1954），頁 519-520。

13 Mark O'Neill, *The Miraculous History of China's Two Palace Museums*, p. 222.

14 Lin Hsiao-ting, *Accidental State: Chiang Kai-shek, the United States and the Making of Taiwan* (Cambridge, MA: Harvard University Press, 2016), p. 83.

15 吳興鏞，《黃金祕檔：一九四九年大陸黃金運臺始末》（南京：江蘇人民出版社，2009），頁 7 註 4。

16 O'Neill, *The Miraculous History of China's Two Palace Museums*, pp. 203–9; 林桶法，《一九四九大撤退》，頁 254。

17 林桶法，《一九四九大撤退》，頁 240。

18 林桶法，《一九四九大撤退》，頁 244。

19 TNA FO371/75734, 4 January, 1949, p. 81.

20 TNA FO371/75734, 4 January, 1949, p. 84.

21 Sherman Cochran and Andrew Hsieh, *The Lius of Shanghai* (Cambridge, MA: Harvard University Press, 2013), p. 357 et seq.

22 Cochran and Hsieh, *The Lius of Shanghai*, p. 282.

23 本段及以下對太平輪命運的描寫，取材自：林桶法，《一九四九大撤退》，頁 291-294；"The Forgotten Wreck," *China Report*, January 2015, pp. 42–6, 68; and "Taiping Sinking Recalled," *Taipei Times*, 28 January 2008, pp. 2–3.

24 Helen Zia, *Last Boat out of Shanghai: The Epic Story of the Chinese Who Fled Mao's Revolution* (New York: Ballantine Books, 2019), p. xxiv.

25 "The Forgotten Wreck," p. 45.

26 Ibid., p. 46.

27 Ibid., p. 68 et seq.

28 Joshua Fan, *China's Homeless Generation: Voices from the Veterans of the Chinese*

1949.

63 王梅枝、張秋實，《金陵疊夢：李宗仁在一九四九》（北京：團結出版社，2007），頁 79。

64 張良任（編），《蔣經國先生全集》，頁 412。

65 劉沉剛、王序平，《劉斐將軍傳略》（北京：團結出版社，1998），頁 64。

66 梁升俊，《蔣李鬥爭內幕》，頁 108；楊奎松，《國民黨的「聯共」與「反共」》，頁 715-716。

67 《大公報》，1949 年 4 月 2 日；*Time*, 18 April 1949, p. 20.

68 MZD *SW*, Vol. IV, p. 384. http://www.marx2mao.com/Mao/WNG49.html (accessed 18 February 1949). 譯按：毛澤東，〈南京政府向何處去？〉（1949 年 4 月 4 日）。

69 張治中，《張治中回憶錄》（北京：文史資料出版社，1985），頁 805。

70 前引書，頁 838。

71 前引書。

72 楊奎松，《國民黨的「聯共」與「反共」》，頁 726-727。

73 *Time*, 25 April 1949, p. 18.

74 *CWP*, Vol. 1, pp. 303-304.

75 參見本書第七章，「北平：改造國家」一節。

76 蔡登山（編），《黃旭初回憶錄：李宗仁、白崇禧和蔣介石的離合》，頁 336。

77 楊奎松，《國民黨的「聯共」與「反共」》，頁 729。

78 張治中，《張治中回憶錄》，頁 847。毛與解放軍總司令朱德在一九四九年四月二十一日發布人民解放軍「向全國進軍」的命令，參見：MZD *SW*, Vol. IV, p. 387. http://www.marx2mao.com/Mao/CWA49.html (accessed 18 February 2020).

第四章

1 Lai Tse-han, Ramon H. Myers and Wei Wou, *A Tragic Beginning: The Taiwan Uprising of February 28, 1947* (Stanford, CA: Stanford University Press, 1991), p. 45.

2 Stephen R. Mackinnon, Diana Lary and Ezra Vogel (eds), *China at War: Regions of China, 1937–45* (Stanford, CA: Stanford University Press, 2007), p. 342.

3 Jay Taylor, *The Generalissimo: Chiang Kai-shek and the Struggle for Modern China* (Cambridge, MA: Harvard University Press, 2009), pp. 362–3.

4 *Far Eastern Economic Review*, 4 May 1949 (title page).

43 林桶法，《一九四九大撤退》，頁 60-61。

44 梁升俊，《蔣李鬥爭內幕》（臺北：新新聞叢書，1992），頁 58。

45 FRUS, *The Far East: China*, Vol. 8, 19 January 1949. https://history.state.gov/historicaldocuments/frus1949v08/d746 (accessed 18 February 2020).

46 *The Times*, 29 January 1949, p. 4.

47 *Time*, 21 February 1949, p. 18 and *The Times*, 19 February 1949, p. 4.

48 *The Times*, 22 January, 1949, p. 4.

49 Peter Worthing, *General He Yingqin: The Rise and Fall of Nationalist China* (Cambridge: Cambridge University Press, 2016), p. 266.

50 楊奎松，《國民黨的「聯共」與「反共」》（北京：社會科學文獻出版社，2008），頁 694。

51 中國人民政治協商會議廣西壯族自治區委員會（編），《廣西文史資料選輯》，第九號（南寧：1981），頁 17。

52 MZD SW, Vol. IV, p. 373. http://www.marx2mao.com/Mao/RCP49.html (accessed 18 February 2020)
中共七屆二中全會於一九四九年三月五日到十三日於西柏坡召開。

53 Yick, *Making Revolution in Urban China*, p. 186. 譯按：張聞天，〈城市的地位和城市工作中的階級路線〉。

54 Sergey Radchenko and David Wolff, "To the Summit via Proxy-Summits: New Evidence from Soviet and Chinese Archives on Mao's Long March to Moscow, 1949," *Cold War International History Project Bulletin*, Issue 16 (Fall 2007/ Winter 2008), p. 106.

55 參見本書第七章，「北平：改造國家」一節。

56 Radchenko and Wolff, "To the Summit via Proxy-Summits," p. 107.

57 Tony Saich (ed.), *The Rise to Power of the Chinese Communist Party: Documents and Analysis* (New York: M. E. Sharpe, 1996), p. 1335.

58 MZD SW, Vol. IV, pp. 361–2. http://www.marx2mao.com/Mao/RCP49.html (accessed 18 February 2020). 譯按：〈在中國共產黨第七屆中央委員會第二次全體會議上的報告〉，1949 年 3 月 5 日。

59 該宣告與和談條件於三月二十六日公布，參見：MZD SW, Vol. IV, p. 375 n. 3. http://www.marx2mao.com/Mao/RCP49.html (accessed 18 February 2020).

60 《大公報》，1949 年 4 月 2 日。

61 蔡登山（編），《黃旭初回憶錄：李宗仁、白崇禧與蔣介石的離合》（臺北：獨立作家，2016），頁 332。

62 SOAS archives, "Papers of Eva Dykes Spicer," PP. MS92 Letter dated 29 March

26 *CWP*, Vol 1, p. 292. 譯按：此處文字引自〈引退謀和文告〉，收錄於：秦孝儀（編），《總統蔣公大事長編初稿》，卷 7（臺北：中正文教基金會，1978），頁 239-241。

27 陳儀（一八八三－一九五〇）於一九四九年二月十六日被逮捕，解除浙江省主席職務，先是被監禁於上海，隨後於一九五〇年六月十八日在臺北槍決。

28 蔣經國，〈危急存亡之秋〉，張良任（編），《蔣經國先生全集》，卷 1（臺北：行政院新聞局，1991），頁 386。

29 *Time*, 31 January 1949, p. 16.

30 本段及下一段中的各項觀點取材自：Lew, *The Third Chinese Revolutionary Civil War, 1945–49*, pp. 124–5. 論及傅作義欠缺決心、向西北突圍的計畫失敗，參見：TNA UK FO371/75734, 13 December 1948, p. 2.

31 當代中國研究所（編），《中華人民共和國史編年：一九四九年卷》（北京：當代中國出版社，2004），頁 336；Yick, *Making Revolution in Urban China*, p. 172.

32 當時中共潛伏在北平城內的地下黨人數，參見：Yick, *Making Revolution in Urban China*, p. 68.

33 董世桂、張彥之，《北平和談紀實》（北京：文化藝術出版社，1991），頁 257。

34 *Time*, 31 January 1949, p. 17.

35 A. Doak Barnett, *China on the Eve of Communist Takeover* (New York: Frederick A. Praeger, 1963), pp. 339–40.

36 Diana Lary, *China's Civil War: A Social History, 1945–1949* (Cambridge: Cambridge University Press, 2015), p. 149.

37 Derk Bodde, *Peking Diary: A Year of Revolution* (London: Jonathan Cape, 1951), p. 104.

38 Robert L. Jarman (ed.), *China: Political Reports 1911–1960* (Cambridge: Cambridge: Archive Editions Limited, 2001), Vol. 9, p. 5; *The Times*, 4 February 1949, p. 4.

39 董世桂、張彥之，《北平和談紀實》，頁 344。

40 Lionel Max Chassin, *The Communist Conquest of China: A History of the Civil War, 1945–1949* (London: Weidenfeld & Nicolson, 1966), p. 216.

41 T'ong Te-kang and Li Tsung-jen, *The Memoirs of Li Tsung-jen* (Boulder, CO: Westview, 1979), p. 510. 譯按：中譯引文摘錄自唐德剛，《李宗仁回憶錄》，下冊（臺北：遠流，2010），頁 856。

42 TNA FO FO371/75734, 3 January 1949, p. 2.

民大會通過。這部《臨時條款》一直實施到一九九一年四月才告廢除，當時國民黨政府遷臺已經四十二年。參見本書頁 276。

9 馬天綱、賈廷詩、陳三井、陳存恭（訪問、記錄），《白崇禧先生訪問記錄》，下冊（臺北：中央研究院近代史研究所，1984），頁 874。

10 Jay Taylor, *The Generalissimo: Chiang Kai-shek and the Struggle for Modern China* (Cambridge, MA: Harvard University Press, 2009), p. 396.

11 王維禮（編著），《蔣介石的文臣武將》（臺北：巴比倫出版社，1992），頁 165。

12 林桶法，《一九四九大撤退》，頁 47。

13 "China–A Survey," *The Far Eastern Economic Review*, 19 January 1949.

14 Chester Ronning, *A Memoir of China in Revolution* (New York: Pantheon Books, 1974), p. 133.

15 Christopher R. Lew, *The Third Chinese Revolutionary Civil War, 1945–49: An Analysis of Communist Strategy and Leadership* (London: Routledge, 2009), p.123. 為了方便起見，我將數字四捨五入到千位數。

16 以下對天津的描述取材於：Lew, *The Third Chinese Revolutionary Civil War, 1945–49*, p. 127; Kenneth G. Lieberthal, *Revolution and Tradition in Tientsin, 1949–1952* (Stanford, CA: Stanford University Press, 1980), p. 22, pp. 28–9; *Daily Express*, 6 December 1948; *The Crusader*, March–April 1949 (Salvation Army Heritage Centre: File No. CH1/4/3); and *The Times*,11, 12, 13 January 1949.

17 TN A FO371/75734, 1 January 1949 and 2 January 1949.

18 *The Crusader*, March–April 1949, p. 2. (Salvation Army Heritage Centre: File No. CH1/4/3).

19 中共中央黨史研究室（編），《中共黨史大事年表》（北京：人民出版社，1987），頁 216-217。

20 Joseph K. S. Yick, *Making Revolution in Urban China: The CCP–GMD Struggle for Beiping–Tianjin 1945–1949* (New York: M. E. Sharpe, 1995), p. 174.

21 「杜建時」條目，百度百科，網址：https://baike.baidu.com/item/ 杜建時（2020 年 2 月 18 日查閱）。

22 *CWP*, Vol. 2, p. 921.

23 *Time*, 17 January 1949, p. 15; K. M. Panikkar, *In Two Chinas: Memoirs of a Diplomat* (London: George Allen & Unwin, 1955), p. 39.

24 周宏濤（口述）、汪士淳（撰），《蔣公與我：見證中華民國關鍵變局》（臺北：天下文化，2003），頁 83。

25 周宏濤，《蔣公與我》，頁 84。

47 Ibid., p. 182.

48 Ibid., p. 175.

49 Ibid., p. 177.

50 Ibid., p. 185.

51 Ibid.

52 Ibid., p. 188.

53 FRUS, *The Far East: China, Vol. VIII, 26 May 1949.* https://history.state.gov/historicaldocuments/frus1949v08/d409 (accessed 17 February 2020).

54 Goncharov, Lewis and Litai, *Uncertain Partners,* p. 28.

55 Ibid.

56 Alexander Pantsov with Steven I. Levine, *Mao: The Real Story* (New York: Simon & Schuster, Kindle edition, 2013), p. 354.

57 Jarman, *China,* p. 569.

58 Ibid., p. 571.

第三章

1 SOAS archives, "Papers of Eva Dykes Spicer," PP. MS92, Letter of 5 January 1949.

2 Jin Feng, *The Making of a Family Saga: Ginling College* (Albany, NY: State University of New York Press, 2009), p. 9.

3 *CWP*, Vol. 1, pp. 288-9.

4 *MZD SW*, Vol. IV, pp. 309–13. http://www.marx2mao.com/Mao/WC49.html (accessed 18 February 2020). 譯按：〈中共中央毛澤東主席關於時局的聲明〉（1949 年 1 月 14 日），《毛澤東選集》，卷四。

5 毛的「八項條件」，參見：*MZD SW*, Vol. IV, pp. 315–19. http://www. marx2mao.com/Mao/SM49.html (accessed 18 February 2020). 八項條件的第一條，是要求懲罰以蔣介石為首的一干「戰犯」。其他各條，包括廢除一九四六年制定的《中華民國憲法》、收編政府軍隊進入解放軍、改革土地制度、沒收「官僚資本」以及「召開沒有反動分子參加的政治協商會議」，成立新政府等。

6 林桶法，《一九四九大撤退》（臺北：聯經，2009），頁 75-76；董顯光，《蔣總統傳》，第 3 卷（臺北：中華文化出版事業委員會，1954），頁 511-512。

7 林桶法，《一九四九大撤退》，頁 71。

8 《臨時條款》的全名是《動員戡亂時期臨時條款》，於一九四八年五月經國

29 Chiang Monlin, *Tides from the West* (Taipei: China Culture Publishing Foundation, 1957), pp. 184-185.

30 K. M. Panikkar, *In Two Chinas: Memoirs of a Diplomat* (London: George Allen & Unwin, 1955), p. 19.

31 Lanxin Xiang, *Recasting the Imperial Far East: Britain and America in China, 1945-1950* (New York: M. E. Sharpe, 1995), p. 94.

32 Tsai Chin, *Daughter of Shanghai* (London: Chatto & Windus, 1988), pp. 66, 67.

33 Justin Littlejohn, 'Chinese Shanghai', *The Spectator,* 23 July 1948.

34 Panikkar, *In Two Chinas,* p. 31.

35 這些統計數字分別來自：Beverley Hooper, *China Stands Up: Ending the Western Presence* (London: Allen & Unwin, 1986). p. 13 以及下列；and George Hood, *Neither Bang Nor Whimper: The End of a Missionary Era in China* (Singapore: The Presbyterian Church in Singapore, 1991), p. 57.

36 MZD SW, Vol. IV, p. 370. http://www.marx2mao.com/Mao/RCP49.html (accessed 17 February 2020).

37 Hooper, *China Stands Up,* p. 50.

38 Kenneth W. Rea and John C. Brewer (eds), *The Forgotten Ambassador: The Reports of John Leighton Stuart, 1946–1949* (Boulder, CO: Westview Replica Editions, 1981), p. 290.

39 Nancy Bernkopf Tucker (ed.), *China Confidential: American Diplomats and Sino-American Relations, 1945–1996* (New York: Colombia University Press, 2001), p. 40.

40 Rea and Brewer, *The Forgotten Ambassador,* p. 287.

41 N. Goncharov, John W. Lewis and Xue Litai, *Uncertain Partners: Stalin, Mao and the Korean War* (Stanford, CA: Stanford University Press, 1993), pp. 33–4; 參見：The Association for Diplomatic Studies and Training Foreign Affairs Oral History Project, 'Elden B Erickson', Interviewed by: Charles Stuart Kennedy Initial interview date: 25 June 1992. 另參見：Chapter 8, p. 227.

42 Jay Taylor, *The Generalissimo: Chiang Kai-shek and the Struggle for Modern China* (Cambridge, MA: Harvard University Press, 2009), pp. 49–50 引用蔣氏一九二六年日記；更進一步的參考資料可參見該書頁 700。

43 *DBPO,* p. 170.

44 Ibid., p. 71.

45 Ibid., p. 170.

46 Ibid., pp. 213–14, 217–30.

7 中共方面對學生出逃的原因及人數有不同說法，例如他們聲稱，國民黨軍隊在組織搶掠之後才撤出南陽城。參見：南陽市政協（編），《南陽教育春秋》（南陽文史資料第九號，1993）。

8 龍應台，《大江大海一九四九》，頁 127。

9 同前註，頁 128-129。瘂弦的後續故事參見本書第七章，「逃難到南方」一節。

10 《香港工商日報》，1948 年 12 月 13 日，頁 2。

11 《香港工商日報》，1948 年 12 月 13 日，頁 2。

12 Carsun Chang, *The Third Force in China* (New York: Bookman Associates, 1952), pp. 241–2. 譯按：中譯引文摘錄自張君勱，《中國第三勢力》（臺北：稻鄉出版社，2005），頁 239。

13 Young-Tsu Wong, "The Fate of Liberalism in Revolutionary China: Chu Anping and His Circle, 1946–1950," *Modern China,* Vol. 19, No. 4 (October 1993), p. 463.

14 Wong, "The Fate of Liberalism in Revolutionary China," p. 468.

15 Wong, "The Fate of Liberalism in Revolutionary China," p. 484.

16 張仁善，《一九四九中國社會》，頁 190。

17 張仁善，《一九四九中國社會》，頁 3。

18 A. Doak Barnett, *China on the Eve of Communist Takeover* (New York: Frederick A. Praeger, 1963), p. 43.

19 Ibid., p. 46.

20 Ibid.

21 Maria Yen, *The Umbrella Garden: A Picture of Life in Red China* (New York: Macmillan, 1954), p. 2.

22 社論，〈展望民國卅八年〉，《大公報》，1949 年 1 月 1 日，版 1。

23 *The Hong Kong Telegraph,* 27 December 1948, p. 1.

24 Ibid.

25 Peter Townsend, *China Phoenix: The Revolution in China* (London: Jonathan Cape, 1955), p. 54.

26 Carolyn Wakeman and Ken Light (eds), *Assignment Shanghai: Photographs on the Eve of Revolution* (Berkeley, CA: University of California Press, 2003).

27 即今天的延安東路。

28 倫敦大學亞非學院所藏檔案（Archives of the School of Oriental and African Studies, London University），之後簡稱為 SOAS：'Minutes of the General Committee meeting of the British Community Interests, 11 August 1948.' CHAS/S1/13, p. 68.

210。

49 CWP, Vol. 2, p. 686.

50 汪朝光，《1945-1949：國共政爭與中國命運》（北京：社會科學文獻出版社，2010），頁 210。

51 舉例來說，可以參見：Suzanne Pepper, *Civil War in China: The Political Struggle, 1945-1949* (Berkeley, CA: University of California Press, 1978); Pichon P. Y. Loh (ed.). *The Kuomintang Debacle of 1949: Conquest or Collapse* (Boston: D. C. Heath and Company, 1965); Odd Arne Westad, *Decisive Encounters: The Chinese Civil War, 1946-1950* (Stanford, CA: Stanford University Press, 2003); and Diana Lary, *China's Civil War: A Social History, 1945-1949* (Cambridge: Cambridge University Press, 2015).

52 汪朝光，《國共政爭與中國命運》，頁 267。

53 前揭書，頁 274。譯按：引文摘錄自《徐永昌日記》，第八冊（臺北：中央研究院近代史研究所，1990），頁 362。

54 參見：Jung Chang, *Mao: The Unknown Story* (London: Jonathan Cape, 2005), Chapter 29; 楊奎松，《國民黨的聯共與反共》（北京：社會科學文獻出版社，2008），頁 674 註 2。

55 汪朝光，《國共政爭與中國命運》，頁 277。

56 TNA FO371/75734, 3 January 1949, p. 1.

57 Christopher R. Lew, *The Third Chinese Revolutionary Civil War, 1945-49: An Analysis of Communist Strategy and Leadership* (London: Routledge, 2009), p. 140.

第二章

1 Xiaojue Wang, *Modernity with a Cold War Face: Reimagining the Nation in Chinese Literature across the 1949 Divide* (Cambridge, MA: Harvard University Press, 2013), p. 59. 譯按：引文摘錄自《沈從文全集》，第 18 卷（太原：北岳文藝出版社，2002），頁 515。

2 李敖，《李敖回憶錄》（臺北：李敖出版社，1999），頁 38。

3 *Time,* 4 October 1948, p. 20.

4 張仁善，《一九四九中國社會》（北京：社會科學文獻出版社，2005），頁 47-48。

5 Robert L. Jarman (ed.) *China: Political Reports 1911-1960, Volume 8: 1946-1948* (Cambridge: Archive Editions Limited, 2001), p. 244.

6 龍應台，《大江大海一九四九》（香港：天地圖書，2015），頁 122。

Republican China (Chicago: University of Chicago Press, 2016), pp. 2-3.

32 Ibid., p. 3.

33 Winfield, *China,* p. 400.

34 中共頭一個農村蘇維埃是由彭湃（一八九六至一九二九）於廣東汕頭建立的。

35 John Byron and Robert Pack, *The Claws of the Dragon. Kang Sheng- the Evil Genius behind Mao- and His Legacy of Terror in People's China* (London: Simon & Schuster, 1992), pp. 18-19.

36 Schell and Delury, *Wealth and Power*, p. 119. 譯按：引文摘錄自毛澤東，〈延安文藝座談會上的講話〉（1942 年 5 月 23 日）。

37 Edgar Snow, *Red Star over China* (Harmondsworth: Penguin, 1972).

38 *Time,* 7 February 1949, p. 16.

39 Winfield, *China,* p. 417.

40 英國外交官之後嚴厲批評美軍觀察組這次所謂「戰時特派記者精心安排的訪問」以及錯誤百出的報告內容，如竟然指稱「中共黨人根本不是共產黨」便是一例。參見：S. R. Ashton, G. Bennett and K. A. Hamilton (eds), *Documents on British Policy Overseas, Series I, Volume VIII: Britain and China 1945-1950* (hereafter DBPO) (London: Routledge, 2002), p. 104.

41 Richard Bernstein, *China 1945: Mao's Revolution and America's Fateful Choice* (New York: Alfred A. Knopf, 2014- Kindle edition), p. 92.

42 參見本書第七章，頁 197，以及第十章〈餘波〉，頁 267。

43 Rana Mitter, *China's War with Japan, 1937-1945: The Struggle for Survival* (London: Penguin, 2013), p. 387; Stephen R. MacKinnon, Diana Lary and Erza Vogel (eds), *China at War: Regions of China, 1937-1945* (Stanford, CA: Stanford University Press, 2007), p. 1.

44 Diana Lary, *The Chinese People at War: Human Suffering and Social Transformation, 1937-1945* (Cambridge: Cambridge University Press, 2010), p. 173.

45 Hans van de Ven, *China at War: Triumph and Tragedy in the Emergence of the New China, 1937-1952* (London: Profile Books, 2017), p. 228.

46 Lary, *The Chinese People at War,* p. 174. 同時參見：Graham Hutchings, "A Province at War: Guangxi during the Sino-Japanese Conflict, 1937-45," *The China Quarterly,* no. 108 (December 1986), p. 677.

47 F. F. Liu, *A Military History of Modern China, 1924-1949* (Princeton, NJ: Princeton University Press, 1956), p. 228.

48 武月星，《中國現代史地圖集》（北京：中國地圖出版社，1997），頁限公司，2012），頁 228。美國的中國史學者林霨（Arthur Waldron）對四平一戰重要性的看法和白先勇相似，參見：Arthur Waldron, "If Chiang Kai-shek Hadn't Gambled in 1946," in Robert Cowley (ed.), *What If? Military Historians Imagine What Might Have Been* (London: Macmillan, 2001 edition), pp. 377-392. 可是，美國史學界關於此戰論述最詳盡的作者對此卻不表贊同。參見：Harold M. Tanner, *The Battle for Manchuria and the Fate of China: Siping 1946* (Bloomington, IN: Indiana University Press, 2013).

18 C. D. Musgrove, "Building a Dream: Constructing a National Capital in Nanjing, 1927-37" in Joseph W. Esherick (ed.), *Remaking the Chinese City: Modernity and National Identity, 1900-1950* (Honolulu: University of Hawaii Press, 2000), pp. 139-157. Schell and Delury, *Wealth and Power,* p. 178.

19 舉例來說，可參見：Frank Dikotter, *Things Modern: Material Culture and Everyday Life in China* (London: Hurst & Co., 2007) 以及同一作者所著：*The Age of Openness: China Before Mao* (Hong Kong: Hong Kong University Press, 2008).

20 參見本書〈導論〉，頁 16。

21 林桶法，《戰後中國的變局：以國民黨為中心的探討》（臺北：臺灣商務印書館，2003），頁 230。

22 林桶法，《一九四九大撤退》（臺北：聯經出版，2009），頁 88-90。

23 Saich, *The Rise to Power of the Chinese Communist Party,* p. 201.

24 Gerald F. Winfield, *China: The Land and the People* (New York: William Sloane Associates, 1948), p. 394 and p. 396 et seq.

25 Peter Townsend, *China Phoenix: The Revolution in China* (London: Jonathan Cape, 1955), p. 89.

26 參見：John Lossing Buck, *Land Utilsation in China: a Study of 16,786 Farms in 168 Locations, and 38,256 Farms in Twenty-Two Provinces in China, 1929-1933,* 3 vols (Nanjing: Nanjing University Press, 1937); 關於毛的調查，參見：Saich, *The Rise to Power of the Chinese Communist Party,* pp. 198-210.

27 Angus Maddison, *Chinese Economic Performance in the Long Run* (Paris: OECD, 1998), p. 69 引用卜凱的研究。

28 Felix Wemheuer, *A Social History of Maoist China* (Cambridge: Cambridge University Press, 2019), pp. 55-57.

29 Winfield, *China,* pp. 58-59.

30 參見本書第七章，頁 191。

31 Kate Merkel-Hess, *The Rural Modern: Reconstructing the Self and State in*

Man Who Made China (London: I. B. Tauris, revised edition 2017) and Alexander Pantsov (with Steven I. Levine), *Mao: The Real Story* (New York: Simon & Schuster, Kindle edition 2013). 對毛思想最精闢的介紹，參見：Stuart Scharm, *The Political Thought of Mao Tse-tung* (Cambridge: Cambridge University Press, 1989).

6 Li Zhizui (with the editorial assistance of Anne Thurston), *The Private Life of Chairman Mao* (New York: Random House, 1994), pp. 72-73.

7 Tony Saich (ed.), *The Rise to Power of the Chinese Communist Party: Documents and Analysis* (New York: M. E. Sharpe, 1996), p. 1201 and pp. 1317-1322. 譯按：括號內引文錄自毛澤東，〈中共中央關於九月會議的通知〉（1948 年 10 月 10 日），《毛澤東選集》，卷四。

8 MZD *SW*, Vol. IV, pp. 287-288. http://www.marx2mao.com/Mao/MC48.html (accessed 16 February 2020).

9 MZD *SW*, Vol. IV, p. 306. http://www.marx2mao.com/Mao/CRE48.html (accessed 16 February 2020).

10 參見：Rana Mitter, *A Bitter Revolution: China's Struggle with the Modern World* (Oxford: Oxford University Press, 2004); Vera Schwarcz, *The Chinese Enlightenment: Intellectuals and the Legacy of the May Fourth Movement of 1919* (Berkeley, CA: University of California Press, 1986).

11 Orville Schell and John Delury, *Wealth and Power: China's Long March to the Twenty-first Century* (London: Little, Brown Book Group, Kindle edition), pp. 153-154. 譯註：引文摘錄自陳獨秀，〈敬告青年〉，《新青年》，第 1 卷第 1 期（1915 年 9 月），頁 23。

12 Saich, *The Rise to Power of the Chinese Communist Party,* p. 317.

13 Wm Theodore deBary, *Sources of Chinese Tradition Volume II* (New York: Columbia University Press, 1960), p. 201. 譯按：引文摘自：李大釗，〈Bolshevism 的勝利〉，《新青年》，第 5 卷第 5 號（1918 年 11 月 15 日）。

14 Odd Arne Westad, *Restless Empire: China and the World since 1750* (New York: Basic Books, 2012), p. 164.

15 Wilson Center Digital Archive (hereafter WCDA). https://digitalarchive.wilsoncenter.org/document/113440.pdf?v=ab9ae0aa6cd3c36a5b6e4991a019db10 (accessed 16 Feburay 2020).

16 Nym Wales, *Red Dust: Autobiographies of Chinese Communists* (Stanford, CA: Stanford University Press, 1952), p. 163.

17 白先勇，《父親與民國：白崇禧將軍身影集》，上冊（香港：天地圖書有

20 US Department of State Publication 3573, Far Eastern Series 30, *The China White Paper,* August, 1949, Vol 1 (Stanford, CA: Stanford University Press, 1967) (hereafter CWP), p. xv.

21 *The Far Eastern Economic Review* (hereafter FEER), 19 January 1949, p. 79.

22 National Intelligence Council (NIC) (2004), ORE 27-48 (CD).

23 TNA FO371/75734. 31 December 1948, p. 2.

24 *Time,* 27 December 1948, p. 2.

25 Daphon D. Ho, "Night thoughts of a Hungry Ghostwriter: Chen Bulei and the Life of Service in Republican China," *Modern Chinese Literature and Culture,* Vol. 19, No. 1 (Spring 2007), p. 4; 周宏濤，《蔣公與我：見證中華民國關鍵變局》（臺北：天下文化，2003），頁 56-59；and John F. Melby, *The Mandate of Heaven: Record of a Civil War, China 1945-59* (London: Chatto & Windus, 1969), p. 292.

26 林桶法，《一九四九大撤退》（臺北：聯經出版，2009），頁 72-73。

27 梁升俊，《蔣李鬥爭內幕》，頁 47；*Time,* 17 January 1949, p. 15.

28 白崇禧的兩通電報摘錄引自：林桶法，《一九四九大撤退》，頁 72-74；以及白先勇，《父親與民國：白崇禧將軍身影集》（香港：天地圖書有限公司，2012），卷一，頁 318-320；卷二，頁 51-52。譯按：電報原文，抄錄自國史館藏，《蔣中正總統文物》：「白崇禧致蔣中正電」（1948 年 12 月 24 日），數位典藏號：002-020400-00028-005。

29 本段及下文引述蔣的言論和各種細節，摘錄自：程思遠，《李宗仁先生晚年》，頁 22-24；董顯光，《蔣總統傳》，卷三，頁 509-510。蔣氏於一九四九年元旦發布的新年文告英譯，可參見：*CWP,* Vol, 2, pp. 920-922.

第一章

1 Mao Zedong, *Selected Works Vol. IV* (hereafter MZD SW) (Beijing: Foreign Lanuage Press, 1961), pp. 299-307. http://www.marx2mao.com/Mao/CRE48.html (accessed 16 February 2020).

2 MZD *SW*, Vol. IV, P. 301. http://www.marx2mao.com/Mao/CRE48.html (accessed 16 February 2020).

3 Jay Taylor, *The Generalissimo: Chiang Kai-shek and the Struggle for Modern China* (Cambridge, MA: Harvard University Press, 2009), p. 44.

4 Chiang Kai-shek, *China's Destiny* (New York: Da Capo Press, 1976 edition), pp. 236-237.

5 近年來英語世界寫得最好的毛澤東傳記，分別是：Philip Short, *Mao: The*

三次戰役中消滅了蔣的軍隊，並且征服整個中國。其他的兩次戰役，分別是在滿洲擊敗政府軍的遼瀋戰役，以及平津戰役，後者之所以這樣命名，原因顯而易見。譯按：國軍稱淮海戰役為「徐蚌會戰」，而如從進行時間計，該戰役應為三大戰役中的第二場，平津戰役（一九四八年十一月二十九日開始，至一九四九年一月三十一日結束）方為第三場。

6 梁升俊，《蔣李鬥爭內幕》（臺北：新新聞叢書，1992），頁 48-49。

7 Time, 15 December 1948, p. 17.

8 董顯光，《蔣總統傳》，卷 3（臺北：中華文化出版事業委員會，1954），頁 497。Time, 6 December 1948, p. 17.

9 蔣經國是蔣介石首任妻子毛福梅所生。

10 汪朝光的中文著作，對蔣所犯的軍事錯誤有一段簡短但具說服力的總結，參見：汪朝光，《1945-1949：國共政爭與中國命運》（北京：社會科學文獻出版社，2010），特別是第十三章。

11 五強分別是：美國、英國、蘇聯、法國和中國。

12 Steve Tsang, *The Cold War's Odd Couple: The Unintended Partnership between the Republic of China and the U. K. 1950-1958* (London: I. B. Tauris, 2006), p. 6.

13 蘇聯領導人史大林同樣也深信，未來第三次世界大戰將不可避免。蘇聯外長莫洛托夫（Vyacheslav Molotov）曾引用他的話，表示「第一次世界大戰讓一個國家（即俄國）擺脫資本主義者的奴役。二次大戰創造了社會主義國家體系，而第三次大戰將永遠掃除帝國主義。」引自：Sergei N. Goncharov, John W. Lewis and Xue Litai in *Uncertain Partners: Stalin, Mao and the Korean War* (Stanford, CA: Stanford University Press, 1993), p. 55.

14 Stephen G. Craft, *V. K. Wellington Koo and the Emergence of Modern China* (Lexington, KY: The University Press of Kentucky, 2004), p. 218.

15 *Time*, 27 December 1948, p. 16.

16 Lin Hsiao-ting, *Accidental State, the United States and the Making of Taiwan* (Cambridge, MA: Harvard University Press, 2016), footnote 66, p. 263.

17 National Intelligence Council (NIC), *Tracking the Dragon: National Intelligence Estimates on China During the Era of Mao, 1948-1976* (Pittsburgh, PA: Government Printing Office, 2004) ORE 27-48 (CD).

18 *Daily Express,* 29 November 1948.

19 Foreign Relations of the United States (hereafter FRUS), *The Far East: China, Vol. VIII,* 13 December 1948. https://history.state.gov/historicaldocuments/frus1948v08/d252 (accessed 13 February 2020). Robert Bickers, *Out of China: How the Chinese Ended the Era of Western Domination* (London: Allen Lane, 2017), p. 272.

1998), p. 69.

20 Angus Maddison, *The World Economy: A Millennial Perspective* (Paris: OECD, 2001), p. 117.

21 Maddison, *Chinese Economic Performance,* p. 16, p. 56.

22 TNA FO371/F15624, 25 October 1948.

23 Chang Chihyun (ed.) *The Chinese Journals of L. K. Little, 1943-54: An Eyewitness Account of War and Revolution,* Vol. 1 (London: Routeledge online resource, 2017), p. 691.9/968.

24 何芳洲，〈再論逃難〉，《論語》半月刊，第 173 期（1949 年 3 月 16 日），序言。

25 摘引自：Condoleezza Rice, *No Higher Honour: A Memoir of My Years in Washington* (New York: Crown Publishers, 2011), p. xiv.

26 Tont Judt, *Reappraisals: Reflections on the Forgotten Twentieth Century* (London: William Heinemann, 2008), p. 5.

27 Gill Bennett, *Six Moments of Crisis inside British Foreign Policy* (Oxford: Oxford University Press, 2014), p. 3.

28 Percy Cradock, *Know Your Enemy: How the Joint Intelligence Committee Saw the World* (London: John Murray, 2002), p. 5.

導論

1 關於新年除夕招待茶會的描述，主要根據當天出席茶會的年輕官員程思遠的觀察；參見：程思遠，《李宗仁先生晚年》（北京：文史資料出版社，1985），頁 22-24；以及程思遠，《政海祕辛》（香港：南粵出版社，1988），頁 211。同時參見：*Time,* 10 January 1949, p. 15.

2 蔣介石的政府於一九二八年六月二十日定都南京，同時改北京為北平。因此，我在敘述一九四九年十月一日之前的史事時，都會以「北平」來稱呼這座城市。隨著中華人民共和國的建立，共產黨人再次以這座城市為首都，並改北平為北京，從這時候起，我就改以「北京」稱呼這座城市。

3 Harold M. Tanner, *The Battle for Manchuria and the Fate of China: Siping 1946* (Bloomington, IN: Indiana University Press, 2013), p. 206.

4 Christopher R. Lew, *The Third Chinese Revolutionary Civil War, 1945-49: An Analysis of Communist Strategy and Leadership* (London: Routledge, 2009), p. 126.

5 在中共官方版本的歷史中，淮海戰役（因交戰區域在淮河與隴海鐵路交會區域，故而得名）是三次重大戰役中的第三場（也是決定性的）決戰，中共在

Kindle edition).

9 關於中國在一九四九年時的人口規模，有各種相互矛盾的估計（因為它們本來就是如此）。國民黨政府所屬《英文中國年鑑》編輯委員會所編《英文中國年鑑：一九五〇年》（*China Handbook 1950*, New York: Rockport Press, 1950）裡列舉一九四八年六月的人口統計數字，準確得令人訝異：四億六千三百四十九萬三千四百一十八人；參見：*The China Handbook 1950,* p. 17。中華人民共和國的官方出版品《中華人民共和國史編年：一九四九年卷》（北京：當代中國出版社，2004）則表示，一九四九年的中國人口為五億四千一百六十七萬人。

10 舉例來說，參見：Paul A. Cohen, "The 1949 divide in Chinese history," in Jeffrey N. Wasserstrom (ed.) *Twentieth-Century China: New Approaches* (Taylor & Francis, 2002. ProQuest Ebook Central, http://ebookcentral.proquest.com/lib/oxford/detail.action?docID=170454).

11 本書沒有討論一九四九年的澳門，這並不是因為此時期的澳門史事不令人感興趣或是無足輕重，而是因為它們和內戰造成的廣泛影響及其廣泛意義上的重要性，牽涉的程度較少。有興趣探索澳門受到中共勝利影響的讀者，可以從下列論文開始參閱：Moises Silva Fernandes, "How to Relate with a Colonial Power on its Shore: Macau in the Chinese Foreign Policy, 1949-1965," *Bulletin of Portuguese/ Japanese Studies,* December 2008, Volume 17, pp. 225-250.

12 感謝羅里・麥克勞德博士告知我這個他的觀察心得。

13 David Armitage, *Civil Wars: A History in Ideas* (New Haven, CT: Yale University Press, 2017), p. 5.

14 Armitage, *Civil Wars,* p. 9.

15 網址：http://ourworldindata.org/life-expectancy，2019 年 6 月 13 日查閱。其他資料中的統計數字（可能是一九四六至四七年），平均壽命則低上許多，例如男性預期平均壽命為三十四點八五歲，女性為三十四點六三歲；參見：Gerald F. Winfield, *China: The Land and the People* (New York: William Sloane Associates, 1948), p. 106.

16 Lloyd Eastman, *Family Field and Ancestors: Constancy and Change in China's Social and Economic History, 1550-1949* (Oxford: Oxford University Press, 1988), p. 82.

17 Winfield, *China,* p. 111.

18 參見：第二章，「中國自由主義的最後一幕」一節；第八章，「政權的武裝」一節。

19 Angus Maddison, *Chinese Economic Performance in the Long Run* (Paris: OECD,

註釋

前言

1 The National Archives (UK) (hereafter TNA) FO371/83274 Microfilm, p. 00009-PDF, p.10, "Annual Report-Military Operations," dated 1 March 1950. 引文中「中國」（CHINA）大寫，以粗黑體表示。

2 這份報告的封面抬頭寫著「英國駐北京大使館」（British Embassy Peking）字樣；參見：FO371/83274, p. 0007.

3 Alastair Lamb, *Tibet, China & India 1914-1950: A History of Imperial Diplomacy* (Hertingfordbury: Roxford Books, 1989), p vi.

4 舉例來說，參見：Ian Buruma, *Year Zero: A History of 1945* (London: Atlantic Books, 2013); Victor Sebestyen, *1946: The Making of the Modern World* (London: Pan Books, 2015- Kindle edition). Elisabeth Asbrink, *1947: When Now Begins* (London: Scribe Publications, 2017- Kindle edition). 阿思布林克（Asbrink）將一九四七年描述為「一切都處在不斷變化的震動狀態，沒有穩定性，沒有明確目標，所有可能性依舊開放」（電子書頁面：420/3164）。她並未提到中國。同樣的，參見：Jonathan Fenby, *Crucible: Thirteen Months that Forged Our World* (London: Simon & Schuster, 2018). 強納森・芬比（Jonathan Fenby）筆下形塑當前世界的「十三個月」，是從一九四七年六月起算，到一九四八年的六月為止。

5 至少在英語世界著作中的情形是如此。

6 *The Hong Kong Daily Telegraph,* 3 January 1949, p. 1.

7 *Observer,* 25 December 1949, p. 4.

8 金沖及，《轉折年代：中國的一九四七年》（北京：三聯書店，2002）、劉統，《中國的一九四八年：兩種命運的決戰》（北京：三聯書店，2006）。在英語著作中，理查・伯恩斯坦（Richard Bernstein）則將關鍵年分往前推到一九四五年，不過在他這部著作裡，著墨更深的還是美中關係的演變，對於中國內部的發展較少提及。參見：Richard Bernstein, *China 1945: Mao's Revolution and America's Fateful Choice* (New York: Alfred A. Knopf, 2014-

歷史與現場 340

一九四九：中國革命之年

China 1949: Year of Revolution

作者	何傑明（Graham Hutchings）
譯者	廖彥博
主編	王育涵
美術設計	江孟達工作室
內頁排版	張靜怡
地圖繪製	吳郁嫻
總編輯	胡金倫
董事長	趙政岷
出版者	時報文化出版企業股份有限公司 108019 臺北市和平西路三段 240 號 7 樓 發行專線｜02-2306-6842 讀者服務專線｜0800-231-705｜02-2304-7103 讀者服務傳真｜02-2302-7844 郵撥｜1934-4724 時報文化出版公司 信箱｜10899 臺北華江橋郵政第 99 信箱
時報悅讀網	www.readingtimes.com.tw
人文科學線臉書	http://www.facebook.com/humanities.science
法律顧問	理律法律事務所｜陳長文律師、李念祖律師
印刷	家佑印刷有限公司
初版一刷	2023 年 7 月 7 日
定價	新臺幣 680 元

ISBN 978-626-374-020-4｜Printed in Taiwan

一九四九：中國革命之年／何傑明（Graham Hutchings）著；廖彥博譯 .

-- 初版 . -- 臺北市：時報文化出版企業股份有限公司，2023.7｜496 面；14.8×21 公分 .

譯自：China 1949: Year of Revolution｜ISBN 978-626-374-020-4（平裝）

1. CST：中國史 2. CST：戰史 3. CST：中華人民共和國｜628.7｜112009673

時報文化出版公司成立於一九七五年，並於一九九九年股票上櫃公開發行，於二〇〇八年脫離中時集團非屬旺中，以「尊重智慧與創意的文化事業」為信念。